语文教学设计：

优化与重构

张秋玲 著

教育科学出版社
·北 京·

自　序

写一本基于语文学科特点、体现语文学科课程价值的教学设计论著，在我的头脑中已不是一两天的事情。这主要缘起于2005年至2010年在《语文建设》做教学设计专栏主持人的那段经历。同时，我也不断思考语文教学耗时如此之多，为什么我们的毕业生升入大学、走向社会之后却成为一个口不能言，手不能写，耳不会听的不受欢迎的人。学校的语文教育与生活中的语文教育有着怎样的质性区别？学校中的语文教育能留给孩子们的是什么？为什么三十多年过去了，吕叔湘先生当年批评的语文教学中存在的“少、慢、差、费”的“咄咄怪事”，不仅没有得以减缓，却依然在蔓延，且有愈演愈烈之势，在有些课堂上甚至达到了“不计成本浪费”的严重态势？

任教学设计专栏主持人的六年看稿经历中，我发现一线教师撰写的教学设计呈现出千人千面，甚至千人万面的情形。即每个投稿人投来的教学设计稿件的结构板块、设计内容、呈现方式都不一样。有时，即使是同一位教师的投稿，每次的设计结构、表述方式也不相同。除此不规范的问题之外，众多的稿件也呈现出不少设计中的共性问题，这些问题主要表现在以下几个方面：

1. 教学目标的泛化与不合理；
2. 教学内容的随意与不系统；
3. 教学活动的杂乱与不到位；
4. 教学过程的散乱与无条理；
5. 教学评估的虚假与无目的；
6. 教学目标、教学内容、教学评价的不一致；
7. 教学板书的缺失或书写不规范；
8. 媒体课件的庞杂与无重点。

基于以上这些问题，我开始思考一篇规范的语文学科的教学设计方案应该包括哪些要素、具备哪些最基本的特点。带着这些问题，我广泛地阅读了一些有关教学设计的论著。在阅读中发现，目前在市场上流行的此类书籍大致可分为三类：一类是基于教育技术学理论的教学设计，此类著作的论述侧重于如何设计一门课程；一类是理论加案例的模式，此类著作的特点是陈述一个教学设计的原理，附加一个学科案例；再一类就是优秀特级教师个人的经验总结，主要侧重于“我”是如何做的，“我”为什么要这么做等内容，其间个性化的内容比较多，有些甚至是教师个人常年经验的无意识运用，推广、复制的意义并不大。

彼得 W. 艾瑞逊认为，教学设计能从三方面给教师提供帮助。第一，它让教师明确教学的目标和课程重点，从而减少对教学的不确定感和焦虑感。第二，它为教师提供了一个教学前预习和熟悉课程内容和课堂活动的机会。第三，它提供了每堂课怎样开始、课上要进行哪些活动和教学过程如何发展的基本框架。①

因此，我写这本书欲达到三个目的：一是希望读者能够对语文教学中许多无意识的群体性错误，不知是错反以为对且竞相效尤的现状有一个清晰的认识；一是希望读者能够在阅读中渐渐知道语文教学是什么，语文学科在学校课程设置中的课程价值是什么；一是希望读者能够在阅读的过程不断地回望自己以前走过的经验之路，认识到在设计教学时一些常用的策略是不正确的，能主动修正自己对教学设计的经验认识，并能够根据这本书所提供的策略设计出一份规范的教学计划。

这是一本基于作者理论学养与实践经验的原创之作，无论是在理论的阐释或案例的分析上都会存在诸多局狭与认识的不足。目前，这本书只能算是一块璞玉，还需要进行不断的雕琢与打磨，也更需要读者的指瑕、批判。如果你在阅读时发现了不正确的表述，读不懂的地方，阅读时的心得感受，或是其他愿意贡献给本书再版修订用的宝贵建议，恳请您不吝赐教，将这些睿智的思考发送到这个邮箱：mokuaikecheng@163. com。

① 艾瑞逊．课堂评估——一种简明的方法［M］．夏玉芳，译．长沙：湖南教育出版社，2008：47－48.

前言

研究显示，教师们每天要作出大约1000项决定，从教学内容的选择到课堂教学问题的设定再到学生可能的作答方式，在这无数的决定中，教什么、如何教两个问题直接决定着学生是否进行了有意义学习。“教什么”关涉的是一个学科的课程内容，解决的是学生经过学校教育之后在这一学科上所获得的知识或能力；“如何教”关涉的是教师如何将这些知识与能力高效地传递给学生，也即产生预期学习效果的教学策略。通俗地说，“如何教”就是制订教学计划或者是进行教学的准备工作，涉及课前计划与教学实施两个阶段。课前计划也就是设计教学，称为教学系统设计（Instructional System Design，简称ISD），或教学设计（Instructional Design，简称ID）。

教学设计是20世纪60年代末70年代初形成于教育技术学领域的一种以学习论、教学论、系统论和传播学为理论基础的现代教学技术，其研究对象不是教学规律，而是如何使实际教学更符合教学规律的方法，是寻找和解决教学问题方法的方法。教学设计包含一系列不连续的决策，在设计者选择恰当的内容、结果、导入活动、发展性活动和总结性活动时，这些决策一般以线性的方式呈现出来，它是运用系统方法对教学活动的过程与环节、要素及其相互关系进行论证、计划、规定和描述的过程，这个过程的基本模式是：

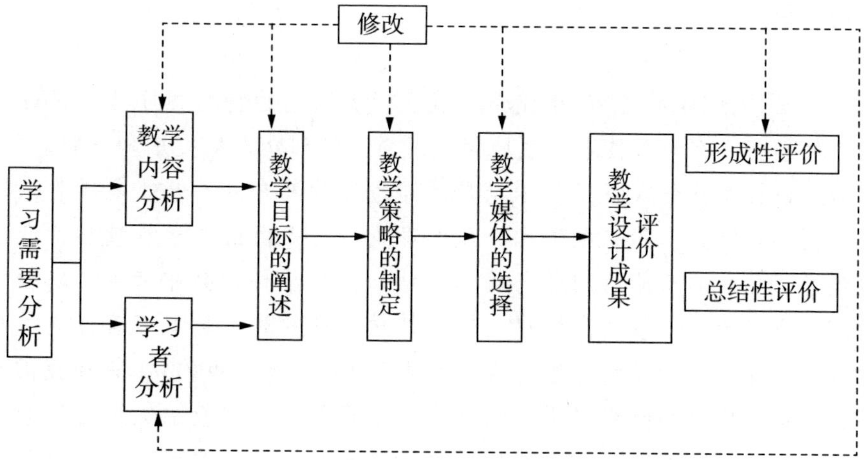

图1　教学设计过程的基本模式

夸美纽斯写《大教学论》的目的就是“寻求并找出一种教学的方法，使教员可以少教，但是学生可以多学；使学校因此可以少些喧嚣、厌恶和无益的劳苦，多具闲暇、快乐和坚实的进步”①。400多年过去了，学校教育的封闭、枯燥、无趣的状况并没有随着夸美纽斯《大教学论》的问世及班级授课制的诞生而得到缓解，这才使得一代代的研究者筚路蓝缕地走在探索之路上。

泰勒原理虽然是针对中小学校所开设的各门学科课程进行设计的过程模式，但其所提出来的四个问题，以及问题各要素之间的联系，也适用于某一阶段或某一时段各门学科的课时设计：

表1　泰勒原理应用于课时教学设计的问题比对表

	泰勒原理	教学设计（课时）
目标	学校应达到什么样的教育目的？	本节课应达到什么样的教学目标？
学习经验	为达到这些教育目的，应该提供什么样的学习经验？	为达到这些教学目标，已具备了哪些学习经验，教学应提供怎样的学习经验以达成预设的教学目标？
组织	怎样有效组织这些学习经验？	如何在学生已具备学习经验的基础上有效地组织教学？
评价	我们如何确定这些教育目的正在得到实现？	教师如何运用测评工具确定教学目标得到了真正的实现？

泰勒原理是将目的/结果问题首先确定下来，评价问题最后呈现。通过这种安排，人们可以知道，课程设计的过程始于教育目标的描述、终于对课程目标的评价。图2（见下页）是依据泰勒原理绘制的“课堂教学设计”模型图。

教学设计自20世纪80年代传入我国，就以它独特的程序化、精确化和合理化的魅力，在教育技术学领域独领风骚，受到众人的关注和青睐。但是，不论教学设计怎样受人推崇，毕竟是漂洋过海的舶来品，若使之成为一门呈现汉语文学科特点、具有中国本土化的理论，必须由语文学科教学论专家对其理论进行吐故纳新般的内化与输出。结合语文学科的具体特点，以教学设计的基本原理为理论基础，构建汉语文教学设计的体系是本书着力追求与研究的意义所在。之所以命名为《语文教学设计：优化与重构》，旨在突出此书是在借鉴前人成熟的研究成果、承传我国千百年来语文教学优秀经验的基础上，创造性地运用教学设计的原理重建了语文教学设计的理论体系及分析框架。此书摒弃了以往此类书籍的两种弊病：一是理论加实践的“两张皮”，一

① 夸美纽斯. 大教学论［M］. 傅任敢，译. 北京：教育科学出版社，1999：2.

是经验描述的主观性。书中对优秀教师的教学经验进行优化提炼并作理论解说与修正，在此基础上以汉语文学习的规律为内核重构了我国语文教学设计的理论体系，在“教学设计”与“语文课堂教学”之间搭起了一架疏通的桥梁。

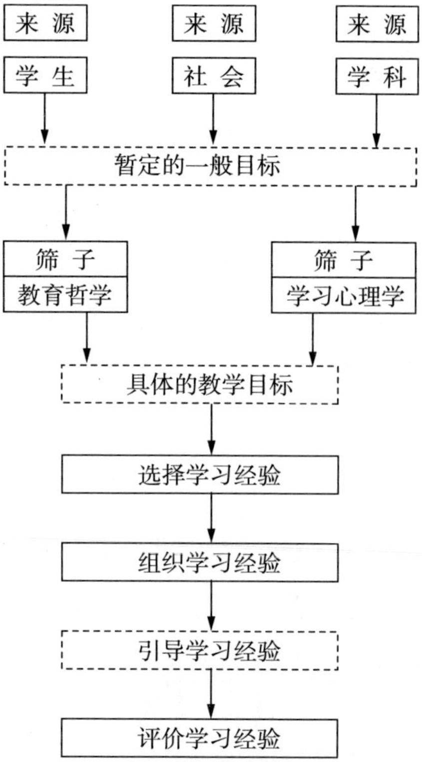

图 2　泰勒的课程原理（拓展图）

本书结构采用了纵横交织的体例：纵向以模块、单元为体例设计，意在暗示模块①与单元之间的逻辑关系；横向则分导语、核心内容提示、学习准备、延伸阅读、问题与思考等多元素结构，旨在引导读者带着思考的大脑，用挑剔的眼光作批判阅读。

本书“模块”前的题记旨在阐明每个模块论述的核心内容或重要观点。

“模块”与“单元”之间的关系恰如此书的体例结构，重在追求“模块”与“单元”间的灵动。三个模块遵循了语文课堂教学的一种内在逻辑，阐释了“设计语文教学的学理支持”、“语文教学就该如此设计”、“语文教学设计的实际情况”。同时，真实的课堂教学没有严密的逻辑顺序，设计中的预设都要根据上课时的教学情境与学生主体的变化而进行调整，追求的是灵动，不是严谨。本书以“模块”为单位进行设计，体现的恰恰是阅读时的灵动——一种没有开始，也没有结尾，可以从书中的任何一个单元开始的阅读顺序。

本书为读者设计了两种阅读方法，一种是从头至尾，一个模块一个模块地按顺序阅读；另一种就是随机阅读，根据自己的需要择取模块进行阅读，在解决问题的过程中再到相应的章节寻找有关的理论解释。但无论你采用哪一种阅读方法，了解全书的总体结构，将有助于你更好地使用本书。

模块一分两个单元，分述了教学设计的理论基础，发展历程，与语文教

① “模块”最早是职业教育领域内所设“专业课程”中的一个教学单位。“模块”这一概念是自 2003 年《普通高中课方案》引入基础教育课程结构的。方案中，每一科目由若干模块组成。模块之间既相互独立，又反映学科内容的逻辑联系。每一模块都有明确的教育目标，并围绕某一特定内容，整合学生经验和相关内容，构成相对完整的学习单位；每一模块都对教师教学行为和学生学习方式提出要求与建议。

学的关系；论证了学生、教师、教学内容、教学环境是如何影响教学设计有效性的。

模块二分三个单元阐释了语文教学内容、教学目标与学习结果之间的关系，针对语文学科教学内容内隐性的特点提出了选择教学内容的策略以及教学内容在教学传播过程中的四种形态；列举并分析了语文教学中关键性结构因素的设计理据及其策略。

模块三介绍了依据教学设计的基本理论构建的“5A100 分评定量表”，并以案例分析的方法示例了5A100 分评分量表的使用。旨在指出当今语文教学设计中存在的问题，规范语文教学设计的结构与表述，指导教师在以后的实践中能自觉运用“5A100 分评定量表”反观、修正和评判自己的设计。

目　录 contents

模块一　教学设计的理论基础

模块二　课堂教学设计的基本策略

模块三 语文教学设计的评定量表与案例分析

模块一

教学设计的理论基础

一树之叶，并无两片相同的，却给人以和美之感。世间万物也因“不同”充满了生机，构成了一个“和而不同”的世界。“和而不同”根在“不同”，“不同”之“和”才是真正意义上的“和”。“和而不同”既是自然法则，也是处世哲学，当它进入课堂，就是一种教学智慧，也是教学设计追求的最高境界。

——题记

模块一 教学设计的理论基础

教学的基本问题是“教”与“学”的问题。从“教”的一面看要解决“为什么教”、“教什么”和“如何教”的问题：“为什么教”回答的是“教学目标”的问题；“教什么”属于从教学材料中选取恰切教学内容的问题；“如何教”解决的是教学效率优劣高低的问题；从“学”的一面看，要弄清“为什么学”、“学什么”和“如何学”的问题：“为什么学”回答的是“学习目标”的问题；“学什么”解决的是选取哪些学习内容达成目标的问题；“如何学”探求的是学习策略及解决问题的方法。教学设计就是连接“教”与“学”的“桥梁”，在教学理论与教学实践之间搭起一座“桥梁”是教学设计发展成一门学科的初衷。

【核心内容】

教学设计的内涵与外延

教学设计及其学科理论

影响教学设计的四个因素

【延伸阅读】

★ GUSTAFSON K, BRANCH R. Survey of Instructional Development Models [M]. 3rd ed. Syracuse: ERIC Clearinghouse on Information and Technology, 1997.

★ 时金芳. 语文教学设计 [M]. 北京：社会科学文献出版社，2001.

单元一　教学设计及其学科理论

本单元主要界定本书所用的核心概念——“教学设计”，简要介绍它作为一门学科的诞生与发展历程，使读者了解日常所言的“教学设计”是一门学科的名称。它主要研究如何根据学习者的学习需要，为学习者确定不同的教学目标，选择不同的教学策略和教学媒体，设计不同的实施方案，以实现促进学习者学习，提高教学质量的目的。

第一讲　教学设计的界定

对于教学设计的界定属于学科本体论的研究。在此回答这个问题是为了正本清源，避免概念上的歧义带来阅读中的困惑。一般情况下，“教学设计”重在研究设计一门学科课程的理论与方法，而本书的研究重点则主要是基于教学设计基本理论，对语文学科课程中的一个教学单位——一篇课文或一节课（45分钟）的设计。从语文教学过程中抽取共同的质性因素进行分析，研究它们对一节课的影响作用，探讨这些影响因素常用的设计策略。因此，书中谈到的教学设计因素均指一个教学单位中的元素，而非一门学科课程中的元素。

核心内容

教学设计（instructional design）就是执教者以各种学习和教学理论为基础，依据学习者的特点，结合自己的教学理念、教学风格、学识素养，借助教育传播学的基本规律，运用系统论的观点与方法，对课堂教学内容及教学活动进行系统、合理的规划、安排与决策。最终满足学习者单位时间内的不同需要，达成阶段性教学目标，激发学生的学习行为，实现教学预期的学习结果和任务分配。

学习准备

下面所列定义是从相关文章及书籍中摘选出来的，这些观点是不需要借助语境就可理解的。如果你正在课堂上与同学一起学习，请分别阅读这些观点并与同学分享你的思考；如果你正在独自享受这些学者的睿智，请尝试完成下列阅读任务，它可以帮助你更深入地理解这些观点。

1. 用自己的语言分别概括这些定义中的主要观点。

2. 结合你做教师或学生的经历，对这些观点作出自己的评判（可以是正面评判，可以是反面评判，也可以从辩证的视角进行评判），但在评判的过程中，你需要引证自己或他人的经历来支持你的判断。

◆ **观点一**①

林宪生在《教学设计的概念、对象和理论基础》一文中总结归纳了有关教学设计的一些说法如下。

一是“计划”说。把教学设计界定为是用系统的方法分析教学问题，研究解决问题途径，评价教学结果的计划过程或系统规划。这种论点的代表当推美国学者肯普（J. E. Kemp），他给教学设计下的定义是：“教学设计是运用系统方法分析研究教学过程中相互联系的各部分的问题和需求。在连续模式中确立解决它们的方法步骤，然后评价教学成果的系统计划过程。”

二是“方法”说。把教学设计看做是一种“研究教学系统、教学过程和制订教学计划的系统方法”。而这种方法与过去的教学计划不同，其区别就在于“现在说的教学设计有明确的教学目标，着眼于激发、促进、辅助学生的学习，并以帮助每个学生的学习为目的”。

三是“技术”说。鲍嵘在《教学设计理性及其限制》一文中认为，教学设计是一种“旨在促进教学活动程序化，精确化和合理化的现代教学技术”。

四是“方案”说。认为“教学设计是运用系统方法分析教学问题和确定教学目标，建立解决方案、评价试行结果和对方案进行修改的过程”。这种观点在我国有较大的影响面，代表人物是乌美娜。

五是“操作程序”说。认为“教学设计就是运用系统方法和步骤，并对教学结果作出评价的一种计划过程与操作程序”。

林宪生在综述的基础上，提出了自己的观点。他认为，第一，教学设计是把教学原理转换成教学材料和教学活动的计划。教学设计要遵循教学过程的基本规律，选择教学目标，以解决教什么的问题。第二，教学设计是实现教学目标的计划性和决策性活动。教学设计以计划和布局安排的形式，对怎样才能达到教学目标进行创造性的决策，以解决怎样教的问题。第三，教学设计是以系统方法为指导。教学设计把教学过程各要素看成一个系统，分析教学问题和需求，确立解决的程序纲要，使教学效果最优化。第四，教学设计是提高学习者获

---

① 林宪生. 教学设计的概念、对象和理论基础［J］. 电化教育研究，2000（4）：3－6.

得知识、技能的效率和兴趣的技术过程。教学设计是教育技术的组成部分，它的功能在于运用系统方法设计教学过程，使之成为一种具有操作性的程序。

◆ **观点二**①

何克抗在《教学系统设计》一书中，分列了不同领域的学者对教学设计的如下一些理解。

加涅（R. M. Gagné）认为：“教学是以促进学习的方式影响学习者的一系列事件，而教学设计是一个系统化规划教学系统的过程。”

史密斯（P. L. Smith）和雷根（T. J. Ragan）认为：“教学设计是指运用系统方法，将学习理论与教学理论的原理转换成对教学资料、教学活动、信息资源和评价的具体计划的系统化过程。”

梅瑞尔（D. Merrill）在其新近发表的《教学设计新宣言》一文中将教学设计界定为：“教学是一门科学，而教学设计是建立在教学科学这一坚实基础上的技术，因而教学设计也可以被认为是科学型的技术（science-based technology）。教学的目的是使学生获得知识技能，教学设计的目的是创设和开发促进学生掌握这些知识技能的学习经验和学习环境。”

帕顿（J. V. Pattern）在《什么是教学设计》一文中提出：“教学设计是设计科学大家庭的一员，设计科学各成员的共同特征用科学原理及应用来满足人的需要。因此，教学设计是对学业业绩问题的解决措施进行策划的过程。”

何克抗等人则认为：“教学设计是运用系统方法，将学习理论与教学理论的原理转换成对教学目标（或教学目的）、教学条件、教学方法、教学评价等教学环节进行具体计划的系统化过程。”

◆ **观点三**②

教学系统设计就是我们所说的教学设计（简称 ID），它作为教育技术领域的一个重要分支，是一系统计划的过程。具体地说，就是应用系统方法研究、探索教学系统中各个要素之间的本质联系，并通过一套具体的操作程序来协调、配置这些要素，使它们能够有机地结合起来，共同完成教学系统功能的过程。

◆ **观点四**③

从教学和设计的角度看，教学设计就是为了使学生实现有效的学习而预

---

① 何克抗，等. 教学系统设计 [M]. 北京：高等教育出版社，2006：2.

② 王铟，罗敏，乌美娜. 从 ISD 模式的演变过程看教学系统设计的发展 [J]. 开放教育研究，1998 (1)：14－18，44－45.

③ 陈晓慧. 教学设计 [M]. 北京：电子工业出版社，2005：4.

先对教学所进行的决策活动……为促进学习和绩效提高，分析、计划、实施、评价、修改教学系统中诸要素的系统过程称之为教学设计。

◆ **观点五**①

教学设计是一种将不同学习策略整合进教学经验的一门技术，利用这些教学经验可以使得知识技能的获得更有效率、更有效果和更吸引人。教学的效果通常以学生的成绩水准作为判断的依据，更重视学习者的能力及其在新环境中的迁移能力。

◆ **观点六**②

教学设计是应用系统科学方法分析和研究教学问题，解决教学问题的方法和步骤，并对教学结果作出评价的一种计划过程与操作程序。教学设计的过程是利用现代教育技术，实现教学过程、教学资源、教学效果、教学效益的最优化的过程。

◐ **思考**：阅读不同学者对“教学设计”的界定，找出这些观点的共性与差异。在充分讨论的基础上，基于你对语文教学的基本理解，形成自己对语文教学设计的认识，并在 200 字以内简练地表述你的观点。

◐ **方式**：自读材料，分组讨论，头脑风暴。

【延伸阅读】

★ 林宪生. 教学设计的概念、对象和理论基础[J]. 电化教育研究，2000（4）：3-6.

★ 何克抗，等. 教学系统设计[M]. 北京：高等教育出版社，2006.

【悦 读】

论教学设计的逻辑生长点③

朱德全

摘要：教学设计是根据教学对象的水平和需要，在确定合理的教学起点和教学终点的基础上，对文本内容重组和转化，有序并系统地安排教学诸要素，使之形成教学预设方案的过程。教学设计是一个复杂的系统工程，涉及到教学的对象、内容等横向范畴以及教学的程序、组织等纵向范畴。其中，

---

① 于永昌. 教学设计论［M］. 沈阳：辽海出版社，2007：3.

② 徐英俊. 教学设计［M］. 北京：教育科学出版社，2001：114.

③ 朱德全. 论教学设计的逻辑生长点［J］. 教育研究，2008（8）：72.

教学目标、教学准备、教学内容、教学结构、教学方法、教学评价是必须考虑的最基本的要素，必须依靠目标方向设计范畴、过程组织设计范畴以及质量监控设计范畴来统整。目标方向设计是教学的“应然”态，过程组织设计是教学的“必然”态，质量监控设计是教学的“实然”态。目标需要问题来触动，过程需要问题来激活，质量需要问题来表达。只有围绕问题并基于问题解决的教学设计才是生动、有主题的教学设计。基于此，笔者认为，问题和问题解决是教学设计的逻辑生长点。

第二讲　教学设计的兴起、发展与研究

任何一门学科的诞生与兴起都是在一定历史背景下，为满足社会需要，解决生活中出现的共性问题而出现的，教学设计也不例外。教学设计兴起于20世纪40年代的西方，源于第二次世界大战对兵源和熟练工人的需求。战争的毁灭性与耗散力致使各参战国政府都在寻找一种能使成千上万的士兵和民众快速掌握军事知识和基本作战技能的培训课程，教学设计便在这个大背景下，借助当时的教育技术在教育心理学家的头脑中诞生了。

◆ 核心内容

● 国外

时　　间：20世纪40年代

研究成果：ISD1：加涅的《学习条件论》，线性展开设计；ISD2：情境教学、建构主义心理学、电脑多媒体技术、人工智慧相结合的设计教学流程；ISD3：以行为主义、认知主义理论为基础的阶段性设计；ISD4：多种理论综合基础上的动态联系的设计

● 国内

时　　间：20世纪80年代

研究轨迹：萌发期——程序教学的设计理论；形成期——认知主义的影响；发展期——建构主义的影响

◆ 学习调查

1. 推测并记录教学设计兴起的时代、背景、原因，你认为当时哪些人对教学设计更感兴趣？哪些人是教学设计的直接受益者？

2. 与下文的内容进行比对，看看哪些是你想到的，哪些是你没有想到的。反思没想到的那些是什么原因造成的。

3. 迄今为止，你认为教学设计已经发展到第几代？列举最近一代教学设计可能具备的特点。

一、国外学者对教学设计理论的研究

“二战”后，加涅和布瑞格（J. G. Beard）等心理学家继续从事改进教学过程的工作，并将教学作为一个系统进行研究，第一个研究成果就是程序教学法。1965 年，加涅出版了《学习的条件》一书，是 20 世纪 60 年代中期教学设计领域最有影响力的著作之一。1988 年，美国学者艾略特（M. Eliot）梳理了各个时期不同理论背景下的教学设计模式，分析了各种教学设计模式的特点，将其划分为三个阶段：应用科学阶段、美学影响阶段、研究解决问题的过程与方法阶段。20 世纪 90 年代美国学者坦尼森（R. D. Tennydon）将“教学设计”的发展过程分为四代，具体见表 1－1－2－1。

表 1－1－2－1　坦尼森对教学设计的代际划分①

特　征	代（Generation）			
	第一代（ISD1）	第二代（ISD2）	第三代（ISD3）	第四代（ISD4）
系统设计活动	线形	流程	阶段	动态和相互联系
项目评价	形成性评价	形成性评价 总结性评价	形成性评价 总结性评价 可行性评价 维护性评价	形成性评价 总结性评价 可行性评价 维护性评价 情景性评价
学习理论	行为主义	行为主义	行为主义 认知主义	行为主义 认知主义 建构主义
教学设计过程	Step-by-step	Step-by-step	Phrase-by-phrase	整体推进
教学设计人员	学科内容专家 系统设计初学者	技术人员 学科内容初学者	教学设计专家 学科内容初学者	学科内容专家 教学设计专家
对教学设计活动的规定	不明确	规定操作的细目	规定专家的行为	明确规则的原理

第一代教学设计（图1－1－2－1）的过程包括四个步骤：准备行为目标——准备前测——制作教学产品——准备最终测试，这一代教学活动以线

① 陈晓慧. 教学设计［M］. 北京：电子工业出版社，2005：17.

性安排。肯普模式是第一代教学设计的代表模式，该模式强调四个要素、三个问题、十个教学环节。

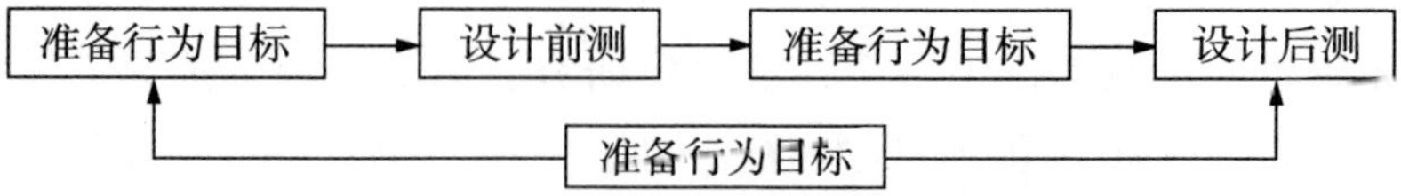

图1－1－2－1　第一代教学设计模型

第二代教学设计（图1－1－2－2）以流程图的形式分析展示教学活动，史密斯—雷根模式是第二代教学设计的代表模式，该模式较好地实现了行为主义与认知主义的结合，体现了“联结—认知”学习理论的基本思想。这个模式吸收了赖格卢特（Reigeluth）的教学策略分类思想，并把重点放在教学组织策略上。

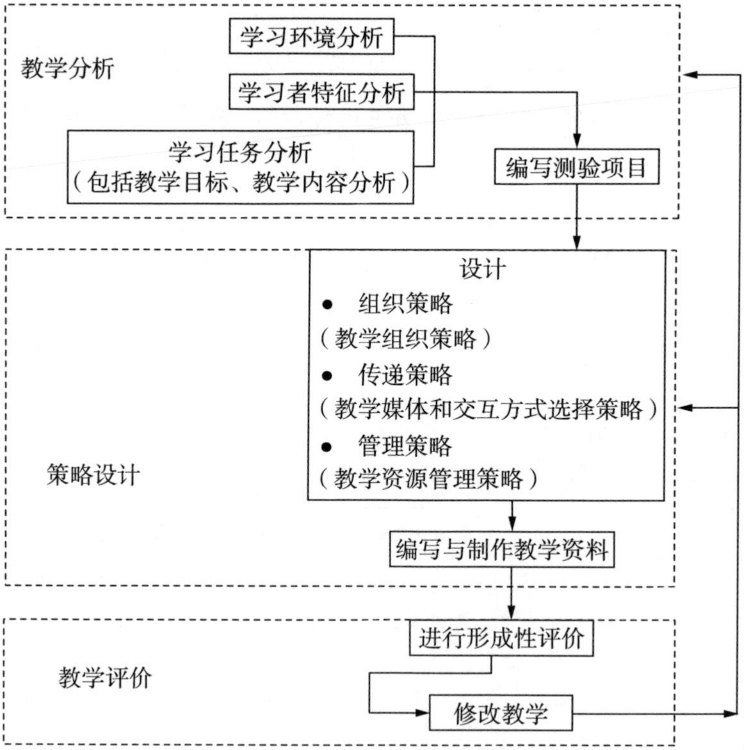

图1－1－2－2　第二代教学设计模型

第三代教学设计（图1－1－2－3）的显著特点是根据教学的具体情况进行设计。ISD3由评价、设计、制作、实施四个阶段组成，每个阶段都增加了新的变量。虽然各阶段之间依然保持着一种线性关系，但是每个阶段内部采用的却是一种循环往复的设计方式。如此一来，整个设计过程就变成了从一个阶段到另一个阶段的形式改变。

评价阶段	设计阶段	制作阶段	实施阶段
分析 1. 需求和问题 2. 学生特征 3. 结束条件、资源和风险 4. 教学输出 ↕ 可行性评价 1. 书面工作 2. 作决定：采用、调整、开发 3. 开发项目计划	准备 1. 目的和目标 2. 内容行为 3. 学习者评价 4. 管理和传递策略 编制原理 印刷材料 视频 计算机 ↕ 形成性评价 1. 修改原型 2. 精制最终产品 3. 精制项目计划	制作 1. 制作教学和管理材料 2. 书面工作 3. 推广计划 ↕ 总结性评价 1. 评价各种学习者行为 2. 评价学习态度 3. 进行价格—效益分析（比率：学习/费用）	实施 1. 管理系统 2. 教学系统 ↕ 维护性评价 1. 进行价格—效益分析 2. 评价学习者行为/态度 3. 检查/修改内容/结果 4. 检查/修改传递系统

图 1－1－2－3　第三代教学设计模型①

第四代教学设计（图 1－1－2－4）包括情境评价和五种教学设计活动，主要是以学生的学为中心设计的教学模式。② 其设计过程包括：①学习目标分析；②学习者特征分析；③学习情境分析；④信息资源的设计和提供；⑤自主学习设计；⑥协作学习设计；⑦学习效果评价设计。时至今日，教学设计的研究重点问题也已从对教学手段、教学过程、教学材料的关注转向了对教学中"学生"的关注。

二、国内对教学设计理论的研究

国内对教学设计的研究起步较晚。在 20 世纪 90 年代以前出版的教育学、教学论以及教育心理学专著中几乎看不到有关教学设计方面的论述。在人们眼里，教学设计大体相当于课时计划（教案设计）。大约在 20 世纪80 年代中期，有些学者的研究视线开始触及教学设计，目前国内已形成四支研究力量，并陆续发表了一些原创性的研究成果。具体见表 1－1－2－2。

① 王铟，罗敏，乌美娜. 从 ISD 模式的演变过程看教学系统设计的发展［J］. 开放教育研究，1998（1）：14－18，44－45.

② 陈晓慧. 教学设计［M］. 北京：电子工业出版社，2005：20.

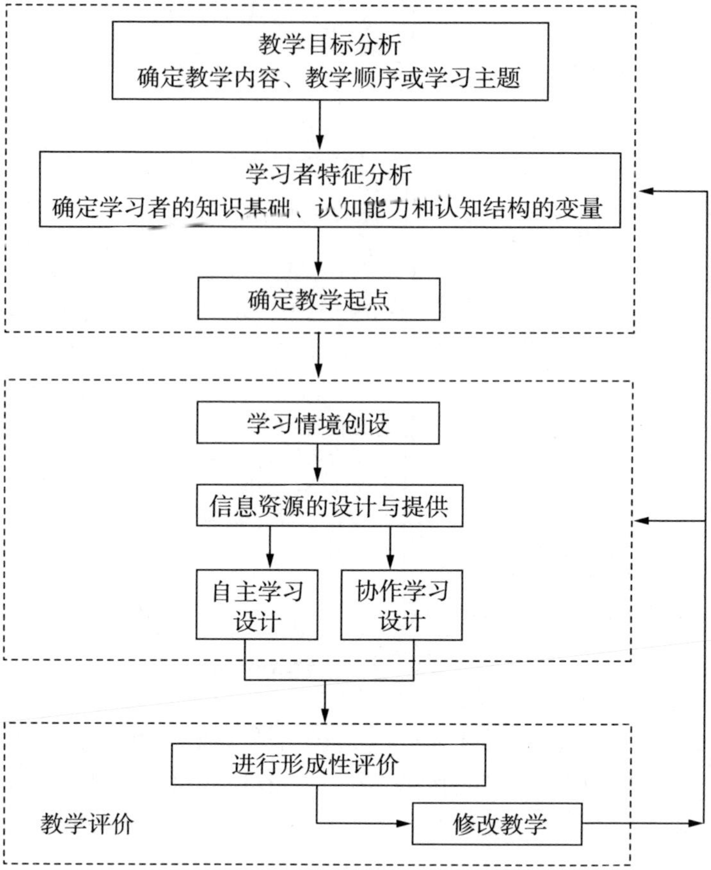

图 1-1-2-4　第四代教学设计模型①

表 1-1-2-2　国内的研究状况

研究群体	专业领域	代表人物	成果发表	备注
第一支研究力量	教育技术学	北京、上海、江西、广州及兰州等地电化教育的研究人员	推出了数本专著与教材	
第二支研究力量	教育心理学	邵瑞珍 皮连生	智育心理学（著作） 教育心理学（著作） 学与教的心理学（著作）	

① 何克抗，等. 教学系统设计［M］. 北京：高等教育出版社，2006：22.

续表

研究群体	专业领域	代表人物	成果发表	备注
第三支研究力量	教学论	钟启泉	从现代教学论看教学设计原理与课题（文章）	这三部著作辟专章介绍教学设计的发展及其相关理论
		李定仁	大学教学原理与方法（著作）	
		田慧生 李如密	教学论（著作）	
第四支研究力量	中小学教学人员	任麦曦	教学设计的理论和方法（著作）	

国内学者陈晓慧依据“教学设计”在教育领域的缘起及发展历程，将其分为萌发期、形成期、发展期①三个阶段。

（一）萌发期——程序教学的设计理论

20世纪初美国教育哲学家杜威想要建立一门连接教学科学理论与教学实践的桥梁学科。教学设计的早期发展阶段主要汲取了行为主义的理论与方法。60年代后期系统论成为教学设计的主要研究方法，用系统理论研究教学设计的思想逐步得到世人的注意。人们开始探讨教学设计的各个环节，对教学目标、教学效果、各种媒体的作用及相互关系，各种教学要素之间的相互关系以及怎样对教学进行系统分析，怎样才能优化教学全过程等一系列问题进行了系统研究和实践。由于斯金纳的程序教学首次实现了学习理论与教学设计的结合，程序教学被认为是最早的教学设计成果。

（二）形成期——认知主义的影响

20世纪60年代末期及整个70年代，认知学习理论逐渐代替了行为主义，成为教学设计的主要理论基础。认知主义学习理论强调人的学习过程是一个学习者主动接受刺激，积极参与和积极思维的过程；学习是学习者在原有认知结构基础上，将新知识同化到原有认知结构中，并引起原有认知结构的重构而实现的。这一时期的教学设计理论更注重学习者认知结构及内部心理结构的分析。认知主义的教学设计主要关心的是知识技能的获得，及其在相应的认知过程中

---

① 依据盛群力，李志强《现代教学设计论》一书的有关章节整理。

所形成的认知能力，其所设计的教学系统是封闭的，而且是线性的。在教学问题的解决方法中，强调依据所鉴别出来的学习结果的类型，运用形成规律的内部条件设置外部教学条件，从而将教学理论上升到科学原理水平。这一时期的研究者试图详尽提示学习者学习的内部条件和内部过程并据此进行教学分析，而且按照人类学习性能所建立的设计方案，可以广泛迁移到同类性能的不同具体学习活动中，而且这种迁移并不受学科不同的限制。教学就是安排外部条件，促进学习内部过程，不同的学习任务对应不同的内外学习条件。

（三）发展期——建构主义的影响

到了20世纪80年代，教学设计的研究开始倾向将不同的教学设计理论综合成一个行之有效的总体模式。整合后的教学设计理论强调教学条件的确定必须以学习者的学习过程与需要为依据。赖格卢特的精加工理论就是一个整合化的教学设计理论。到了20世纪90年代，建构主义的学习理论在一定程度上直接影响了教学设计的发展，这一时期教学设计发展的一个重要特征就是学习者与教学媒体、教学情境的结合。

◆ **思考**：上文是对国内外教学设计研究状况的综述，请根据材料研讨中西方学者研究问题的思维差异，并反思在日后的教学工作中，如何弥补你的思维缺憾。

◆ **方式**：独立思考。

【延伸阅读】

★ 王锢，罗敏，乌美娜. 从ISD模式的演变过程看教学系统设计的发展［J］. 开放教育研究，1998（1）.

★ 盛群力，李志强. 现代教学设计论［M］. 台北：五南图书出版股份有限公司，2003.

【悦 读】

基于新课程理念的现代教学设计①

胡 波

摘要：现代教学设计反映着教师的教育理念和教学策略，映射着教师的教学思路和轨迹，决定着课程的教学目标和实施效果。发展性、生态性、生成性、差异性、开放性和反思性等是现代教学设计的本质特征。扬弃与超越传统教学设计的思想，重新审视与分析现代教学设计的构成要素，正确处理

① 胡波. 基于新课程概念的现代教学设计［J］. 中国教育学刊，2007（3）：44－48.

标准与多元、分析与综合、探究与接受、预设与生成、继承与创新等方面的关系，是广大教师肩负的重要使命。

第三讲 教学设计的理论基石

每一门独立的学科都有支撑它生长的理论基础，教学设计也不例外。教学设计深受系统理论、传播理论、教学理论和学习理论的影响，这些理论不仅为教学设计提供了理论基础，而且也提供了方法论和技术帮助，它们以综合的形式在教学设计的发展中起着不同程度的作用。

◆ 核心内容

学习理论 使教学设计符合学习规律，是教学设计中最为活跃的部分，它对学习规律和学习条件提出了系统的论述，对学习领域的知识、学习法则的知识及学习如何发生等方面提供了理论基础。

教学理论 指导教学设计的具体操作，主要考虑如何把知识教给学生的艺术，即教的艺术或技巧。

传播理论 为教学设计提供了选用教学媒体的技术，系统地考虑教学过程中的要素、相互关系，为双向传播提供了理论依据。

系统理论 为教学设计提供了科学的研究方法，考虑由教师、学生、教学内容、教学策略和教学媒体组成的教学系统中的教学分析、教学决策和教学评价，遵循整体性、动态性和最优化的原则。

◆ 学习准备

在你知道的教学理论中，你认为哪些理论最有可能成为教学设计发展的奠基石？用流程图画出你的思考过程。

反思：与下文的理论介绍进行比对，看看哪个理论是你没有想到的，而你所列举的理论中又有哪些是文中没有的，尝试寻找产生这些差异的原因。

一、学习理论

学习理论研究的是人类学习的本质及其形成机制，探索人类学习的内部机制，着重研究学习的内部心理：“学习是如何发生的”、“学习机制是什么”是它的问题域。在心理学界，学习理论有三个不同的代表流派：行为主义——强调刺激—反应之间的联结；认知学派——关注个人认知结构的改变；人本主义——研究自我概念的变化。

（一）行为主义与教学设计

行为主义认为人类的心理行为是内隐的，不可直接观察和测量，可直接观察和测量的是个体的外显行为。所以，行为主义认为教学设计应注意以下几点：

1. 把可观察的行为作为教学的基础；
2. 使用可观察的行为动词界定教学目标；
3. 依据可观察的行为目标进行教学与评价；
4. 采用小步子呈现教学信息；
5. 及时强化学生出现的正确信息；
6. 重视对学习环境的控制；
7. 尊重自定步调的学习方式；
8. 个别化的学习策略；
9. 设计教学的步骤；
10. 确定课堂教学的可测行为目标；
11. 使用学习者的反应；
12. 强调教学反馈；
13. 协调教学组织形式的类型；
14. 解决学生的学习错误。

（二）认知学派与教学设计

认知学派研究个体内部的心理活动，关注学习中存在着不同的认知水平；学习的积累及其恰当与否取决于学习者已有的认知结构；学习是知识在头脑中不断组织和表征的积极构建过程（如图 1－1－3－1 所示）。认知学派认为教学设计应关注：

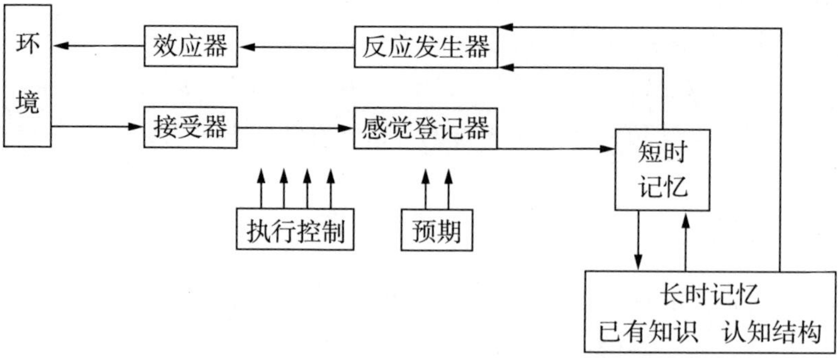

图 1－1－3－1 学习和记忆的信息加工模型①

① 徐英俊. 教学设计［M］. 北京：教育科学出版社，2001：33.

1. 学习过程是一个学习者主动接受刺激、积极参与意义建构和思维的过程；

2. 学习受学习者原有知识结构的影响，新的信息只有被原有知识结构所容纳才能被学习者所接受；

3. 要重视学科结构与学习者认知结构的关系，以保证发生有意义学习；

4. 教学活动的组织要符合学习者信息加工模型；

5. 运用奥苏贝尔的先行组织者的理论，使学习者明确单元的教学目标；

6. 为学习者提供恰切的学习背景，并对学习背景作出科学的分析；

7. 协助学习者了解他们原有的相关知识、经验积累、个性特征、兴趣动机；

8. 选择教学材料及教学信息的恰当呈现方式。

（三）人本主义与教学设计

人本主义的有意义学习关注教学设计中的四个要素①：

1. 学习具有个人参与的性质，即整个人（包括情感和认知两方面）都投入学习活动；

2. 学习是自我发生的，即便在推动力或刺激来自外界时，但要求发现、获得、掌握和领会的感觉是来自内部的；

3. 学习间是渗透性的，它会使学生的行为、态度乃至个性发生变化；

4. 学习是由学生自我评价的，因为学生最清楚这种学习是否满足自己的需要，是否有助于导致他想要知道的东西。

二、教学理论

教学理论重在解决教学问题，研究教学“是什么”的规律。夸美纽斯的“大教学论”、赫尔巴特的五段教学法、裴斯泰洛齐的要素教学法、杜威的做中学、凯洛夫的五步教学法、斯金纳的程序教学理论、布卢姆的教育目标分类与掌握学习理论、布鲁纳的知识结构理论与发现学习、奥苏贝尔的先行组织策略及有意义学习、加涅的信息加工理论、赞科夫的一般发展教学论、瓦根舍因的案例教学法都为教学设计理论提供了发展的理论依据。由于语文学科中所涉学科内容能用加涅的五种学习结果分类进行周延的归类，梅瑞尔的成分显示理论能较好地解释为什么语文学科课程内容与课程目标，教学内容

---

① 陈晓慧．教学设计［M］．北京：电子工业出版社，2005：46．

与教学目标之间的对应关系。所以，在此重点介绍加涅的“九—五矩阵”理论以及梅瑞尔的成分显示理论（Component Display Theory，简称 CDT）。

（一）加涅的“九—五矩阵”教学理论

“九—五矩阵”的核心思想是“为学习设计教学”。加涅认为教学必须考虑影响学习的全部条件，学习条件可分为内部条件和外部条件。教学就是为了合理安排可靠的外部条件以支持、激发、促进学习的内部条件。这就需要对教学进行整体设计，从教学分析、展开及评价等方面作出一系列的事先安排。加涅从学习的内部心理加工过程的 9 个阶段推演出了课堂教学的 9 个事件，见表 1－1－3－1。

表 1－1－3－1　教学事件与学习过程的关系①

教学事件	与学习过程的关系
1. 引起注意	接受各种神经冲动
2. 告诉学生目标	激活执行控制过程
3. 刺激回忆前提性的学习	把先前的学习提取到工作记忆中
4. 呈现刺激材料	突出有助于选择性知觉的特征
5. 提供学习指导	语义编码，提取线索
6. 引出作业	激活反应组织
7. 提供作业正确性的反馈	建立强化
8. 评价作业	激活提取，使强化成为可能
9. 促进保持和迁移	为提取提供线索和策略

为了更好地安排一节课的九个事件及评价学生的作业表现。加涅根据教学后所得结果的特点形态，将学习结果分为言语信息、智慧技能、认知策略、动作技能和态度五类，这五类学习结果在加涅的《教学设计原理》一书中又被称为五类习得性能。表 1－1－3－2 列出了习得性能及行为样例。

① 加涅，等．教学设计原理［M］．皮连生，等，译．上海：华东师范大学出版社，1999：193.

表 1-1-3-2　五类习得性能及行为样例①

性　能	性能描述	行为样例
智慧技能	他们使学习者能执行符号上控制的程序，学习"如何完成"某种智慧行为，一般说来，所习得的知识被称为程序性知识	识别《背影》一文中叙述与描写的表达方式 画出《背影》一文的组织结构图
认知策略	一种特别重要的技能，它们是支配个体自身的学习、记忆和思维行为的性能，是学习者据以对自身的学习过程实施控制的手段	运用逆向推理及问题追问的方法，在独立阅读的过程中提出有研究价值的学习问题
言语信息	是一种能够陈述的知识，它是"知道什么"的陈述性知识，是储存在学习者记忆中的事实和关于"世界的有组织知识"	陈述朱自清先生写作《背影》的动因
动作技能	有组织地完成有目的的行为的骨骼肌运动，是一种最明确的人类性能	书写"木"字偏旁的汉字，如：植、树、杠、柜等
态度	影响学习者个人作出行为选择的内部状态，任何人都对各种事物、人和情境具有许多种态度，态度的作用是放大个人对某些人、事物或情况的积极的或消极的反应	喜欢阅读科幻小说

（二）梅瑞尔的成分显示理论

梅瑞尔认为行为水平和内容类型是知识的两维分类，构成了"目标—内容"（如图 1-1-3-2 所示）的二维理论模型。它的行为维度是记忆、运用和发现，内容维度是事实、概念、过程和原理；二维图的横轴代表教学内容类型，纵轴代表教学目标等级，由低到高依次分为记忆、运用和发现。其事实性的

① 此表根据加涅等人所著《教学设计原理》第三章的文字内容整理所得，其中的行为样例已结合我国语文学科的学习内容进行了修改。

知识只需要记忆，没有必要去运用和发现，所以根据这个二维图可以组合出10种不同类型的教学活动，这10种教学活动成分与各种教学目标形成了对应关系（如表1－1－3－3所示）。

行为水平	事实性	概念性	过程性	原理性
运用	×	√	√	√
发现	×	√	√	√
记忆	√	√	√	√

图1－1－3－2　成分显示理论“内容—目标”二维图①

表1－1－3－3　教学活动成分与学生能力对应表

教学活动成分	学生应达到的能力	
	行为目标	教学目标的阐述
记忆事实	能回忆出事实	能写出、能描绘、能指定、能选择有关事实
记忆概念	能陈述定义	能写出、能描述有关概念的定义
记忆过程	能陈述步骤	能做出流程图、能列出过程的步骤、能对步骤排序
记忆原理	能说明关系	能用文字描述或用图表、曲线表示有关原理中事物之间的关系
运用概念	能分析概念	能区别概念的本质属性与非本质属性
运用过程	能演示过程	能实际操作、演示该过程（包括测量、计算、绘图等）
运用原理	能运用原理	能把所学原理应用于新环境，并能预测和解释所得出的结果
发现概念	能发现概念之间的关系	能对概念分类，并发现概念之间的各种关系（例如，上下位、类属及并列等关系）
发现过程	能设计新过程	能设计、分析并验证新过程
发现原理	能发现事物的性质规律	能通过观察、分析、实验、发现事物之间的内在联系及性质

（三）传播理论

传播理论就是研究信息传递的过程、结构、形式、功能和效果。教学设

① 何克抗，等．教学系统设计［M］．北京：高等教育出版社，2006：17．

计的研究者认为教学过程是一个信息传播的过程。对教学设计影响最大的传播理论是威尔伯·施拉姆（W. Schram）提出的有意义信号的传播和接收的模式，如图1－1－3－3所示。此模式包括四个要素：信息发送者、信号、信息通道、信息接受者。课堂教学过程中，如果教师的语言表述有问题，学生就很难准确接受和理解教师讲述的内容；如果教学媒体选用不当，就可对传播过程中的信息造成干扰；如果学生没有一定的阅读能力就很难从语言材料中获取有效信息，这种干扰很可能就来自对语言材料的解码过程。传播理论就是要通过设计预见并避免这些可能出现的干扰，利用有效的手段与方法消除传播过程中的干扰。

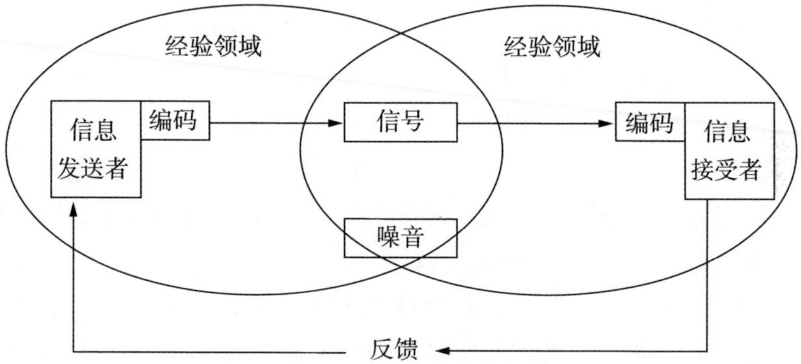

图1－1－3－3　施拉姆的传播模式的一种变式①

传播理论对教学设计有两方面的影响：一是教学媒体的选择与确定；二是借助于不同的传播方式，深入掌握教学与信息交流方面的传播要素。传播理论对教学设计的启示有如下几点。

第一，课堂教学中的信息传播多是以一对众的形式，如此的传播情境具有较强的相互依赖性、明确的目的性，密集的人际关系等三种特性。

第二，对传播理论中传播方法的应用。如，分析学习者的特征，了解学习者原有的经验、兴趣、动机，以便使信息发送者清楚信息接受者具备哪些经验。传播中的反馈就是为了了解信息接受者是如何解释所发出的信息、接收的效果如何。而课堂教学更需要通过反馈，不断地了解学习者的当前情况、学习需要，以便及时地调整教学、修改信息，使教学信息的传递更加有效。

第三，根据传播理论分析和选择教学中所使用的教学媒体，教学媒体是传递教学信息的通道，哪种通道便于学习者理解和接受教学信息，哪些通道

---

①　徐英俊．教学设计［M］．北京：教育科学出版社，2001：27．

有利于提高教学效率和效果，这是设计教学时必须考虑的问题。

第四，应用传播理论可以使教学设计者科学地考查学习者接受信息的能力水平，以便有效地提高学习者理解和接受教学信息的能力和水平。

（四）系统理论

系统理论就是按照事物本身的系统性把对象放在系统的形式中加以考察的方法。与其他理论不同，系统理论主要为教学设计提供了系统的分析方法。系统的构成至少要有三个条件①：一定的元素，其中因分析的需要，而把其主要的元素称其为要素；一定的结构，即元素之间的相互联系，各元素之间如果没有联系就不可能构成系统；一定的环境，系统是一定环境中的系统，它在一定的环境作用下，又作用于一定的环境，没有环境也没有系统。系统理论对教学设计理论发展的启示如下。

第一，应把教学看做一个整体的系统进行设计、实施与评价，如此做的目的就是设计一个有效的教与学的互动系统。

第二，应综合考虑教学系统中的各个教学要素之间的关系，用系统的方法分析、设计和解决教学中遇到的问题。

第三，应将教学系统看成是社会这个大系统中的一个子系统，不仅关注教学系统的内部结构，而且将教学系统与具有提供学习资源潜在可能性的社会系统联系起来。

第四，为制订计划和解决问题提供了系统工具，如流程图。

第五，为教学设计提供了系统分析方法，用以分析教学设计系统各要素对教学产生的影响。

◆ **思考**：教学是一个系统，教学设计就是在这个系统中展开的。结合你的学习教学经验，画一个教学系统的结构图，并标出设计中不可忽略的元素。

◆ **方式**：可以自己独立完成，也可与他人合作完成。

【延伸阅读】

★ 施良方．学习论[M]．北京：人民教育出版社，1994．

★ 陈琦，刘儒德．当代教育心理学[M]．北京：北京师范大学出版社，1997．

---

① 盛群力，李志强．现代教学设计论［M］．台北：五南图书出版股份有限公司，2003：490．

【悦　读】

也论教学设计与教学论——与李秉德先生商榷①

何克抗

摘要：通过对美国所用教学论术语的分析以及60年代以来美国在教学论领域发表的大量著作证明美国存在和我国相类似的“教学论”学科；在此基础上，作者对教学论和教学设计这两门学科的内涵作了严格界定，并对二者进行了分析比较。比较结果表明，教学设计和教学论的研究对象并不相同。

“教学设计”与教学论②

李秉德

摘要：文章论述了“教学设计”的含义及与教学论的关系，倡议二者应该首先找准位置，分工合作，共谋发展；二要从自己本身求改进，从而改变“你中有我，我中有你”的现状。

第四讲　教学设计与传统教案

以往的教案撰写是将教科书里呈现出来的教学材料，由教师单方面从教的角度确定教学目标、安排教学内容、规定教学步骤，单向线性传递给学生，与此相比，教学设计是将教师、学生、教学内容、教学环境组成一个有序的教学系统，是由分析、计划、实施、评价、修改等五个环节构成的一个非线性结构。教师通过对各环节中的核心元素进行优化组合，使学生在这个优化的系统中得以自由地、最大限度地发展。教学设计既不是一种形式化的拟定教学方案，也不是简单地排定教学内容的步骤，而是一项遵循必要程序，运用科学方法，使教学趋向理性化、科学化的系统设计。

①② 李秉德与何克抗曾分别撰文，论述了各自对“教学论”与“教学设计”两门学科的理解，其主要观点分别呈现于《“教学设计”与教学论》和《也谈教学设计与教学论——与李秉德教授商榷》，在此仅摘录两篇文章的摘要，对此问题感兴趣的读者可自行阅读下面两篇文章：李秉德.“教学设计”与教学论［J］.电化教育研究，2000（10）：11－13.何克抗.也论教学设计与教学论——与李秉德教授商榷［J］.电化教育研究，2001（4）：3－10.

◆ 核心内容

从知识传授转向满足学生发展的需要

从“教教材”转向“用教材教”

从“群体性”的设计转向对学生个体差异的关注

从目标的模糊性表述转向目标设计的整体性、层级性、具体性

从对学科知识的点状设计转向对立体网状知识的强调

从单向线性传递转向非线性的多维联动设计

关注学习环境的设计

◆ 学习准备

比较表1-1-4-1和表1-1-4-2，指出两份设计表格的差异所在，与同学或同事讨论你们对这些差异的看法，最好能形成一些共性的观点，可列举在书页的空白处。

表1-1-4-1　表格教案举例

姓名：	学校：	年级：
课题/授课内容		
教学目标： 教学重点： 教学难点： 教具、学具准备：		
教学过程		
一、复习		
二、新授	教师：提出问题…… 学生：给出答案…… 教师：…… 学生：…… ……	
三、练习		
四、总结		

表 1-1-4-2　教学设计表举例

<table>
<tr><td>姓名：</td><td colspan="2">学校：</td><td>年级：</td></tr>
<tr><td>课题/授课内容</td><td colspan="3"></td></tr>
<tr><td colspan="4">一、教学目标确定的依据
1. 教材分析
（1）该教学内容所处单元的知识结构分析
（2）该教学内容的教学价值分析
（3）体现教学价值的教学策略的选择和教材处理情况说明
2. 学情分析
（1）学生对于所要学习内容的已有经验和个体差异
（2）学生对于所要学习内容的各种可能与困难障碍分析
（3）学生发展的需要和对学生可能达到的发展水平的估计</td></tr>
<tr><td colspan="4">二、教学目标
（1）目标一
（2）目标二
（3）……</td></tr>
<tr><td colspan="4">教学流程设计</td></tr>
<tr><td>教学环节</td><td>教师活动</td><td>学生活动</td><td>设计意图</td></tr>
<tr><td>开放的导入</td><td>教师提出大问题
思考如何“放”下去？
以怎样的方式呈现学习资源？
如何有效利用这些资源？
怎样促进生生、师生互动？
应对学生各种可能的方案是什么？
思考如何“收”得有层次？</td><td>分析学生对问题思考的可能状态</td><td>阐述要这么设计的理由，体现哪些认识和追求，设计背后的理论支撑又是什么……</td></tr>
<tr><td>核心进程推进</td><td>核心问题域的生成与展开
问题之间是否有内在关联？
问题的思考是否有递进和提升？
如何形成生生、师生的互动？
如何放收合理、自如、有效？</td><td>分析可能形成的问题域
分析学生对问题思考的可能状态</td><td></td></tr>
<tr><td>开放的延伸</td><td>总结提升与内容延伸
是否注意概括性的总结？
是否注意到学习方法特点的提炼？
是否注意到所学内容在新的问题情境中的运用？</td><td></td><td></td></tr>
</table>

一、从知识传授转向满足学生发展的需要

以学生发展为中心的教学设计重在设计激发学生学习动机、促使其更好地接受知识的学习环境，而以知识传授为中心的教学设计重在完成知识传授和掌握知识的任务。尽管这是两个具有明显不同价值取向的设计模式，但从教学的角度来看，以学生发展需要为中心的设计仍然要完成知识传授的任务，其中的知识传递已不再是孤立的传递知识，而是要求知识的获得过程与整个学习环境相适合，学习的启动和控制者是学生而不是教师。如表1－1－4－3所示。

表1－1－4－3　以“知识传授”为中心和以“学生发展”为中心的教学设计比较表

设计模型 观察视角	知识传授	学生发展
教学设计者所持的知识观	知识是客观的，可以从有知识的人那里传递给学生	知识不是纯客观的，是学生在与外界环境的交互过程中主动建构起来的
教学设计者所持的学生观	学生只是知识的容器	学生是知识的积极加工者，每个学生都会对知识有独特的理解
教学设计者眼中的师生关系	教师是知识的源泉，学生的活动要配合教师的活动	教师是学生学习活动的辅导者，教的活动要配合学的活动
规定性理论支持	有比较丰富的规定性理论支持，比如行为主义的“刺激—反应”的规定性理论	基于建构主义思想的教学分析工具和教学策略方面的规定性理论支持
教学过程	鼓励学生模仿、记忆	鼓励学生发现、创造、解决问题
教学结果	获得的知识很系统，但往往是机械的，不灵活	获得的经验可能深刻但不全面

二、从“教教材”转向“用教材教”

叶圣陶说教材不过是个例子。多年来语文教师都是在教一篇篇“课文”，不是将课文当做学习的材料，而是将其当成了学习内容。学习材料是学生获取知识的凭借，可以根据学生的认知水平、学习风格、学力程度、学习需要

进行更替，具有较强的选择性与灵活性；学习内容则是需要学生学习与掌握的具体知识和能力，是无法用其他学习材料进行替代的，具有很强的确定性与直接性。教科书中的课文仅仅是学生获取知识的一种凭借，这些知识以内隐的形式暗含于课文之中，这种暗含着知识的课文是可以用类似的学习材料进行替代的。因此，用教材教的设计内容包括：所学内容所处单元的知识结构；该教学内容对于学生发展的教学价值；如何在教学中体现对价值的追求；教材的结构加工与学生认知结构、生命情感的对接点；选择相应的教学策略。

三、从“群体性”的设计转向对学生个体差异的关注

加涅与布里格斯（L. J. Briggs）认为教学设计应具备四个前提条件：必须为个体而设计；设计应当包括短期和长期的阶段；设计应当实质性地影响个体发展；设计必须建立在关于人们如何学习知识的基础上。以往教师备课是以“群体性个体”[①] 为教学对象，这种为“群体性个体”进行的教学设计，使得所有的学生都面对相同的教学目标、学习资料和教学活动，并使得教师进行步调统一的教学。

现代教学设计则强调满足学生个体主动发展的需要，要求设计教学时要进行差异性设计，无论是教学内容的选择、教学目标的确定，还是教学策略的筛选、教学过程的安排，教学活动的设计都要充分考虑不同学生各方面发展的需要。对学生学习状况的解读和分析，既要分析学生个体的前学习状态，又要分析学生个体的潜在状态，还要分析学生个体的最近发展区。这种分析是把群体中的学生看做一个个有着鲜活生命体征的个体，强调了对学生个性差异的分析，并据此确定不同的教学目标，选择不同的教学内容，设计不同的教学活动。

四、从目标的模糊性表述转向目标设计的整体性、层级性、具体性

从某种程度上来说，语文学科与其他学科的最大不同在于语文教学内容多为只可意会不可言传的缄默性知识，具有较强的内隐性与模糊性。教学的

---

① 这个术语是笔者依据语境的造词。在此想表达的是教师选择教学内容，制定教学目标，安排教学步骤时是把组成班级的一个个学生个体看成是一个以班级为单位的个体，忽略了这些个体在群体中表现出的差异性，认为所有学生的表现都是一样的。虽为群体，实为“个体”，教师设计的教学也是以这个“群体性个体”为对象进行的。

凭借材料是作为语言运用结果的一篇篇文章，需要教师从完成的作品中分析出语言运用规律，再把这些规律性的知识转换成可学的内容，然后再根据学习内容的特点及学生个体的认知特点、情感态度、学力水平来确定相应的教学目标：教学的总体目标、递进的阶段目标和弹性的具体目标。具体地说，教学目标要设定得清楚而明白，教师不仅要关注具体目标在总目标中的位置，还要使之具有一定的层级性，使不同水平的学生都能有所收获。

五、从对学科知识的点状设计转向对立体网状知识的强调

语文教学的基本任务是提升学生的听、说、读、写能力，但构成能力的从属知识与能力是什么，一时很难说得清楚。这些知识与能力零星地分散于不同的课文之中，以往教师在教学时多是遇到什么教什么，自己懂什么就讲什么。如此一来学生获得的知识就在大脑皮层的记忆神经元中呈现出一个个散点。

现代教学设计则要求教师将欲学习的相关语文知识从所选用的文章中剥离出来，置于它所从属的知识网络中，分析它在该网络中的位置，与周边相邻知识的关系，以此确定教学时学生应具备的、可学习的知识层级，这样学生从一节课上所学的知识就能自然地被纳入相应的知识结构，形成学生的认知图式中的知识网络。

六、从单向线性传递转向非线性的多维联动设计

传统教学看重知识的传授，关注知识传递过程的衔接，采用的是单向线性的传播途径，斯金纳的程序教学法就是典型的例子。研究发现，任何知识都不可能以线性的序列存在，均是以命题为单位的网络结构；学习进程也不是将后一次的学习内容有序地排列在前一次的后面。

现代教学设计认为，变数的存在，非线性的特点使得教学设计必须转向一种非线性的多维联动，如此教学就会处于动态的展开，师生也可以根据某一变量，及时地对一些应变量作出调整，或者及时控制变量的方向使其向着预设的方向发展。这样，教学设计就可以随着教学内容、教学目标的不同走向非线性的多维联动。

七、关注学习环境的设计

传统意义的教学设计只把教师、学生、教学内容当做教学中不可或缺的三要素，所有的教学活动均是单向静态的：教师之于学习内容是单向静态的，学生之于教学内容也是单向静态的，教师之于学生仍是单向静态的。

现代教学设计则把学习环境纳入设计的视角，他们主张把学生引入模拟的情境中以解决情境中的问题。环境设计的原则是：习得学习情境并进入真实的生活情境中去，让学习贴近生活，尽量用先进的技术设备模拟问题情境，使学生在情境中感知，加强语义知识和形象知识的连接。

◆ **思考**：1. 现代教学设计是对传统备课的否定创新，还是全盘否定？

2. 上文所列是现代教学设计与传统备课的主要差异吗？它们之间是否也存在一些共同的特征呢？如果存在，请列举出哪些是共同的；如果没有，请阐释你的理由。

◆ **方式**：自主阅读其他材料，头脑风暴。

【延伸阅读】

★ HANNUM W, BRIGGS L. How Does Instructional Systems Design Differ from Traditional Instruction? [J]. Educational Technology, 1982 (1).

★ 徐英俊. 教学设计[M]. 北京：教育科学出版社，2001：12－20.

【悦　读】

传统备课与教学设计的比较分析①

张建南

摘要：随着教育观念的变革和现代教学媒体的广泛应用，教师的备课开始由传统的经验型备课转向现代的科学型教学设计。传统备课与教学设计的教学目的性、计划性、一般程序都相同，但二者教学活动的中心、系统性、过程、教学手段、教学要素的表现均有很大差异。

第五讲　教学设计与语文教学

综观教学设计半个多世纪的发展历程，可以发现它更多地还是停留于宏观层面的理论研究，与中小学各学科课程的联系仍处于一种隔窗对看的状态。各学科教学设计除遵循一般设计规律之外，还具有学科自身的独特性。若要建构一个有独立的研究范畴，明确的研究对象，一套阐释概念、说明原理的话语体系，符合语文教学规律的设计框架，就必须以普适的教学设计理论做基石，融通语文教学独有的教学理论，总结多年来优秀语文教师可复制的教

① 张建南. 传统备课与教学设计的比较分析 [J]. 广东教育学院学报，2000 (2)：139－143.

学经验和教学模式。

◆ **核心内容**

阐释学与语文教学

接受美学与语文教学

对话理论与语文教学

◆ **学习准备**

调查表

1. 你是或即将是一名语文教师吗？

A. 是　　　　　　B. 否

如果回答 A，请继续回答以下问题；如果回答 B，可跳过这一讲，继续阅读本书后面的内容。

2. 你知道一些与语文教学密切相关的理论吗？

A. 知道　　　　　B. 否

如果回答 A，请做第 3 题；如果回答 B，请跳过第 3 题，直接进入第 4 题的作答。

3. 尽你所知列举与语文教学密切相关的理论，及其代表人物。

理　论	代表人物
____________	____________
____________	____________
……	……

4. 请列举你读过的对语文教学有借鉴和启示作用的书籍。

《　　　　　　　　》

《　　　　　　　　》

……

5. 你认为教学设计与语文教学的关系是什么？画出你头脑中的关系图。

请根据上面的小调查，用几个词语概括你对语文教学理论的了解现状。

一、阐释学与语文教学

（一）阐释学

阐释学（hermeneutics）是一门古老的学问，最初主要是解释古代的典籍和作品。阐释学主张对世界、对文本的解释要摆脱个人的偏见和误解，纯客观地理解文本的意义，强调读者参与文本理解和学会理解文本的可能途径。

阐释学解释文本强调遵循以下法则与原理①。

1. 正确理解文本意义的法则

对文本的理解和解释不仅是一个语言的过程，也是一个对文本进行再创造的心理过程。

（1）历史性原则——结合作者所处的时代背景与具体条件理解文本的意义；

（2）整体性原则——在文本所创设的语境中理解每个语词的意义，进而理解作者意图；

（3）代入性原则——进入作者（创作时）的精神境地，重新体验或再现作者的原意；

（4）移情性原则——通过“爱”、“同情心”以及“移情”等因素的作用，把自己融入作者当时的处境，设身处地地想象自己在那样的情况下会如何思考。

2. 任何意义的解释都是建立在“理解前结构”基础上的

“理解前结构”也叫“阐释学处境”，它由“前经验”、“前见”和“预设”三者构成，是解释者产生理解时不可缺少的前提。

（1）前经验——是指理解文本之前解释者的头脑中已存在的东西。如社会环境、历史景况、文化背景、传统观念以及物质条件等。

（2）前见——是指解释者在理解文本之前已有的见解和观点，即成见。

（3）预设——就是解释者在理解之前会对文本有一个基本的假设。

3. 视域是理解的出发点

理解的视域是指解释者在理解某一事物/现象的“偏见”。

4. 作为一种视域融合，理解是一种循环往复的过程

所谓视域融合，是指在理解过程中历史与现代的汇合或沟通。

（二）阐释学对语文教学的启示

语文教学中，教师指导学生理解课文的过程，就是学生个体阐发文章内容的意义建构过程。阐释学为语文教学的设计提供了一种有意义的视角。

首先，在语文教学中，学生如果不主动参与文本的解释活动，就不可能对课文产生意义理解。当学生与文本以共同的观点融合在一起的时候，理解就产生了。

其次，背诵是语文教学中常用的教学方法，但背诵并不等于理解。教学

---

① 参阅钟志贤《阐释学、模糊逻辑、混沌理论与教学设计》一文，部分内容根据语文教学的特点进行了一些调整与修改：钟志贤．阐释学、模糊逻辑、混沌理论与教学设计［J］．电化教育研究，2004（2）：9－14.

应当关注文本创作者（学习内容）和解释者（学习者）所处的不同文化和社会情境，尽力使二者产生“视域融合”。对同一文本的解释，在不同历史时期，从不同的视角，会产生不同的意义差异。这种意义差异将充当一段历史时期与另一段历史时期之间的传承，这种传承是不可能通过背诵完成的，它需要解释者阐释的参与。

再次，由于学生“理解前结构”的差异，教学时就不能要求有某种统一的意义理解或学习结果预定。文本的解释不是一种僵硬的过程，它关涉文本作者所处时代的社会和历史的影响。不可能存在恒定不变的解释，因为解释者通过社会的互动，把变化的历史观点带进了文本意义的理解过程之中。

最后，语文教学内容的开放性，又使得教学追求个别化的和社会性的活动。阐释学强调在理解产生之前，作者和读者之间必须能相互分析和解释对方的意义编码。在运用文本进行交流/对话的情境中，参与解释的双方必须不断地调整思维方式进行信息解码和编码，因此每个对话/交流都是独特的、不可重复的。

二、对话理论与语文教学

（一）巴赫金的对话理论

20世纪20年代至70年代俄国文艺理论家巴赫金（M. M. Bakhtin）通过对陀思妥耶夫斯基复调小说的研究构建起“对话”理论。对话理论指出文学与生活之间，不是简单的反映与被反映的关系，而是一种对话的关系，甚至是一种互文的关系；图像与文字之间也是一种不同符号间的互文关系。未完成性、不对称性、独立性和复调性是以语言媒介展开对话的四个基本特征。

1. 未完成性

“未完成性”是巴赫金对话理论的一个重要概念，主要指向未来，指向文本中尚待完成的区域。文本是一个以语言为表征的符号结构，它不同于一般的历史存在物，除了有限的部分被书写固定下来，作者创作时的完整心境、当下心理现实以及文化背景绝大部分均已消失，只留下一个有待读者重新阐释的符号世界。

2. 不对称性

交流活动可分为两类：一类是对称交流，对话双方均在场，各以自由的主体进行双向或多向的交流；一类是非对称交流，表现为信息单向传输，一方传出信息，另一方只被动接收，双方无法进行信息的反馈校正。读者对文本的理解过程就是一种非对称的交流。它表现为读者向文本传递信息时，文本无法接收，而文本向读者传递的信息，读者又只能被动地接受，无法将自己的理解反馈给文本，并得到文本的回应。正因为文本对读者、读者对文本的信息输入都是单向的，所以也就无法在读者阅读文本时建立起一个调节双方有问有答的特定时空——中介语境，也找不到一个共同的参照系来把握文本与读者的关系。文本的规定性不能像面对面交流那样具有明确的指示性与确定性，文本不能像在日常交流中那样去肯定、否定和修正对方的理解，读者也不能检验他自己对文本的解释是否恰当、合理，除了依靠自己对作品书面文字的理解去窥探、猜测作者的意图外，别无他途。

3. 独立性

“对话”理论要求将他人真正地看成与自己完全平等、与自己一样拥有独立声音的主体，“他者”是个人存在的不可或缺的构成部分。在巴赫金看来，作者是行为主体，创作的主体；而主人公虽然是行为主体的产物，是作者的创造，但他却是一个有生命力的个体，一个有着自主性的主体。所以，他一再强调主人公应是“在场者”，不应是“缺席者”，是相对于作者而独立平等存在的“你”。

4. 复调性

巴赫金认为“两个声音才是生命的最低条件，生存的最低条件”①。他发现作家的创作是一种对话的思维方式——无论是展开人物主体意识内部的内心对话，还是展开人物之间的主体意识的公开对话，抑或是作者与人物之间的对话，这种众声合唱的复调性是对“独白式”作品艺术的彻底颠覆。

（二）对话理论对语文教学的启示

对话意味着对话者之间的相互尊重，承认在“我”之外还有与“我”价值相当的他人存在。作为以阅读为主要教学任务的语文而言，应该探求的是学生作为教学中的存在者将如何寻找语文教学在“场”的存在状态与存在价值。

第一，文学作品的未完成性，使得以文学作品为主要教学材料的语文教学内容有了丰富的、无限的可选择空间；作者难以在文本中表达出来的完整心境、心理现实和文化背景所留下的有限符号结构，给读者营造的重新阐释的符号世界，又使得语文教学内容带上了不确定性的特点；同时又因作者的缺席，无法校正读者阅读时产生的理解偏差，只能由着读者自己来猜度作者的意图与思想，这也为语文教学的多向度理解提供了理论基础。

第二，阅读是一种对话，是一种读者与作者、与作品中人物的对话。语文教学实际上构成的是一个“语文学习场”②，这个场以具体的文本为媒介依

---

① 巴赫金. 诗学与访谈［M］. 白春仁，等，译. 石家庄：河北教育出版社，1998：340.

② 物理学认为，“场”是一种特殊的物质，是物质存在的一种特殊形式。此处“场”的概念，即指语文课堂上三要素之间构成的相互交叉关系的课堂存在。

存于每一节语文课。在实施教学之前，学生运用自己积累的语文知识、与文本对话、与文本的作者对话、与文本中的主人公对话，这个对话的过程在程序上属于学生的前单向对话过程；与之同时发生的是，教师也会与文本构成一种前单向的对话关系，如图1－1－5－1所示。

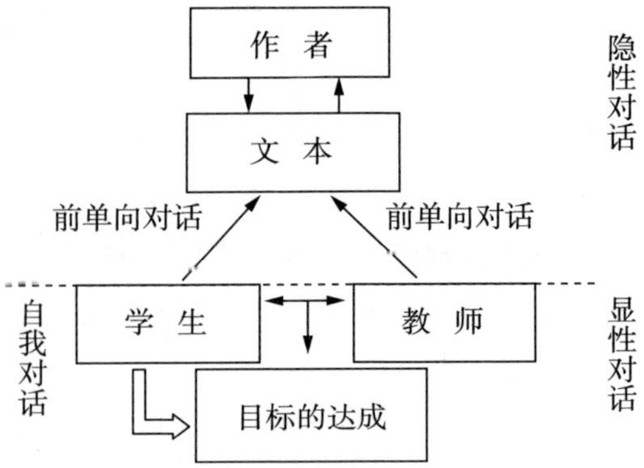

图1－1－5－1　基于文本的课堂对话模式[①]

教师指导下的语文阅读是一个多向的不对称性对话场。首先是教科书的编者与文本的对话，教科书中的提示、注释与练习，就是编者与文本对话留下的记录；其次是教师与文本、与编者的对话，教师课前对文本的研读，确定的教学重点与难点，形成最终的设计预案就是教师为了教学，与编者、与文本、与隐性的学生对话后留下的印迹；再次，学生以自己的阅读积累为前提，以一个独立、自由的个体与作品中的人物进行对话，在阅读中尝试填补作者留下的语言空白，就是学生与文本对话的阅读经历。同时，教师在课堂上的讲授，学生阅读与听课后发表的见解，又是师生间对话的留影。在这个对话场中，有多重的对话关系网存在，具体而言，有师本对话、生本对话、师生对话和生生对话，以及教师的自我对话、学生的自我对话，等等，如图1－1－5－2所示。

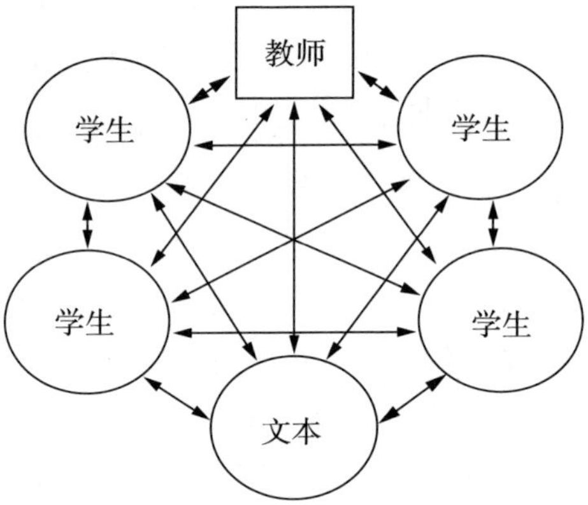

图1－1－5－2　基于文本的课堂师生关系网

在此，需要注意的是“语文学习场”中的对话，基本上都是不对称的对话，即便是师生均在场的对话也是一种隐性的不对称。教师与学生虽然同处课堂这个“在场”，对话的双方均无“缺席”，但由于教师与学生在阅读同一文本时的经验、经历、文化背景的差异性，使得此时的对话看似是一种真正的对话，其实是一种师强生弱的不对称对话。巴赫金强调每一个在场与不在场

---

① 孙建军. 语文对话教学［M］. 上海：复旦大学出版社，2008：10－11.

的人都有自己的独立意识，有对他人、对世界的话语言说权。因为参与对话的人都是一个独立自由的主体，学生作为一个独立的阅读个体，在文本的阅读过程中也有自己对作品的理解及观点，尽管这些观点还显得有些稚嫩，有些不成熟，甚至有些是错误的，但教师作为一个有着丰富阅读经验的成熟读者，不是将自己的所得的阅读经验及阅读结论灌输给学生，硬性地塞入学生的头脑中，而是引导他们寻找所得观点不正确的原因，寻找思维过程中的指向尚未完成区域的歧路。所以，设计教学时要特别注意这种师强生弱、看似对话的假对话的不对称性，这种不对称对话的直接后果就是抹杀了学生阅读中形成的自主阅读的意识，压抑了学生阅读时文本情感所引起的心理变化。

第三，对话理论对小说"复调性"的研究，为小说的解读提供了新视角，突破了以往教学中人物、环境、情节的浅层阅读，引领学生从小说的叙事结构、叙事层次、叙事者进行深层阅读，从作品中的空白与不对称的对话中捕捉作者创造人物时的心理轨迹。鲁迅《祝福》中的"我"，与"四叔"的见面除了寒暄之外再无赘余的对话，但就是这种以双方沉默而告终的对话，表征出双方是两个冰火不相容的话语体系，两人虽然相遇但却在内心相互排斥，激烈的撞击之后又各自回到了原来的运行轨道，对话中双方的"沉默"、"失语"便是潜对话中矛盾的白炽化升温。

三、接受美学①与语文教学

（一）接受美学

接受美学（acceptance of aesthetics，亦称接受理论）发轫于20世纪60年代的德国，是解释学与对话理论在文学领域的直接延伸。姚斯（H. R. Jauss）1967年发表的《文学史作为文学理论的挑战》（*Literary History As a challenge to Literary Theory*）被认为是接受美学形成的宣言。接受美学的主要思想如下。

1. 文学作品是为读者阅读而创作的

接受美学认为一部作品即使印成了书，在读者没有阅读之前也只是半成品，不过是一叠印着铅字、经过装帧的纸张。未经读者阅读的书是文本，经

---

① 有关"接受美学"方面的论述，作者主要参阅了以下文献：
杨丽慧．接受美学理论渊源及其对教育的新启示［J］．兰州学刊，2004（3）．
朱立元．接受美学［M］．上海：上海人民出版社，1989．
姚斯，霍拉勃．接受美学与接受理论［M］．沈阳：辽宁人民出版社，1987．
马以鑫．接受美学新论［M］．上海：学林出版社，1995．
此外，还参考了"全国中小学教师继续教育网"中的一篇文章
佚名．接受美学【EB/OL】．［2011－12－10］．http：//www. teacher. com. cn/CourseDemo/ttg001a/wenzhangjiedulun/html/llianjie/jieshoumeixue. htm.

过读者阅读的书才是作品。

2. 强调读者在阅读过程中的接受作用

读者之于作品不是被动的反应，而是主动的、具有推动文学创作过程的功能。在实际的文学创作过程中，不能把文学创作简单地看成作家为读者创作作品、作品对读者发生影响，还应看到读者影响作家的创作，是促进文学发展的一个决定性因素。

3. 同其他活动一样，文学阅读是人类各种活动中的一种

阅读是一个再创造的过程，也是读者变革自身受作品潜在功能影响的过程。读者对一部作品产生积极，还是消极的反应，取决于作品的性质。即使读者对同一部作品的价值评论是一致的，每个人在说明理由时也可能千差万别。一部作品，不仅后人会作出不同的解释，就是在它发表时，也会被同代人作出不同的解释，甚至同一个读者，对待同一部作品，每一次阅读都会产生不同的理解。

4. 文学的接受活动可分为社会接受和个人接受

一部作品脱离作者之后，在到读者手里之前，已经取得了社会占有的形式。参与社会接受的人，主要是文学研究工作者，他们通过出版物、报告、讲座，表达自己对作品的理解。个人接受主要受读者的世界观、思想意识、所属阶层、经济状况、文化水平、审美需要、年龄性别等制约，读者在接受过程中所获得的经验、认识，都会或多或少地影响到读者的感受与思维方式，影响到他的处世态度和行为方式，影响到他对社会的看法。

（二）接受美学对语文教学的启示

接受美学认为“读者决定一切”，文学的最终意义是靠读者去完成的。在语文教学中，学生即是读者，教科书中的每一篇文章只有通过学生参与其中的阅读才能成为真正的作品。学生对作品的阅读不是被动地接受教师的讲解、阐释的，应遵循接受美学中读者参与作品创作的原则，让学生对文本充分阐释，从中发现、补充文本意义。需要注意的是学生作为读者，由于教师的介入而与普通读者又有所不同，其区别表现为以下几个方面。

1. 接受能力的同一性

学生因其年龄段的相对同一性、社会阅历的相似性，对文艺作品的接受呈现出能力层次的同一性。

2. 接受内容的规定性

学生接受的文学作品是传统名篇，表现手法较为规范，内容比较单纯明净，主题明显浅露。这些作品一般是以教学的形式规定了学生的接受活动。

3. 接受目的的单纯性

学生阅读的对象（课本）是经年沿袭的，具有相对稳定性，他们不需要特别关心文坛动态，其主要接受目的就是理解课文，掌握技能，以能分析、解读其他文章，所以其接受目的具有相对的单纯性。

4. 文本阅读的双向性

语文教学中，学生的阅读是教师指导下基于文学作品的一种双向传递的过程。接受美学认为：未经过读者阅读的文本是第一文本，经过读者阅读后的第二文本才是作品。同一部作品作为第一文本是相同的，但作为第二文本则会因人而异。从教学过程来看，教师要传递的内容是“第一文本”，而学生对第一文本进行加工、改造后形成的新认识和新观点才是“第二文本”。语文教学的关键取决于学生形成的“第二文本”，而不是“第一文本”。也就是说，教师应把教学的重点从“第一文本”转至“第二文本”，重视学生对“第二文本”的反馈、整理和分析。

5.“期待视野”的变动性

所谓“期待视野”是指文学接受活动中，读者原先各种经验、趣味、素养、理想等综合形成的对文学作品的一种欣赏要求和欣赏水平，在具体阅读中，表现为一种潜在的审美期待。[①] 阅读过程中，读者的“期待视野”并不是固定不变的，它处在不断建立和改变的过程中。

◆ **思考：** 下面是一段摘自教育杂志的语言，请辨析此处的“对话”，与文中的对话理论所指是否为同一事物，并说出你的理由。

对话的实质是交流。所以讲授和分析未必就不是对话，浅显的问答也未必就是实质性的对话。对话有潜对话和显对话之分。如果说在“语文教学应在师生平等对话的过程中进行”表述中的“对话”是属于显对话，那么在“阅读教学是学生、教师、文本之间对话的过程”的表述中的“对话”却既含有显对话的成分，也含有潜对话的成分了，因为学生与文本之间、教师与文本之间的对话主要是以无声的形式进行的。

◆ **方式：** 在与同伴讨论的基础上，独立概括讨论的观点。

【延伸阅读】

★ 姚斯，霍拉勃. 接受美学与接受理论[M]. 周宁，金元浦，译. 沈阳：辽宁人民出版社，1987.

---

① 朱立元. 接受美学［M］. 上海：上海人民出版社，1989：13.

★ 巴赫金. 小说理论[M]. 白春仁，等，译. 石家庄：河北教育出版社，1998.

【悦 读】

后殖民批判教学法视野中的教师角色分析
——以高中语文选修课教师为个案①

张秋玲　闫苹

后殖民批判教学法主张语文教师应放弃“专家式读者”和“权威性解读”的角色，转向课程教学的设计者、选择性学习的指导者和参与者、教学情境的创设者、课程资源的开发者。这是后殖民语境下对教师角色定位的全新阐释。

① 张秋玲，闫苹. 后殖民批判教学法视野中的教师角色分析［J］. 教师教育研究，2009（12）：34－40.

单元二　影响教学设计有效性的因素

美国韦恩州立大学（Wayne State University）的里奇（R. Richey）教授在作了大量分析研究的基础上，找到了影响教学设计成败、学生学习成绩高低的四个变量：学生、内容、环境和传递，进而推导出影响学生的学习成绩及教学设计的学习变量之间关系的回归方程式：

$$Ach = bL + bC + bE + bD + e$$ ①

方程式中的 Ach 代表学生的成绩（achievement），“L”代表学习者（learner），“C”代表学习内容（content），“E”代表学习环境（environment），“D”代表教学信息的传递（delivery），“b”代表由每个变量引起的可计量的学习效果的百分比，“e”代表错误（error）量，或是设计过程中某些不能解释的结果，如图 1－2 所示。

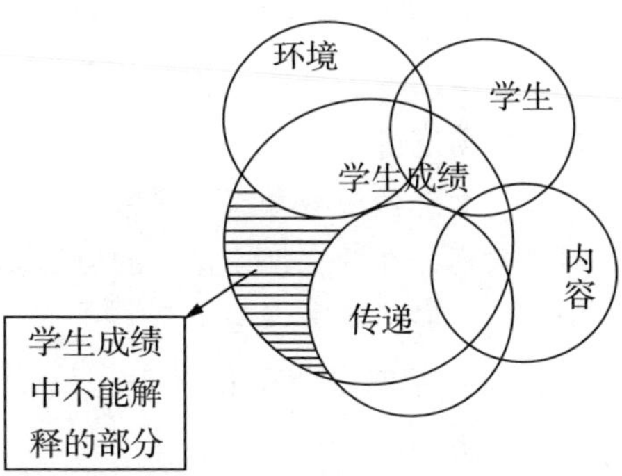

图 1－2　学生学习成绩与设计（学习）变量的关系

教学是一个由师生双方共同参与的复杂过程，许多因素都会从不同维度、不同层面，在不同时期对教学产生程度大小不同的影响。这些影响因素根据可控与否，分为可控因素与不可控的因素。可控因素可以在教学的设计阶段对其进行合理计划，规避其不利的一面，彰显其有利的一面，使教学在适宜的“环境”中发挥最大的效益。从图 1－2 可知，除去学生成绩中那些无法解释的部分难以进行分析与研究之外，设计教学时可通过对学生、传递（教师）、教学内容、教学环境的调节来提高教学效率。

第一讲　课堂教学中的主体：学生

语文学习是一种通过他人的语言文字体验人生的独特历程，学生是无数独

---

① 盛群力，李志强. 现代教学设计论［M］. 台北：五南图书出版股份有限公司，2003：507.

特的、有着鲜活生命体征的个体，不同学生会从这里获得多样的思维品质与人生感悟，对差异性、独特性的尊重是每一位语文教师面对课程变革的唯一选择。

◆ 核心内容

学习需要 学生的当前状态与目标状态的差异。

起点行为 学习新的学习内容之前，学生对新的学习内容的知晓情况，已具备的有关从属知识及能力，对新任务完成起重要影响的先决智能和情感条件。

学力水平 即维果茨基的“最近发展区水平”，是学生在教师的帮助下能够表现出来的学习潜力。

认知结构 是大脑内部处理外来新信息及处理方式的能力。

◆ 学习准备

下面是两节教学汉语拼音“a、o、e”的片段，一样的教学内容，一样的教学目标，在两个学情相似的班级内由两位不同的教师执教。请阅读这两个教学片段，完成以下学习准备：

（1）与同学一起运用“头脑风暴”、“画概念图”的方法，寻找两位教师成败的原因。

（2）案例之后附有评析，可在比较阅读中，画出你没有想到的原因或在评析下方的横线处补充评析中没有考虑到的原因。

◆ 案例一

上课了，老师刚出示手里拿着的教学插图，就有许多学生发出“a—a—”的声音，老师立即把图片藏在了身后。组织一阵教学，等大家安静后又拿出图片，可下面仍传出低低的“a—a—”声……

老师：图上画的是什么？

学生：a。

老师：老师问的是图上画的是什么？

学生：医生在给小孩看病。

老师：医生在给我们看嗓子时，让我们发什么音？

学生（无序地答道）：a—a—

老师：图下的这个字母就读……（还没等老师读，学生又读开了）

◆ 案例二

上课铃响过后，学生迅速在座位上坐好，教师开始实施教学。

教师先出示图片，当学生口中随便发出“ɑ—ɑ—”时，教师鼓励他们说：“我知道许多同学都会读，我要找最守纪律的同学来当小老师教大家。”学生们立刻把腰板挺得直直的，小嘴闭得紧紧的。这时老师找了一名学生站到前面并提示大家：“注意听他的发音对不对？注意看他发音时的口型是什么样的。谁听得看得最认真，我们就选他来当下一个小老师。”当学生掌握了 ɑ 的读音后。老师出示图片，讲清医生在给我们看嗓子时，我们张大嘴巴发的就是 ɑ 音。

评析

为什么同样的教学内容经不同教师的处理，课堂气氛、教学效果却大相径庭呢？究其原因就是两位教师在教学前对学生头脑中已有汉语拼音水平的认知重视程度不同，这是两位教师取得不同课堂教学效果的本质所在。第二位教师在教学前已充分地了解了学生的已有知识储备，分析了班内同学的学习起点，确定了学生已经知道了什么，他们现在最想做什么——学习期待；第一位教师则忽略了班内有些学生已经认识“ɑ、o、e”，教学是从零起点进行设计的。两位教师的差异，反映的不是教学方法的问题，也不是设计艺术的问题，更不是教师素质的问题，而是教师观念中的学生观问题。

你的补充：

一、学生的学习需要

学生是教学中的重要因素，没有学生也就没有教学，教学的根本目的就是促进学生的主动发展。因此，对学生前在状态和潜在状态的解读和分析在教学设计中就显得尤为重要。学生的前在状态和发展可能之间的差异，一方面构成了学生可能获得的真实发展；另一方面构成了学习需要。学习需要是学生目前的学习状况与所期望达到的学习状况之间的差距，是学生现有学习成绩与目标成绩之间的差距，是学生已有水平与期望达到水平之间的差距，如图 1－2－1－1 所示。

期望达到的学习目标	-	目前的学习成绩	=	差距（学习需要）

图1-2-1-1　学习需要分析模型

学习需要分析相对于一般教师而言，是一项操作比较复杂的教学技能。分析学习需要常按照以下四个步骤进行。

第一步，规划。规划首先是确定分析对象；其次是选择收集有关学习需要的数据的方法和策略（收集数据的方法有：发放和回收问卷、使用评估量表、面谈、组织小组会议、进行案卷查寻等）；再次是进行系统的分析；最后确定收集数据的对象。

第二步，收集数据。收集数据要考虑样本的大小和结构，样本必须是每一类对象中具有代表性的个体。此外，还要考虑日程安排、分发、收集问卷等工作。问卷的回收率是收集数据的关键，一般应达到75%～85%的回收率。

第三步，分析数据。分析结果是经过优化后列出的，需要的优化顺序可根据经济价值、影响、某种顺序量表、需要呈现的频数、时间顺序等进行排列。

第四步，编辑最终报告。这一步包括概括地分析研究的目的；简要地描述分析的过程和分析的参与者；用表格或简单的描述说明分析的结果；以数据为基础提出必要的建议。①

《在马克思墓前的讲话》是通用高中各版语文教科书中的一篇经典选文。请你根据所提供的虚拟班级学生的基本情况以及相关文本材料，运用上述的学习需要分析程序确定该班级学生学习此文时的学习需要。当然，如你有更简单的方法也可以使用，注意在填写你的分析时记下你所使用的方法。先自己分析，再对照横线下方给出的学生学习需要分析，进行比较、修改或补充。

◆ 单元构成

人民教育出版社必修（二）第四单元：《就任北京大学校长之演说》《我有一个梦想》《在马克思墓前的讲话》。

◆ 单元说明

这个单元学习演讲辞。

---

① 转引自：徐英俊. 教学设计［M］. 北京：教育科学出版社，2004：77-80. 引时根据语文学科的特点有修改。

演讲，是传播知识、发表见解的重要途径，是沟通心灵、争取同盟的有力桥梁，在人们的社会活动中起着积极的作用。而演讲辞作为演讲时的文稿，是演讲成功的基础和重要组成部分，它除了具有观点鲜明、逻辑性强的特点外，还要运用多种艺术手法，鼓舞听众的情绪，唤起他们的共鸣。

学习这类文章，要善于抓住文章的主旨，明确作者的主要观点，同时注意理清文章的结构，把握其深刻透彻的说理方法。另外，还要注意体会演讲辞的情感力量和多样化的表现手法，揣摩其中的感情、语气和表达技巧，达到学以致用的目的。

课文：略。

◆ **学生情况**

区重点学校的高一实验班，全班35名学生，其中男生20名，女生15名。学生均有很强的学习自觉性，课前能够根据自己的学习兴趣进行学习准备，能够收集、筛选、整理对理解课文有较强启发性的相关资料并自行阅读。有3名学生喜欢演讲或朗诵，其中1名学生获得过全市演讲比赛一等奖；有2名男生不喜欢在众人面前说话，但很有自己的思想，文字功底很好，书面表达能力也不错。学生在初中已接触了一些演讲辞的课文。如闻一多的《最后一次讲演》，毛泽东的《为人民服务》，里根的《真正的英雄》，丁肇中的《应有格物致知精神》等课文。

你的分析：

学生学习需要分析

第一步，规划。根据班内学生的基本情况，可将学习此文的学生分为三个层次：一是对演讲感兴趣，又有很强表现欲的学生；一是对文本感兴趣，但是不愿在众人面前发言的学生；一是班内的大多数其他学生。针对这种情况可用面谈、分析单元特点及书面测评等三种方法收集所需的数据。

第二步、第三步，收集数据，分析数据。

（1）面谈

利用课间休息的时间分别与三类学生中有代表性的学生进行交流。在交流中了解到第一类学生的问题兴奋点是如何能感染听众，唤起他们的情感共鸣；第二类学生的难点在于如何辨别演讲辞中的主要观点，他们的困惑是听完后不知道演讲者讲的是什么，他们的问题是听不出话语的重点，这是典型的视觉型学生①；第三类学生有在众人面前表达的想法，但总不敢迈出尝试的第一步。通过与不同类型学生代表的闲谈、聊天，可以对所得数据进行初步的整理，概括出三个层次的学习需要。

（2）单元分析

本单元的课文组成是一组在公共场合发表的演讲文章，这些是学生的学习对象，也是达成本单元教学目标的学习材料。演讲辞最基本的特点就是感染听众，使听众的情感与演讲者产生共鸣，从而认可演讲者的观点，或按演讲者的要求去行事。因此，演讲者唤起听者共鸣的手段（工具）就是语言，所以演讲辞的语言与其他文体语言的差别应是本单元学习的重点，用不同的语言传递不同的情感也是不同类型学生学习该单元的共性需要，即用不同的语言传递演讲者不同的情感，重在以事说理。具体到《在马克思墓前的讲话》，就是学习演讲者用平实的语言，确凿的事实向听众传递悲而不哀的情感。学习此文可从寻找文中传递情感的语言切入。

单元说明中指出："要注意体会演讲辞的情感力量和多样化的表现手法，揣摩其中的感情、语气和表达技巧，达到学以致用的目的。"具有情感力量是演讲辞的突出特点，这一特点主要体现在演讲辞语言的运用上，抓住演讲辞的语言特点就抓住了其情感特点。这一策略同样适用于阅读本单元的其他课文，学生从分析语言入手，能够感受到《就任北京大学校长之演说》语言的平实，《我有一个梦想》语言的激情澎湃。

（3）书面考察

从测评学的角度来看，这种对学生学习需要的考察被称为诊断性测试。书面考察可有三种方式：一种是全封闭问题测查，即问题的答案均为客观唯一的标准答案；一种是全开放问题测查，即问题的答案根据作答者的情况呈现多元的情形，没有唯一的标准答案；另一种是混合编题，封闭问题与开放问题按一定的比例进行编排，这种方式是一种诊断学习需要及学习起点常用的方式。

因本单元的文体所限，且此次考察仅是对学生学习需要的初步调查，书面考察宜选用第二种全开放的问题测查，题目如下：

到了高中，学习日趋紧张，许多同学以各种借口躲避卫生值日或每周的

① 从感官偏好的角度将学习者的学习风格划分为四种类型：听觉型学习者，视觉型学习者，触觉型兼肌肉运动知觉型学习者，分析型和全脑型学习者。视觉型学习者通过看、观察和观测来学习，在视觉记忆方面有很强的优势。他们阅读时往往通过字的外形和构造来识别单词。可参阅：RIEF S，HEIMBURUE J. 全纳课堂的有效教学——满足不同需求的方案、课程及活动［M］. 牛芳菊，译. 北京：中国轻工业出版社，2005：13.

大扫除，请你以“一屋不扫何以扫天下”为中心观点，阐释你的主张。(300字以内)

这是一个随堂10分钟左右的书面考察，目的是通过让学生在没有任何准备的情况下，分析其学习本单元之前所存在的问题，以确认可以通过教学设计来解决的学习问题。全班33人（2人缺席）的作答反映出一个突出问题是：学生基本是在用他人的语言表达他人的思想，而不是用自己的语言表达自己的思想，生成自己的智慧。这是一个可以借助本单元的学习，通过教学设计解决的问题，也是该班学生的共同学习需要。

第四步，编辑最终报告，填写学习需要评估表。通过以上对数据的收集与分析，根据学生的基本学情，可以初步确定虚拟班级的学生学习本单元及学习《在马克思墓前讲话》的学习需要，如表1－2－1－1所示。

表1－2－1－1　学习需要评估表

类目	学生表现		
学生类型	第一类	第二类	第三类
学习现状	感情丰富，语言流利，不能用恰当的语言传递自己的思想与感情	知道什么是演讲辞及演讲辞的特点，但从没有演讲的经历，不能很好地通过文本语言体会语言中蕴涵的情感	有较好的语言表达能力，对文本语言有较强的解读能力，但口语表达不是很好，想的、写的比说的好，在众人面前说话易紧张、结巴、手足无措
学习目标	1. 能辨析表达不同情感语言的特征 2. 尝试学习用自己的语言表达自己的情感、观点和思想 3. 准备一个一分钟的即席演讲		
学习需要差距	1. 确定自己想要表达的情感、观点或思想是什么 2. 从自己的生活积累或学习积累中寻找能表达其情感的语言，尽可能地全部提取出来（感到的需要）	1. 需要有一次演讲经历 2. 逐步学习辨析不同语言在具体文本中的语境义，能够初步捕捉文本传递情感的语言（表达的需要）	需要在众人面前说话的机会，消除在众人面前发言的畏难情绪及恐惧心理（感到的需要，表达的需要）

续表

类目	学生表现		
学生类型	第一类	第二类	第三类
原因分析	固式的、公共的传统教学语言，禁锢了学生原本鲜活的、充满生命张力的个性化语言	1. 自己对演讲不感兴趣 2. 没有在公开场合说话的欲望 3. 找不到文中关键性语句及这些语句中的关键词 4. 日常的阅读积累不够，对议论性文章的特点不是很理解，分析此类文章的方法比较教条 5. 整合多维语言信息的能力不足	1. 可能在学习或成长过程中有过口语表达不畅的尴尬 2. 性格比较内向，属于“秀于内而讷于言”的类型 3. 自信心不足，怕说错话，惹众人耻笑

二、学习的起点水平

学习总是从一定的起点开始，到某个终点（教学目标）结束。起点是学生认知结构中已有的知识储备、能力构成和价值判断等；终点是通过一个时期的学习活动或从某一则教学材料中完成了即定教学内容的学习后，学生的认知结构中变化了的知识、技能和态度。教师常用的了解学生起点行为的方法有：头脑风暴、讨论、视觉刺激、直接经验、学生作文、肢体语言、画概念图。这里重点介绍概念图的画法。

概念图是一种表征知识结构的方式，是判断学生知识起点与知识层级的常用方法。概念图能够提供更加清晰的上位概念、并列概念和从属概念之间的关系，可以为教学设计中的主要概念、技能、态度、信念、主题和专题提供一种“路线图”。分析学生知识与技能的起点行为，就是帮助学生寻找概念图中的缺失及不完善的联结点，这些联结点就是教学需要弥补的。绘制概念图的基本方法如下。

1. 确定已学的内容中的概念。让学习者根据已学过的知识内容，利用关键概念，列出概念一览表。

2. 将概念符号排序。从最一般的、最广泛的概念开始排列，一直排列到最具体、最狭窄的概念。

3. 按金字塔结构，将所列的概念排列。一般的概念置于顶端，具体的概念按顺序放在较低的层次上。

4. 确定各概念之间的关系。在每一对概念间画一条线，并选定符号，表示两概念的关系。

5. 找出图中不同部分概念之间的关系。在图上标出各种交叉的联接线。

6. 经过一段学习后，重新考虑和绘制概念图。①

图1－2－1－2（见下页）所反映的是一位高一学生在教师的指导下，依据学习《记念刘和珍君》一文应达成的预设教学目标而必须具备的各级从属能力。作为一个在职教师或即将任职的教师，请你依据自己对此文的了解及你阅读此文的基本情况，在图中用“______________”标出你的学习起点，并阐释你确定学习起点的理由或依据。

你的理由或依据：

____

____

____

____

____

____

____

无论你是一个在职的语文教师，还是一个即将上岗的语文教师，指导学生画概念图寻找学习差异、确定教学的始发点都是一件非常重要的工作。首先你自己就要熟练掌握画概念图的方法及步骤，现在请你从一本语文教科书中选出一个单元的其中一篇课文，先画出这篇课文的概念图，再画出该单元的概念图。然后再阅读一些有关“概念图”的学习资料，确定自己是否真正掌握了画概念图的技法。

三、学力水平：潜能

潜能（potentiality）是指个人未来可能发展的潜在能力。潜能不仅是“将要”与“可能”，还是本身实实在在地存在于学生个体的一种可发展的潜力。学生是发展中的人，他们身上展现出的各种特征正处于发展变化之中，每个学生都还存在着相当的“不完善性”和大量的“未确定性”。教学的意义在于促进和提升学生的潜能，即教师根据学生的现实状态，分析其发展可能，通过教学创设条件使学生在“走进”课堂前的起始状态和“走出”课堂后的终结状态之间发生变化。

---

① 徐英俊. 教学设计［M］. 北京：教育科学出版社，2001：101－102.

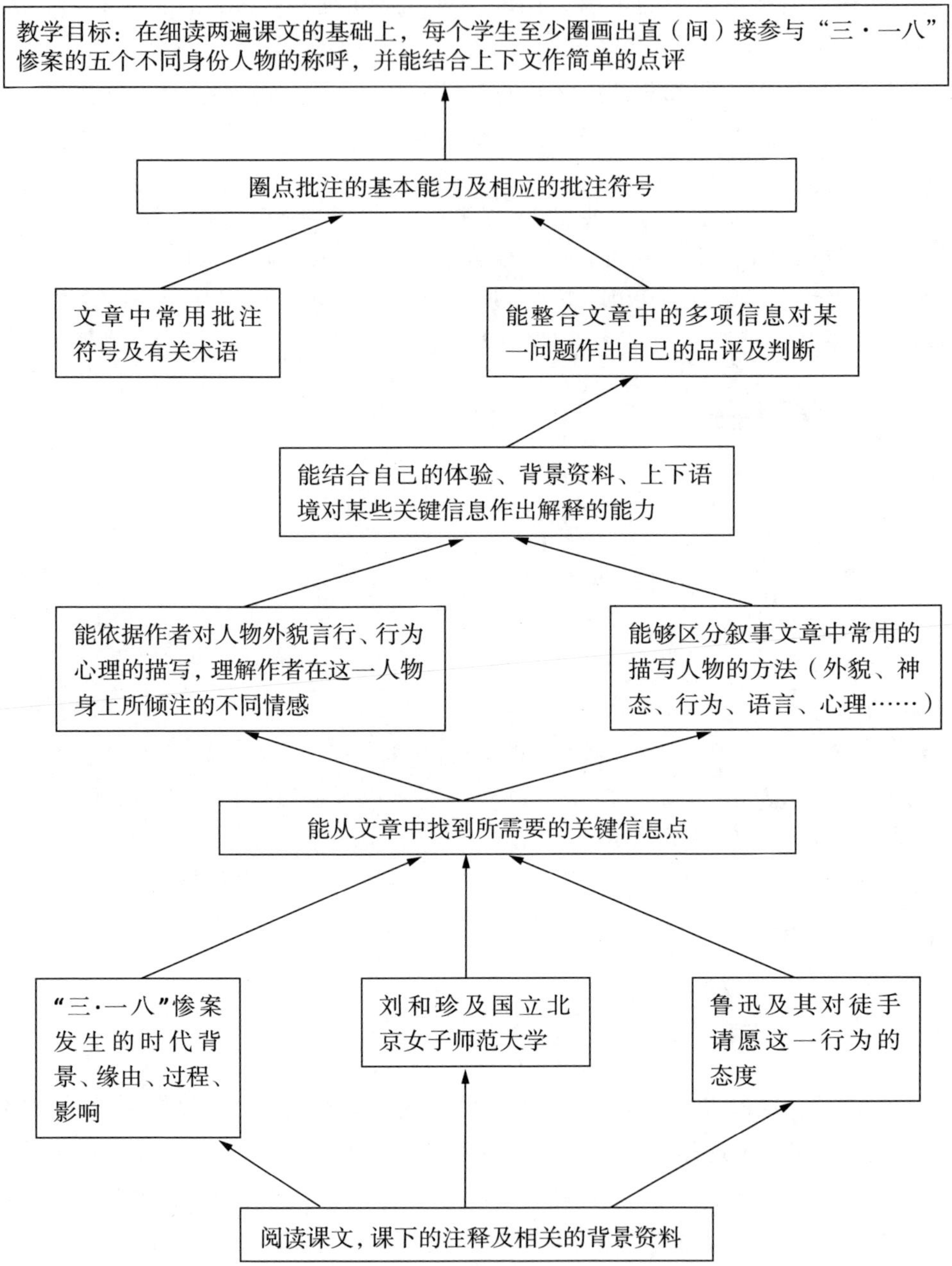

图1－2－1－2 《记念刘和珍君》的概念图

教师应该相信每个学生都是可塑的，都存在可以开发的潜能。绝大多数学生的遗传因子和智力水平都具备了发展的物质前提。然而在教学实践中，一些教师把那些学业成绩不良的学生看成是智力低下的人，认为他们没有发展的潜力，是一块难以雕琢的“朽木”。其实持此观念的教师忘了，“朽木”

尽管是不能够用刻刀去精雕，但在使用了恰当的雕琢工具时也能雕出一件精美的工艺品。我们可以尝试用指甲“掐”的方法进行“掐刻”，说不定“掐”出来的艺术品比“雕”出来的艺术品更具有观赏价值。“雕”是传统教育的培养人的模式，而“掐”则很有可能是现代教育模式下开拓出来的新方式。将“朽木不可雕也”写成“朽木不可雕也，但可用指甲掐”，就是现代教育的一大创新。

◆ **批判阅读**

下面这幅照片中的老人是伟大的物理学家爱因斯坦，照片中那深邃的双眼透视出的智慧令世人为之倾倒。但他小时候并不是一个招老师喜欢的学生。

爱因斯坦的小板凳

爱因斯坦曾在劳作课上交了一个粗陋的小板凳，老师很不满意地说道：“恐怕这个世界上再也找不出比这更丑陋的板凳了。”爱因斯坦却举着另两只小板凳说：“这两只是我前两次做的，刚才交的是我第三次做的。虽然它不令您满意，但比这两只强多了。”

爱因斯坦在念小学和中学时，一般功课属平常，唯有数学成绩远在全班同学之上。由于他举止缓慢，不爱同人交往，老师和同学都不喜欢他。教他希腊文和拉丁文的老师对他更是厌恶，曾经公开骂他：“爱因斯坦，你长大后肯定不会成器。”由于怕他在课堂上会影响其他学生的学习，竟想把他赶出校门。

有一天爱因斯坦跑去问雅各布叔叔：“什么是代数？”叔叔就这样解释：“在算术中有很多问题不容易解决，要算又很难。代数则是‘快乐’的数学，能很容易的帮人们解答困难的计算。我们把不知道的数叫 X，然后来捕捉它。你把它当做已知的东西，建立一些关系，最后你就可以容易地得到它了。”随后，叔叔给了他一本有代数问题的小册子，爱因斯坦很快就学会了解决里面的问题。

评析

爱因斯坦的故事大家知道的很多，以上所摘录的只是其成长过程中的一些小插曲，而这些小插曲反映的问题还不在于教师的这种期望和猜测，更多是在于教师对爱因斯坦优异的数学成绩的忽视，眼睛盯着的是爱因斯坦的劣势：动手操作的能力与语言能力。教师根据爱因斯坦的日常行为表现就对他进行了先入为主的评判，根本没有再去思考数学成绩优异的爱因斯坦为什么不愿与同学交往，为什么自己与同学都不喜欢这个孩子，这个孩子是否真的是因为笨而造成行为的反常呢？爱因斯坦的案例又可引出另一个思考，当今的学校教育究竟是“补短”教育，还是“扬长”教育？如果是“补短”教育，通过教学的干扰，先天某一方面不足的学生个体，是否真的能在这方面得以补救呢？如果教育是为了“扬长”，又如何建立多元评价的机制，给予不同特长的人以公平、公正的评价呢？

◆ **思考**：阅读“悦读”中的“皮格马利翁”的故事。

爱因斯坦的故事作为反例能否证明皮格马利翁效应的局限性呢？请根据本小节的学习内容，结合自己的教学经历或学习经历，辩证地阐释如何关注学习过程中学生个体的差异性，如何通过设计对学生的个体差异进行“扬长避短”的教学。

◆ **方式**：独立阅读与思考

四、个体认知结构

影响学生接受新学习内容的重要因素是学生的认知结构。认知结构是“学生现有知识的数量、清晰度和组织方式，它是由学生眼下能回想出的事实、概念、命题、理论等构成的”①。也就是说，认知结构是指学生在感知理解客观现实的基础上，在头脑中形成的一种心理结构，是个人全部知识的内容和组织。

哈佛大学心理学家加德纳（H. Gardner）经过多年的研究认为人类智力是多种多样的，个体智力是一种多种能力的综合。在他看来至少存在着九种智力元素：言语/语言智力、逻辑/数理智力、视觉/空间智力、音乐/节奏智力、身体/运动智力、人际交往智力、自我认知智力、自然观察智力、存在智力，不同个体智力元素的组合方式导致了个体智力类型的差异，它们的组合方式也如同每个人的容貌和个性一样千变万化。

---

① 施良方. 学习论［M］. 北京：人民教育出版社，1994：235.

表 1-2-1-2　加德纳的多元智能理论的结构

智能要素	特　征	表　现	体现群体
言语/语言智力	对语言的掌握和灵活运用能力	表现为个人能顺利而有效地利用语言描述事件，表达思想，并与他人交流	诗人、演说家、律师等
逻辑/数理智力	对逻辑结构关系的理解、推理、思维表达能力	表现为个人对事物间各种关系如类比、对比、因果和逻辑等关系的敏感以及通过数理进行运算和逻辑推理等	科学家、教学家、逻辑学家等
视觉/空间智力	对色彩、形状、空间位置等要素的准确感受和表达能力	表现为对线条、形状、结构、色彩和空间关系的敏感以及通过图形将它们表现出来	海员、导航员、棋手、画家、雕塑家、建筑师等
音乐/节奏智力	对音乐热爱、辨别、记忆、表达的能力	表现为对节奏、音调、音色和旋律的敏感以及通过作曲、演奏、歌唱等形式来表达自己的思想感情	作曲家、歌唱家、演奏家等
身体/运动智力	对人身体的协调、平衡能力以及运动的力量、速度、灵活性等	表现为用身体表达思想、情感和动作	体操或表演艺术的人等
人际交往智力	对他人的表情、说话、手势动作的敏感和谐以及对此作出有效反应的能力	表现为个人觉察、体验他人的情绪、情感并作出适当的反应	教师、临床医生、推销员、政治家等
自我认知智力	对自身认知和反省自身的能力	表现为个人能较好地意识和评价自己的动机、情绪、个性等，并有意识地运用这些信息去调适自己的生活	哲学家、小说家、律师等
自然观察智力	对辨别生物以及对自然世界的其他特征敏感的能力	表现为对植物、动物以及自然（云朵、石头）等特征的辨别感应能力	植物家、厨师等
存在智力（可能性智力）	捕捉和思考基本生存问题的能力	表现为对生命、物质世界先后出现的原因，以及动物之间能否相互理解的思考能力	精神领袖、哲学思想家等

◆ **动手画出你的智能图**①

绘制一个多元智能图表，标明各种智能，让每个孩子在他们自认为最优势的智能下面贴一张写有自己名字的字条或照片。然后要求他们写出原因并提供实例。例如："我认为我在……最棒。"

◆ **活动方案**

1. 教师为班上的每一个学生准备一个白纸板，让学生根据自己对自己的了解在纸板上画出自己的优势智能及学习风格的图表。学生自己设定各项智能的大小，低年级的学生可用彩色铅笔为每项智能涂上不同的颜色，并用黑色细笔注明每一部分智能的名称；高年级学生可用量角器和尺子在白纸板上精确地画出自己每项智能所占的比例，然后用彩色铅笔为每种智能涂上不同的颜色，并用黑色细笔注明每一部分的智能名称，并标明每一部分所占的百分比。最后，教师可将自己课前做好的优势智能图展示给学生看，让学生同自己的进行比较，说出自己的智能与老师智能的差异所在。

2. 当学生完成对自己的智能特点及学习风格的研究时，需要写一份论文解释自己所得出的结论，说明为什么及如何得出这一结论的。写作之前可以同教师或家中的长辈再讨论一次，论文应该通顺流畅地表述自己的研究发现。一般情况下，论文基本内容如下。

（1）在论文中写一段文字论述自己最强的智能项是什么，以及你认为这一优势在学习中对你会有哪些帮助。

（2）对自己最弱的智能项作出说明，并解释这一劣势会如何妨碍你的生活。你可以采取什么措施来改善这项智能。

（3）把自己的智能图和全班同学以及教师的智能图相互比较，试着解释一下你是如何比较的，想想你的独特之处，是否仍然喜欢做你自己。如果有可能与他人交换，你会不会与他交换呢？

【延伸阅读】

★ 维果茨基. 维果茨基教育论著选[M]. 余震球，译. 北京：人民教育出版社，2005：17－18；403－404.

★ CAMPBELL L，CAMPBELL B. 多元智能教与学的策略[M]. 王成全，译. 北京：中国轻工业出版社，2001.

★ 徐英俊. 教学设计[M]. 北京：教育科学出版社，2001：101－102.

★ 概念图的网址：http://baike.baidu.com/view/30037.htm.

---

① RIEF S，HEIMBURGE J. 全纳课堂的有效教学——满足不同需求的方案、课程及活动［M］. 牛芳菊，译. 北京：中国轻工业出版社，2005：13.

【悦 读】

皮格马利翁效应，亦称“罗森塔尔效应（Robert Rosenthal Effect）”或“期待效应”，是由美国著名心理学家罗森塔尔和雅各布森将一个美丽的传说移植于教学上并予以验证后提出的。

一个美丽的传说

塞浦路斯的国王皮格马利翁是一位有名的雕塑家，他精心地用象牙雕塑了一位美丽可爱的少女，雕塑完工那天他也深深爱上了这个“少女”，并给它取名叫盖拉蒂。他亲手为盖拉蒂穿上了美丽的长袍，每天拥抱它、亲吻它，他期望自己真诚的爱能被“少女”接受。但它依然是一尊雕像。皮格马利翁感到很绝望，他不愿意再受这种单相思的煎熬，于是，他就带着丰盛的祭品来到阿弗洛狄忒的神殿向她求助，他祈求女神能赐给他一位如盖拉蒂一样优雅、美丽的妻子。他的真诚期望感动了阿弗洛狄忒，女神决定帮助他实现愿望，答应了他的请求。

皮格马利翁回到家后，径直走到雕像旁，凝视着它。这时，雕像发生了变化，它的脸颊慢慢呈现出血色，它的眼睛开始释放光芒，它的嘴唇缓缓张开，露出了甜蜜的微笑。盖拉蒂从雕座上走下来，走向皮格马利翁，用充满爱意的眼光看着他，浑身散发出温柔的气息。不久，盖拉蒂开始说话了。

皮格马利翁惊呆了，一句话也说不出来，最终，皮格马利翁的雕像成了他的妻子。

赞美的奇迹——罗森塔尔效应

1963 年，罗森塔尔和福德告诉学生实验者，用来进行迷津实验的老鼠来自不同的种系：聪明鼠和笨拙鼠。实际上，老鼠来自同一种群。但是，实验结果却得出了聪明鼠比笨拙鼠犯的错误更少的结论，而且这种差异具有统计显著性。对学生实验者测试老鼠时的行为进行观察，并没发现欺骗或做了其他使结果歪曲的事情。似乎可以推断，拿到聪明鼠的学生比那些拿到笨拙鼠的不幸学生更能鼓励老鼠去通过迷津。也许这影响了实验的结果，因为实验者对待两组老鼠的期待方式不同。

1968 年，两位心理学家又来到美国当地的一所小学，他们从一至六年级中各选了 3 名学生共 18 人，他们在学生中进行了一次煞有介事的“发展测验”，然后将这 18 人的名字写在一张表格上，交给校长时，极为认真地说：“这 18 名学生经过科学测定全都是智商型人才。”

校长又对承担教学的两位教师说：“根据过去三四年来的教学表现，你们是本校最好的教师。为了奖励你们，今年学校特地挑选了一些最聪明的学生给你们教。记住，这些学生的智商比同龄的孩子都要高。”校长再三叮咛：要像平常一样教他们，不要让孩子或家长知道他们是被特意挑选出来的。

8个月后，他们又来到这所学校进行复试，结果名单上的学生成绩有了显著进步，而且情感、性格更为开朗，求知欲望强，敢于发表意见，与教师关系也特别融洽。

第二讲　课堂教学中的主导：教师

一位特级教师在博客中写道：教育具体到了细节就是教师的一个个具体而微的教育行为。遇上了一个懂教育（通人性）的老师，是我们孩子一生的幸运；遇上了一个不懂教育却以为自己很懂教育的人，对孩子而言，说是一场灾难也不为过。[①] 教师作为课堂教学的主宰者，是学校对孩子有计划、有目的地进行系统教育活动的执行者。课前教学设计的优劣、课堂教学质量的好坏，课后教学效率的高低主要取决于教师个人对教育的理解。

◆ 核心内容

职业道德　一双长于“发现”的慧眼，一颗长于“等待”的善心，一股“不放弃”的坚持。

教学知识　就是教师综合运用已有专业知识解决教学问题的个人的动态知识，这是一类只可意会难以言传的缄默知识。

语言转译　转译就是把语言信息从一种意义关系及符号系统转换—解码—译码—编码为另一种意义关系及符号系统。

专业提升　教师发展理论是一种以探讨教师在历经职前、入职、在职以及离职的整个职业生涯发展过程中所呈现的阶段性发展规律为主旨的理论。

◆ 学习准备

如果你正与同学（同事）在一起，阅读下面和“悦读”中的故事，然后与他们分享你的思考；如果你正在一个喜欢的环境中独享这些文字，尝试回答下面两个问题，它可以帮助你有针对性地深入阅读本部分的内容。

一个中国高才生在美国留学，老师讲了六点，考试时，他全答对了，老师

① 吴泓. 教育神圣吗？［EB / OL］.［2011 - 10 - 10］. http：//blog. sina. com. cn/s/blog_ 4e6af0be0100ht55. html.

只给了他最低的等级。他不服气，找老师理论。老师解释说："你答了六点不错，可这六点全是我讲的呀。只不过你记住了，通过考试又原封不动地还给了我。你为什么不能从我讲的六点中形成自己的思考，得出新的见解呢?"

1. 你认为中、美教师的最大差异是什么?

2. 常言说："要给学生一杯水，老师要有一桶水。"你认为这句话还适用于当今社会吗? 句中的两个"水"字的含义一样吗? 你是如何理解这两个"水"字的?

一、职业道德

人们通常把爱心、耐心、信心、恒心作为考察一个教师职业道德的准则。四"心"之中"爱心"又排在首位，有没有爱心常被人们作为判断教师是否合格的首要因素，但从多年的教学实践及对从业教师的观察来看，一双长于"发现"的慧眼，一颗长于"等待"的善心，一股"不放弃"的坚持应是教师区别于非教师的本质所在。

法国电影《放牛班的春天》（原名：Les Choristes，又译《唱诗班的春天》），是学教育的人必看的影片。观看者不难回忆起片中那天籁般的、祈求人间赐福的歌声：

看看你经过的路上，孩子们迷了路，向他们伸出手，拉他们一把，步向往后的日子。黑暗中的方向，希望之光；生命中的热忱，荣耀之巷。童年的欢乐，转瞬消逝被遗忘，一道绚烂金光，在小道尽头闪亮。黑暗中的方向，希望之光；生命中的热忱，荣耀之巷。

影片中，世界著名指挥家皮埃尔·莫安琦重回法国故地出席母亲的葬礼，他的旧友送给他一本陈旧的日记，看着这本当年音乐启蒙老师马修的遗物，一幕幕童年的回忆浮出记忆的深潭。1949 年的法国乡村，一个落泊的作曲人马修来到了一间外号叫"池塘之底"的男子寄宿学校当助理教师。学校里的学生大部分都是个性独特，性情难缠的问题儿童，体罚在这里司空见惯，学校的校长使用残暴高压的管理方式来换取自己前途的升迁。性格沉静的马修尝试用自己的方法改善这种状况，他重新创作音乐作品，组建合唱团，决定用音乐之声打开学生们封闭的心灵。

电影中被称为"天使的面孔，魔鬼的心肠"的漂亮男孩皮埃尔，屡屡与马修对抗。然而，我们听到的是马修对皮埃尔说：

我知道你不是这样的。

粗暴无礼不符合你的本性。

你老是做与你本性相违的事。

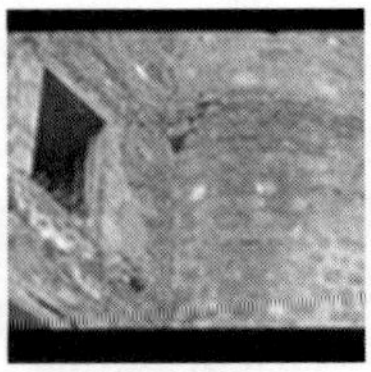

《看上去很美》，又名《小红花》，是根据王朔的同名小说改编而成。小主人公方枪枪是个一直由奶奶带着的 3 岁男孩儿，一下子被当军人的爸爸丢进了幼儿园这个集体的环境里。生存的本能使他仔细地观察这一新环境并尽可能迅速地融入这个新的生活环境里。慈眉善目的唐老师让他感到亲近，而不苟言笑的李老师则让他感到恐惧。小朋友们一个人一个性格，方枪枪试图接近他们、了解他们，本能地寻找着自己的盟友。很快他就和陈南燕、陈北燕两姐妹成了朋友。

这部电影讲述的是一个儿童视界里的“成人社会”。里面有教育问题，成长问题，个人独立问题，自由问题，规定问题。既有喜剧，也有悲剧，它是复杂的，多层次的，它通过孩子的视界来揭示成人社会的规则与禁锢。当方枪枪在全园的孩子面前想靠自己的努力让大家知道他已经学会脱衣服了，而不知如何将那件套头的海魂衫脱下的时候，我们听到的是：

方枪枪，看见了吗？自己练一遍。

你就耗吧，没人帮你。

你什么时候练好了，什么时候下来。

不行，不能惯这孩子毛病。

方枪枪，你要好好努力听老师的话。

◆ 批判观影

这里是《放牛班的春天》（http：//tv. sohu. com/20090803/n265684544. shtml）与《看上去很美》（http：//www. tudou. com/programs/view/QOCZV3NJ9Zs/）两部电影的网址。请观看后，结合你的教学经历或学习经历从“发现”、“等待”、“坚持”三个方面，阐释你对教育的理解，并以此形成你对教师这个职业的价值判断。

二、教学知识

刚走上教学岗位，学校给我配了一个教学师傅。这个师傅是我们那个地区小有名气的语文教师，在语文教学方面有着自己独到的见解。她的每一节课我都听，然后回到自己的课堂上效仿，但多次的效仿基本以“东施效颦”告终。反复思考之后，我觉得应该把她在课堂上说的每一句话，学生对问题的回答都录下来，然后变成我的教案，再按照教案去上课，课堂教学效果可能就与她的课堂教学效果一般无二了。事与愿违，多数情况下学生都莫名其妙地看着我，不知道我想让他们回答什么，努力地猜着我的心思配合着我从师傅那里模仿来的教学活动。经过几次失败后，我觉得她的教学方法我是学不来的，也放弃了学习的努力。但学校的规定还得执行，仍然得去听她的每一节课，后来我发现自己的问题是没有把外在学来的知识，变成知识结构中的一部分。师傅上课时的举手投足，声音高低，音调曲折都是对下一个学习信息的铺垫，都是在向学生传递教学信息。明白了这一点后，我开始了自己的设计，慢慢地我感到课上得越来越顺手，学生也越来越进入状态，越来越喜欢语文课。

上述案例及相关研究表明：教师的知识储备达到一定的水平之后，知识量的多少对教学效果没有显著的影响，重要的是要有一个合理的知识结构。专家教师与普通教师的区别就在于知识结构的合理与否，这个合理的知识结构就是美国斯坦福大学教育学教授舒尔曼（L. Shulman）于20世纪80年代中期提出的一个包括学科知识和它的可教性方面在内的新的知识形式，学科教学知识（Pedagogical content knowledge，简称PCK）①。自舒尔曼提出“学科教学知识”以后，许多有影响的研究团体均对这一个概念进行了所属研究领域的不同界定。克伦（Cochran）、德鲁特（DeRuiter）和金（King）从建构主义的教与学的观点出发，对舒尔曼学科教学知识的概念进行了反思并提出质疑，提出了一个更为综合性的概念，即学科教学认知（Pedagogical Content Knowing，简称PCKg）。具体说来，学科教学认知包括四个方面的知识：学科内容知识、教学法知识、关于学生的知识和关于学习情境的知识。那么，PCKg也就是教师对这四种知识的综合理解、整合与建构的过程。德鲁特等人尝试构建了学科教学认知的发展模型（图1－2－2－1）。②

---

① SHULMAN L. Knowledge and Teaching: Foundations of the New Reform [J]. Harvard Educational Review, 1987, 57 (1): 1－22.

② COCHRANK F, DERUITER J, KING R. Pedagogical Content Knowing: An Integrative Model for Teacher Preparation [J]. Journal of Teacher Education, 1993, 44 (4): 263－272.

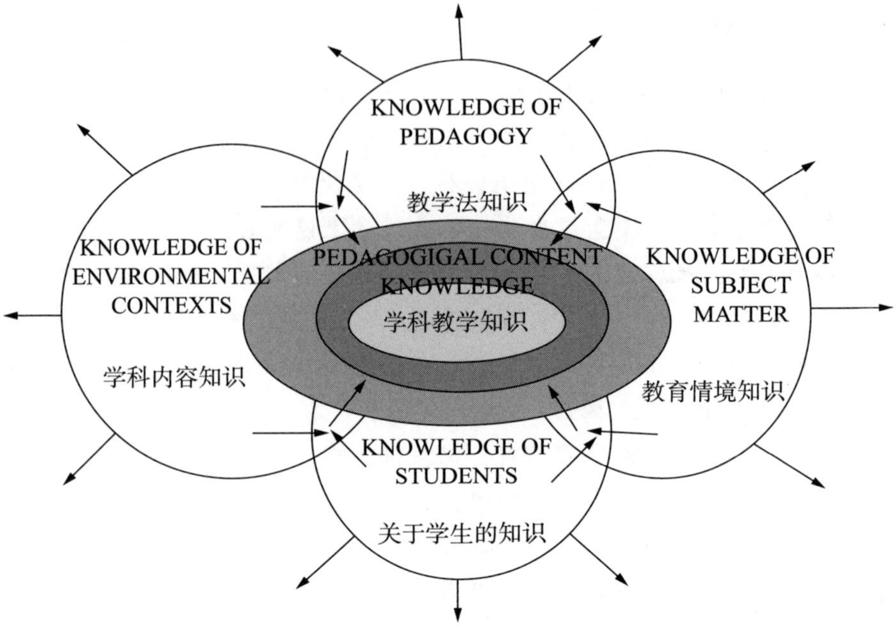

图 1－2－2－1　学科教学认知的发展模型

图中的四个圆及圆外的箭头代表个体对这四种成分的理解过程，这种变化是基于个体在不同领域的前经验、经验及反思活动等。图中心扩展的椭圆及椭圆外的箭头表示随着四种知识的不断综合和扩展，个体学科教学认知水平得到不断的提升。重叠部分意在说明，理论上讲构成 PCKg 的四种成分是相互关联、整合在一起的一个融合体，这四种要素的整合过程就是个体观念变化、整合最终形成学科教学认知的过程。这个过程就是教师化静态的呈现于物质载体的知识为动态的内化于学生认知图式的过程，其整个过程的关键在于教师“化”的功力，“化”的方法与过程体现的就是教师的水平和智慧。

特级教师吴泓在教学《愚公移山》一文中的“本在冀州之南，河阳之北”时，为了让学生更好地理解“山的北面或水的南面叫做阴，山的南面或水的北面叫做阳”这条注释，借助地理课本的知识——河南省的洛阳在洛河之北，湖南省的衡阳则在衡山之南；陕西省的华阴在华山之北，江苏省的淮阴则在淮河之南。[①] 观图悟文，中国的许多地名正反映课文注释的这一情况。这个过程也就是综合运用教师已有知识，将课文中的静态知识“化”为学生的动态认知过程的语文教学知识。

① 吴泓．让篇篇都具诱惑力，使课课都有新鲜感［J］．中学语文，1995（1）：20－22．

◆ **案例分析**

曾听过一节小学的语文课，教师在解释课文中的“但是”一词时，不知如何才能让小学生理解、明白并会使用“但是”这个词，老师解释“但是”就是“句子转弯的地方”。紧接着让小学生造句，一个学生造出了这样一个句子：我早上起床，先走到一个但是的地方，又转过另一个但是，转了五个但是，我终于来到了学校。

学习思考：这个教师的问题出在了哪里？请运用学科教学知识进行分析，并根据你自己的学科知识设计一个让一年级的小学生掌握“但是”一词的教学活动。

三、语言转译

转译就是把学习信息从一种学习者难以接受、理解和操作的意义符号系统，运用转换、解码（译码）、编码等策略转化成学习者易于接受、理解和操作的意义符号系统。如把一页课文转译成图表，用更接近视觉表象的形式表达图表内容；或是通过语言表述来说明一幅图，从而形成对图形的语言形象；又或者在读完书的每一章时，列出各章节的小标题，以此找出书中结构的标记。教师语言转译能力的本质是“语言→言语”和“言语→语言”的加工、处理、传递的过程，就是应用教学语言技术，把教材语言、教案语言、个人理解性言语，依据学生的认知风格、学力水平、身心特点、年龄阶段转化成学生易于理解和接受的言语体系。一般由四次转换完成：教材语言转译为教师的内部言语，教师的内部言语转译为教学设计语言，教学设计语言转译为有声的教学语言，有声的教学语言转译为学生的学习语言，转译的全程就是对信息重新进行“技术组织”，经过“技术组织”使书面和非教学的语言符号变为适合课堂传播的教学言语符号系统，见图 1－2－2－2。

（一）从教材语言转译为教师的内部言语

教材语言是一种静态的理性的语言，包括课程标准、教科书以及“教参”中的语言。与其他学科借助语言文字符号获取学科知识不同，语文是借助语言文字符号学习语言，透过他人运用语言文字符号的结果获取运用语言的能力。教师若想将蕴涵于课文内部的运用语言的规则转变成学生可接受的学习语言，就需要将课文中可学习的教学信息转换成教师能建构的内部言语，这个转换过程就是教师优选教学内容①的过程，也就是教师对课文进行解码—译码—转化的语言转译过程。

---

① 有关教学内容的选择依据在下一模块详述，读者可将这两个模块融合阅读。

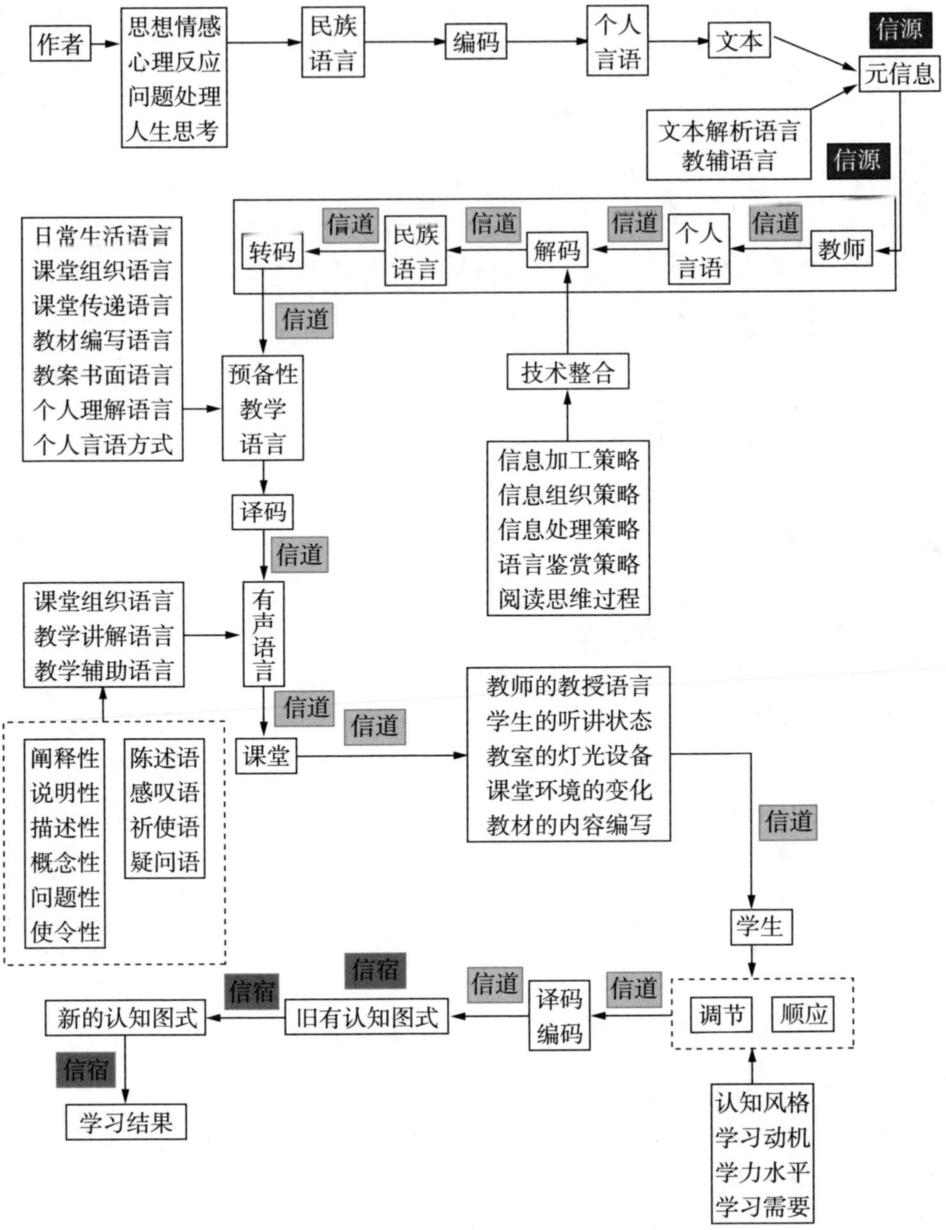

图 1－2－2－2　语文教师语言转译能力模型

作者在课文中传递出来的内容，有些是显性的，有些是隐性的。作者将这些内容附着于民族语言约定俗成的符号上，读者在阅读时就要借助个人对民族语言的认知进行解码，将其转化成个体能理解的语言（译码），再结合个人的生活积累、价值判断形成对文本所载时代意义的个人理解（编码）。教师对课文的转译需要借助“释题”、“导入”、“关键词”、“篇章结构”等解读策略，对课文进行个人化而非“教参”本位的解读，“教参”本位的解读主要是指他人对作品的解读，这里的“他人”包括作者本人。具体到选入教科书的课文而言，就指教科书的编写者基于自己对文本的理解而对文本所作的教学论意义上的解读，或者是编写者根据选文的教学价值而选择的他人对文本的解读，即“教参”文章。教师若想较好地指导学生从选编的文章中学习语言，就须从课文里优选能为学生建立新的认知系统、改造其原有认知结构的语言内容，根据学生的认知特点对优选出来的语言内容进行加工，变成教师自己理解的内部言语。教师对教学文本语言的转译，主要包括对课文内容的分析，对文中词语的诠释，对语言原理的阐述等。转译的过程就是教师对文本的认知策略内部处理的过程。用文字符号呈现出来的一般是教材语言转译后的结果。下文是一位教师将《竹影》（人教版义务教育课程标准实验教科书语文七年级下册）的教材语言转译成教师内部言语的过程。

我到网上查了查有关《竹影》的教案，发现多数教案锁定的教学目标是两个：①童趣；②中西画之别。

……

愚以为，丰子恺先生在文章中已经把主旨告诉了读者。他说：“几个小伙伴，借着月光画竹影，你一笔，我一画，参参差差，明明暗暗，竟然有几分中国画的意味。也许，艺术和美就蕴涵在孩子的童稚活动中……”作者重点说的是艺术和美与童稚活动之间的联系，举的是孩子画竹影与国画相关的例子，西画不过是拿来做陪衬的。作者不是在一般地写童趣，而是在写与艺术和美相关的那部分童趣；作者也不是在全面介绍中西画的差别，而是通过这种比较，把孩子们画的竹影与国画的审美趣味挂起钩来。作者的思路很清楚，教案设计者的思路却很乱：把“童趣”和“中西画之别”这两个不相干的东西并列作为教学目标，说明他们并未读懂课文。①

（二）从教师的内部言语转译为教学设计语言

一位学生曾说：对将学课文的预习无非是将课文中的汉字一个个地又复习了一遍。从认知的角度看，课文对于完成识字任务的学生而言，是一个“已然”的世界，但从阅读的角度来看，它又是一个“未然”或介于“已然”和“未然”之间的世界。语文阅读有异于学生日常的生活阅读，它是在特定时空条件下，为达成某项语文技能、获取相关的学习信息，在教师指导下有确定方向、按规定路径进行的阅读。同时，语文学习的特殊性又使学生处于

---

① 王晓春. 语文课如何是好［M］. 北京：中国轻工业出版社，2010：204.

一种几近于“非学习化情境”或“外在于学习情境”的地位，他们与课文之间很容易产生一种莫名的隔膜和障碍。所以，教师在完成了教材语言转译为教师理解的内部言语之后，接下来要做的就是将已内化为教师内部言语的那部分教材语言转为进行教学的、符合学习起点、满足学习需要、关照学力水平的教学设计语言。教学设计的语言意在帮助和提示学生如何对文本进行解读与建构，如何调动学生的个性策略解决与文本产生的“冲突”、“分化”、“对立”等诸种矛盾，使文章显露出可被学习的形态。

如果说从教材语言到教师内部言语的转译，教师关注的是教师个人对课文元信息的解读，那么从教师内部言语到教学设计语言的转译，教师关注的便是如何设计教学方案使学生在尽可能短的时间内高质量地完成对课文预设的学习目标。教师通常在以下方面将承载教学内容的内部言语转译成教学设计语言：教材分析、学情分析、教学目标，教学重点与难点，教学过程，教学反思等，下面的教例展示了一位教师如何借上述类目将内部言语转译为教学设计的语言。

教材分析：

《林黛玉进贾府》是高中阶段的传统篇目，有很多优秀教师对本课进行探索和研究，有关这一课的教学建议和教案可谓汗牛充栋。因此，这更增加了备课的难度。如何在力避重复上出新意的同时又能够突出重点？在备课的过程中，我决定将《林黛玉进贾府》处理为文学作品鉴赏课，同时将文学与绘画打通，寻找中国古代小说人物塑造与中国古典人物绘画之间的共同点。曹雪芹本人是很出色的画家，从《红楼梦》“宝钗论画”等处即可看出他对于绘画的心得。因此，考虑作者在艺术各领域的出色造诣，将“画论”与“文法”结合，当不谬矣。

学情分析：

本次上课时间为40分钟，《林黛玉进贾府》安排在必修三，突然面对这么长篇幅的文本，学生是有一种恐慌感的，于是，在教学设计的时候将文本集中于几个“点”。一方面缓解学生的畏难情绪，一方面也尽量在课堂上做到“小开口、深挖掘”，品味作者在林黛玉形象刻画上的匠心。①

（三）从教学设计语言转译为教学有声言语

教学设计语言是教师精心设计、为教学顺利实施而准备的静态预设性语言。它只是将教师从课文中优选出来的教学内容变成了一种教学可能。教学

① 刘丹妮. 以“画论”读小说：《林黛玉进贾府》教学设计［J］. 语文建设，2009（9）：25－27.

设计语言形成之后，不是教师在课堂上“照本宣科”就能达到教学目标的，教师要在这些具有文化意义的世界里通过自身的言语表述进行教学内容的再创造，将静态的文字转化为活的言语，这一言语行为并不是仅仅将无声的文字变成有声文字而已，而是透过文字去看思考后重新形成的言语，从而衍化出源于文本内容异于文本文字的语言，通过“活化”的言语行为，消解文本与学生的情感疏离，沟通文本与学生二者的情感空间。

教学语言是“教师用于传达教材信息和组织学习的有声语言行为（包括部分‘默语言’作为辅助语言），在课堂活动中，从‘课程过程的教学’观点视角可以把它看做一个活化课程内容，创设‘潜在课程’的言语行为系统”①。教材语言→教师语言→学生语言，是语言流动的教学过程，也是“语言⟷言语”转化中组成的教学内容。

汉语文有“语义遮蔽”的“模糊语言”特性，这使得教师在教学时更得注意体味。《孔乙己》中的“大约的确是死了”；《为了忘却的记念》中的“我还有什么话可说”、“我还有要说的话”，《秋夜》中的“在我的后园，可以看见墙外有两株树，一株是枣树，还有一株也是枣树”。这些加点的词汇都是鲁迅表达情感时的模糊语言，单从独立的辞典意义看是再简单、清楚不过了，但进入到文本语境中，便使人难以完全领略其在此“误用”和“白用”的含义，鲁迅先生在文章中对这些词语的“误用”与“白用”就是教材中没有的，就需要借助教师有声语言的指导帮助学生来领会这些词在文章中的语境义。②

从教学设计语言转变成课堂有声言语应以教学设计为依据，力争将其转译为学生相应的生活语言和学习语言。在转译过程中教师应做到：（1）教师要把握适当的度，保证教学语言的有效性。教师教学语言要在简与繁、多与少、深与浅、快与慢、高与低之间找到最佳度。（2）要注意运用多种语言形式，提高教学语言的表达效果。既有言语活动，还要有非言语活动（体态语言等）以及其他媒体的信息表达方式。（3）要及时反馈，及时调整。根据学生答问情况和表情流露、教学内容的性质以及学生笔记的速度及时调整教学语言的难易、快慢。③

（四）由课堂教学言语转译为学生的学习语言

2005 年 5 月至 6 月，我作为“全国中小学生课业负担调查”课题组的一

---

① 区培民. 语文教师课堂行为系统论析［M］. 上海：华东师范大学出版社，2001：36.

② 同①，第 10 页。

③ 郭道胜. “学案”与教学语言的转换探析［J］. 新课程，2009（11）：85.

名调研员，带着事先编制好的问卷来到了四川成都。为了配合这次调研，成都市青羊区教委按总课题组所列的样本校的特点抽取了学校。第二天我兴冲冲来到样本学校的样本班级讲解填写要求时，遭遇了无法与一年级小学生进行沟通的尴尬。我说的话学生不理解，我发出的作答要求，学生懵懂无奈地看着我，拿着笔的小手，不知该在问卷的什么地方写字。按照调查要求，调查内容是要对该班级的任课教师及班主任保密的。无奈之下，在请求了总课题负责人同意之后，我请班主任来帮助我完成这次调查，同时为了保证所获调查数据真实有效，我在教室里监督问卷的整个填写过程。当班主任按照我给他说的要求，将这些要求用日常的教学语言向孩子们发出指令时，他用大约 10 分钟的时间完成了我用 20 分钟的时间没有完成的问卷调查。

上述案例说明教学语言必须具有可接受性的特点，这是由教师工作的对象决定的，其表达效果的优劣在很大程度上取决于学生领悟与接受的情况。教师的话语系统是否与学生的话语系统对接，直接决定着教学是否有效、能否真正地进行下去。教师话语系统与学生话语系统对接的过程就是教师能否将静态的学科知识转译成学生能够接受并理解的学科教学知识的过程。此类情形不仅发生在小学低年级，在高中年级教师使用学生不可接受、难以理解的语言将文本语言转译成学生不可操作的学习语言的情况也时有发生。那么，怎样才能使教学语言具有可接受性呢？下面这个案例就说明了教师在遭遇学生不能接受其教学语言时的处理策略。

一位教师在教学《阿 Q 正传》时，为了帮助学生理解辛亥革命发生时中国农村的状况，教师以提问的方式进行引导。第一次问“当辛亥革命波及未庄时，作为贫苦农民的阿 Q 最突出的反应是什么？”学生一时难以应对，面面相觑。教师扫视的目光所到之处，学生迅速地将目光移开，避免与教师相对。此时教师仿佛也意识到了什么，于是改变问法：“当辛亥革命波及未庄时，阿 Q 是拥护还是反对？课文中用了一个什么词表现他的态度？”学生纷纷答出：“投降”，并能说出“投降”一方面说明阿 Q 为了改变自己的地位，参加革命没有任何的勉强和做作，这都表明阿 Q 思想性格的复杂性和辛亥革命的不彻底性。

显然，由于第一问的行为虚空笼统且问题的指向性不够明确，对“阿 Q 的反应”学生不知道该从哪个角度作答，也不知道该答什么。许多课堂上常见的教学搁浅现象，并非教学双方无力对话，而是教师对教学内容的转译语言出现了问题。教师传递出来的有声言语与学生可理解的语言出现了语言链上的错位，使得学生不能理解教师说出的语言，也就无法按照教师的要求完成学习任务。教学中很难保证百分之百把信息准确无误地传递给学生。教学语言的信息差是教学过程中的常见现象。信息差是指在教学过程中，教师传递的信息与学生接受的信息不等值。有时会出现信息减值，教师所发出的信息，传递到学生那里，只被吸收了部分，其余的在传递过程中损耗了；有时会出现信息增值，教学信息在传递过程中，增加了元信息没有的内容；有时还会出现信息改值，教学信息在传递给学生时，由于一些可知与不可知的原因被学生误听或误解，有效信息为零。因此，我们判别教学信息的传递，必须注重考察教师是否将有效的信息传递到了学生那里。干扰教学信息有效传递的因素来自四个方面：教师自身对元信息的理解与传递；学生对元信息的注意与接受；教学环境对元信息转译的干扰；元信息源本身对教师转译的干扰。

四、专业提升

教师的专业提升是一个动态、多维发展的过程，不是一个静态、单维的发展过程。学历提升、培训研修与教学反思是教师专业提升的三条主要途径，而教学反思是教师不需要借助任何外力就能实现专业自我突破与成长的有效途径。

教学反思的类型有多种，角度不同划分的依据也不一样。教学反思从反思的时段性可以分为课前反思，课中反思和课后反思；从反思的对象可以分为对学生学习表现的反思，对课堂教学过程的反思，对教师自己的反思；从反思的内容可分为理论思考、实践反思、经验总结、读书笔记、人生感悟；从反思的着眼点可分为成功点、失败点、疏漏点、改进点和生成点等。下文仅从反思的着眼点例析如何从日常教学中捕捉值得反思的教学事件。

（一）成功点

任何一位教师，即便是新教师也有让自己课后为之感动的教学时刻，教学过程中的精彩时刻，学生的奇思妙想，师生思维的火花都可能成为教学过程中的生长点与拓展点。蒋祖霞老师在他的教学日志中记录下了这么一个成功的教学片段。

学习鲁迅先生的《孔乙己》，对其中“笑”貌“笑”态的描写品味应该是重点。一“笑”见人性，一“笑”见人情，一“笑”见社会。今天在品读有关人物的“笑”时，却有了意外的收获。在品读了三种人物的“笑”后，王笑天说：“这里有一个‘笑’的链条。”我问怎么讲。他说：“如果把几种笑连贯起来看，即把成人的笑、小伙计的笑、小孩子的笑连贯起来，这就构成一个‘笑’的链。这篇小说就如同一则寓言，借孔写出了一个‘笑’的转变史，写出一个人从正常的人向非正常人转化的过程。那些孩子的笑容是天真无邪的，可是五年后、十年后呢？身处那个社会，每个人都是按照前人的轨迹，毫无悬念地成长。小孩都要长大，都有可能成为今天的掌柜，今天的长衫，今天的短衣帮，也可能是下一个丁举人，这是一个时代的必然。作者刻画小伙计的目的，正是为了写'人'的变化，是现在进行时，作家把这个过程细细解剖，看一个'人'怎样被环境同化，慢慢学会'吃人'。"①

（二）失败点

即使是像于漪、魏书生等语文教学界的名师也会遇到上课不尽如人意的地方，要么是学生不投入，要么是自己不在佳境。这种令人不愉快的时刻或许是学生对某个问题的茫然，或许是师生交流沟通的不畅，又或许是教师自己对课文的误解造成的。这些失败的教训能使教师积累教学经验，再次思考如果时间倒回，换另一种方法会产生怎样的效果。徐立君老师《一堂失败的语文课的启示》就总结了自己在备课时的失败点。

"裸"视教材是我在进修学习时老师经常提及的一个词语。意思是在看参考资料之前一定要自己认真读课文，认识文章的原生价值和教学价值。回想自己十几年的教学，其实只是做了传声筒，对于课文的认识原来是唯教参、教材是听，现在还多了一个网络资料，从来没想过要有自己对课文的理解。比如这篇文章的教授，我其实下了很大工夫。但是因为教学观念没有转变，没有认真读课文，钻研课文本身，只是依据教参以及网络上的资料便确定了教学目标，教材上的课前提示以及课后习题更使我对自己确定的教学目标深信不疑。现在再回过头来看这些内容，我认识到教材上的提示、练习以及教参，都不过是给教师提供的一些资料，至于怎么用，还要看授课老师的安排，如果教师把它奉为圣旨，照本宣科，结果只能像这节课一样，连文章主旨都搞错！"裸"视教材，学会在不看参考资料的情况下，先看教材，对教材有自己的理解，再根据授课需要选取不同资料进行讲授，才是在真正的"教"语文！②

（三）疏漏点

无论课前设计得多么周严，课堂教学过程多么顺畅，任何一节课都会给执教者留下一些遗憾；教学的难以重复性，会使一些疏漏点成为授课者的遗憾，及时对这些遗憾与失误进行总结与反思都会为后来的教学提供借鉴。郑逸农老师在《守财奴》的教学之后记下了他教学中的三点疏漏：1. 对于提幼

---

① 蒋祖霞. 教学日志，记录成长 [J]. 语文建设，2007 (11)：15-19.

② 徐立君. 一堂失败的语文课的启示 [J]. 语文建设，2007 (11)：20-21.

稚问题的学生怎么办？2. 对于感情容易冲动的学生怎么办？3. 对于鉴赏能力弱的学生怎么办？"非指示性"教学，是力图面向全体学生的平民化教学，但对于一些提特殊问题的学生，还需要寻求一些特殊的方法加以解决。这三类学生，数量都极少，尤其是后两种，但既然存在，就需要面对解决。①

（四）改进点

教学设计只是课前预设，一堂设计再完美的课也难以满足多样的教学环境与学生个体差异的需要，如果对教学中的这些临时改进作及时的总结与分析，将会为下一次设计同一教学内容提供有益的借鉴。郑逸农老师在教完《琵琶行》后写下这样的反思：

静心想想，发现学生的发言面、参与度还不够广。虽然课堂上学生的学习不只是外显的。归纳原因，可能有三，一是班级中的十四五位同学太踊跃了，一有发言机会他们就抢着说；二是同学与我这位临时教师不熟悉，内向的同学就不发言了；三是教师提供的自由发言机会高于随机指定的发言机会。以后要使随机指定发言的比例与自由发言比例基本对等。②

（五）生成点

课堂中的教学不可能与课前的教学设计方案完全一致，课堂教学中的任何一个微小的变化，都会导致教学不能完全按课前设计的路径向前推进，因教学环境与学生创意的理解都有可能成为教学的生成点，将这些生成点及时地记录下来很有可能会成为下次备课可利用的素材。下面便是项余岸老师记下的学生研读语文版选修《〈论语〉选读》的第十一课《诲人不倦》的课堂生成点。

就在这个时候，语文课代表的回答让我颇感意外，犹如给平静的湖水投了一块石头激起层层涟漪，这也是我在备课时没有注意的。她说："老师，我从3·8章的'起予者商也！'这句话中看出孔子提倡一种教学相长的教育思想，在他眼里，学生和老师是平等的，教和学是互动的，学生的回答对老师也是一种学习，会给老师带来很大启发。子夏问'巧笑倩兮，美目盼兮，素以为绚兮'这句话是什么意思，孔子的回答是'绘事后素'，子夏马上联想到'礼后乎'，即'礼是不是后于仁呢？'孔子对子夏的这个回答颇感意外，这是孔子事先没有想到的，给了孔子很大的启发，所以他不由地感叹'起予者商也！'启发我的是卜商（子夏）啊！所以我觉得这句话的标点也很好，是感

---

① 郑逸农. 教学反思——教师自我发展的有效途径［J］. 语文建设，2007（5）：13－15.

② 同①。

叹号，表明孔子当时是非常高兴的，一是学生能举一反三，同时也是因为学生的回答给了他很大启发，这种教学相长、师生互动的教育思想值得我们借鉴。”①

◆ **思考**：阅读叶圣陶的《当语文教师的准备——跟北师大中文系学生讲话的提纲》，画出文中叶老对一个准老师的专业要求，点评这些观点是否还适用于我们这个时代。

◆ **方式**：独立阅读、思考，撰写一篇小论文；与同伴交流小论文。

【延伸阅读】

★ SHULMAN L. Knowledge and Teaching：Foundations of the New Reform[J]. Harvard Educational Review，1987，57（1）：1－22.

★ 叶圣陶. 当语文教师的准备——跟北师大中文系学生讲话的提纲[M]//叶圣陶. 叶圣陶教育文集：第3卷. 北京：人民教育出版社，1994：192－194.

★ 电影：《冯志远》《凤凰琴》

【悦 读】

一个这样的老师②

［美］大卫·欧文

怀特森先生教我们六年级的科学课。第一节课上，他问我们：“谁知道一种叫做凯蒂旺普斯的动物？”同学们面面相觑，就连生物比赛得过奖的比利也都惊奇地瞪大了眼睛。

“噢，没有人知道。”怀特森老师笑了笑，“那是一种夜行兽，在冰川期无法适应环境的变化而绝迹了。”说着，他从讲桌里拿出一件动物头骨，向我们描述起这种动物的特征来。讲完，他把头骨交给前排的同学，让大家轮流观察一下。我们饶有兴趣地传看，记笔记，有的同学还画了图。我心中暗想，这回我遇到了一位博学的老师了。

第二天，怀特森老师对上次讲的内容进行了测验，我胸有成竹答好了卷子交给老师。

但是，当试卷发下来的时候，我却惊呆了：我答的每道题都被打了个大大的红叉。怎么回事，我完全是按照怀特森先生所讲的写的呀！一定有什么

① 摘自项余岸老师未发表的投稿：细读文本，精彩生成——《诲人不倦》教学有感。

② 摘自义务教育课程标准实验教科书北师大版语文六年级下册，第96页。

地方弄错了！我瞧瞧周围的同学，似乎每一个同学都不及格，比利正气恼地捶桌子呢？发生了什么事？

“很简单，”怀特森老师眼里闪过狡黠的光芒，解释道：“有关凯蒂旺普斯的一切都是我编造出来的。这种动物从来没有存在过。所以，你们笔记里记的那些都是错的。难道错的答案也能得分吗？”

“从来没有过？那你那天拿的头骨是怎么回事？”比利问。

“那件头骨嘛，”怀特森老师笑了，“不过是马的头骨罢了。”

那你为什么要在课堂上郑重其事地讲？为什么还要考试？这种老师算什么老师？一股怒火升上了我的心头，我紧紧抿住嘴唇，控制着自己不嚷出来。教室里响起了不满的议论声。

怀特森老师摆摆手，让大家平静下来：“难道你们自己没有想到吗？既然是‘绝迹’了，我们顶多只能发现它的骨骼化石。而我却向你们描述它的夜间视力，皮毛的颜色，以及许多具体特征，还给它起了个可笑的名字，你们竟一点也没有起疑心，这就是你们不及格的原因。”

怀特森老师说试卷上的零分是要登记在成绩册上的，他也真这么做了。他希望我们从这件事上学到点什么。

上怀特森先生的课，每一节都是不寻常的探索。比如，有一次他说小轿车是活的生物，让我们反驳。我花了整整两天时间写小论文，说明小轿车和生物不一样。他看了后说：“勉强及格，你总算知道了什么是生物，什么不是。”

逐渐地，我们懂得了，书本写的，老师说的，并不是一贯正确的，事实上没有谁是一贯正确的。我们应该时刻保持警惕，用事实，用科学的方法，纠正错误，并且应当有坚持真理的毅力。同学们把这种学习方法称为“新怀疑主义”。

我们把这种新怀疑主义带进了所有的课堂。给那些不习惯被质疑的老师带来了烦恼。每堂课我们都十分注意听讲，有时老师讲着讲着，下面就会有同学清清嗓子说：“凯蒂旺普斯。”接着他站起来，正视着老师的眼睛，说出怀疑的理由。这样做是很有趣的。当然，多数的时候，我们怀疑错了，但老师在纠正我们的错误时，我们加深了对问题的理解；有时我们的怀疑是正确的，它促使老师也去纠正错误。

并不是所有的人都能认识到这里面的价值。有一次，我把怀特森老师的故事讲给一位邻居听，他惊讶极了：“那位老师不该这样捉弄你们。”我正视着他的眼睛，告诉他：“你错了。”

第三讲 课堂教学中的凭借：教材

教学材料是教学的重要组成部分，“是人们按照一定教学目标，遵循相应的教学规律组织起来并发展着的科学理论和技术的知识系统”①。一般情况下，文中不做专门界定的“教材”均指中小学生使用的教科书。教科书是由相关领域的学科专家，依据中小学生的身心特点专为其编写的学习材料，是学科知识与技能的物质呈现载体，是课程目标与课程内容的具体化，这些学习材料承载着国家与民族的价值追求与文化性格，蕴涵着编辑者对课程内容的理解及社会、时代、国家对一个社会公民的总体要求。所以，无论是以什么体例编写的教科书，均因编者对编选主题、指导语、选文、类目、例题、练习、插图等进行了教学论的加工、设计与配置而改变了原文本的性质，使其具有了教材应具备的深层结构与表层结构。教材的深层结构取决于学科课程目标与课程内容，主要包括知识要素、能力要素、态度要素、情感要素、文化要素和心理要素等；教材的表层结构亦即呈现方式，包括绪论、导语、课题、练习、助学、参考文献、索引、插图、辅助资料等。

核心内容

分编型教科书	合编型教科书
• “文言”、“白话”分编	• 单篇编写
• “汉语”、“文学”分编	• 单元编写
• “阅读”、“写作”、“汉语”分编	• 模块编写

学习准备

请从网上下载并观看《春风化雨》（又名：死亡诗社）与《蒙娜丽莎的微笑》两部电影，摘选出有关两位教师使用教科书的镜头，并描述影片中两位教师是如何使用教科书的。思考：

1. 两位教师使用教科书的方法是否相同？他们的学生有什么反应？

2. 两部电影中两位教师的经历证明了一个什么观点？这个观点最早是由谁提出来的？你在日常的教学或学习过程中是如何践行的？

早在20世纪20年代，梁启超就在《中学国文教学概要》的序言中慨叹国文教学有六难：一是论文选文缺乏深浅、是非的杳无音信；二是旧论新说，孰优孰劣，莫衷一是；三是人人可以凭一己之偏见而抹煞其他；四是“国文”

① 曾天山．教材论［M］．南昌：江西教育出版社，1997：14．

本身，界说不清；五是名为一科，实际上内部头绪纷繁，内容庞杂；六是文海浩繁，去芜存精，非有“伟大学力”者不足以胜任。综观近百年来中小学语文教科书的变革历程，其教科书的基本结构依据其教学内容的呈现方式，可以分为分编型和合编型两类。

一、分编型教科书

分编型教科书就是将语文的教学内容按其归属的类别不同，分别构建独立的体系，编制成几类配合使用教科书，这几类教科书之间由一条内在的逻辑主线形成一种互为补充、相辅相成的关系。一百多年来影响力比较大的分编型语文教科书主要有以下几种。

（一）“文言”、“白话”分编

20 世纪 40 年代，叶圣陶等人合编的《开明新编国文读本（甲种）》和《开明新编国文读本（乙种）》是“文言”、“白话”分编型教科书的代表，编者在教科书的序言中写到：“20 年来国文教学没有好成绩，混合教学也许是原因之一。他们主张分开来教学，读物要分开来编。我们觉得这个话有道理。这部读本就分开来编，甲种六册专选白话，乙种三册专选文言。到底比混合编的本子好还是不好，当然要待试用了相当时期之后才知道。”①

20 世纪 80 年代中后期，人民教育出版社编辑了“文言”、“文学”、“文化”分编型高中实验教科书，这套教科书的特点见表 1－2－3－1。

表 1－2－3－1　“文言”、“白话”分编型高中实验教科书的特点②

年级		高一	高二	高三
课内	教材名称	《文言读本》上下册	《文学读本》上下册	《文化读本》上下册
	训练内容	文言阅读训练	文学阅读训练	文化科学著作阅读训练
	训练要求	在继续提高文言认读能力的基础上，着重培养文言理解能力	在继续提高理解能力的基础上，着重培养文学鉴赏能力	在继续提高理解能力和鉴赏能力的基础上，着重培养文化著作研读能力

① 刘国正．叶圣陶教育文集：第 4 卷［M］．北京：人民教育出版社，1994：43.
② 顾黄初，顾振彪．语文课程与语文教材［M］．北京：社会科学文献出版社，2001：67.

续表

年级		高一	高二	高三
课外	教材名称	《现代文选读》上下册	《文学作品选读》上下册	《文化科学著作选读》上下册
	训练内容	现代文阅读训练	文学阅读训练	文化科学著作阅读训练
	训练要求	以自学为主，着重提高现代文的理解能力	以自学为主，着重提高现代文学作品的鉴赏能力	以自学为主，着重提高文化科学著作的研读能力

（二）“文学”、“汉语”分编

“文学”、“汉语”分编是新中国成立后语文教材建设的第一次改革，时跨七年，从1951年开始酝酿，至1958年秋季叫停，共编辑四套教科书：《六年制小学课本·语文》《初级中学课本·汉语》《初级中学课本·文学》《高级中学课本·文学》。四套教科书仅有初中的教科书清晰地呈现了“汉语”、“文学”分开编写的教材体系，编排体例主要体现了以下特点。

张志公主编的《初级中学课本·汉语》（1—6册），一册一个年级，各册均配有教学参考书，于1955年至1957年发行第一版。依据《初级中学汉语大纲（草案）》的各项要求进行编写，其编辑体例为：

第一学期　扼要复习小学所学汉语知识，介绍初中学习汉语的轮廓，学习语音；

第二学期　学习文字和词汇；

第三学期　认识词法、句法的概略后学习词类；

第四学期　学习单句；

第五学期　学习复句，系统总结标点符号的知识及使用，对从第三学期开始的语法学习作一总复习；

第六学期　学习修辞的基本知识。

张毕来等人主编的《初级中学课本·文学》（1—6册），每册编有25～30课不等，各册教科书均编有教学参考书，1955年至1957年发行第一版。依据《初级中学文学教学大纲（草案）》规定的教学内容和教材编排体系进行编写，其编排特点如下。

一年级　着重培养学生观察和叙述客观事物的能力，逐步扩大学生对生活的认识，并且使学生对文学的意义和作用，对文学与社会生活的关系有初步的认识。教材着重选编描述各种事物、人物、风景的作品，原则上根据思想内容组织单元。

二年级　着重培养学生分析和理解比较复杂的事物的能力，借以开拓学生的思想领悟。选编历代著名的文学作品，按作家和作品年代的先后排列。

三年级　除了继续提高学生认识生活和分析事物的能力，还要比较有系统地介绍文学作品的各种体裁，使学生对各种体裁的特点获得基本的认识。教材依据体裁分类组织单元；每类之中大致按作品年代的先后排列。①

(三)"阅读"、"写作"、"汉语"分编

这套教科书于 1979 年着手准备，1981 年正式开始编写，采取三结合②的办法组建编写团队，于 1984 年完成初中教科书的编写，包括《阅读》(6 册),《作文·汉语》(6 册)。

张定远等人主编的《阅读》每册含 8～9 个单元，每单元 5 篇课文左右，主要按课文的体裁编排，白话文、文言文混合编排。课文分为讲读和自读两类，讲读课文的练习分"提示和思考"、"课堂练习"和"课后练习"三部分；自读课文的练习分"自读提示"和"阅读练习"两部分。每个单元前有单元要求，后有单元练习。单元练习分"比较思考"、"读写技巧"、"推敲·琢磨"、"书面表达"、"听说训练"等，着重训练写作和说话能力。

由王连云等人主编的《作文·汉语》教科书，包括"写和说的训练""现代汉语常识"两部分。前一部分设计六次写的训练，两次说的训练，两周安排一次作文。写的训练主要以写一篇文章为单位的综合整体训练；分解的、局部的训练在阅读课的练习中进行。训练重点考虑到与《阅读》相配。每课包括作文知识、例文、作文范围、写作指导四个部分。"现代汉语常识"侧重于应用，主要是帮助学生提高听说读写的能力，每册各有重点，课文的后面配有练习，要求课堂上完成。

二、合编型教科书

合编型教科书就是将语文的教学内容按照一条内在的逻辑主线混合编制

① 参阅：洪宗礼. 母语教材研究［M］. 南京：江苏教育出版社，2007：284－285. 顾黄初，顾振彪. 语文课程与语文教材［M］. 北京：社会科学文献出版社，2001：58.

② 编写组由专业编辑人员、富有经验的著名语文教师、语文学科教学专家三者组成。

成一本教科书，所有的教学内容按其功能或难易分别围绕着这条主线进行安排。合编型教科书的合也有许多不同的合法。主要呈现出三种不同编排体例：单篇编写、单元编写、模块编写。

（一）单篇编写

单篇编写是将所选的文章按其创作的先后顺序编排组合在一起，此种编排体例已有上千年的历史。所编教科书以时代为经，作家为纬，相同时代，相同作家的作品编在一起，看似有序，实则无序，能给学习者提供的帮助很少，《古文观止》《昭明文选》是此类教科书的典型代表。单篇编写的问题就是缺乏系统性，“刻板地顺次一课课教下去，忽而一篇论文，忽而一篇游记，忽而一篇纪传，又忽而一首诗、一篇小说”①。师生围绕一篇课文作精、深、透的分析，对一篇文章进行全纳性的学习（图1－2－3－1）。文章内容和语言形式所涵盖的内容均可作教学点，主要评价学生在课后能回忆、再认、提取这篇文章所涉及的所有相关信息。这种编写模式有助学生“辐射式”发散思维的养成。如今单篇编写的教科书虽已没有，但单篇教学仍盛行于课堂。

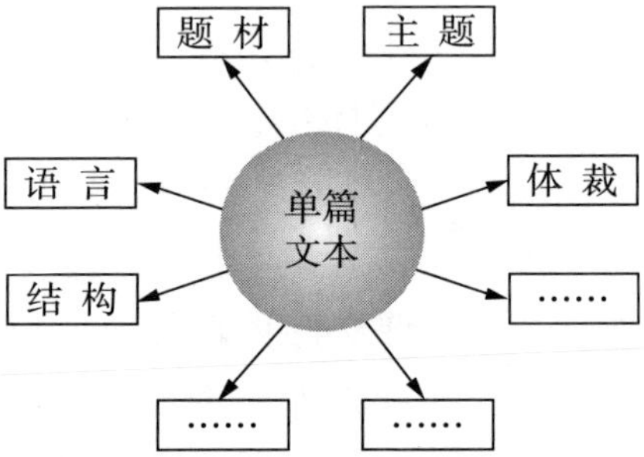

图1－2－3－1　单篇编写的理论模型

（二）单元编写

单元编写是国外的舶来品，肇始于19世纪末20世纪初的欧美“新教育运动”。1922年，梁启超先生针对“中学生国文程度低落”问题，将文章的组合编排引入语文教科书。他认为：“讲文太花费时间，而且使学生讨厌，我主张教学须启发学生自动的在讲堂以外预备（各门教授都应该如此）。须选文令学生能多看，不能篇篇文章讲，须一组一组的讲。讲文时不以钟点为单位，而以星期为单位。两星期教一组，或三星期教一组，要通盘打算。譬如先讲记静态之文，选十篇（或专选同类的或不同类），令学生看。先生教他如何看法（观点何在，时间空间关系如何），拿一组十篇做一比较，令学生知同是一类的文，有如此种种不同；或同一类的题目，必须如此做法。不注重逐字逐句之了解，要懂得他的组织。”② 随后邰爽秋发表《设计教学法》一文中谈到

---

① 宋文翰．一个改良中学国文教科书的意见［J］．中华教育界，1931，19（4）．

② 梁启超．中学以上作文教学法［J］．改造，1922，第4卷第9、10号．

了“文学的大单元做学习的中心”，“一诗一文四无依傍，毫无价值，所以主张选出几个大的学习单元以切以生活为主体，而附以小的片断的诗文。用教者的思想，连缀一气。所以多主张教包含许多短小诗文的长篇小说，或一月一篇，或一学期一篇，教完之后，再拿复杂的来代替，至于琐碎无用的东西，一概摒弃，这就是读法里设计的办法”。① 两位先生的主张启动了我国语文现代教育史上第一次以单元教学理论为指导的教学探索。

现在学校使用的语文教科书都是以单元进行编排的，其编排方式因编辑者不同而有所差异，近百年来人们尝试以主题、文体、题材、时间、作家、问题、内容、学习过程、知识、技能等“核心”词进行组元，编者根据单元的组元方向，如“文体—记叙文”选择4～5篇具有记叙文鲜明特点的文章来例证叙述类文章的特点。但每一种组元方式均是利弊并行，迄今也没有探索出大家均认可的组元方式（图1－2－3－2）。单元编写虽为提高单位时间内的教学效率，但除了实验性的探索之外，并未大规模地在语文教学中得到普及。就其呈现出的理论特点来看，单元教学更适合学生“聚合式”辩证思维的养成。

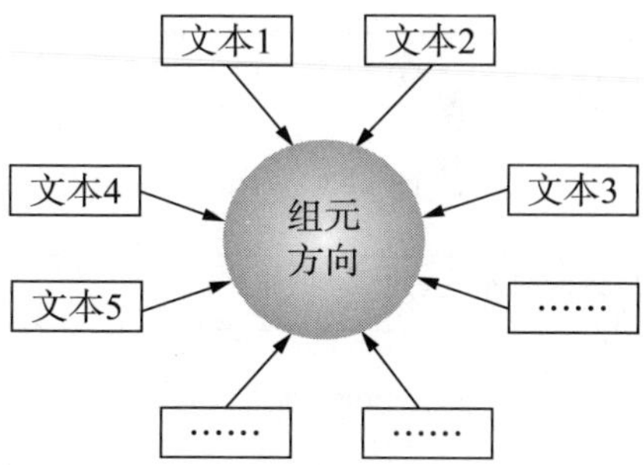

图1－2－3－2　单元编写的理论模型

通过对北京师范大学图书馆馆藏的20世纪初期中小学语文教科书的查阅与考证，最早在语文教科书层面对单元教学进行探索的是1932年（“中华民国”二十年）天津南开中学自编的初中国文教本。该书虽然在目录中没有明确使用“第X单元”、“第X组”、“以上为X组”等流行的单元标示字样对所选编的一组组课文进行统摄，但使用了“（一）（二）（三）……”等序列号，依据每组文章中的某一相似点将选文组合在一起，构成一个单元，单元编写的特点还不是十分明显。但到了1936年（“中华民国”二十四年）秋印制的南开中学初二国文教本就开始明确使用了“第X单元”的字样，并在教科书每一单元的开始之处，清楚地规定了各单元的选文特点、教学内容、教学目标及课时安排，其编排体例如下。②

第一单元教学纲要

一、单元中心　记载文及其写法探讨

---

① 郃爽秋. 设计教学法［J］. 中华教育界，1923，11（1）.

② 详见南开中学初二国文教本（上册），该书为竖排版，“中华民国”二十四年秋印（1936年）。

二、教材内容　自然景色

三、教学目标　在使学生明了记载文的体性及其作法，并能写作自然景色的记载文。

四、教学时数　共需三周，每周五小时，共十五小时。讲文约十二小时，作业阅读指导约需三小时。

五、教材

1. 选择标准　根据本单元中心及教学目标，选择足以阐明记载文作法及学生易于模仿的文章。

2. 组织方法　依照文章内容，先色彩而后景物，顺序排列。

3. 教材目录于后：(该表为竖排版)

教材篇目	作者	出处	讲授约需时数
绿/李思训画长江绝岛图	朱自清/ 苏轼	踪迹/ 苏东坡集	2
荷塘月色	朱自清	背影	2
西湖游二则/饮湖上晴后雨后二首	袁宏道 苏轼	解脱集 苏东坡集	3
游江上诸山记/ 题西林画壁	汪缙 苏轼	汪子文集 苏东坡集	2

（三）模块编写

“模块编写”是基于“模块化教学”提出来的。《普通高中课程方案（实验）》明确提出了“普通高中课程由学习领域、科目、模块三个层次构成”的构想。模块教学（Modules of Employ able Skills，简称 MES）是国际劳工组织在 20 世纪 70 年代开发出来的一种较为先进的培训模式。模块教学作为语文教学发展历程中的一种形态，以课程目标为核心，以语文学习过程中学生反映出来的共性问题为内核，选择组织教学材料，旨在将内在逻辑联系紧密、学习方式要求和教学目标相近的教学内容整合在一起，构成小型化、相对完整的学习单位（图 1－2－3－3）。

模块编写的特点是综合性、立体性、开放性、灵活性、替代性、自选性，其基本模式有些像“主题式自选超市”，它以一个主问题为核心组织教学材料，学生围绕这个主问题阅读第一批次的教学材料，从中找到适合自己的学习问题，学生再根据自己的学习问题，自主选择可阅读的教学材料，并选择

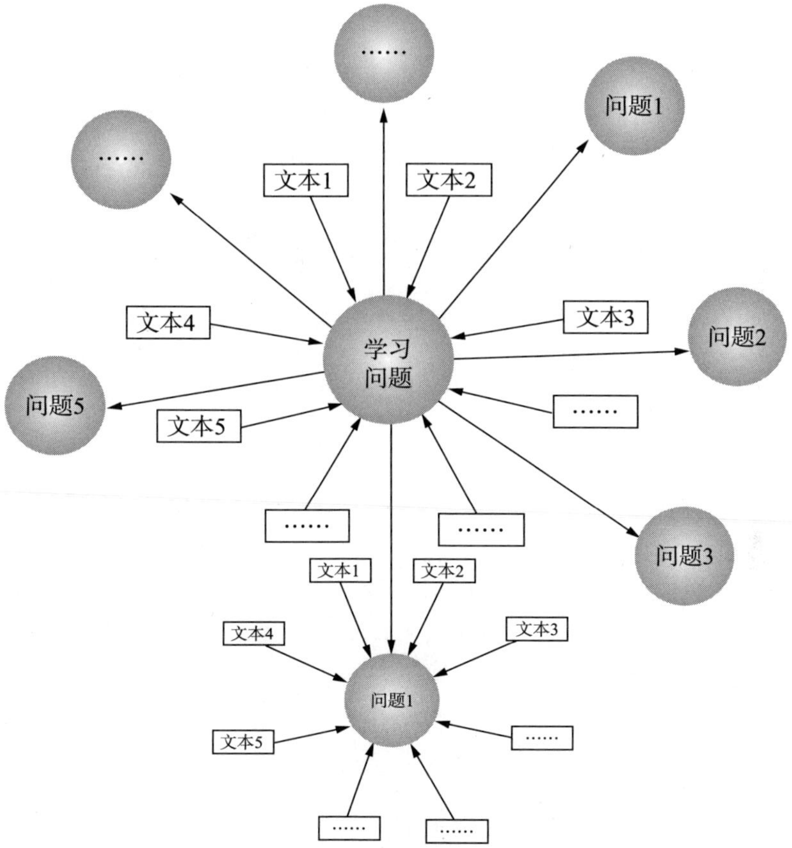

图 1－2－3－3　模块编写的理论模型

适合自己的学习方式进行学习，解决学习中自选的问题，最后以自己喜欢的方式呈现问题解决的情形。

模块编写的构成形式有“山”形和“╥”形两种结构。“山”和“╥”的底端或顶端的“—”，是指某一个学科的学生必备的基础教学阶段，主要学习相关学科的通用性必备知识和技能；其他的分支则为学科内特有的专业模块，也可以某个核心语为“主题词”组成融合形的教学模块，学生可根据自身的特点和社会需求，有选择性地学习不同的模块。每一个学生都可以“—”为基点从每一个模块中选择适合自己的学习内容及学习方向，沿着自己熟悉并能驾驭的路径走向自己设定的学习目标，可以向上发展，也可以向下深挖。这种课程形态益于培养学生三维立体的“聚合⟷辐射”式的研究性思维。

然而对于什么是模块、教学中如何实施等关键问题，《普通高中课程改革方案》从头至尾都没有予以明确说明，就目前出版的教科书而言，虽然有些在封面堂而皇之地贯以“模块 ×”等字样，但均非真正意义上的模块。其教材内容没有实质性的变革。换句话说，目前以教科书编写为主业，有一定影响力的几家出版社均没有编写出符合“模块”特点的教科书，对于“模块”这个概念目前只是由“课标”提出，教科书的编者将原来的“第×册”在封面上改为“模块×”之外，从教科书的编辑体例上并没有体现出理论思考的实质性突破。

◆ **思考**：浏览英格丽德·约翰斯顿教授和梅格老师为他们的学生选择的阅读材料，比较你任教班级的学生的阅读量及书目，你认为差异在哪里？如果你是一个学生，请与自己曾阅读过的书目相比较，看看是否有差异，反思造成差异的原因。

◆ **方式**：独立思考。

【延伸阅读】

★ 电影：《蒙娜丽莎的微笑》《春风化雨》

★ 洪宗礼. 母语教材研究：第7卷. [M]. 南京：江苏教育出版社，2007.

【悦 读】

教学材料选择的案例①

英格丽德·约翰斯顿教授和梅格老师为实验班级选择的阅读材料附录：

高中三年级最终选文篇目

短篇小说及散文

选自M. 艾弗森，J. E. 奥斯特，J. 麦克雷主编：《文学体验卷二》。安大略省斯卡保罗：加拿大，Prentice-Hall.

纳丁·戈迪默（南非）：《快乐事件》（“Happy Event”）（短篇小说）

玛格丽特·劳伦斯（加拿大）：《世界开始的地方》（“Where the World Began”）（散文）。

桑莎·拉玛·劳（印度）：《回到印度》（散文）。

选自阿普尔比，阿瑟·N.，朱迪思·兰格主编：《多元文化视角》。Evanston，Ⅱ：McDougall，Littell。

罗莎丽欧·费里（波多黎各）：《最小的洋娃娃》（“The Youngest Doll”）（短篇小说）。

加布里尔·加西亚·马尔克斯（哥伦比亚）：《巨翅老人》（短篇小说）。

① 节录自：约翰斯顿. 重构语文世界——后殖民教学实践［M］. 郭洋生，等，译. 教育科学出版社，2007：195. 有想了解梅格老师是如何在她的课堂上完成后殖民文学教学的，可详阅此书。

谭恩美（美国）：《两类人》（选自《喜福会》）。

选自克雷格·斯蒂芬森主编（Craig Stephenson，ed.，1993）：《创新的国家：当代世界写作》（Countries of Invention：Contemporary World Writing）。安大略省多伦多：Addison-Wesley and Rubicon.

谭恩美（美国）：《母语》（“Mother Tongue”）（散文）。

诗歌

选自M. 艾弗森，J. E. 奥斯特，J. 麦克雷主编：《文学体验卷二》。安大略省斯卡保罗：加拿大，Prentice-Hall.

卡尔·莱格（Carl Leggo）（加拿大）：《缠结》（“Tangled”）。

选自阿瑟·N. 阿普尔比，朱迪思·兰格主编：《多元文化视角》。

戴安娜·张（美国）：《说“是”》。

从《多元文化视角》《文学体验》（Literary Experiences），以及加拿大和外国其他文选中节选的各类诗歌。

戏剧

彼得·斯卡弗尔（Peter Schaffer）：《太阳之战》（Royal Hunt of the Sun）。

威廉·莎士比亚：《哈姆雷特》（Hamlet）／《奥赛罗（Othello）》（学生二选一）。

小说/非虚构文学（Novel/Nonfiction）

学生从一组参考书目中选择一部小说或非虚构文学作读书报告。

第四讲　实施教学的时空：教室

教室是实施教学的常在空间，重要的教学场所。实验研究一再证明，教学空间特性（包括空间大小、形状、空间的封闭或开放程度及空间调整组合的灵活程度等）的改变，教室内温度、色彩、照明、通风条件的不同，以及师生关系、班级规模、课堂座位编排方式和课堂心理气氛等环境因素的变化，都对教学活动的效果有着显著的影响。

核心内容

教学环境　是按照一定的目的和需要专门设计和组织起来的一种特殊环境。

物理环境　指那些具体的、以静态的物质形式存在的环境要素。

心理环境　指在教室中活动的师生，从心理与情感上营造的一种学习环境。这种具有较强隐蔽性的环境，只有长期置身其中的人才能察觉到，积极与否直接决定着教学效果和学生发展。

◐ 学习准备

这些正在上语文课的学生，分坐在教室的不同位置，教师正在绘声绘色地解析一篇课文。你可以结合自己的上课经验，在每个孩子的云朵上写出他/她可能想/做的事情。你也可以让你的学生以不记名的方式写出课上的孩子们在做什么，并用一个特殊的符号标出哪一个是他/她自己。

课堂是由教室及在教室中活动的人组成的，所以教室中的环境可分为“物”的环境和“人”的环境。由“物”所组成的环境，我们称为教室的物理环境（physical environment），指那些具体的、以静态的物质形式存在的环境要素，如教室中的颜色、光线、温度以及座位编排、墙面空间等。这个环境是显性的，人一走进去立刻就能觉察。由“人”的活动所组成的环境，我们称为心理环境（psychological environment），指在教室中活动的师生，从心理与情感上营造的一种学习环境。这种具有较强隐蔽性的环境，只有长期置身其中的人才能察觉到，积极与否直接决定着教学效果和学生发展。课堂教学环境的结构如图 1－2－4－1 所示。

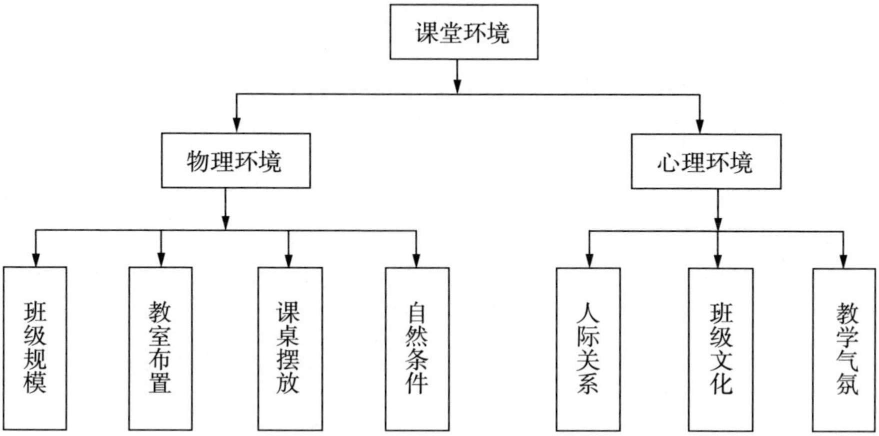

图 1－2－4－1　课堂教学环境的结构

一、显性的物理环境

戴克（H. O. Dahlke）认为：教学活动是在一定的物理环境中进行的，这个环境在一些非常重要的方面限制和规定着学生学习和发展的可能性。环境这个舞台一旦搭起来，那么在这个舞台上将要进行的演出活动就已经被部分地决定了。[①] 这个舞台包括班级规模、教室布置、课桌摆放及自然环境等。

（一）班级规模

班级规模（class size）指在一个相对固定的空间内所容纳的学生数量，与学生个体所占的空间密度呈高相关。研究发现，教师和学生在规模较小的班级中往往表现得更愉快和更活跃，较小规模的班级可以更好地适应学生的不同需要；在规模较大的班级内，被剥夺了参与课堂发言讨论机会的往往是那些性格内向或能力较差的学生。一些实验说明，教学是 10 米之内的聆听，10 米之外的学习是感受不到教学场内的磁力线的。

在一个规模超过 60 人的班级和在一个规模只有 20 人的班级进行教学，教师选择的教学方法、教学策略和教学组织形式以及师生课堂交流方式都会有明显的不同。令人遗憾的是，在我国的中小学校，特别是教学资源相对优质，或者是地市级以下的农村学校，班额小于教育部规定数字 45 人的寥寥无几，一般都在 60 人左右。江苏、山东、四川、河南、重庆等人口密集的省份，绝大多数学校的班额超过了 100 人。在这样的班级内授课，教师可依据

---

① DAHLKE H. Values in Culture and Classroom A Study in the Sociology of the School［M］. New York：Harper & Brothers Publishers，1958：143.

所授新课的特点，在设计教学时将班内的学生作一个粗略的归类，分成能掌控在教学场内的3～5个小组。如此的划分就把面对百多人的教学转化为仅面对3～5个小组。授课时可借鉴“复式教学”①，针对各小组的特点，为每个小组选择恰当的教学内容、制定适宜的教学目标，编制个性的教学流程，并对教室的空间进行简单的切分，以其功能划分出几个不同的教学区域：授课区可设置在教室的前部，研讨区可设置在教室的后半部靠门的位置，互助区可设置在教室中部的中间位置，阅读区可设置在教室后部靠窗的位置，需要自己学习、独立思考的同学可以根据自己的学习风格选择教室中的任何一个角落，甚至是教室外面的走廊②。如此就为个性化的语文教学创生出了一个“分层复式”的弹性教学环境。

（二）教室布置

教室布置就是学校或教师根据教学的需要，对教室进行有目的的设计与规划。如教室墙壁张贴什么，教学材料与教学设备的摆放，教室内部功能区间的划分，等等。教室依据其所具备的主要功能，可分为普通教室、阶梯教室（图1－2－4－2）、专业教室（图1－2－4－3）、开放教室（图1－2－4－4）等基本类型。

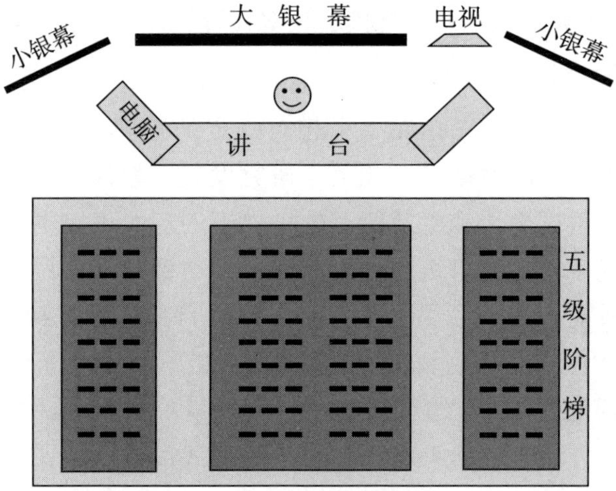

图1－2－4－2 阶梯教室

---

① 复式教学是因其教师与教学空间的限制，几个不同年级的学生在同一间教室，在同一单位时间内由同一个教师授课。这种方式常见于我国中西部地区的农村学校。

② 广东省深圳中学就在校园的天井处，为学生设计了一个固定的自习空间，任何年级的学生都可以在这里自主学习。

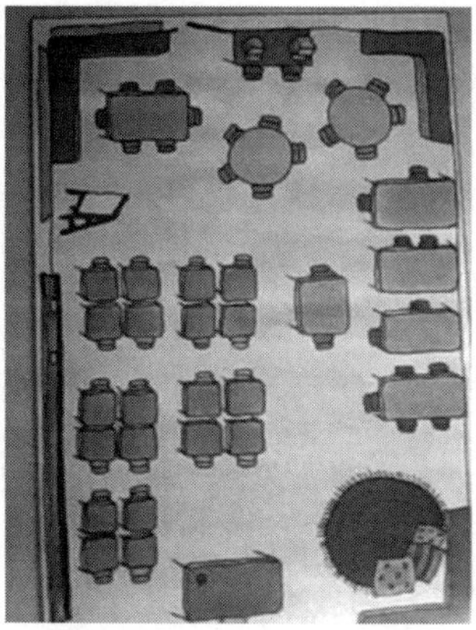

图1－2－4－3　专业教室

图1－2－4－4　开放教室

阶梯教室的课桌椅及相应的教学设备是固定的，各学科教师是无法根据教学需要进行更改的。一般可用来进行年级集会或专题报告，特殊情况下也被用来上公开课或观摩课。在此上课主要是为了满足观课教师的需求，一般情况下这种课基本忽略了学生学习的需要，教师授课基本是一种演课的性质。所以教室内也不会有为了教学的需要而进行的设计与布置。

专业教室是指近几年兴起的一种体现学科特点，用途单一，指向较强，教学资料丰富的学科专业教室，这也是应高中课程结构的变化而设计的一种专用教室。这种教室考虑到了使用者的多种需要，最突出的优点是学科所需要的教学资料被固定地放在教室中，学生可以随时取阅。在专业教室里，教师是固定的，而学生是流动，在进行某一学科教学时，学生可根据自己的个人兴趣、特长，走进自己喜欢的教室，跟着自己喜欢的教师开始学习。

除这些教室以外，目前还流行着一种开放教室。“开放教室”是针对传统自我封闭式教室而采取的一种新的教学空间的设计方式，其设计类型和空间规模多种多样。有的学校利用走廊作教学空间，同时将教室的门敞开以增强教室之间活动的便利程度。有的学校建立了取消内部墙壁，将流动区（如走廊）与教学空间合为一体并设立专门空间（如从事实验的实践区和进行小组教学的隔音室）的开放教室。

语文教学是一种很个性化的学习，诺克（F. G. Knirk）的研究表明，适合个性化教学的场所应由以下几种空间构成：①共用的教学空间。这部分教学场所主要用于教师和学生开展讨论，学生之间相互交流，以及教师进行指导性教学等团体活动。②个人学习空间。个别化教学提倡和鼓励学生独立学习，独立解决问题，因此每个学生应当有自己独立的个人学习空间，以避免学生间相互干扰。诺克将这种学生独立使用的封闭式空间（carrel）称为“学生办公室”，并要求每个办公室配备幻灯机、录音机等学习设施。③共用的资料区域。教学场所应有特定的区域放置学习资料，以便学生随时都能得到所需的学习资料。①

（三）课桌摆放

课桌摆放是指教室内学生课桌椅的排列陈设方式，实际上是一种教学空间的组织形式，通过课桌椅的不同摆设将教学空间划分为不同的活动区域，以满足教学活动对教学空间的不同需要。研究发现，不同的教学空间组合方式直接影响着师生课堂中的交往，影响学生间的人际关系，影响学生的学习动机和学习态度、并最终影响整体的教学效果。常用的座位编排方式有：秧田型、圆桌形、马蹄形，对话型、小组型等（图 1－2－4－5）。课桌的摆放形式决定了教室内的座位编排形式，这些不同的座位排列方式具有不同的空间特点和功能。秧田型的座位适合于共性知识的传授与学科共性问题的解决；圆桌形、马蹄形的摆放适合讨论，有利于信息的多向传递与交流，也有利于神态语和肢体语的使用；对话型的摆放有助于开展正反双方各执一词的辩论与驳斥；小组型的摆放则有利于同一问题的不同解决与汇报。

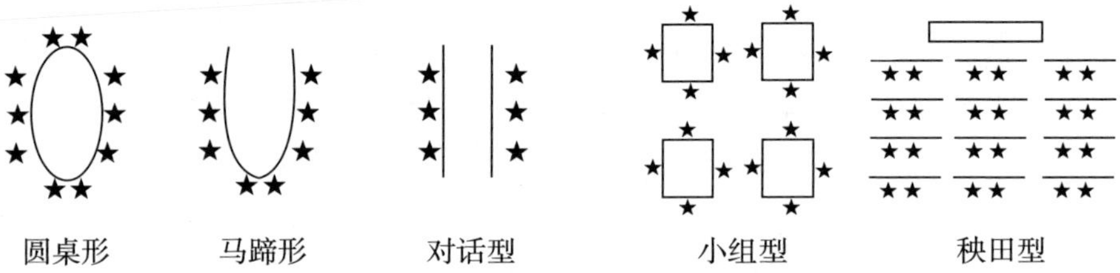

图 1－2－4－5　教室内课桌摆放的几种形式

课桌摆放只是一种形式，学生选择什么样的座位体现了学生个体的学习风格。就目前教室里秧田型排列的课桌来看，不同的位置，学生与教师的交流及教师对学生的关注是有差异的。如图 1－2－4－6 所示，如果教师是教室内学习的压力源，那么图中的“■”处就是高压区，“▒”就是中压区，“□”就是散压区。如果让学生自选座位，教师不必花太多的精力给坐在“■”处学生，这个区域内的学生基本都是一些学习自主性比较强的学生，属于“不待扬鞭自奋蹄”类；坐在“▒”处的学生是教师需要关注并时常要给些帮助与鼓励的；而坐在“□”处的学生则需教师花大力气进行管理的学生。坐在“□”区域内的学生，情况比较复杂：有自信心不足的，有不愿与

① KNIRK F. Designing Productive Learning Environments [M]. Englewood Cliffs: Educational Technology Publications, Inc. 1979: 18－21.

人交往的，有不喜欢上语文课，想在课上干点其他事的，有“淘气包”、“捣蛋鬼”，等等，甚至还有些有意要为难教师，给教师下马威，折腾教师的“孩子头”。用什么样的策略使这些学生融入到语文学习之中，则是教师在进行教学设计时要着力思考的重点内容，个性化、弹性化的教学策略就需要在这里发挥作用。

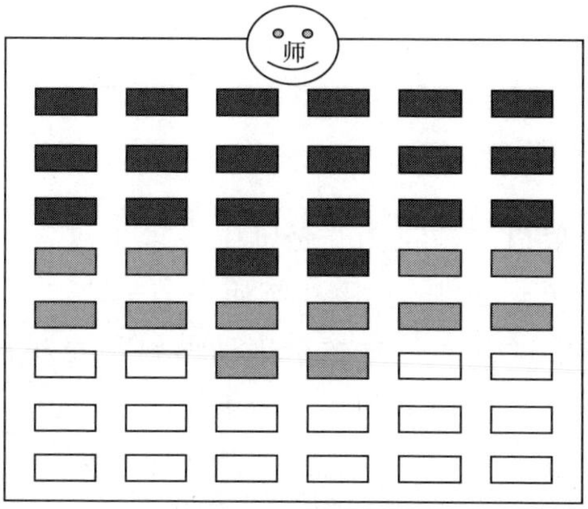

图 1－2－4－6　教室内课桌摆放的压力区分布

（四）自然条件

自然条件是指教室内的温度、采光、照明、通风、色彩和噪音控制等设计及具体的技术要求、标准和规范。香港学者郑燕祥曾对教学环境中几种主要的自然因素的影响作用及其理想的设计要求作过简要、系统的总结。

表 1－2－4－1　教室内自然因素对教学的影响及理想的设计①

物理特性	影响及理想条件
照明	影响：人的生理及注意力 理想条件：避免刺眼的光源设计，避免光源来自注意焦点的后面，目标物（黑板）与周围环境的光度对比要大于 3:1
温度	影响：在闷热的教室中，人较易有攻击性的反应，或无精打采，难于集中精神 理想条件：室温较低，而温度应控制在 20℃～24℃
噪音	影响：干扰听课或讨论，分散注意力 理想条件：应有适宜时间和地点的安排，减少各种活动的噪音干扰，隔音设备，防止校内校外的噪音

① 田慧生. 教学环境论［M］. 南昌：江西教育出版社，1996：227.

续表

物理特性	影响及理想条件
色彩	影响：灰觉色彩易令人沮丧，墙色灰暗或鲜明都会造成阅读困难，家具的强烈色彩，易造成一霎的过度刺激与混乱，要谨慎使用 理想条件：墙色宜柔和而不单调，家具及其他背景的色彩应用宜人和令人振奋的颜色

二、隐性的心理环境

班级心理环境通常指一种氛围，是师生在教学过程中所特有的心智—人格条件，它对学生品德及习惯的影响在本质上是一种“无声之教”，它对人的教育作用不是强行灌输的，而是寓教于生动形象和美好的情境中，通过有形的、无形的或物质的、精神的多种环境因素的综合作用，在耳濡目染、潜移默化中熏陶、感化学生，从而产生一种“随风潜入夜，润物细无声”的教育效应。[①] 人际关系、班级文化、教学气氛是构成班级心理环境的基本因素。

（一）人际关系

人际关系是人们在社会交往中形成的人与人之间的关系。在教室中，良好的人际关系是保证每一个学生进行有效学习的基本条件，师生关系、生生关系是教室里两种主要的人际关系。想必大家都很熟悉下面这两个手势吧。现在，我们一起来做一个游戏：

请分别用“”和“”这两个手势中的“手指”指向自己及他人的鼻子，感受一下这两根手指，哪一根更容易指向自己，哪一根更易于指向他人呢？并尝试说出理由。

游戏结束了，你是否已经感觉到用“拇指”指向自己的鼻子时，要比用“食指”指向自己容易些，动作也要舒展些？当用“食指”指向他人的鼻子时，则比用“拇指”容易些，动作也要舒展些？你想过其中的原因吗？这两个动作中隐含着一种人的本能心理反应。在生活中，人们习惯把成绩、功劳归于自己，对自己的思维与言行比较认可，用“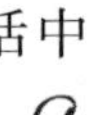”夸奖自己是不是很方便呢？而“”是常用于谴责、指斥他人的，当问题出现时，人都很少能从自己的角度寻找失误，一般都会把责任推给他人，用“食指”指向他人，做出谴责与指斥的动作就方便得多。

---

① 田慧生. 教学环境论［J］. 教育研究，1995（6）：47－52.

做完了这两个游戏，任何一位教师都知道如何在班级内营造一个和谐、平等、民主的人际关系了。窍门就是多一点“”，少一点“”。

（二）班级文化

班级文化即班风，是指班级所有成员在长期交往中形成的一种共同心理倾向。班风一经形成，便成为一种约束力，反过来又影响班级中的每一个成员，它既塑造了学生的态度和价值观，又影响他们在教室里的学习活动。班级文化的核心价值观是一个班级立班的基础，是班级内聚力的聚合点。多项研究表明，在其他条件相同的情况下，班级文化的改善可以有效提高学生的学习成绩。下面是一位研究者对某班“沉默是金”班风形成原因的调查。

研究者：是不是一班同学比较内向？

L（生）：也不是。其实好多同学一开始是很外向的，但大部分同学都那样，就慢慢收敛了。

研究者：如果把你放到三班会是什么样子？

L：我肯定会很积极发言的。就是一班再内向的同学放到三班也会外向起来：三班再外向的同学到一班也活跃不起来。

研究者：会吗？一班从一开始就这样吗？

L：是的。平时在小学不爱说话的碰巧都分到了一班，活泼的碰巧分到了三班。

研究者：班里有你的小学同学吗？

L：有几个。

研究者：他们在小学就不爱说话吗？

L：不是。比如SY（好像是这个名字）小学时很活泼的，到了一班就变得内向起来。我们平时在班里从来说不上几句话，可是回家打电话一聊就是一个多小时。

研究者：为什么？

L：不知道，反正一到班里就感到没什么可说的。

研究者：平时你们班在哪门课上发言最多？

L：都不多。就教学课上多些，但全班都举手也就几次。

研究者：有过全班都举手吗？

L：教学老师提了一个问题，有一些同学举手了，但老师说举手的人还不是很多，再等等，鼓励了几次，最后全班都举手了。

T（师）：这一班也挺可怕的。原来我们班那么外向的孩子，到了一班都变蔫了，L还算变得少点，像S（生）、CH（生）原来都是很外向的，到了一班就变得不爱说话了，现在就只有L能跟我配合。还有那个班的一个特疯的女孩，到了一班就文静了起来。

CH（师）：其实这件事我也想了很长时间了。我想主要是我的原因。我带的上届学生，就是全校有名的不爱言语。这一届学生是实验班，我想他们都是好孩子，能自己管得住自己，我就不管了，什么事都让他们自己弄。但后来，我觉得班里弄得非常散，我受不了了，就觉得得收一收，一收就又回去了。

“雄辩是银，沉默是金”是一个学生对该班特点的概括。这位学生所在的班级上课时，除几个总发言的学生积极参与、回答老师所提出的学习问题之外，几乎90%的学生只静待老师“喂食”。这些内心有着个性思考的学生，有时也想发言，但班内形成的“说错话”将被当做笑料的风气，使得身处自我意识觉醒期、羞耻感渐趋增强的青春萌动期的初二学生，为了给班上自己喜欢的异性留下一个好的印象，而不再发言。因为谁也不愿意成为众人的笑料，唯一的办法就是不说话，多说就会出错，少说甚至不说就不会有错。由此形成了沉默、有序，却又单调、压抑的班级文化，它的形成也离不开教师长期以来权威者与控制者的角色定位。①

（三）教学气氛

教学气氛，也说课堂气氛。主要指在教学的过程中，班内学生形成的一种情绪情感状态。它一旦产生便能作为一个相对独立的心理环境因素，反过来作用于学生的学习行为，并影响整个教学的实际效果。课堂教学气氛有两种类型：一种是支持型，一种是防卫型。② 支持型教学气氛，生动活泼、积极主动，民主平等，畅所欲言，易于形成一种具有感染性的、催人向上的教学情境，使学生从中受到感化和熏陶，从而激发出学习的无限热情，提高学习自主性。防卫型教学气氛，懒散沉闷、师生之间缺乏交流，甚至严重对立，这种课堂教学气氛则会抑制学生学习热情，降低学习兴趣，严重时可能使学生产生厌学情绪。我国学者在调查研究了同一班级学生在不同情绪状态下学习语文效果的差异后指出，在情绪好的情况下，课堂提问15次，其中8次质量较高，发言24人次，有7人次富有创见。而在情绪差的情况下，提问仅4次，发言只有10人次，质量差且无创见。两周后测试表明，前者巩固率为90%，后者仅为72.6%。可见，创设积极愉快的教学环境，无疑有助于教学

---

① 冯立香. 教师角度转变与语文课堂教学环境建构——一个合作行动研究报告［D］. 北京：首都师范大学教育学院，2004.

② 田慧生. 论教学环境［J］. 西北师范大学学报：社会科学版，1992（6）：58-63.

目标的达成。①

◆ **思考：**下面是两位老师执教某一篇课文时，为使学生尽快地走进文章的情感，所设计的两个教学环境：

《背影》：执教者穿一袭长衫，走进教室，学生……

《十里长街送总理》：执教者在胸前别了一朵小白花，走进教室，学生……

请补写学生的反应，并与同伴讨论这两个教学环境的设计能否拉近学生与文本之间的距离？

◆ **方式：**独立撰写，同伴辩论，头脑风暴。

【延伸阅读】

★ 田慧生. 教学环境论[M]. 南昌：江西教育出版社，1996.

★ 班尼，等. 教学社会心理学[M]. 邵瑞珍，等，译. 昆明：云南教育出版社，1986.

【悦　读】

营造与优化语文学习环境的教学实例②

充分展现语文教师的语文综合素养，营造一种“爱屋及乌”的语文学习氛围。“言教不如身教”，语文教师的语文素养本身就是一种非常重要的语文学习环境。在本文的教学中，我精心设计了优美流畅的导入语：“‘路漫漫其修远兮，吾将上下而求索。’这是伟大诗人屈原在《离骚》里留下的两句名诗。鲁迅先生在第二部小说集《彷徨》出版时，将它题到了书的扉页上。可以看出1926年前后的鲁迅虽然苦闷、彷徨，但并不消沉，他依然紧握手中的笔，与一切反动势力作坚决斗争。《祝福》就是这一时期的重要作品。鲁迅先生曾在《灯下漫笔》中将中国封建社会概括为两个时代‘想做奴隶而不得和暂时做稳了奴隶的时代’。在《狂人日记》中他说，中国的历史满本都写着两个字‘吃人’。在浸透了封建文化的环境当中生活着的中国百姓，不敢对生活有什么奢求，他们只求生能存命，死后安魂。可就是如此可怜的要求，也被社会冷漠地拒绝。这即所谓先生所说‘想做奴隶而不得’。在天地圣众歆享牲

① 邬志辉. 关于教学环境的几个理论问题的思考［J］. 东北师范大学学报：哲学社会科学版，1995（3）：90－94.

② 吴哲生. 营造与优化语文学习环境的教学实例［J］. 中学语文教学，2006（9）：11－14. 此处只节录了阅读教学的一小部分，文章还论述了如何营造与优化作文教学的环境，读者可自己找来阅读。

醴的爆竹声中，一个‘想做奴隶而不得’的可怜女人，躺在了写着‘吃人’二字的历史上！今天，我们一起来看鲁迅先生的《祝福》。”并在课前精心准备了小说第一部分与最后一部分的示范朗读。最后在分析完祥林嫂死亡原因之后，即兴抒怀：“祥林嫂你勤劳、善良、质朴、顽强，但在旧社会你却不但不能掌握自己的命运，反而成为一个被践踏、被迫害、被愚弄、被鄙视的人，以至被旧社会所吞噬。对于封建礼教横加给你的种种迫害与摧残，你曾进行过不断的挣扎与抗争：在被虐待、被出卖、被迫再嫁时，你挣扎；面对种种讥讽、侮辱与伤害，你给以无言的抗议；对灵魂上的迷信枷锁，你更是拼命地抗争；直到怀疑灵魂的有无。这一切表明你是一个很不容易被压垮、被吞噬的人，但终究还是被旧社会压垮、吞噬了。不但平平安安做人的权利没有争得，就是完完整整地保全自身的希望也已破灭。祥林嫂你是一位被‘病态社会’摧残致死的、勤劳、善良、坚强的旧中国劳动女子。如果说善良和光明的毁灭是悲剧，那么祥林嫂正是一个被毁灭的悲剧。‘路漫漫其修远兮，吾将上下而求索。’你以一种不寻常的死以及死前对旧世界统治的疑惑，去警醒和启示一切活着的人，你没有白死，你的死唤醒了一个民族，重若泰山。”通过上述这些做法，充分展现了教师良好的语文素养，让学生陶醉在语文的美丽和魅力之中，直至欣赏崇拜教师，真正喜欢上语文。

模块二

课堂教学设计的基本策略

子路问："闻斯行诸?"子曰："有父兄在，如之何其闻斯行之?"

冉有问："闻斯行诸?"子曰："闻斯行之。"

公西华曰："由也问'闻斯行诸'，子曰'有父兄在'；求也问'闻斯行诸'，子曰'闻斯行之'。赤也惑，敢问。"

子曰："求也退，故进之；由也兼人，故退之。"

——《论语·先进》

模块二 课堂教学设计的基本策略

遍阅世界各国的母语教科书，没有哪一个国家是脱离了文选型编写模式的。也就是说，凭借当今的编辑技术，文选型母语教科书是各国中小学生获取母语知识、提升母语能力的最佳呈现方式。教科书中的选文，原本是作为一般的社会阅读客体，以一种普适的原生状态流行并存在于社会，不是为语文教学专门创作的。这些风格迥异的作品被编者因着某种教学目的选入教科书，又被人为编成一组组的学习单元。这种编辑方式将没有必然内在联系的文章编排成似乎有内在逻辑的学习单元，单元中的每一篇文章蕴涵的丰富教学元素便铸就了语文教学内容的多义性，而多义性带来的语文教学信息传递过程中教学内容的游移和随意，便成了社会群体及学术研究针砭的对象。如何从繁杂多义的文章中选择确定性较强的教学内容，并依此结合学生的学习特点、认知水平设计出最佳的教学方案是我们在本模块中要研究的主要问题。

【核心内容】

语文教学内容的选择策略

语文教学中个性因素的设计

教学设计中结构性因素的设计

【延伸阅读】

★马什. 理解课程的关键概念［M］. 第3版. 徐佳，吴刚平，译. 北京：教育科学出版社，2009.

★《语文学习》编辑部. 语文课堂教学内容的确定：理论与案例［M］. 上海：上海教育出版社，2010.

单元一　语文教学内容的选择策略

王荣生在《新课标与“语文教学内容”》一书中对教学内容的确定性给出了如下定义：使用同一本教材的语文教师，教同一篇课文、教同一项知识，从理论上讲，所教的应该是基本相同的内容；同样，学同一本教材、同一篇课文、同一项知识的学生，所学的应该是基本相同的内容。不同教师、不同学生在教与学的过程中所能达到的相同点越多，从教材编撰的角度来讲，我们说它在课程内容上的确定性就越高，反之就越低①。我基本同意王先生给出的定义。在此需要补充的是语文教学内容应是确定的，不是固定的。王先生在文中虽然使用了“确定性”，但在论证的过程中，所列观点、所举论据均在说明语文教学内容的固定性。“确定”与“固定”是两个意义相近，但所指不完全相同的词语。“确定”的词义是明确而肯定。具体到教学内容的确定，应重点强调教师在教读某一篇课文时，虽须根据教学时空与对象的变化，变更教学内容，但相对于特定时空条件下同一教学对象的教学内容应该是明确肯定的，而不应是多义、随意的。同时，即便是同一时空条件下的同一教学对象，也很可能因教学手段及教学条件的变化而导致教学内容发生变化。“固定”的词义是不变动、不移动。也就是在任何时空条件下，教学内容都不会因教学对象的不同而发生变化。所以，在相同的历史时期，由国家教育部所规定的同一学段的课程内容应该是固定的，不能因时空条件及教学对象的变化而发生变化。因此，从语文教科书所呈现的教材内容中选择出适合学生学习的、确定的教学内容是语文教师应备的专业技能。

第一讲　几个重要的核心概念

“课程内容”、“教材内容”、“教学内容”是研究学科课程设置与教学实施的几个核心概念，对这几个概念的界定与厘清有助于解释语文学科内部结构模糊不清的问题。20 世纪 80 年代中期，随着“课程”概念再次植入我国，课程与教学理论系统内的“课程内容”、“教材内容”、“教学内容”这三个概念就失去了各自的边界，越来越混淆了。目前，这三个概念在课程与教学的

---

① 王荣生. 新课标与“语文教学内容”[M]. 南宁：广西教育出版社，2004：103.

研究领域虽没有给予很好的区分，但鉴于语文学科自身的特殊性，也便于书中各部分术语表述的清楚厘定，在此仅以语文学科为分析对象，对“课程内容”、“教材内容”、“教学内容”进行区分与界定。

核心内容

课程内容　课程内容是为了达到语文学科特定的课程目标而选择的事实、概念、原理、技能、策略、态度、价值观等要素。

教材内容　教材内容就是语文课程内容的具体静态呈现，指为了有效地反映、传递语文课程内容诸要素，而特意组织编写的呈现于各类信息载体上的文字的、非文字的材料及所呈现的信息。

教学内容　主要指教师为达到课程目标，在教学的实践中利用教科书中所提供的教学材料，选择恰切的语言材料传递课程内容所规定的目标信息。

学习准备

下面是著名的“斐德吾若”驴子的故事，你知道柏拉图讲述这个故事要说明学术界的什么问题吗?

柏拉图假定斐德吾若买了匹马准备入伍打仗，而苏格拉底来看望即将出征的斐德吾若，并对他的马说了一大通赞扬的话，这看似一件很正常的事。可是假若苏格拉底自己并不知道什么是马，而斐德吾若同样对马一无所知的话，实际上他买的是一头驴子。那么漂亮的赞语，尽管使斐德吾若高高兴兴，实际上却是荒谬之极。

一、课程与教学

课程体现的是社会对于下一代所寄予的希望，当这些希望被具体化为预期的结果时，就以学习标准的物化形式呈现给学习者、教师和家长，以国家法规的形式被规定成相应的文件政策而成为学科课程标准。教学是“学生在教师有目的有计划的指导下，积极、主动地掌握系统的文化科学基础知识和基本技能，发展能力，增强体质，并形成一定的思想品德”①。研究者对“课程”与“教学”这两个概念的理解，就像斐德吾若和苏格拉底口中所讲的“马”，认识上各持一端：①认为“课程”与“教学”两个词词源不同，但所指

① 中国大百科全书总编辑委员会．中国大百科全书：教育［M］．北京：中国大百科全书出版社，1985：105．

为同一事物，是同一事物的不同名称，是同物异名的关系（图2－1－1－1；图中A＝课程；B＝教学）；②认为课程是种概念，教学是属概念，教学是课程执行过程中的实施环节，教学包含于课程之中（图2－1－1－2）；③认为课程是属概念，教学是种概念，课程只是学校教育中的不同学科，属于教学中的一个部分（图2－1－1－3）。这三种理解都有学理基础予以支持，我们无意

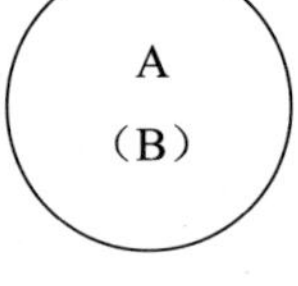

图2－1－1－1

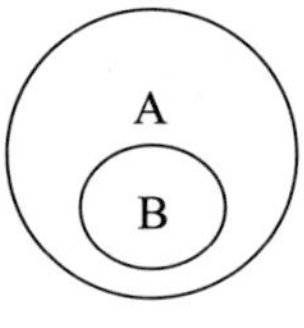

图2－1－1－2

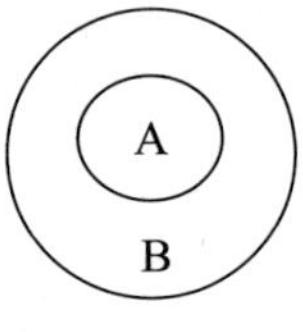

图2－1－1－3

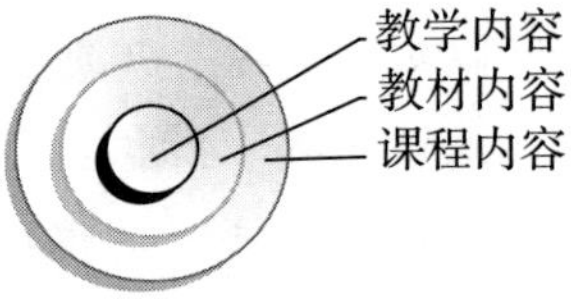

图2－1－1－4

在此辨析三种观点的高低优劣，只是依据语文学科教学及教学材料的特点，认为第二种观点能将语文学科中不同层级所涉及的学科内容区分清楚。所以，此书所有的立论与阐释均取大课程、小教学的概念，书中所用“教学”均指课堂上教师传递学习信息的过程，而课程则包括与语文学科相关联的所有事件。一旦从外延上规定了“课程”与“教学”的种属关系后，课程内容、教材内容、教学内容的种属关系也就随之确定了（图2－1－1－4）。

二、课程内容与语文课程内容

（一）课程内容

课程内容与课程目标是联系最为紧密，同时也是最易混淆的两个概念。一方面，课程目标制约或指导课程内容的选择和组织；另一方面，课程内容又为课程目标的实现提供了现实凭借，课程内容起着支持和实现课程目标的作用。

课程内容是国家根据社会对人才的需求，为使各级各类学校依据不同的培养目的有计划、有组织、有系统地培养人才，在课程文件中明确规定的该学科应学习的事实、概念、原理、技能、策略、态度、价值观等。这些内容可以是简要罗列预期的学习结果，也可以是对学生应该知道什么的总体设想，预期的学习结果和教学的总体设想必须包括学科中的特定事实、观点、法则和最终解决的问题。一般情况下，课程目标与课程内容处于同一个课程文件之中。

据此可知，指导我国21世纪之初课程改革的课程内容变化就呈现于教育部颁发的《基础教育课程改革纲要（实验）》和《普通高中课程方案（实验）》两份文件中，它们分别规定了基础教育各学段应选择的课程内容的特点

及类目。各学科专家根据本学科的特点与性质制定学科课程标准，并在各学科课程标准中清晰地规定学生完成此学科的学习后，应该知道什么，能做什么，可获取哪些方面的信息或知识，各学段的基本课程内容及教学任务是什么。由此可见，课程内容不是由哪一家哪一派凭感觉所制定的，而是由国家教育行政主管部门根据社会需要与时代要求，以政策法规的形式规定下来，在一个相当长的时期内相对稳定而不会轻易发生变化的。同时，相对于同一学段，同一年龄层次的学生而言也不会因时空条件、地域环境的变化、教学个体的不同而产生变化。所以，固定性是学科课程内容的基本特征。也就是说，学科课程内容是以国家意志为转移的，而不是以个人的意志为转移的，任何个人都无法，也不可能对这些内容进行修改，只能遵照执行。在一定的时间内，国家要求一个固定学段同龄学生所掌握的学科课程内容一般也不会轻易变化。

（二）我国语文课程标准中的课程内容

任何一门学科，之所以能够存在于学校教育的课程中，是因为它能为教育对象的成长与发展作出自己独立的、无可替代的贡献，这个独立的贡献才是该学科的本质特征。《义务教育语文课程标准（2011 年版)》和《普通高中语文课程标准（实验)》中分别以语文学科在不同阶段应达成的课程终极目标的形式，描述了不同阶段语文学科的课程内容。即为了达到语文学科特定的课程目标而选择的事实、概念、原理、技能、策略、态度、价值观等要素。

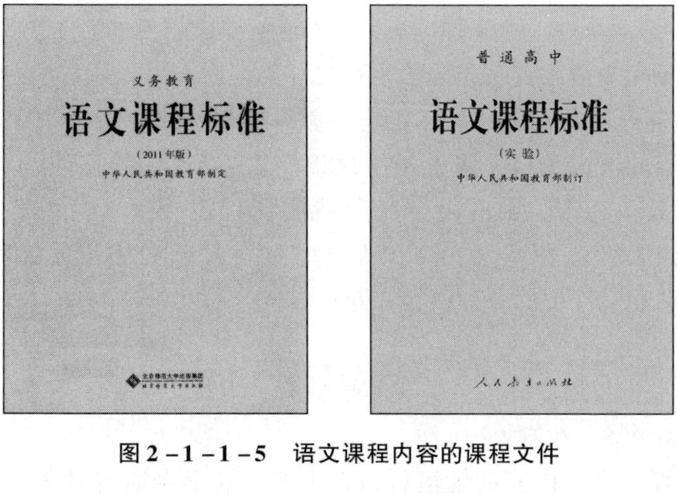

图 2－1－1－5　语文课程内容的课程文件

《义务教育语文课程标准（2011 年版)》和《普通高中语文课程标准（实验)》中对语文课程内容的描述，是依据梅瑞尔的成分显示理论及泰勒的课程原理进行设计的，但这两个理论并不能对母语课程内容进行很好的描述。母语课程的学习材料是丰富多彩、形态各异的言语作品，是以各类不同文本为教学凭借的。所以，语文课程内容需要从"文本情境"、"知识类型"、"学科内容"、"学习程度"四个维度建构立体的内容体系，才能更好地描述语文课程内容的指标要素，使这些被清晰描述的要素能真正起到导教、导学、导评的课程价值，如图 2－1－1－6。

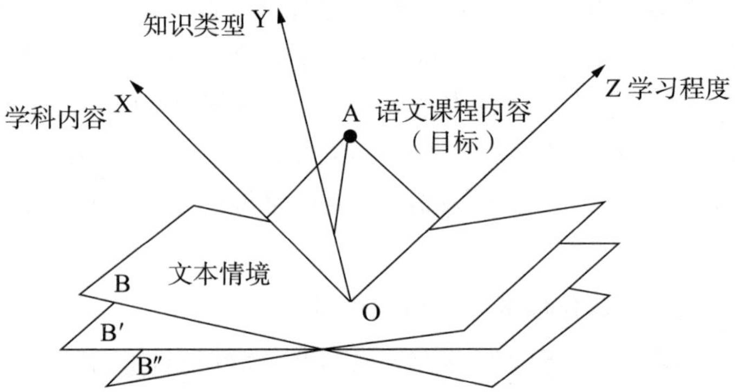

图 2－1－1－6　语文课程内容的理论模型

图 2－1－1－6 是基于语文学科特点构建的课程内容的理论模型。"语文课程内容"点 A 是分别由 X 轴"学科内容"，Y 轴"知识类型"，Z 轴"学习程度"上的某对应点所做垂线相交而得。由点 A 做垂线与文本情境平面 B 的相交点 O 就是基于此类文本应学习的某项课程内容，由此就构成了语文课程内容的立体坐标系。所有的语文课程内容均分布于平面 B 的文本中，以平面某一点为原点（点 O）的 X 轴、Y 轴、Z 轴所构成的三维立体空间。

"文本情境"指含有语文教学元素的各类言语作品，是基本的语文教学材料。同一课程内容选取哪一篇文本作为教学材料，主要看文本中是否蕴涵有"这一"内容的语言情境。编者从"这篇"文本所呈现的情境中择取哪类学科内容作为教学元素，则取决于其所持的课程观、教学观和学习观。分析《义务教育语文课程标准（2011 年版）》和《普通高中语文课程标准（实验）》两个课程文件中的课程内容和课程目标，语文学习的文本情境应关涉以下几类。

侧重于获取口语交际信息的文本情境有：电视、电影、广播、音/视频光盘、音/视频网络、戏剧等。

侧重于学习文本内容的情境材料：主要是让学生通过对文章内容的阅读与理解，获取一个国家或一个民族的文化内涵，重点起到提升公民素质、传承民族文化的功效。这类材料一般可从经过历史淘洗已被学术界认可的经典中选择。这些文章中蕴涵着一个民族的精神与魂魄，学生通过阅读它们可以奠定民族的精神底子，是学生从一个自然人向社会人转化的精神食粮。一般情况下经过历史传承下来的，在古今中外文学史产生重要影响、占有一定文学地位的文学作品是其重要的材料来源。这类作品的突出特点是带着很强的个体性，其作品的语言风格及行文结构难以模仿，可复制性及可模仿性很弱，如同郑板桥的书法只可有一，难以有二。

侧重于学习文本形式，即作者是如何运用娴熟的语言文字向读者传递思想、情感与观点的，也就是我们日常所说的遣词造句、构思谋篇的策略。这类情境材料应突出三个特点：一是符合学生的阅读心理，语言文字浅显，文本内容易于理解，不仅没有理解上的阅读障碍，而且学生乐于阅读，能满足学生的阅读期待；二是具有鲜明、清晰的文体特点，易于学生学习并掌握该类文体特征；三是文章中传递情感、思想信息的语言文字具有很强的模仿性，易于学生在阅读与学习过程中学习一到两个阅读策略或写作策略。一般情况下，与学生所处时代相接近的同时代作家的优秀典范文章及同龄学生的优秀作品应是其选材的重要范畴。

学科内容是指学科知识和学科能力的类别、结构。教学中可依据学科内容的特点，按照学生认知结构的完善程度，将学科内容对应性地教给不同年龄的学生。《义务教育语文课程标准（2011 年版）》把语文的学科内容分为“识字与写字”、“口语交际”、“阅读”、“写作”、“综合性学习”五类。五类内容又按螺旋上升、整体推进的母语“习得”与“学得”的规律分布在四个不同的学段，而高中阶段就没有做此划分。从语文学科学习材料的特殊性来看，任何一篇文章都是一个丰富的语文教学库，一般都容纳“识字与写字”、“口语”、“阅读”、“写作”、“综合性学习”等学科内容。借助一篇文章学生可以学习陌生的字、词，学习语言素材，学习阅读策略，学习写作章法，进行综合性的探究学习。但这一篇材料究竟适合用做哪一类学科内容的学习文本，完全取决于使用者将其置于的教学情境，这个情境既包括文本在教科书中所处的位置及单元组合，也包括学生学习时所处的物理环境与心理环境。所以，情境中的使用与理解才能确定应该从“这篇”文本中选取哪一类内容作为教学内容，而不是由使用者主观“我认为”、“我觉得”来确定的。

鉴于知识分类依据的不同，研究界对知识类型的界定也没有一个共识。布卢姆的目标分类学将其分为认知策略、动作技能、情感态度；认知心理学将知识分为事实性知识、程序性知识、策略性知识；加涅按其学习结果的特点分为言语信息、智慧技能、认知策略、动作技能、态度。依据语文所涉学科内容的范围，在此使用加涅的学习结果分类来描述语文学科内容所归属的类型。在此需要特别说明的是，“态度”虽属于语文教学的范畴，但应是蕴涵在语文教学之中，而非凌驾于语文教学之上，脱离语文教学的语文教育是不存在的，在实际的教学中对“态度”作剔筋析骨、无限拔高的分解式列举是一种不理智的行为。一般情况下，“态度”是“养得”与“习得”的，而非“学得”的，需经历“获知—领悟—内化—习惯—自觉”才能成为使学生终生受益的态度品质。

“学习程度”是依据不同学段学生身心发展的特点与阶段性，将各类不同的学科内容从数量、速度及准确度上进行清晰的描述或量化规定，这些描述与规定一旦被确定下来，应在一定的时间范围内是相对稳定和固定的，不会因时间、地点、人物等因素的变化而随意发生变化。学习程度以数量变化及熟练程度规定了学科内容在不同学段的学习指标。

如《义务教育语文课程标准（2011 年版）》中对第四学段文言文学习的规定性描述是：“9. 诵读古代诗词，阅读浅易文言文，能借助注释和工具书理解基本内容。注意积累、感悟和运用，提高自己的欣赏品位。”这两句话中包括两类课程内容：一是诵读古代诗词；二是阅读浅显文言文。①

“诵读古代诗词，阅读浅易文言文，能借助注释和工具书理解基本内容”的文本情境是“侧重于学习文本内容”的文言文；“学科内容”属于阅读的范畴，“知识类型”为“言语信息——文本的基本言语内容”、“智慧技能——能借助注释和工具书”和“学习程度——能借助注释和工具书理解基本内容”。欲达成的课程目标是：在阅读的过程中，注重积累、感悟和运用，提高自己的欣赏品位。

就目前所看到的其他国家的课程标准所规定的课程内容的条理性、层级性、实操性及指向性而言，我国义务教育和高中阶段的两份课程标准尚显得有些粗糙，很难对课堂实施中的教学与评价起到实质性的指导作用。仍以“阅读浅易文言文，能借助注释和工具书理解基本内容”为例，这句话仅仅是表述了学生如何来“阅读浅易文言文”，阐释“阅读浅易文言文”的目的是“积累、感悟和运用，提高自己的欣赏品位”；但没有阐释具有怎样语词特点的文言文是“浅易”的；学生如果掌握了能借助注释和工具书理解浅易文言文的基本内容后可以做什么；以及学生在达成“阅读浅易文言文，能借助注释和工具书理解基本内容”的过程中要循序渐进地学习与文言文相关的哪些

① 中华人民共和国教育部．义务教育语文课堂标准［M］．2011 年版．北京：北京师范大学出版社，2012：16.

知识，具备一些怎样的基本能力，储备一些怎样的语言素材，等等，所有这些在课程标准中都是语焉不详。语文课程内容理论模型的建立就是为了能够规范“课程标准”中对学科课程内容的事实、概念、原理、技能、策略、态度、价值观的规定与表述，使它们能更好地指导实践中的教学。

由此可以看出，对语文课程内容的描述是可以从“文本情境”、“学科内容”、“知识类型”、“学习程度”四个维度构建坐标系。“文本情境”是教学凭借的文本材料，从“这篇”文本材料所呈现的情境中择取体现语文学科特点的恰切的学科内容，然后再看“这个学科内容”中所蕴涵的学习结果属于哪一种知识类型，再根据“知识类型”的对应学段确定学生可达到的最低“学习程度”。如此，从“文本情境（B）”择取出来的“学科内容（X）”蕴涵的“知识类型（Y）”应达到的“学习程度（Z）”相交的A点就是语文课程内容（图2－1－1－6）。

三、教材内容与语文教材内容

（一）教材内容

教材内容是课程内容的物化形态，它以一种特殊的编辑原则及编辑体例将课程内容中的学科信息呈现于不同的物质载体上。目前，中小学教育中常见的信息载体仍以传统的纸质书籍为主，书籍中的每一种符号（文字、图形、图表）均是被静态化了的课程内容。同一课程内容，可以通过不同的教材内容来实现。一般情况下，课程内容是要求教师掌握的，教材内容则是学生直接接触的，他们常常通过学习教材内容中的教学内容循序渐进地完成课程内容。

（二）语文教科书中的教材内容

一套语文教科书的编辑体例往往体现了这部教材的课程观与教学观，同一文本在不同学段不同教科书中的编排体现教科书编写者的不同意图，反映的是不同编辑者对这篇文本的不同教学选择。语文教材内容就是语文课程内容的具体静态呈现，指为了有效地反映、传递语文课程内容诸要素，而特意组织编写的呈现于各类信息载体上的文字的、非文字的材料及所呈现的信息。构成语文教材内容的主体是文章、单元说明（提示）、课文注释、文中插图、课后练习、有关课文的各类知识与作者常识等，也包括各类教材的封面、封底，写在教材前面的编辑说明、编辑原则、指导思想、使用说明、目录等，这些均是语文教材内容不可或缺的组成部分（图2－1－1－7）。

图 2－1－1－7　语文教材内容的各种形式

语文课程内容在教科书中的呈现是主要通过教科书的选文系统、知识系统、助读系统、练习系统来完成的，其中“助读”和“练习”两个系统规定了一篇文章在所属单元应承担的教学任务、欲达成的教学目标及其依据教学目标可选择的教学内容，教科书的编辑者借助一篇课文的“助读”与“练习”，不仅确定了它的课程内容，而且使内隐于课文中的教学内容外显出来，以强化课程内容的指向性和针对性，尽可能避免教学中的随意性与衍生性。

四、教学内容与语文教学内容

（一）教学内容

教学内容是课程内容的教学实现，是构成学科课程内容的一项项知识和能力，是以动态形式传递给学生，易于达成教学目标的那部分教材内容，是学生在学习过程中必须掌握的学科知识，应具备的学科技能以及智力发展的策略。教学内容主要是指教师为达到课程目标，在教学的实践中利用教科书所提供的教学材料，选择恰切的语言材料传递课程内容所规定的目标信息，它既可以是教师对现成教材内容的使用，也可以是教师对教材内容的二度开发——处理、加工、改编、增删、更换等重构的教材内容。

（二）语文教科书中的教学内容

在与其他学科的比较中，我们发现了语文学科的教学内容与其他学科教学内容是不同的。其他学科的教学内容是以语言文字或非文字的形式直接呈现给学习者的。如，教学中的代数、几何，生物中的生态关系，历史中的历史事件与人物，地理中的地形、地貌、气候特征，物产分布等。学生无论看到的是语言文字符号系统，还是其他非语言符号系统（教学的代数式，物理的力学实验，化学的方程式等）都是学生直接的学习对象，学生需要学习的是由语言文字或非语言文字符号传递给人们的言语内容或言语信息，即这些语言文字说的是什么，表达的是什么。而语文学科的教学内容则是通过一篇篇成型的文本呈现给学生的，学生看到的不是直接的教学内容，而是由语言文字符号构成的编码系统，这套编码系统是作者运用语言表达情感的结果，而不是过程与方法。作者运用语言文字表达情感的过程与方法是内隐于这些语言文字运用的结果之中的。文本中作者运用语言表达情感和思想的规律、过程和方法才是学生需要学习和掌握的教学内容。所以，与其他学科外显的教学内容相比，语文学科的教学内容是内隐于文章之中的，是需要教师透过外显的语言文字，依据教学目标和学生的认知水平进行选择的。语文学科在中小学校承载的课程价值是：语文课程应培育学生热爱祖国语文的思想感情，指导学生正确地理解和运用祖国语文，丰富语言的积累，培养语感，发展思维，使他们具有适应实际需要的识字写字能力、阅读能力、写作能力、口语交际能力。可知学生借助教科书中的文本要学习的教学内容有以下四个方面：

一是能读、听懂给定文本写、说了什么，也就是作者、说者在文本中想表达的意义是什么；

二是“我”对这个问题或现象是如何看的，产生了哪些观点与情感；

三是学习并模仿作、说者是如何借助一个民族约定俗成的社会语言系统，运用自己独有个性的言语系统向读者、说者传递他的情感和思想的；

四是能运用自己的个性化言语，借助民族约定俗成的社会语言系统，表达自己的思想和情感。

综上所述，在这些承载静态课程内容的教学材料中蕴涵的是供教师选用的教学内容，教学内容仅仅是教材内容的一部分。语文的教材内容不是直接的教学内容，“语文教学内容”是指语文教学“实际教学了什么”，它只有通过教师的教学实践才能转化为现实的教学内容。也就是说，面对同一篇课文，不同的教师根据不同的教学目标可以选出不同甚至完全两样的教学内容。教学内容是教师在教学实践中与学生一起创生的，是由教学目标决定的。课程内容是固定的，教材内容是可以替换的，教学内容则需要依据固定的课程内容，从教材内容中进行有针对性的选择。

如果将课程内容比做建筑施工的设计理念的话，那么教材内容就是设计蓝图，教学内容就是建造大厦所需要的一块块砖瓦或泥沙等材料。学生只有拥有了这些建筑大厦所必需的材料，并且将这些材料按设计蓝图进行施工建筑之后，才可能在最后学业完成之时真正拥有学科课程内容所规定的学业表现。所以，教学内容是通往课程内容的基本途径，是教师实施教学的基本依据，是实现终极课程目标的重要保证。如果说课程内容阐释的是教什么的问题，那么教材内容呈现的就是用什么教，教学内容是教师利用教材内容将课程内容的信息传递给学生的语言材料，就是被具体分解了的一个个课程内容的组件，是教什么的具体化。

◆ **思考**：阅读李山林老师的《“语文课程内容”略论》，与上文中的观点进行比较，你比较赞同谁的观点，需用有说服力的论据支持你的观点。

◆ **方式**：独立思考；与同伴就差异性的观点进行辩论。

【延伸阅读】

★ 李山林．“语文课程内容”略论[J]．教育理论与实践，2005（12）：42－44.

★ 洪宗礼．母语教材研究：第6卷[M]．南京：江苏教育出版社，2007.

【悦 读】

教材选文之我见①

林富明

争议《背影》的双方，观点针锋相对，但隐含的论证框架却是一致的，即：“这篇文章的内容（好/不好），所以是（好/不好）课文，应当（保留/删除）。”这里混淆了“课文”与“文章（作品）”这两个不同的概念。

---

① 林富明．教材选文之我见［N］．语言文字报，2010－07－14（1）．

作为社会公共文化产品的文章，谁都可以读，也可以不读，可以喜欢也可以讨厌。在这种读者与文本“双边对话”的自由阅读中，读什么，怎么读，悉由读者自由决定，即便是误读、乱读，作者也无可奈何。

文选型语文教材的课文源自文章，但性质完全不同。作为教学材料的课文不再是独立自主的文化产品，而是教材体系的构成元素，承载课程目标，提供给特定的学习者阅读。教学中的阅读是“学生、教师、教科书编者、文本之间的多重对话”，教育者（教师和教科书编者）的介入，使对话的性质迥异于自由阅读：对话的真正目的不止于了解文本说了什么，而是发展学生的对话能力。因此，学生从课文中“读什么”以及“怎么读”，都受到教育者的直接影响。

明乎此，应知课文并不一定是要完美无瑕的文章，世间也没有这样的文章，创作的局限性是不可避免的。课文只要主旨和基本思想健康即可，有些许微瑕的课文更有利于锻炼学生的阅读能力，何况还有教师呢？语文教师并不仅仅是教生字的。怎么评价散文《背影》，属于文学研究，无论争议的结果如何，双方的见解都值得语文教师备课时参考。

即使真有完美无瑕的文章，也不一定就是好课文。“文质兼美”是对好文章的赞语，用作课文的标准却几乎不具操作性，且就文论文，没有顾及学生主体。我认为，好课文的科学标准，第一条是“适合教学”。选文的语言形式要适合发展学生的语文能力，选文的思想内容要适合提升学生的认知水平。“适合”不是俯就或盲目拔高，而是切合“最近发展区”。第二条是“丰富多样”。无论是内容还是形式都不能单一，偏食不利于健康，触目皆是“鲸鱼碧海”与满眼“翡翠兰苕”都是糟糕的课本。第三条是“有趣味”。要水果青菜，不要维生素片剂。

第二讲 社会文本与教学文本

语文的教学材料是一篇篇以社会客体存在的文章，学生眼见的不是直接呈现出来的教学内容，而是蕴涵着教学内容的文章，文章的作者也没有想到中小学生会作为一群相对固定的特殊读者阅读此文。研究认为，作品与文本不是同一个概念，文本是作者创作出来呈现在不同物质载体上的一系列符号，只有作者，没有读者参与其中的文本不能称其为作品。只有加入了读者的参与阅读，作者才完成了作品的创作，作品是作者与读者共同创生的。据此可知同一文本因其所在的情境不同，读者不同，所生产的作品就会不同，当社会文本变身为教学文本时，它的阅读价值也会随之改变。于是，受教学对象认知水平与教学时间的限制，无论是教科书的编者，还是教科书的使用者，都不可能将以社会阅读客体存在的社会文本所产生的全部原生价值用以教学，总要依据教学中的特定情境对文本的原生价值进行教学论意义的选择。

◆ **核心内容**

社会文本与原生价值 社会文本是作者因社会需要，借助语言符号抒写自己对社会、对人生的理解与感悟，或者为抒发内心的某种情感而用文字符号书写在物质载体上，并通过媒体公开发表的语言材料。原生价值一是指文本满足于社会阅读主体需要的价值；一是指文本创作之时作者内隐于作品文字之中，附着于文字之上的创作目的，思想情感，处理问题的方式，对世间人事的看法及评价。

教学文本与教学价值 教学文本就是教科书的编者依据不同时代，不同学校的教学目的，国家与社会对人才的需求等选择标准从社会文本中筛选出来，并依据学生的年龄特征、学习心理、学习需要、学习经验改编成的教学材料。语文教学文本的教学价值是指学习作者“如何传播信息、传递情意”的方法，最终达成能“正确地理解和运用祖国语文”的课程目标。

◆ **学习准备**

自语文学科独立以来，曹雪芹《红楼梦》中的一些回目就成为了教科书中的经典选篇。请结合你阅读《红楼梦》的经验及专家学者对《红楼梦》的批阅点评，尽可能地列出《红楼梦》作为社会阅读客体存在的原生价值，标出哪些原生价值可以转化为教学价值；《红楼梦》中的哪些回目可以作为教学阅读客体而成为教学文本。

一、社会文本与原生价值

社会文本是作者因社会需要，借助语言符号抒写自己对社会、对人生的理解与感悟，或者为抒发内心的某种情感而用文字符号书写在物质载体上，并通过媒体公开发表的语言材料。以社会阅读客体的身份而存在的社会文本，其产生和存在都是为向各自的社会阅读主体传输有关信息，社会阅读主体的阅读需要也只在于接收这些信息。其特点是：

作者创作社会文本时不知道读者会是谁，就难有相对确定的读者群；

以社会阅读主体出现的读者可以根据自己的阅读兴趣有选择地进行阅读，

阅读的选择权在读者；

难以设置强制性的阅读情境和阅读目的；

因其阅读经验、生活阅历、文化背景的取向不同，读者持多元的阅读价值观；只要是不违背主流文化价值观和社会政治意识形态的阅读体验均可在媒体上发表。

作为社会阅读客体存在的社会文本一经发表，就不再属于作者个人，而是与读者所共有，不同的读者可以在作者所营造的“第三空间”（文本）内与作者对话，与文本中的人物、景物对话。有了读者的参与，文本就变成了作品，读者就可以从文本中创生出带有鲜明个体色彩的情感，读者从文本中基于自己的阅读经验所获取的任何一种情感体验及所形成的任何一种观点均属于社会文本的原生价值。原生价值一是指文本满足于社会阅读主体需要的价值，胡立根先生将其分为知识传播的价值，情意交流的价值，休闲娱乐的价值①；一是指文本创作之时作者内隐于作品文字之中，附着于文字之上的创作目的、思想情感、处理问题的方式、对世间人事的看法及评价。社会文本中的任一原生价值都不会因读者身份地位的差异而有高低优劣之别，只要是对读者的生活有所启迪，对读者的世界观与价值观的形成有所增益均是允许存在的，甚至一些无害于社会，无害于他人，不符合主流价值观，而有益于个体的价值也是被允许存在于某些人的头脑与生活中的。这种原生价值也是一种读者之外的第三者无法控制的思想体现。

《红楼梦》是我国小说发展历程上的一座丰碑。从作者的创作意图来讲，并非是为了叙写宝黛的爱情故事。主要是因为曹雪芹所处的时代，家族的兴亡坎坷，使得主客观条件都不允许他出仕入世，做一番在书中被喻做“补天”的大事——安邦治国平天下。但生性不甘“辱没于槽枥之间”的他，只好以写小说来彰显自身的价值。况且曹雪芹也自信自己写出来的这部小说会远远胜过当时盛行于世的“稗官野史”、“才子佳人”类的书，这才使他不惜花费十年的时间，五易其稿，投入一生的精力和感情来撰写这部旷世之作：借石头之口言自我心志。也因曹雪芹所处的时代使他无法把自己这份安邦治国平天下的雄心清楚地叙写在作品之中，无法在字里行间直抒胸臆，但又怕读者在阅读时被抒写于明暗之间的宝、黛、钗的情感纠葛牵住了视线，作者便在开篇“甄士隐梦幻识通灵，贾雨村风尘怀闺秀”的回目中不惜泼墨如水，一次次提醒读者写作此书的真正目的是什么，文字中所蕴涵的真正主题是什么。

---

① 胡立根. 中学语文教材教学价值特征简论［M］// 李海林. 1978—2005 语文教育研究大系：理论卷. 上海：上海教育出版社，2005：404 - 405.

作者首次坦露心迹是借茫茫大士，渺渺真人之眼“无材补天，幻形入世”，并用一首诗偈云：“无材可去补苍天，枉入红尘若许年。此系身前身后事，倩谁记去作奇传？”[①] 脂砚斋对“无材补天，幻形入世”的点评是“八字便是作者一生惭恨”[②]。曹雪芹第二次交代自己的写作动机，暗示文中所写真事、真情是在“空空道人遂易名为情僧，改《石头记》为《情僧录》。至吴玉峰题曰《红楼梦》。东鲁孔梅溪则题曰《风月宝鉴》。后因曹雪芹于悼红轩中，披阅十载，增删五次，纂成目录，分出章回，则题曰《金陵十二钗》，并题一绝云：满纸荒唐言，一把辛酸泪。都云作者痴，谁解其中味？”[③]脂评则揭出这不是真话，小说从头至尾都是作者曹雪芹深入在写自己：“若去雪芹披阅、增删，然则开卷至此，这一篇楔子又系谁撰？足见作者之笔狡猾之甚。后文如此者不少，这正是作者用画家烟云模糊处，观者万不可被作者瞒蔽了去，方是巨眼！”[④]第三次则是两次在书中出现的“太虚幻境”牌坊两边的那副对联“假作真时真亦假，无为有处有还无”。作者在此用高度概括的哲思语言重在着意提醒读者读本书时要辨清哪些是真的、有的，哪些是假的、无的，理清了有无的辩证关系，才不至惑于假象而迷失真意。为此作者还特意安排了两个关键人物“甄士隐（真实隐）”和“贾雨村（假语存）”。如果说前面主要用暗示、隐喻的方式提醒读者注意书中的真事真情，那么这两个关键人物的拟名可以看做是作者以明示的方式提醒读者书中所叙之事并非真事（甄士），所写文字均为假语（贾雨），这种欲盖弥彰的手法更能清晰地看到作者的良苦用心。上文所叙均是作者在《红楼梦》一书楔子部分对此书的原生价值的一次次揭示。而读者在阅读此书时却并非能如作者所愿的那样还原作者创作此书时的真实意图及隐藏于文字背后的悲情心志。而是如鲁迅先生所说《红楼梦》单是命意，就因读者的眼光而有种种：经学家看见《易》，道学家看见淫，才子看见缠绵，革命家看见排满，流言家看见宫闱秘事。

20世纪初期王梦阮与沈瓶庵的《红楼梦索隐》又说，《红楼梦》是影射顺治皇帝和董鄂妃的故事，由于有所忌讳，“故于其人其事，一念唯恐人不知，又一念唯恐人易知，于是故作离奇，好为狡猾；广布疑阵，多设闲文”，“全书百二十回，处处为写真事，却处处专说假语”。他们对此名为“借宾定主法”。蔡元培为了宣传民族主义的政治思想而写作《石头记索隐》，认为它是一部“政治小说”：“《石头记》者，清康熙朝政治小说也。作者持民族主义甚挚，书中本事在吊明之亡、揭清之失，而尤于汉族名士仕清者寓痛惜之

①② 语文出版社教材研究中心.《红楼梦》选读［M］. 北京：语文出版社，2005：4.
③④ 同上，第5页。

意。当时既虑触文网，又欲别开生面，特于本事以上加以数层障幂，使读者有横看成岭侧成峰之状况。”他寻找证据的途径有三个，一是品性相类者，二是轶事有征者，三是姓名相关者；而“自以为审慎之至，与随意附会者不同”。他指出：“书中红字，多影朱字。朱者，明也，汉也。宝玉有爱红之癖，言以满人而爱汉族文化也；好吃人口上胭脂，言拾汉人唾余也。”①

谁也无法从不同读者的阅读心理中规避掉这些不同的阅读心境，这些观点就是作为一个社会读者读出的《红楼梦》的原生价值。虽然其中不乏一些摆不上台面，不合主流价值观难以公开议论和发表的阅读感受，但人们却无法阻止读者在阅读时产生如此的想法。这些价值是难以不加选择地作为学习材料呈现给身心正在发展，思想尚不成熟，价值观正值形成的中小学生。因此，从历年来教科书的编者对《红楼梦》的节选来看，编者多从教学价值的视角选择有利于学生对全书有整体了解，对书中塑造的主要人物有初步印象，能揭示全书基本价值的相关章节作为教学文本。

二、教学文本与教学价值

当社会文本被编选为教学材料而成为教学文本时，便与学生这一特殊的读者构成了一种新的主客体关系，具有了双重属性。作为教学客体的教学文本，既是一种语文学习客体，也是一种社会阅读客体，但在语文教科书这个语境中，它首先是作为语文教学的客体存在，而后才作为社会阅读客体存在的；同样作为阅读主体的学生，既是一个语文学习的阅读者，也是一个社会的阅读者，但他首先是作为一个语文学习的阅读者存在，其次才是作为一个社会读者而存在的。作为一个语文学习的阅读者存在的学生，其阅读的主要目的不仅仅是接收课文这一教学文本传播的信息，而是要学习教学文本传播信息的方法。学生对语文教科书中的教学文本的阅读与学习，关注的焦点不仅在于弄懂教材直接传输的信息，更在于“怎样”正确快速地学习作者如何通过语言文字传输信息，“怎样”像课文作者那样综合运用、整理加工各种信息，形成自己想要传输的信息。

语文的学习首先接触到的是文章作者传递思想观点的语言文字，这些语言文字符号呈现的是作者运用语言表达思维的结果而非语言运用的过程。这些语言文字虽然传递的是作者自己的思想观点，但学生作为一个学习者，初读文本时不太可能一接触就能立刻理解作者的想法，这就需要教师在日常的教学中将理解文本的有关策略传授给学生，指导学生渐渐理解什么样的语言

① 参阅：王先霈. 文学文本细读演讲录［M］. 南宁：广西师范大学出版社，2006：15－16.

文字表达什么样的思想感情；在学生掌握并将读懂文本的策略内化为自己认知图式一部分，能够自己独立读懂文本的时候，接下来要做的事就是指导学生知晓作者为什么要用这样的文字来表达此类情感，而没有使用其他的文字，如果换成其他的文字，作者想传递的情感信息是否能表达得更好，即学习作者如何用特定的个性化的言语表达自己内心特殊的感情。第三步就是指导学生模仿作者传递感情的方式，选用与自己的言语风格比较接近的语言方式，尝试着表达自己的感情，并在模仿学习中渐渐形成自己用言语传递思想情感的特点。这就遵循了语文学习“学得”兼有“习得”的规律：语言—思想—语言—思想—语言。

如此，进入语文学习客体的教学文本就是教科书的编者依据不同时代，不同学校的教学目的，国家与社会对人才的需求等选择标准从社会文本中筛选出来，并依据学生的年龄特征、学习心理、学习需要、学习经验改编成的教学材料。“这样，语文教材作为语文学习客体，其核心的、本质的教学价值也就不在于为作为社会阅读主体的学生提供了多少现成信息，而在于是否为作为语文学习主体的学生提供了进行语言信息处理的适当的范型、空间、机会和过程。”① 语文教科书中教学材料的这种教学价值可以简称为“信息处理价值”。即依据学习者的认知特点，编辑者的写作意图，执教者根据教学文本所在的教学时段，在教科书中的编写单元及在该单元中所列的位置，从该文本作为社会文本时所呈现出来的众多原生价值中所确定下来的易于学习者接受，学习者的学力也能在规定的时间段内将其内化为自我个体知识一部分的原生价值。相对于社会文本，教学文本的特点如下。

一是有确定的读者群：没有确定读者群的社会文本一旦变为教学文本时，阅读这一文本的读者群体就相对确定了。

二是有强制性的阅读情境与阅读目的：社会文本的阅读情境和阅读目的是随意的，读者可随心顺意地进行阅读，而教学文本的阅读情境和阅读目的则是强制性的，社会文本一旦变成教学文本时，其读者就必须在特定的阅读情境（课堂教学这一时空范围），带着教学所确定的有关目的进行阅读，此时作为读者的学生基本没有选择阅读情境及阅读目的的权利。一般情况下阅读情境及阅读目的均是教师课前预设并借助有关的教学手段或教学媒体引导学生进入阅读情境，完成已预设的阅读目的。

三是有确定的教学价值：强制性的阅读情境和阅读目的，也就决定了阅

---

① 胡立根. 中学语文教材教学价值特征简论［G］// 李海林. 1978—2005 语文教育研究大系：理论卷. 上海：上海教育出版社，2005：404 - 412.

读价值的确定性和单一性。也就是说当文本被编入特定的教学单元，又在特定的教学情境中进行阅读时，此时这一文本与单元内的其他文本一起承担起了某一时段的教学任务，并因其文本特点的差异性而承担不同的教学任务，教学任务的不同也就决定了编者选编文本时从原生价值中选择出的教学价值是不同的。同时这一教学价值又必须与单元教学目标的教学任务相适应，因其与单元教学目标相适应，被选定的教学价值只可能是单一的，而不能是多元的。唯有如此，教学的针对性与指向性才能明确，否则编选该文本的教学价值就会被湮没在眼花缭乱的多元价值中，有悖于课堂教学针对性与指向性的原则。

四是文本一旦被选编为教学文本，进入教科书成为学生的阅读材料，作为文本读者的学生就必须在教师的指导下进行阅读，而没有权利选择读或不读。也就是作为教学文本的阅读材料，学生是没有权利选择不阅读的。如果选择不阅读，那么该生通过阅读此文本应完成的教学任务及达成的教学目标就难以企及。

五是对教学文本的解读必须符合一个民族的主流文化的价值观，符合一个国家的政治意识形态。不同的民族有着自己在长期的社会发展中形成的文化价值，这一文化价值是多数民族成员认可并在无意识的行为之中乐意遵守的。

作为教学文本的教学价值，除受制于文本的原生价值外，还受制于文本所在学段、单元组合、单元内选编的篇目，因其单元组合及编选篇目的不同，文本的教学价值及应承担的教学任务也是不同的。

《红楼梦》是一部内涵丰富，语言元素众多的可学之作。前 80 回约 61 万字，全书总字数 731017 个字。关涉人物 975 人，其中有姓名称谓的 732 人，无姓名称谓的 243 人；男性 495 人，女性 480 人。但依据学生的身心特点、年龄阶段、认知图式、阅读心理，能使学生通过对节选章节的阅读，了解《红楼梦》全书的结构、主要人物关系、语言特色、思想情感、艺术手法，又能适合学生的年龄特点及阅读体验、能为学生所接受并形成正确人生观及价值观的章节并不多。综观百年来中学教科书中所选的教学材料，能成为教科书中选篇的有《林黛玉进贾府》《葫芦僧判断葫芦案》，近年来中小学教科书中又编选了《石头撰书》《刘姥姥一进大观园》《宝玉挨打》《香菱学诗》等章节。这些所选章节并未因其时代的变迁，而发生质的变化，其编选时所设定的教学价值一般是能诱发学生思考，进而能引领学生阅读全书。选篇在教科书中所处的单元不同，单元内篇目的组合不同也影响教学价值的选择。《林黛玉进贾府》苏教版选择的是叙事视角——“总借一双俊眼传出来”；人教课标版选取的是“细节中的人物形象”；人教大纲版则放在了中国古代小说的发展脉络。这些教学价值均能从语文教科书的助读系统与练习系统中得到验证，这些差异性的教学价值主要是由于编辑者对其原生价值的择选不同而造成的。

三、原生价值转变为教学价值的路径

语文教学以“阅读”为主，重点以教科书中的教学文本（课文）为例，教给学生解读文本的策略。从社会文本变为教学文本，从原生价值到教学价值受制于四种思路：作者思路（包括作品中人物的思路）、编者思路、教师思路和学生思路。教材编制的难易度与教师施教的深浅度皆受制于学生思维接受能力的强弱度，教师的教学思路既以学生语言能力与思维水平的发展为目的，又以学生语言与思维发展的现实性和可能性为依据，同时又受制于课文作者的创作思路。这四种属于不同性质、不同范畴的思路在教科书中构成了一一对应的关系，并在不同的阶段各显其不同的作用。（图2－1－2－1）

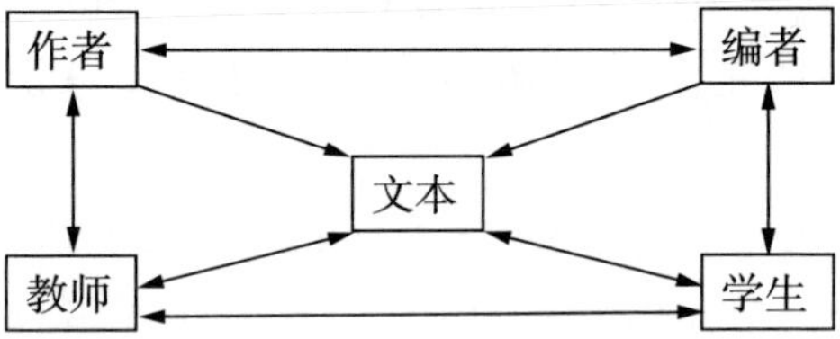

图2－1－2－1　影响文本解读的四种思路

社会文本一旦转变为教科书中的教学材料，变身为教学文本时，就会有四种思路在课堂教学这一时空点与文本所创造的“第三空间”相遇、碰撞、融合，从而形成适应于特定教学对象的教学价值。

（一）作者思路

作者将自己对生活的体验、对事情的看法以及对人生的态度运用个人言语，借助所属民族的民族语言以文字符号的形式呈现于书面，写成符合主流文化价值观的文章，经社会公开发表并得到读者认可，这是被编者选中并成为教学文本的前提条件。作者的文本也为编者、教师、学生提供了借以对话的第三空间（图2－1－2－2）。作者在创作时只考虑到自己的行文思路，一般是不会考虑读者的阅读思路，他的写作思路也是指向作品的单一向度，而编者将其选编为教学文本时则需要考虑使用者与其他三者的阅读途径。

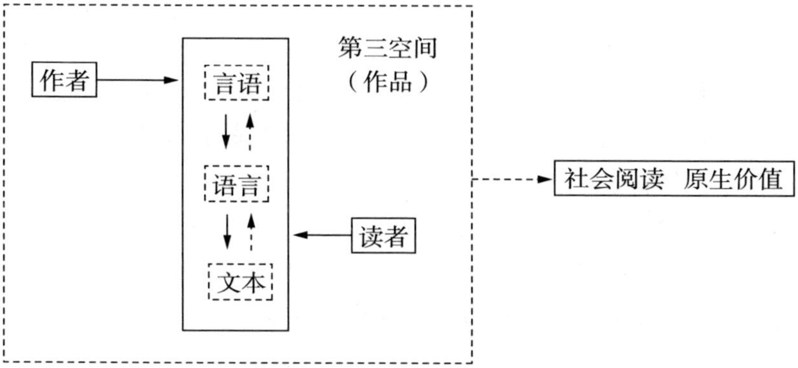

图 2－1－2－2　作者的创作思路

（二）编者思路

编者从符合社会主流文化价值观的社会文本中，依据不同学段学生的阅读心理、认知图式、情感态度而筛选出适宜的作品编入中小学语文教科书，以供师生在课堂这一特定的时空条件下使用的教学材料即教学文本，编者将其选作教学文本时需要考虑其他三个思路：作者的写作思路，教师的阅读思路，学生的阅读思路（图 2－1－2－3）。

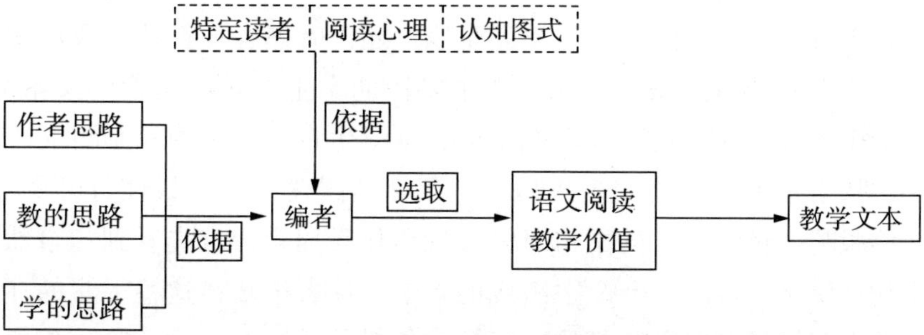

图 2－1－2－3　编者的编写思路

（三）教师思路

教师在使用教学文本时，首先应能在不借助教学参考书的条件下，运用自己的个体言语，借助其所属民族的民族语言系统对作者编码的符号进行解读，尽可能地还原作者创作文本时的思路，然后再依据文本所在的学段目标、单元目标确定阅读此文的教学目标并选择达成教学目标的教学内容。“这一”教学目标就是学生只能在此文中学到，而在其他文本中难以学到的相关知识或能力，这些知识或能力就是从该文本中分离出来的教学内容，“这一”教学内容相对于其他阅读文本而言就是唯一的，那么它其中蕴涵的教学价值也就是唯一的。教师随后即可依据选择的教学内容与教学价值结合学生的基本学情、学习水平、认知起点确定教学目标，即学生学习了这一教学文本后能做什么或知道了什么。在此需要申明的是：这里所指的教学内容不仅仅是我们日常教学中所说的与某一篇课文相联系的作家作品知识、主题中心、艺术手法、表现手法、结构层次等知识，也包括阅读特定文本时的阅读策略。此时教师须具有将作者的创作思路、编者的编辑意图、教师的教学思路及学生的阅读思路，以文本中的某一点为核心聚合到文本所创造的第三空间，引领学生与作者、作品、编者、教师展开多维对话（图 2－1－2－4）。

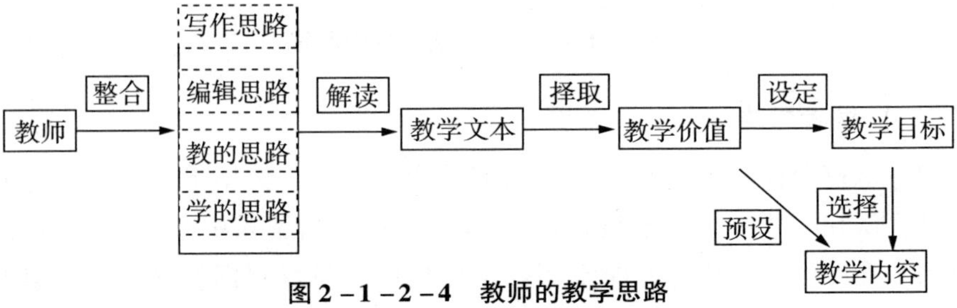

图 2－1－2－4　教师的教学思路

（四）学生思路

虽然一个文本成为教学文本的前提条件须受到四个思路的制约，但由于学生正处于身心尚未成熟的学习发展阶段，还没有熟练掌握该阶段应掌握的解读文本所需要的基本策略，无论哪个阶段的学生对其所阅读的文本而言，一般会处于语音认读的阅读浅层面，也就是学生自己所说的只是将文章的所有汉字，从第一个汉字读到了最后一个汉字。阅读是一个线性打开的过程，当读者的眼睛一触到所读的文本时，就汉语作品而言，首先看到的自然是一个一个的方块字，是由一个个字组成的句子。读者欲知道这些书写的在纸质载体上的文字符号内部所蕴藏的文意及欲传递的情感是什么，第一步要做的就是识文断句，一个字、一个标点、一个句子地往前看过去。从理论上讲，学生在阅读时应该兼顾作者与编者的思路，就其阅读的实际情况而言，学生在阅读时能调动的仅仅是他个人的阅读经验及阅读积累，这也正是为什么当今的学生会解读出朱自清《背影》中的“父亲违犯了交通法规”；愚公移山中的“愚公为什么不搬家”的原因所在。（图 2－1－2－5）

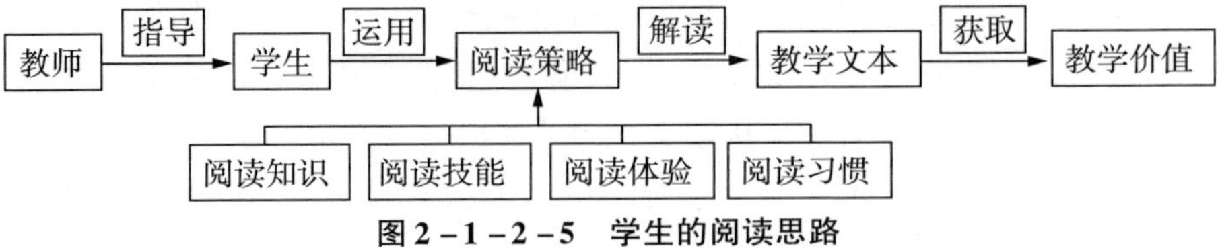

图 2－1－2－5　学生的阅读思路

所以，当社会文本经过编者的筛选成为中小学语文教学的学习材料，成为课堂教学中的教学文本时，因其编者所持有的课程知识的不同对文本原生价值的选择也就给出了相应的特殊规定。这种规定就限定了社会文本变成教学文本时所具有的特定教学价值。如果说文本的原生价值因其读者及其所处时空的不同可以进行多元解读的话，那么当其进入教科书中，成为教科书中的教学材料——教学文本的话，考虑到不同学段学生的身心特点及阅读心理，再加上编者的编辑思路及编辑元素，社会文本的多元原生价值，在教学文本上体现出来教学价值只能是原生价值中的一个或几个，当文本被编入特定的学段及特定的单元，在该单元又被安排在确定的位置时，它的教学价值也随之被确定下来，变得单一了。无论被选中的社会文本有多么丰富的阅读元素及价值因素，作为从教学文本中所确定的教学内容的阅读元素及阅读价值从教学论的意义上来说则是确定的、单一的，否则它就失去了作为教学文本的特质，仍以社会阅读客体的身份被解读；学生也是首先作为学习的主体在教师的帮助下学习借助确定的教学内容达成这一文本所要求的特定教学目标，而后才能成为一个社会阅读主体再对其文本进行阅读，实现其社会阅读客体的原生价值。

◆ **思考**：阅读白维国的《高中语文课本〈红楼梦〉选篇乱弹》一文，点评白老师在文中所列《红楼梦》有关章节可以成为教学文本的理据，是否切合文中所阐释的转换原理。

◆ **方式**：与同伴进行头脑风暴。

【延伸阅读】

★ 王先霈. 文学文本细读演讲录[M]. 南宁：广西师范大学出版社，2006.

★ 李海林. 1978—2005 语文教育研究大系：理论卷[G]. 上海：上海教育出版社，2005.

【悦 读】

高中语文课本《红楼梦》选篇乱弹①（节录）

白维国

《林黛玉进贾府》入选无可非议。《红楼梦》前五回是全书的总纲。在这五回中，曹雪芹分别运用“幻、听、看、叙、唱”五种不同的表现手段，交代创作缘起、人物关系、地理位置、情节大要等，高屋建瓴，总括全局，

① 白维国. 高中语文课本《红楼梦》选篇乱弹［J］. 语文学习，2005（9）：5－6.

理应选取一回，体现作者丘壑在胸，提纲挈领的大匠用心。而这五回中，第一回用虚实幻化的笔法交代缘起，波云谲异，不易把握；第二回用一人口说的形式介绍贾府错综的人物关系，条理虽然清晰，结构较为单一；第四回写贾雨村乱判案，借“护官符”交代贾、史、王、薛四大家族的关系，并引入另一重要人物薛宝钗，但是毕竟属于副线，与全书宏旨关涉不及其他四回密切；第五回通过《红楼梦》曲子交代全书情节格局和人物命运，内容十分重要，但是曲词过于隐晦，不适合选作中学语文教材。只有第三回，通过林黛玉进贾府的观和感，一方面把宁、荣两府的建筑格局像电影摇镜头那样一层一步地清晰展示给读者，一方面串联起贾母、王熙凤、贾宝玉等主要人物逐次登场，各自留下传神一瞥，而这一切都是通过林黛玉的一双眼睛展开的。情节单纯，层次丰富，视角独特，笔法凝练，读来如方塘鉴水，云影徘徊，很适合中学语文教材。讲授这一篇教材，应该把它作为全书总纲组成部分的结构背景交代清楚，让受者体会作者怎样大构在胸，高瞻远视，又表现得平淡如水，不着痕迹。该篇独特的视角——林黛玉那一双无处不在的眼睛，也是笔者心仪无比的。笔者曾和听者一起，循着林黛玉的视线，画出贾府建筑平面图来，参与者很感兴趣，不妨一试。

第三讲　选择与确定课堂教学内容的策略

教学内容是教材内容以动态的形式向学生传递的过程，是课程内容的教学实现，是构成学科课程的各类组件，也是学生在学科教学过程中所必须掌握与知道的内容。亦指教师为达成课程目标，从课文中选择的恰切语言材料所传递的目标信息，它既可以是教师对现成教材内容的使用，也可以是教师对教材内容的二度开发与重组。

◆ 核心内容

理据：

- 基于学生的需要进行选择
- 基于教科书编辑者的编选意图
- 基于文本的特点及作者的创作意图
- 基于不同组合的单元教学目标
- 基于教师个人的人格与学养

策略：

- 看课文所在的学段及该学段的教学目标
- 看课文所在的单元及单元教学目标

- 看课文所在单元的前后单元的教学目标
- 看这篇课文位列此单元第几篇
- 分析"这一篇"课文应承担的教学任务，需实现的教学价值
- 设定学习此文的教学目标
- 验证所确定的教学内容是否符合编者编选此文的意图

案例：《背影》在不同版本教科书中的教学内容例析

◆ 学习准备

教学内容的不确定是语文学科独有的特点，你认为教师所选教学内容的多义、随意、模糊的原因在哪里？下面是几种典型的归因，你同意吗？给出理由。

- 缘于教师个人的兴趣
- 缘于教师个人长年教学经验的积累
- 缘于有关教学参考书中的教学建议凌乱
- 缘于教科书中的导读与练习系统无序
- 缘于阅读理论的对话理论、阐释学理论及接受美学
- 是文选型教科书的先天不足造成的

一篇课文蕴涵着极其丰富的语文教学元素已是不争的事实。然而从教学论的意义上来看，既不能将一篇课文的内容简单地等同于语文教学内容，也不能否认教师是课堂教学内容选择与确定的主体，教师对教学内容的选择享有充分的自主权和决断权，教学内容是教师用专业化的眼光选择与开发出来的。下面以朱自清的《背影》为例，分析实然状态下一篇课文是如何通过教科书的编辑，在教学目标的制约下由丰富、多义带来的不确定走向确定，并与教学目标保持相对应性的。

一、选择与确定语文课堂教学内容的理据①

如何从一篇课文、一个单元乃至一个模块中选择出与学生认知水平、发展需要相契合，顺利达成教学目标的教学内容，不仅是一个实践操作层面的问题，也是一个理论研究关注的问题。那么选择与确定语文教学内容的支持性学理是什么呢？

（一）基于学生的需要进行选择

对学生需要的分析是当今教学设计任务分析部分的首要任务。教师在选

---

① 这一部分的内容也可以参阅本书模块一中单元二的内容，将两部分内容作整合阅读。

择与确定教学内容之时，可以运用诊断性测试、问卷调查、作业记录、课堂观察等其中的一种方式预测学习“这一”单元、“这一篇”课文哪些是应该教的，哪些是不需要教的；哪些是学生已经知道的，哪些又是可以通过学生的自学及合作学习就能解决的问题。通过分析，教师要把在“这一篇”课文中需要知道的、应该学习的内容找出来，即这一篇文章独有、其他文章没有，无法通过替代性选文解决的问题。

对于学生需要的分析可从学生已有的与所学课文有关的认知积累，即学生的起点水平是什么；学生的起点水平与教学目标之间所存在的使能目标；学生的学力水平（最近发展区）等三个方面进行，同时还要关注学生所处家庭环境、文化背景、民族群体、宗教信仰等这些非智力的关键环境变量对学习的影响，从而圈定出学生学习“这一篇”课文时的可能性教学内容。之所以说是可能性的教学内容，是因为确定教学内容不仅需要考虑学生这一个维度，还需要用其他维度来衡量或佐证在可能性教学内容所属的范围内，哪一个是最适合的教学内容。

朱自清的《背影》是一篇叙事性的回忆散文。进入教科书近百年的时间里，多数被编在初中二年级。对于这样一篇基本没有语言障碍的叙述类散文，学生能较好地理解文章的内容，都能很清楚地说出这篇文章写了几件事，写了几次背影，文中详写与略写之处。这些都是不需要教的，是学生通过读文就能自行解决的问题。除此之外，学生能自行解决的还有朱自清的生活创作经历，记叙文的六要素，叙事类文章的结构特点及作者通过个性化的言语传递出来的普适亲情。通过上述分析可知，有可能成为《背影》教学内容的有：

《背影》一文的写作线索（时间、空间、人物行踪、生活中的特定细节、情感变化）；

叙述性语言与描述性语言的区别；

间接抒情的手法（叙事抒情）；

父亲的“背影”在生活中肯定不止一次地出现在朱自清面前，朱自清为什么只选取“车站买橘”的背影；

朱自清为什么反其道而行之，选择父亲的“背影”作叙述的角度，而不像其他作者一样直接描写父亲的正面形象。

文中为什么不止一次地提到了年少时的不懂事，这对作者欲表达的情感有什么帮助？作者的真实创作意图是什么？

（二）基于教科书编辑者的编选意图

一套教科书的编辑体例体现了编者对于语文课程的理解，反映了编者所秉持的教学理念，也显现出编者对教学材料删减、加工、处理的一般意图。

编辑者的意图一般会在每册书的编辑说明①中给予详细的指导，包括课程总目标、阶段性教学目标、编辑思路、选文标准、结构体例、教学任务等。具体到对一篇课文教学目标的设定及教学内容的确定，编者主要运用了单元导读、课文提示及“研讨与练习”进行呈现和规定。教师在备课前应先阅读每册书前面的“编辑说明”，弄清楚此书的编辑体例及编写思路，明晰所教学段的教学目标及基本的教学任务，通晓学段教学目标在各单元的分布，再根据单元教学目标来设定一篇课文的教学目标，最后依据设定的教学目标选择适宜契合的教学内容②。

（三）基于文本的特点及作者的创作意图

作品是由作者与读者共同创造的，但文本是作者创作的，对于教学内容的确定是不能脱离作者写作心境的，任何人的写作都不会是无目的的写作，都带有极强的情感色彩，借助语言文字向读者传递目标信息（事件或情意）。所以，教学内容的确定需要出自文本、高于文本，但不能脱离文本。出自文本是对作者传递的目标信息的尊重，高于文本是为了实现语文的教学价值，服务于教学目标。《背影》一文的字面意义是作者借叙事抒写父亲对儿子的关爱，但透过文字表层的含义，从文中作者反复写到的“唉，我现在想想，那时真是太聪明了！”，可知作者更想表达的是多年来郁结于心中的对父亲当年“处事”不理解的内疚情感，这是读者应当尊重的文本传递出的目标信息，属于“出自文本”；而作者借助“背影”这一独特视角将自己多年来的歉疚之情传递给父亲，借此化解了父子多年的隔阂的处理问题的方式，则属于“高于文本”。

文字是一道桥梁，这边的桥头站着读者，那边的桥头站着作者，走过这道桥，读者才和作者见面。不但会面，而且了解作者的心情，和作者的心情相契合。阅读就是读者通过文字去接触作者。教学阅读时，教师应同学生一起在作者创造的文字空间内，指导学生运用自我的个体言语，借助民族的共同语言理解作者所呈现的文字编码，进而捕捉或领悟作者借助这些语言符号欲传递的情感内容。课文传递的是作者的个体信息，对这些信息的处理，就不仅仅是教师与学生之间的信息交流，而是教师、学生与课文之间的多向交流。教师是这些交流的引导者，导引着学生对课文中作者个性化言语的理解，指导学生在信息交流的过程中掌握方法，学会阅读：作者得于心，览者会以意。

《背影》一文发表于1925年。作者创作这篇文章的意图并非如当年《中学生》杂志上说的那样：“我写《背影》，就因为文中所引的父亲的来信那句话。当时读了父亲的信，真是泪如泉涌。我父亲待我的许多好处，特别是

---

① 各版教科书的命名方式不一样，但这类教材内容所处的位置都是一样，一般都被编排在一册教科书的最前面。

② 这一部分的例证可参阅该单元“《背影》一文教学内容的确定”。

《背影》里所叙述的那一回，想起来跟在眼前一般无二。我这篇文只是写实……”这是作者公之于众的《背影》一文的原生价值。朱自清写这篇文章还有一个鲜为人知的原因，也是此文真正的价值所在。《背影》一文发表的两年前，朱自清与其父小坡公因家庭琐事引发冲突，又因《笑的历史》中的语言，更加触怒其父，为息父亲之怒，缓和父子的感情，化解父子的矛盾，朱自清一直希望找到一种恰当的方式，一方面能表达自己对父亲的感激与深爱，一方面又能使父亲忘却生活中的不愉快而原谅自己的年少无知，同时还能接纳自己的道歉，以此化解父亲心中多年的郁结之气。就是在这种长期怀揣内疚之心境的情形下，当朱自清阅读父亲信中之语时，被父亲信中言语所动含泪写下了《背影》。《背影》的发表也确实起到了从根本上冰释父子之间多年积怨的作用，实现了朱自清创作此文的最初价值。叶圣陶的“用一支平常之笔，以常人所见平凡之事抒写了看似平常的人间亲情”这句话也是对《背影》一文原生价值的最好阐释。

（四）基于不同组合的单元教学目标

借助表2－1－3－1所列《背影》在不同版本不同单元的单元说明，比较三版教科书的单元组合，能清楚地看出：教学目标不一，教学内容也不同。其中，苏教版没有给出明确的单元教学目标，在说明中只是介绍了单元内的课文内容。

教学内容是否确定是相对于教学目标而言的，教学目标的不同必然带来教学内容的变化。面对同一篇文本，如果教学目标发生了变化，而教学内容却不发生变化，就会破坏教学目标——教学内容——学习结果的对应性。所以，教师能否选出适宜的教学内容直接影响着教学的优劣，衡量教学内容是否适宜的标准就是是否能达成教学目标，是否能满足学生一定时间内的学习需要。所以，在教学内容的选择与确定上，是教学目标决定教学内容，而不是教学内容决定教学目标，不能抛弃教学目标谈论教学内容的确定性。

表2－1－3－1　各版教材中《背影》一文所在学段、单元及单元说明①

版本	人教版	语文版	苏教版
学段	八年级（上）	八年级（下）	八年级（上）
所在单元	第二单元	第一单元	第三单元

① 学段目标、单元教学目标在教科书中的分布，2001年审订通过的几版义务教育初中语文教科书中均没有给予很好的解决。在教科书中很好地解决了阶段性教学目标及较好地分布了单元教学目标的教科书，新中国成立后当首推1992年人民教育出版社语文一室编写的三年制初级中学教科书。在这套教科书的编辑说明中，清楚地描述了初中三年不同学期的教学目标，在各单元的前面也明确地规定了各单元应达成的教学目标。

续表

版本	人教版	语文版	苏教版
单元说明	上一单元涉及的非正义战争中残杀无辜的暴行，使我们在震惊与悲痛之余，发出这样的呼喊：再也不能让人类之间的残杀延续下去了，应该让世界充满爱。这个单元就以“爱”为主题，几篇课文都在诉说对普通人，尤其是对弱者的关爱。让我们从课文中感悟到“爱”这种博大的感情，从而陶冶自己的情操。 熟读这些课文，从中了解叙述、描写等表达方式，揣摩记叙文语言的特点。	本单元的几篇课文，有游子对父亲背影的描述，有耄耋老人对母亲往事的追忆，有抗战时期八路军的传奇故事，也有美国女权运动领袖的斗争经历。 读这样的散文，首先要抓住文章的叙事线索，如《背影》以特定情境中最感人的细节为线索，《永久的悔》以“红的”“黄的”“白的”为线索，《铁骑兵》以离开大队的骑兵的行踪为线索，《苏珊·安东尼》以苏珊·安东尼争取妇女选举权的斗争过程为线索；然后体会作者在叙事中所蕴涵的情感。	“慈母手中线，游子身上衣”，至爱亲情，血浓于水。慈爱、恩爱、关爱、孝悌，渗透在浓浓的亲情之中。本单元的课文，一个背影，融注了深深的父爱；甜甜的泥土，蕴涵着和暖的春晖；人琴俱亡，展现了兄弟的手足之情；优厚的条件，割不断父母对子女的情愫……家庭是生命的起点、人生的慰藉和社会的细胞。我爱我家，我爱亲人。

注：人民教育出版社出版的教科书在文中简称“人教版”；语文出版社的简称“语文版”；江苏教育出版社的简称“苏教版”。

（五）基于教师个人的人格与学养

教师个体的优势与专长是对教学内容选择与确定影响最小的一个理据。教学内容是为完成教学目标而对教材内容进行的教学选择，是教师对教材内容的沿用或重构。在既定的教学目标下，教师需要从教材内容中选择出最佳的教学内容，以使教学内容与既定的教学目标产生对应性的匹配关系，从而保证教学目标的顺利达成。教师在依据教学目标对教材内容进行选择时，不仅要考虑教学内容是否能与教学目标形成恰切的对应关系，也要考虑教师自身在课堂教学过程中能否对选择出的“这个”教学内容得心应手地驾驭，考虑能否使学生在教学的引领下，凭借教学内容快速、顺利地实现教学目标。

《背影》虽短，但情很厚。教师们在教学时都能关注到课文或教参写出来的内容与情感：四次“背影”，四次流泪；文中四句平实的对话；父亲对儿子的关爱。这些内容明明白白地写在文章中，一般的阅读者都能从文章的言语符号中读出来。当教师们热衷于探讨上述清楚呈现于文中的内容时，却遗忘了作者借助那些难以引人注目的言语向读者传递的那份郁结已久的情感。例如：

我与父亲不相见已二年余了，我最不能忘记的是他的背影。

作者开篇就向读者传递了自己情感上的郁结，用一句平常的不能再平常的话递送出自己对父亲情感的矛盾。既然最不能忘记的是父亲的背影，那为什么两年前不写，却要在未相见的两年后来写；在这两年中，父子间究竟发生了些什么事？“月台买橘”发生在 1917 年，《背影》成文于 1925 年，为什么作者事隔八年后在文中要重提叙写此事？

任何读者都是无法从这一个简单的陈述句中读出以上这些内容，必须借助朱自清先生的生活经历，了解其父子间的情感波折才能从中体会出朱自清是在一种什么样的心境下写出这句话的。在这句普通的言语上负载了哪些父子间难以言表的情感纠葛。

再比如，文中的第 3、第 4 两个自然段，作者用文字符号向读者呈现了这样几件事：祖母谢世、父亲失业、变卖家产、清偿亏空。朱自清为什么将这几件事放在一起来写，它们之间有内在的因果关系吗？相互之间有牵连吗？这里是朱自清与父亲感情冲突的起点还是焦点呢？

还有就是“月台买橘”一事。上课时，不止一次听到学生问老师如下的问题：①为什么买的是橘子而不是其他水果？②朱自清为什么不自己去买，却让行动笨拙的老父亲去买？

这些，课文也没有直接写出来，只是客观地陈述了这么几件事实，而问题的答案恰恰是学生理解这些文字的钥匙，如果教师自己都不能很好地回答这些问题，那么学生对于此文的理解也只能止于一些零星的思考。

综上所述，《背影》一文的教学价值，绝不能止于文中所使用的浅层文字，学生通过这篇文章要学习的不可替代的教学内容应是：作者借显性之笔传递隐性之情的表达方式以及巧妙化解父子矛盾的神来之笔。只有这一个内容是朱自清《背影》中独有，而其他类似主题与题材的文章中所没有的。若从文中选择出如此的教学内容，对朱自清没有很深的了解是万万做不到的。所以教师的学养积累及敏锐的洞察力是选择与确定教学内容的内在因素。

二、选择与确定教学内容的策略

教学材料的开放、多义、内隐的特点决定了语文教学内容的可选择性。一篇文章往往有多层内涵，选择文本对话的适宜层面是教学成功的关键。阅读是一个双向选择的过程，读的意义的产生是以文本提供的图式和读者接受视野的同构或局部同构为前提的，一个文本适合这一部分读者的视野，但未必能进入另一部分读者的视野。同样，一个文本有多个层面，但并不是所有的层面都能进入教学目标制约下的教学，教学往往只选择与学生的接受视野相对应的层面进行取舍。尤其是在教学一篇已重复多次的经典课文时，教师们会极其自然，驾轻就熟地按以往的教学路径确定教学目标，选择教学内容，忽略时代、学情、教科书三个变量导致的教学这一因变量的变化。如此一来，教学内容与教学目标不对应就出现了时下课堂教学中令人无法接受的现象：教学跟着作者跑；教学跟着学生跑；教学跟着课文内容跑；教学跟着写作对象跑；教学跟着背景材料跑。只要是课文中出现的，教师就敢领着学生去追逐。呈现出来的就是该教的没教，不该教的乱教，学生获取了一堆乱七八糟的东西。那么，如何依据学生的学习需要设定教学目标，并在目标的制约下根据教科书的编辑指引选择出恰切的教学内容呢？

第一，看课文所在的学段及该学段的教学目标。如果使用的教科书中，编辑者没有明确地写出该学段的教学目标，可从教学参考书中寻找；如果还没有可参考同时期其他出版社的教科书及教师用书。

第二，看课文所在的单元及单元教学目标。编制本学段所用教科书的单元编写体例，表列单元教学目标；然后尽可能地调整各单元的教学目标使其能较好地呈现出教学论意义上的逻辑层级。

第三，看课文所在单元的前后单元的教学目标。看前后单元教学目标的目的，主要是为了使教师明白所教学的单元从哪里来，然后又要往哪里去；该单元应承接前一单元的哪一个教学目标点，又可为后一单元的教学储备一些怎样的知识与技能。教学基本上是一个渐进的过程，是在渐进中生长，扎根于过去而又指向未来。

第四，看课文所在的单元由哪几篇文章组成，这篇课文位列此单元第几篇；尽可能地以自己对几篇课文的阅读及自己的教学积累，在这几篇课文之间建立起一个内在的教学逻辑。

第五，结合单元教学目标、单元选篇，分析“这一篇”课文在本单元中应承担教学任务及需实现的教学价值。

第六，依据所确定的教学价值和教学任务，结合学生的需要、起点能力、学力水平，执教者的特点，再根据文本情境设定此文的教学目标。

第七，从文中选择出与教学目标相对应的教学内容，并逐步将所确定的教学内容细化成实现教学目标的操作性较强的教学活动。利用课文后的“思考与练习”验证所设教学目标及所选教学内容是否符合编者编选此文的意图。

三、《背影》一文教学内容的确定

（一）《背影》在两版教科书中的教材内容

《背影》一文自发表以来就没有淡出教科书编写者的视野，在不同版本的教科书中，编辑者从其原生价值中选择出自己理想中的教学价值，赋予其不同的教学任务，达成他们在教科书中所预设的教学目标。为了更清楚地说明因文本所在教学时段，教科书版本、单元、单元组合及所在位置的不同，编者设定的教学目标及与其相对应的教学内容也是不同的，而教师面对同一文本，在不同的教学目标制约下不太可能选择出相同教学内容，下文将以语文出版社（简称“语文版”）与香港启思出版社（简称“启思版”）教材中的《背影》为例，解析依据教学目标选择与确定教学内容的方法与步骤。

1. 单元组合

语文版《背影》《永久的悔》《铁骑兵》《苏珊·安东尼》

启思版《背影》《负荷》《亲情伞》《亦母亦友》《外婆和鞋》

2. 单元说明

语文版

本单元的几篇课文，有游子对父亲背影的描述，有耄耋老人对母亲往事的追忆，有抗战时期八路军的传奇故事，也有美国女权运动领袖的斗争经历。

读这样的散文，首先要抓住文章的叙事线索，如《背影》以特定情境中最感人的细节为线索，《永久的悔》以“红的”“黄的”“白的”为线索，《铁骑兵》以离开大队的骑兵的行踪为线索，《苏珊·安东尼》以苏珊·安东尼争取妇女选举权的斗争过程为线索；然后体会作者在叙事中所蕴涵的情感。

启思版

读过有趣而发人深省的寓言故事后，这个单元我们将会选读《背影》《负荷》《亲情伞》《亦母亦友》和《外婆和鞋》。这五篇作品都以亲情为题材，抒写自己的感受，内容真挚感人，值得细心阅读。

抒情可以用直接抒情的手法，也可以用间接抒情的手法。直接抒情就是直接表达自己的思想感情；间接抒情则是通过对事情的叙述、对景物的描写等间接流露感情。这个单元所选的作品都是通过叙事来抒发感情的。我们可以聆听朗诵并尝试亲身朗读，来深入体会作品所盛载的深情。

亲情往往在生活的细节上流露出来，你有这种体验吗？你曾想过把自己的感受告诉家人吗？如果你觉得难以启齿，这个单元将会教你怎样写家书，向亲人表达心意。

3. 课后练习

语文版

【思考与练习】

一、课文以“背影”为题，而且多处写到父亲的背影，把它们找出来，并回答下列问题。

1. 作者一看到或想到父亲的背影，就忍不住流下眼泪。是什么打动了作者？

2. 作者选取“背影”这个角度来写，好在哪里？

二、仔细阅读课文第六段，熟读文中描写父亲买橘子过程中往返情景的语句，体会作者朴实、细腻的描写中所蕴涵的深情。试学习使用这样的手法，满怀深情地描写一个人做某件事的过程和情景。

三、20世纪80年代初，罗中立的油画《父亲》（见彩色插页）一经发表，就感动了很多人。欣赏这幅油画，结合课文内容和你自己的生活体验，说说它的感人之处。

四、一个山里的孩子这样写道：“父亲像一张弓，蓄一生之势要把孩子射出大山。”你也试着用几句形象化的语言来描写一下养育你的亲人。

启思版

【讨论与练习】

1. 在文章中，作者先后四次提及父亲的背影，有的是写真正见到的背影，有的是写脑海中呈现的背影，详略也各有不同。细阅课文，然后填写下表。

课文中四次提及父亲的背影	真正见到的背影/脑海中呈现的背影	详写/略写
（1）第____段： 忆述往事，最难忘记父亲的背影。		
（2）第____段： 看见父亲吃力地攀爬月台买橘子的背影。	真正见到的背影	
（3）第____段： 父亲离开月台混入来来往往的人群中，再也找不到父亲的背影。		略写
（4）第____段： 捧读父亲的来信，想起父亲的背影。	脑海中呈现的背影	

2. 朱自清在文章中说“我最不能忘记的是他的背影”。其实他最不能忘记的是什么？如果把这篇文章的题目改为“我的爸爸”、“父爱”，你认为如何？

3. 根据课文第5段，回答下列问题：

（1）作者为什么把父亲买橘子的过程写得这样详细？

（2）文中详细写了父亲的体型，衣着和过铁道时的动作，这样写有什么作用？

4. 文中详写父亲送行的细节，反映了父亲对作者无微不至的关怀，试就其中各个细节，填写下表。

父亲送行的情节	父亲的用意
（1）照顾行李，跟脚夫讲价钱。	为了节省一点开支。
（2）给作者拣定了靠车门的座位。	靠车门的座位方便作者下车。
（3）给作者做了一件紫毛大衣。	
（4）嘱作者路上小心，夜里要警醒些，不要受凉。	
（5）嘱托茶房好好照应作者。	
（6）越过铁道给作者买橘子。	
（7）临走时叫作者抵达后写信给他。	

*5. 本文通过叙述几件平常小事，抒发了作者对父亲深厚的怀念之情，试根据课文第4至第6段，回答下列问题。

（1）第4段：写父亲与脚夫讲价钱，又嘱托茶房照应的事，作者当时有什么感受，回想起来抒发了什么感情？

（2）第5段：写父亲往月台买橘子一事，作者表达了什么感情？

（3）第6段：收到父亲的来信，作者流露出什么感情？

（二）依据教学目标从教材内容中选择教学内容的过程分析

语文版的八年级下册，将《背影》编排在第一单元，位列第一篇课文，与季羡林的《永久的悔》，杨朔的《铁骑兵》，乔安娜·斯特朗等的《苏珊·安东尼》等篇目构成了本册唯一的一个记叙文单元。单元教学要求：“读这样的散文，首先要抓住文章的叙事线索，如《背影》以特定情境中最感人的细节为线索，《永久的悔》以‘红的’‘黄的’‘白的’为线索，《铁骑兵》以离开大队的骑兵行踪为线索，《苏珊·安东尼》以苏珊·安东尼争取妇女选举权的斗争过程为线索；然后体会作者在叙事中所蕴涵的情感。”这段话确定了本单元的两个教学目标：一是叙事类作品的叙事线索，二是领悟作者在叙事中蕴涵的情感。具体分析《背影》一文的叙事特点及文中所蕴涵的作者情感，结合单元教学目标，《背影》可承担的教学任务及教学价值是“以特定情境中最感人的细节为线索”、“特定情境中感人细节蕴涵的情感”，转换成具体的教学内容就是“《背影》如何以特定情境中的感人细节‘背影’为叙事线索选择材料，构思成篇”；“特定情境中的感人细节‘月台买橘’蕴涵了作者怎样的情感”，这两个教学内容也能从课文后的“思考与练习”得到证实：练习一解决的是“以特定情境中最感人的细节为线索”；练习二解决的是“特定情境中感人细节蕴涵的情感”；练习三、四解决的是在体会作者文中所蕴涵的情感的基础上，逐步将这种情感由文中迁移至文外并与自己的生活联系起来，用形象化的语言抒写自己对亲人的感念之情的能力。

香港启思出版社编写的中国语文（第一册）将《背影》同吴晟的《负荷》，余光中的《亲情伞》，杏林子的《亦母亦友》，席慕蓉的《外婆和鞋》编为本册书的第二单元：叙事抒情。其中《背影》为讲读篇章，以教师对文章进行分析讲解、学生聆听为主要授课方式；《负荷》和《亲情伞》为导读篇章，以教师指导学生自主阅读为主要学习方式；《亦母亦友》和《外婆和鞋》为自习篇章，以学生自己阅读学习为主要方式，自习篇章开头设有提示，扼要指出课文的特点及学习重点。处于中一学段的香港学生“侧重掌握记叙能力，辅以描写、说明能力”，《背影》所在第二单元的重点就是“叙事抒情·亲情暖心间”。

单元说明给出了本单元的学习方向，在课文的单元学习重点中与“阅读”有关的重点有二：“掌握叙事抒情的方法”和“认识直接抒情和间接抒情”；写作重点为“运用叙事抒情的方法”和“认识家书的格式和写作方法”；品德情意的重点是“体念亲恩”。分析《背影》一文所在的位置及承担讲读篇章的教学任务，可初步确定《背影》的教学价值是“叙事抒情·间接抒情”和“体念父恩”。借助课后的“讨论与练习”能确定《背影》一文的教学内容是“作者如何通过叙述父亲为自己送行的过程中的几件小事抒写父亲舐犊之情的”。

综上所述，同一作者撰写的同一篇文章被选编为教学文本时，因其所处时代、编选版本、所在学段、单元及单元内组合篇目的不同，学生从此篇课文中学习的内容及训练的重点也有很大的差异性。这些差异则是由编者选编此篇时从社会文本的“原生价值”中择取的教学价值不同而造成的，教学价值的差异又影响了同篇课文在不同教学情境中的教学目标的设定，教学目标的不同必将导致教学内容的多样，这就是《背影》在不同版本中所呈现出的教学内容差异性的学理分析。

◆ **思考**：请对比人教版、语文版、苏教版中选编的《林黛玉进贾府》的章节完成：

1. 节录部分是否有所差异；
2. 编辑者预设的教学内容是否一致，如果不一致，分别是什么。

◆ **方式**：独立思考后与同伴交流。

【延伸阅读】

★ 孙绍振．孙绍振如是解读作品[M]．福州：福建教育出版社，2007.

★ 张秋玲．播下的是“跳蚤”，收获的却是“龙种”[J]．语文建设，2005(4)：9－12.

【悦 读】

教师对教材内容的再解释（节录）①

郭华

教师对教材内容的重新发现是客观存在的现象，也是造成教学活动无比丰富多样的客观原因，是教学社会性的一个具体表现。在此基础上，对教材内容能够进行怎样的再解释、再改造则与教师自身的教学观念、知识素养、生活经历、教学技能等因素密切相关。下面是作者与一位小学语文教师的深度访谈。从这位教师的言语中，我们能够深切体会到一个教师是如何对教材进行改造的，其改造的基础正来源于个人的功力及其对教材的深刻理解。

访谈内容选摘如下：

教师：现在还经常看文学类的书，散文啦，随笔啦……当时读书的时候，订了很多的文学类的书，现在还订《小说月报》、《散文》、《随笔》呀这些东西看。

我不太喜欢看教参……基本上就是拿着教材自己去看，我觉得把教材想通了，你的教法怎么样安排就出来了，所以我始终认为，不管学习的方式怎么变革，老师你对教材要有着更深层次的把握，这样你才能指导学生。

笔者：你说这个更深层次的把握，你能简单地举个例子？

教师：比如说《灰雀》，那个小孩子和列宁……它（指教参）讲要诚实，我当时就觉得不是很吻合。课文当然有这层意思，但不是唯一的主题，我不能说你不对，但却可以说不是很确切。我觉得《灰雀》告诉我们……隐含着一个什么道理呢？就是列宁他教育别人是讲究方式的，这是一个方面，第二

① 郭华．教学社会性之研究［M］．北京：教育科学出版社，2004：241－247.

个方面，我觉得让孩子们在认识上的一个升华是什么呢？爱一个什么东西，你得给他自由的、按照他自己所希望的、他所期盼的生活方式，去生活，就是比较自由自在的生活——就是我提炼的那句话……“爱，就应该给他自由”。这是教参分析所没有达到的。再有一个，就是《月光曲》，你肯定非常熟悉，贝多芬弹琴，它（教参）说是贝多芬同情劳动人民，我不同意这个观点。有的孩子得出了这样的结论，说贝多芬弹琴当然有同情的成分在里面，开始是同情，但不仅仅是同情，我觉得非常好。我说，如果说仅仅是同情，她是一个盲姑娘，一个穷姑娘，但是她不懂音乐，那么贝多芬会不会给她弹琴听？孩子们说，不会。我说“好”，如果她有钱，但她也非常地爱音乐，同样由于什么原因她没有去听音乐会，贝多芬会不会弹琴给这个小姐听呢？孩子们说，这有可能。我说你们看，因为他（贝多芬）是一个伟大的音乐家，他爱音乐，他觉得他自己的音乐就应该属于爱音乐的人。我觉得课文就是说的这样一个道理，完了我就把这个题目写在黑板上……我说，“音乐应该属于热爱音乐的人”，我觉得这篇课文……贝多芬心里想的是这样一个东西。所以我觉得好多东西我不是很赞同那个上的（教参），我这个人的思维有它的探究性。我觉得我提炼中心……当然现在不主张提炼中心……但老师心里要有一个认识，我是根据我自己的理解来把握。反正我自己的理解，我觉得是更切合教材本身折射的东西。而且我觉得不是说因为你们的思想要根据教育的需要来给它贴上个什么标签，你要挖掘它本性的东西。很多的东西是人性中折射出来的光芒。比如说，贝多芬，比如说《灰雀》中所蕴涵的非常深刻的哲学思想。

笔者：不能简单地……

教师：不能把它简单化。所以老师对教材的认识应该到这一步，可能才算比较深刻吧。我是这样想的。

笔者：这样，教师理解的深了，学生也能引起共鸣了。

教师：也就可能把孩子领到更深的、更高的境界去。如果你自己都不理解，你光要孩子们发展，创造性地思维，孩子们毕竟是孩子。他怎么去创造啊，所以好多东西不是人为的，你的品质，你的思维方式就影响他。所以我觉得创造性思维（教学），首先要提高教师素质。什么教学改革，你不提高教师素质，都是空谈。

这个素质不仅仅是字要写好……这是最基本的、常规的素质，更重要的是你的思想，教师靠思想来影响学生。

笔者：教师的思想通过他的教学让学生体会到。

教师：小学老师教小孩子，看起来好像不需要很深很深的功夫，但是我觉得它对人的要求非常的高。

第四讲　教学内容在传播过程中的四种形态

教学是教师向学生传递信息的过程。从教学的本质与信息传播的角度衡量，教学是一个信息转译与传递的过程，教学内容的确定、教授、学习都是教学传播过程中的具体表现，是先于传递而进行选择和加工的。语文教学内容就是以潜在的、预设的、显现的、内化的四种形态在教学过程中对应有关的教学信息进行传播。

◐ 核心内容

潜在的教学内容　潜在的语文教学内容是指某篇以客体存在的言语作品在进入语文教科书成为教学材料、变成教材内容的一部分或成为课堂教学中的实际教学内容之前，是以“潜在”的形态存储于社会阅读客体之中的，它可能因负载着语文的某一教学信息而成为课堂教学中的教学内容，也可能因其某一个因素而错失了成为语文教学内容的机会。

预设的教学内容　预设的教学内容是语文教学内容在传播过程中的第二种形态，它上承潜在的教学内容，下启显现的教学内容，是对大量的言语作品中的潜在语文教学内容进入教材编辑视野、进入教师视野所产生的形态变化的总称。

显现的教学内容　显现的教学内容是语文教学内容在传播过程中的第三种形态，指的是潜在的语文教学内容经过教材编辑和教师作用下的双重预设后，在真实的教学环境中所外显出来的教学内容，它是潜在与预设的语文教学内容的现实教学化。

内化的教学内容　内化的教学内容是语文教学内容在传播过程中的第四种形态，指的是经过课堂实际教学，显现的教学内容的去向及其终结状态。

◐ 学习准备

1. “潜在的教学内容”、“预设的教学内容”、“显现的教学内容”、“内化的教学内容”是语文教学内容在教学传播过程中的四种形态，假设数轴的箭头方向表示教学内容的传播路径。请你根据自己的教学/学习经验在下面这根数轴的 A、B、C、D 四个界点处标出语文教学内容四种形态的时间结点，并尝试指出四种形态的物质载体。

一、潜在的教学内容

潜在的教学内容处于教育传播过程的起点，属于语文教学的起始状态，是教学内容转译与传播的初始阶段。以社会阅读客体存在的各类言语作品（含有声言语材料）均潜藏着可作为语文教学内容的教学元素，这些元素只是可能的教学内容，会因某个偶发的诱因成为实然课堂上传递学习内容的载体。

教学、生物、地理等学科的教学内容不会随着教学环境的变化而变化，满足学习需要的教学内容被明明白白地呈现于纸上。教学中的“三角形内角和180°”，生物中的“光合作用”，历史中的史料，地理中的区域等，都不会因师生与时空变化而改变，有学者将这类学科称之为内容学科①。学生只需要学习教学材料中的意义信息，它们“所教所学的是教材的言语内容，而语文学科则以教材的言语形式为教学内容，质言之，其他学科重在教材‘说什么’，语文学科则重在教材‘怎么说’，以使学生从中学习如何具体理解和运用语言文字的本领，培养读写听说等语言能力。对于其他学科教材的言语，懂得它们‘说什么’就可以了，如果要去揣摩‘怎么说’，也仅仅是为了更好地理解它‘说什么’；而对于语文学科来说，明白它‘说什么’固然必要，但却是为了理解它‘怎么说’”②。

语文的“怎么说”是内隐在课文里，以语言运用的结果呈现的。教学者需要先从课文中抽取出作者运用语言的规律才能组成教学内容。学习课文的意义信息仅仅是语文教学的一部分。透过课文的意义信息获取作者是如何将这些意义负载于作者个性化的文字表达出来，并清楚地传递给读者的，使学生在理解文章的过程中，学习作者所运用的信息传递方式将自己头脑中的信息传递出去，并在模仿的过程中领悟作者蕴涵在文字里面的言外之意才是语文教学相对于其他学科课程的价值所在。

语文教学内容的潜在性，主要指某篇以客体存在的言语作品在进入语文教科书成为教学材料，变成教材内容的一部分或成为课堂教学中的实际教学内容之前，它是以“潜在”的形态混存于社会文本这个客体之中的。社会文本中的任何一个教学元素都有可能成为语文教学中的教学内容，但不一定都能成为现实的教学内容，编者与教师是语文教学内容确定、遴选的鉴别者。这种确定前的未知与多种可能即语文教学内容的“潜在”状态。

---

① 饶杰腾．语文学科教育学［M］．北京：首都师范大学出版社，2000：40.

② 王尚文．语言·言语·言语形式——试论语文学科的教学内容［J］．浙江师范大学学报：社会科学版，1996（1）：73－75.

语文的终极目标决定了学校的语文学习应侧重学习言语作品中的言语形式是如何传递言语内容的。对“言语形式的学习是语文这一学科的立科之本”①。叶圣陶早年就指出：凡是学习语言文字如不着眼于形式方面，只在内容上去寻找，结果是劳力多而收获少。作为学校一门学科课程的语文，侧重的是从言语作品中学习言语形式，侧重于作者“怎么说”，使得语文教学内容潜在性成为必然。典范的言语作品不只是为了成为供学习使用的言语材料而创作，其本身就都有各自体现多元思维下不同视野的原生价值，相对于独立的、自由的社会读者而言是无限的、多元的、不确定的，在未成为教学所用的言语材料时，它所蕴涵的多元的社会理解意义都是潜在的教学内容。《红楼梦》就是一部以潜在状态存在的语文教学内容，在这部书中有许多可以进入语文教学的内容，但在它没有走进真实的语文教学之前，这些教学内容只能潜存于《红楼梦》这部书中，以社会阅读客体的物质形态存在着。

二、预设的教学内容

“预设的教学内容”是语文教学内容在传播过程中的第二种形态，它上承潜在的教学内容，下启显现的教学内容，是对大量的言语作品中潜在的教学内容进入教材编者视野、进入教师视野所产生的形态变化的总称。语文教学内容的预设是双重预设：一是教科书编者对含有语文教学内容的言语作品所进行的择取与预设；二是教师对选入教科书中的言语作品进行处理，以确定实际课堂教学中可使用的教学内容。

（一）教科书编者的预设

教科书是编者围绕课程目标与课程内容精心选择的教学示例，是最大限度适应不同地区学生学习的普适性范例，也是经过时间打磨的经典篇章。作为社会阅读客体存在的一篇篇文章，在成为教学凭借——“课文”之际首先要经过教科书编者的选择。教科书的编者在选择“这一篇”文章作为教学材料时，会从文章特点、学习需要、学生的可接受性、教师对文章的处理等角度考虑所需要的教学内容，将蕴涵符合特定需要教学内容的言语作品进行再组织后编入教科书，变成实际教学中的教学材料。编辑作用下的预设从量、质、层次三个方面对包含语文教学内容的教学材料进行选择。

首先，蕴涵特定需要教学内容的言语作品的无穷性与教学时间有限性的矛盾，使得编者对能够进入教材的言语作品加以总量的控制。编者结合实际

① 欧阳芬．言语形式是语文课立科之本［J］．中学语文教学，2002（12）：10－11．

的课时总量、学段长度，限定进入教科书的教学材料的容量。

其次，蕴涵教学内容的言语作品价值的多元性与课程目标利益倾向的特指性矛盾，导致编者对言语形式有价值的作品进行审核、判断和评价。只有既蕴涵符合需要的教学内容，又与国家人才培养目标相一致的文章，才能成为实际教学所使用的教学材料。

最后，言语作品所蕴涵教学内容的整体无向性与不同学段学生身心发展、能力、认知水平的阶段性、层次性、有序性的矛盾，要求编者依据一定的认知心理学构建语文教学内容的对应层级，使之与处于不同发展阶段学生的语言水平与思维水平基本相匹配。如何将蕴涵可供学习内容的社会文本以符合学生发展水平的状态有序地呈现出来，是教材编者致力追求的目标。

（二）教师预设的教学内容

课文虽经编者进行过一次选择性的预设，但课文中所蕴涵的教学内容通过课堂这一传播主渠道为学生接收、内化之前，还需经过教师对编者预设的教学内容进行选择、转译、重组才能转化为可教的、易于被学生所接受的内容。教师预设的教学内容是指教师依据现有教学材料，结合自身的教学经验、教学风格，从满足学生发展需要的层面，以学生已有相关知识储备为教学起点，生产出适合学生学力水平，又能在现有教学环境中呈现出来的教学内容。教师的预设属于教师选择的教学内容，是否适宜于特定时空条件下的特定学生群体，还有待于在教学中进行不断的调整与选择。

首先，学校教育的目的性、计划性和组织性要求教师对实际传授的教学内容进行课前预设。目的性要求教师在实际教学中必须具有明确的教学目标，明确的教学目标解决的是教学指向性问题；计划性是从教学指向性的层面，将教学内容按教学的一般规律，有计划地编排讲授进度；组织性则从指向性与计划性对教师的预设提出要求：一是对教学内容依据欲达成的教学目标进行重组与安排，从而使教学内容更好地为实现教学目标服务；二是对教学形式的选择与组织，以保证正确的教学信息顺畅、有序地传递给学生。

其次，教育是有规律可循的，随着教学理论、学习理论、教育传播学的不断研究和发展，人们对教育行为、学习行为的认识更加深入，对教学现象也有了更深刻的认识，由此就可以提升对教学的预见性，运用教学规律预见教学中可能出现的问题。

再次，课文蕴涵的需要学生掌握的教学内容，必须符合学生的“最近发展区”，太难不利接受，过易于学无补。这就使得教学内容的难度应略高于学生的实际能力，要求教师遵循相应的教学原理有计划、有步骤地进行学习指导，以使学生在有限的时间内借助教学内容，达成教学目标。

最后，语文是一门综合众多学科内容，杂糅性很强的课程。凡是社会上的语言现象都有可能成为语文学科的课程内容。编者为了使教学能够顺利进行，使教材具有较强的可教性，人为地依据编辑理念使杂乱的教学内容以言语作品的形式有序地组织在一起。教学内容的相对有序性和学生自身知识、能力的无序所造成的矛盾，要求教师对教学内容进行符合学生认知特点，便于学生理解、吸收和内化的预设。

只要存在教师参与的教学，就会留下教师对教材理解和处理的痕迹，教师对教学内容的预设就必然存于教学话语之中。《林黛玉进贾府》是语文教科书中的经典选篇，由于教师所秉持教学理念的不同，教学对象的差异，预设的教学内容也大相径庭。

我们曾经听过二十几位教师上的课，所上的篇目都是《林黛玉进贾府》，结果发现，这二十几位老师“教”的几乎是二十几种内容。有一位教师所教学的班级是中专医药专业，可能是为了“与专业结合”，于是这堂课的大部分时间师生讨论的是林黛玉的“不足之症”以及她“如今还是吃”的“人参养容丸”；有一位老师所教学的班级是中专建筑专业，大概基于同样的理由，这堂课主要围绕在课文开头几段中对贾府建筑的描绘来展开，还花了不少时间讲述“什么是女墙”；有些老师着眼的是人物上场，讲王熙凤“未见其人，先闻其声”；有些老师关心的是人物描写方法，讲对贾宝玉的“侧面描写”；有些老师对诗词有其爱好，于是上课的时间主要花在鉴赏两首《西江月》上了；有些老师注重“基础”，于是上课的主要内容就放在十余个词语的“古今词义辨析”上……①

三、显现的教学内容

显现的教学内容是语文教学内容在传播过程中的第三种形态。指的是潜在的语文教学内容经过教材编辑和教师作用下的双重预设后，在真实的教学环境中所外显出来的教学内容。显现的教学内容可分为两种形态：一是按照教师课前预设的教学内容，以完全正确的信息及传播渠道在课堂教学的真实的教学环境内借助课堂教学组织，通过言语信息或媒体中介的传播而呈现出来的教学内容；二是因课堂教学中的某个诱因引发的，不在教学预设之中，但又对教学目标的达成起正面影响的教学内容。

行为主义强调预设的教学内容与显现的教学内容应是完全一致的。理想状态下的教学追求应该是显现的教学内容基本等同于预设的教学内容，但这

① 王荣生. 新课标与“语文教学内容”[M]. 南宁：广西教育出版社，2004：169.

仅是预设状态向显现状态传播的理想诉求，在复杂多变的真实教学情境中是难以维系的。课堂上，教师对教学信息的传递以言语讲授为主。讲授是一个分析解释的过程，解释中的言语信息所包含的教学内容或大于或小于预设的教学内容，使得多数情况下预设与显现的教学内容难以一致。

人本主义、认知主义、建构主义认为显现的教学内容呈现出更为明显的独立性和差异性，它来源于预设，但又不同于预设。因为有了师生的现场参与，实际教学中学生反馈的客观性与教师教学的主观性形成矛盾时，教师传播的教学内容往往出于预设，却具有较强的创生性，这时显现的教学内容以生成的形态存在。

教学中，教师预设的内容是主观的，学生的起点水平、个性差异、教学环境等则是客观的，教学就是连接主观和客观的桥梁，是对教师预设的教学内容的检验和调整。无论怎么说，在实践环节中是以教学内容的传播为主线的，否则任何预设都是无意义的。

四、内化的教学内容

内化的教学内容是语文教学内容在传播过程中的最后一种形态，内化的教学内容在同一时空内分别指向教师和学生。主要是指学生将教师借助各种传播媒介在课堂上呈现出来的显性教学内容，以自己个性化的信息处理方式纳入自己知识结构的心理过程。表现出来的是学生在课堂上对教师呈现的教学信息吸收与接受的过程，并以与自己认知图式相吻合的形态存储于长时记忆中的知识类型，这是语文作为一门学校课程的教学内容的主要的终极去向，也是学校语文教学内容的结束形态。教师在学生内化教学内容的同时，也将通过教学反馈对预设的教学内容依据学生实际水平进行再调整与再认识，其调整与认识的部分生成内容也会内化为教师教学知识的一种形态，并在教师的认知图式中长期存储下来。教学内容的内化是学校语文教学过程中所有形态的最终去向和终极形态。

（一）教师内化的教学内容

教师通过学生反馈的学习行为，确认预设教学内容的传播结果，分析预设的教学内容是否符合学生的实际需要和现有学习起点，从而决定是否对已预设的教学内容进行调整。需要特别说明的是，并非所有的教师都会有这种应对现实教学反馈的态度与能力，教师缺乏把握学习反馈信息的能力和态度，就可能缺失教师内化教学内容的环节。教师内化的教学内容不仅仅指课堂上把握学习反馈对语文教学内容的调整，也包括长期语文教学中，“预设的教学内容←—→内化的教学内容←—→预设的教学内容”之间的循环过程，这时教学内容的预设和内化已经不再是停留于某一个传播阶段或教学环节上，而是循环于教师的整个教学生涯中。此外，教师在语文教学中讲授预设的教学内容时，无论以何种教学媒介传播预设的教学内容，都是教师对教材内容中教学内容的个性化理解，在向学生传递理解的教学内容时，他的思维也在同步进行，在重新审视前期的思维结果，在审视的重复中深化改变前期的预设，这是教师内化教学内容的一种表现。于漪有一次教《木兰诗》时，不仅临时调整了预设的教学内容，而且吸收了学生质疑与讨论中的教学信息，将其内化为日后再教学的预设教学内容。

弓　足①

《木兰诗》上了两节课，学生兴趣盎然，口诵心想，十分喜爱。我为学生学习的积极性所感染，课结束时，情不自禁地表扬了他们。谁知，小唐在座位上嘀咕开了：“写得倒蛮好，不过是假的，吹牛。”话音刚落，教室里开了锅，七嘴八舌，都冲着我来了：“‘同行十二年，不知木兰是女郎’，根本不可能。”“‘十二年’，这么长的时间同生活同打仗，怎么会认不出是女的呢？”“不说别的，一洗脚就露馅，小脚怎么藏得住？”……在一片喧嚷声中我说了一句：“南北朝时代妇女还不缠脚”。课堂上霎时安静下来。约莫几秒钟光景，小陶首先站起来一本正经地问：“那么，中国妇女什么时候开始包小脚的？”其他同学顿时活跃起来，说：“是啊，哪个朝代啊？”我被问懵了。备课哪会备到包小脚这个问题呢？课后查阅了好些书，在赵翼的《陔余丛考》中查到了“弓足”，方知一般地说，妇女弓足起于五代，“李后主令宫嫔窅娘以帛绕脚，令纤小作新月状，由是人皆效之”。

其实，何止是“弓足”一事？类似这种情况是会经常发生在语文教学课堂上的，关键是看教师有无意识将这些反馈与讨论内化为以后设计教学时的教学内容。

（二）学生内化的教学内容

教学内容传播的最终目的是使所传播的教学内容被学生理解、吸收、内化，从而达成课程目标。学生内化的教学内容指的是学生在课堂实际教学时和课堂实际教学后对课程教学中以不同形式呈现出来的可听、可观、可感的显性教学内容，以与学生个体认知结构相吻合的组织结构存储在长时记忆中

① 于漪. 我和语文教学［M］. 北京：人民教育出版社，2006：436.

的知识类型，是学校语文教学的终极形态。学生内化的教学内容可分为两种：一种是短时内化，即对课堂上呈现的教学内容即时以某种方式进入工作记忆；一种是长时内化，即对课堂上显现的教学内容，通过一段相当时间，再以相应方式使其进入长时记忆，真正内化成学生认知策略的一部分，表现出来的学习行为就是学生在课堂上对教师呈现的教学信息吸收与接受的能力。学生内化的教学内容既可能是正向的，也可能是负向的。正向的内化能使所接受的新信息以正确扩值或等值的形式成为学生知识结构中的一部分，而负向的内化就有可能使所接受的新信息以错误或衰减的形式对学生的已有知识结构进行错误的调整。当学生对教学内容进行正向内化时，内化为学生知识结构中的那部分正确的新信息就会对学生的原有知识结构进行补充、完善，完善的知识结构就能增强学生独立处理和解决问题的能力；相反，当学生对课程显现的教学内容进行负向内化时，进入学生知识结构中的那部分错误的新信息或衰减后的残缺信息就会破坏学生原有知识结构的完整性与系统性，结构残缺的知识就会降低学生处理和解决问题的能力。学生对课堂显现教学内容的内化方向是造成同处一室、同听一位教师授课的学生的成绩水平出现高低之分的根本原因。需要注意的是，在任何情形下，任何学生对课堂上所传播的显现教学内容的接受要么是正向的，要么是负向的，都不可能是零信息。

◆ **思考**：请根据你对“潜在的教学内容”、“预设的教学内容”、“显现的教学内容”和“内化的教学内容”的理解，说明马致远的《秋思》：枯藤老树昏鸦，小桥流水人家，古道西风瘦马，夕阳西下，断肠人在天涯。传播至“显现的教学内容”所历经的必要阶段及前提条件。

◆ **方式**：独立完成。

【延伸阅读】

★ 郭华．教学社会性之研究[M]．北京：教育科学出版社，2004.

★ 王荣生．语文教学内容重构[M]．上海：上海教育出版社，2009.

【悦　读】

学生个体对教师讲授内容的选择与理解（节录）①

郭华

学生个体是教学活动的主体。通过教师再改造后的教材内容，还需要通

① 郭华．教学社会性之研究［M］．北京：教育科学出版社，2004：247－252.

过学生个体的活动才能最终内化为自己的内在财富。作为活动主体，学生对教师传递的内容并不是全盘接收，而是有选择地进行理解和掌握。选择之后，如何理解及理解的程度怎样，又是与学生的生活经验及社会生活背景相关的。

……

全班同学读了《格林童话》中《无赖》的故事。这个故事讲小公鸡与小母鸡借宿在一家旅店，在第二天早上，它们非但不给住宿费，反而想偷偷溜走，在溜走前还在店里搞了不少恶作剧的勾当。店主人发现它们这等为人被气坏了，他发誓，今后再也不接待无赖住宿了。学生们就围绕这个故事讨论开了。

学生O："我认为店主人的发誓不可能做到。"

教师："到底为什么不可能？"

学生O："因为毕竟只有在事后才能知道别人是不是无赖。"

学生E："不，可以从外表看出——如果他们穿得很差的话"

教师："你下午到我家来一次，如果我在园中劳动，那我……"

（言下之意，教师在劳动时也是穿得很差的）

学生B："如果没有钱，就是无赖！"

学生O："这一切都是不能肯定的，只有在事后才能知道。"

教师："我也这样想，他不能贸然拒绝人家；人们也必须信任他们所不认识的那些人。现在请打开书本……"

学生G："不，信任可不行。这样，人们会轻易上当的。"

教师："你有什么建议？"

学生G："不信任，最好小心点——正是因为还不了解别人。"

教师："还有建议吗？"

学生B："假如人们相互之间不再有信任，那事情会很糟的。"

学生M："不能老是受人欺骗，否则店主的旅店会破产的。"

学生A："这样，不久就会没人去那里过夜了。"

学生B："如果他不信任别人，那就会把需要住店的人统统打发走。"

教师："因此，我还是想，他应当有信任。"

学生N："他也可以同人谈谈。"

教师："你认为，这样可使他避免，'毫无戒备地信任'、'盲目地信任'？"

学生O："我还是主张不信任。"

……

不同学生个体对教师传授的内容在选择和理解上的差异，并不完全是主观的，这种现象也有客观原因。

首先，学生个体已有的知识准备是一个重要的影响因素。教学认识主要是一种精神活动。这样一种精神活动主要依赖于个体在知识上的准备和智力上的成熟。在很大程度上，这是一个相对独立的过程。对当前内容的适当知识准备是引起学习兴趣、激发学习动机的重要因素。赫尔巴特讲的“统觉”、杜威讲的“先前经验”、奥苏贝尔（D. P. Ausubel）的“先行组织者”，等等，都是指要在学习当前内容之前有恰当的知识准备。学生个体的知识准备越充分，就越能很好地理解当前教学内容，对学习就越有内在的兴趣。教学中教师经常要复习以前学过的有关内容，目的就在于调动学生已有的知识储备，为当前的认识内容掌握作准备。缺乏相应的知识准备或知识准备不足，就可能对教师的讲解有不完全的理解甚至误解。例如，小学教学中，关于平行四边形的面积计算公式的学习，就必须有关于长方形面积计算公式做基础。

其次，学生个体的生活经历是建构知识的基础。学生是根据自己的经验来主动构建知识的。这正是皮亚杰理论所主张的：知识既不是外在的，也不是人主观自生的，而是在个人的活动中自主建构的。有这样一个例子，说明儿童在教师创设的情境下是可以根据自己现有的经验构建相应的知识的。

一位母亲把一张金额为5.75美元的支票交给二年级教师，以便在儿子8岁生日时给班上每个同学买一根冰棍，此时出现的情况是很有意思的。每根冰棍25美分，教师不太想出一道5.75被25除这样的题，这类题在四年级课本中才出现。然而，教师就这样对全班同学说：“我必须知道现在这些钱是否足够为每个人买一根冰棍，因为要么每人得到一根冰棍，要么就谁也没有。”孩子们想出的解决办法是用这样的方法来数班上的人数：“一、二、三、四个（人）；这是一美元；一、二、三、四（加上的人）；这就是两美元了……”这样他们就告诉老师，他们正好有为每个人买一根冰棍所需要的钱。

单元二　语文课堂教学中关键因素的设计

特级教师魏书生曾将教学过程中能够进行设计的关键因素用能充分突显其特点的古诗句进行过概括——

导语：未成曲调先有情

讲述：语不惊人死不休

环节：一枝一叶总关情

过渡：嫁与春风不用媒

小结：似曾相识燕归来

氛围：山雨欲来风满楼

尽管文中所提到的“导语”、“讲述”、“环节”、“过渡”、“小结”、“氛围”分属于教学设计系统的不同内容：有的属于教学活动，有的属于教学环节，有的属于教学环境，有的属于教学方法，但魏书生作为一个扎根于教学实践中的教师，将自己多年来的教学经验和切身体会用众人熟知的古诗句表达出来，说明他对语文教学中的一些关键因素应起的作用有了感悟的认识，只是还有待于上升到理性的高度，对其进行理论的概括。同时，加涅等人在《教学设计原理》中明确了能否对课堂教学过程中九个事件进行成功的设计，将直接影响学生对相关内容的学习。这一单元将结合加涅在《教学设计原理》和《学习的条件和教学论》两本书中所阐释的设计原理，运用“九—五矩阵”理论重点研讨那些影响语文教学效果关键因素的设计策略，以帮助教师提高设计教学的能力。

第一讲　基于学情的教学目标

教学目标是教学的起点和终点，是教学达到一定水平、具有一定质量和效益的前提和保证，它指导和制约着教师课前设计教学的各项学习活动。目标明确与否直接影响着学生的学习态度和学习效果，制约和规定着学习的进程。因此，它从三个方面服务于教学：为教学提供行进的方向，向学生传递教学的意图，为监测学习效果给出标准。

核心内容

定义： 教学活动预期所要达到的最终结果。

问题： 主体错位　贪多求全　脱离实际　含糊笼统　盲目照搬　表述不准

分类： 记忆　理解　运用　分析　评价　创造

编写： 四因素法　两步法

学习准备

这是从已发表的三篇教学设计中截取的三篇课文的教学目标，请根据所述目标内容判断是哪三篇课文？并给出判断的理由。

◆ 案例一

1. 引导学生理清各段的内容。

2. 理解论点、论据、论证三要素之间的关系。

3. 通过本课学习，使学生受到革命人生观的教育，树立为人民服务的思想。

◆ 案例二

1. 知识技能目标：学习文章夹叙夹议的写法，品味富有表现力的语言。

2. 过程方法目标：理清线索和表达的主要意思，培养学生欣赏散文的能力。

3. 情感态度目标：培养学生的环保意识，引导学生与自然和谐相处的思想。

◆ 案例三

1. 体会本文抓住人物形象特征，选择最佳角度命题立意、组织材料的写作方法。

2. 学习本文记叙事实，不加任何修饰渲染的朴实自然的语言。

3. 体会本文表现的民族传统美德，父亲对儿子的一片深情。

一、教学目标的界定

教学目标是对学生通过教学所要达到状态的提前确认，是教师进行教学活动设计的定向指标，具有指导与选择教学策略的功能，也是评价教学是否达成的重要参照点。教学目标与教学目标的设计有所不同，如果说教学目标是点状的形态，而教学目标的设计就是要将这些点状分布的教学点穿引在一根线上，形成一条循序渐进向未来延伸的线条链。教学目标的设计不是设计者或教学者施加给学习过程的，而是从学习者的学习过程中提取出来的。是“确定通过学习每一项从属知识和技能，学习者将达到一种什么样的状态，并将学习者通过学习后所达到的最终行为状态用具体的、明确的和能够操作的目标表述出来”①。在日常的教学中，作为一位教师，要想在设计教学时清楚选择与确定教学目标，就要知道什么不是教学目标。

1. 教学活动不是教学目标

在教师设计的教案中时常看到“自主阅读××课文”、“听老师讲课”、“小组讨论”等教学活动，这些活动是达成教学目标的手段，不是教学目标。教学活动虽有助于教学目标的实现，但不能替代教学目标。

2. 教学内容不是教学目标

在“阅读《背影》”这个目标中，《背影》是教学内容的物质载体，是学生达成教学目标所使用的学习材料，是学生的阅读对象，其间蕴涵的是教学内容。教学目标应是学生阅读《背影》之后在行为、心理、情感等方面的变化结果，这种误把教学内容当教学目标的情况充斥着当下的语文教学。

3. 评估与测验形式不是目标

教学中的任何测验内容与测验形式都不是教学目标，如“学生能够通过本单元的测验”。“通过本单元的测验”不是一个教学目标，是检验教学目标是否达成的一种形式，借助测验学生必须学会和掌握的知识以及形成的认知过程才是目标。

二、教师在设定教学目标时存在的问题

语文课堂教学目标设定的笼统、含糊、抽象、空泛已是一种常态，也成了一种沉疴。正如上述所列三篇课文的教学目标，很难从文字表述与所设目标上看出是哪一篇课文的教学目标。这样的目标不仅不具备教学操作性，也没有学习完成后应达成的最低指标，更没有科学量化的检测标准。某种意义上，教学目标的无指向性是造成语文教学“放胖”、“随意”、“低效”的根本原因，直接制约着语文教学的清晰性及教学过程的一致性。上述三个案例中的教学目标在语文教师的教学设计中屡见不鲜，下面结合这三个案例分析语文教师在设定教学目标时存在的一些常见问题。

---

① 徐英俊．教学设计［M］．北京：教育科学出版社，2001：115．

（一）主体错位，目标弱化

尽管课程改革已走过了十个年头，但“教师是知识代言人”、“教师具有权威身份”的观念依然根深蒂固地渗透在教师课堂教学的方方面面；而教师应成为教学的设计者、组织者、帮助者、引领者的理念依然停留在纸上。上述三个案例中设计的教学目标均是以“教师”为中心进行设计的，目标的达成者及教学行为的变化者不是学生而是教师，教师是“目标”动作的发出者与执行者，学生在整个教学过程中仅仅处于一个受动者的地位。如：

引导学生理清各段的内容。

理清线索和表达的主要意思，培养学生欣赏散文的能力。

通过本课学习，使学生受到革命人生观的教育，树立为人民服务的思想。

这三个教学目标的动作主体都是“教师”，“引导”、“培养”、“使……树立……”，这些看似不起眼的动词反映出教师在设计教学目标时，不是站在学生“学什么”和“如何学”的角度进行设计，仍是站在自己“教什么”和“如何教”的角度进行设计。“理清各段的内容”不是学生自己在阅读文本的过程中，借助已有的阅读经验与知识积累理清的，而是在教师控制“引导”下理清的“教师认为的文本思路”。教师们虽接受了“学生是学习的主体”、“学习是学生主动建构的过程”、“阅读是学生个体的思维活动”等现代教学理念，但在实际的教学中，学生仍被置于被动接受的地位，教师依然是课堂教学过程中的主宰者，学生所有学习行为都是在教师的控制中进行的。所以，教学目标主体错位、目标弱化的本质还在于教学观念难以在教学行为中落实。

（二）贪多求全，目标泛化

笼统、抽象、空泛是语文教学目标设定的老问题。每一篇课文都蕴涵着丰富的语文教学元素，可以不夸张地说，课文中的任何一个点都是教学点，这就给教师设定教学目标带来了一定的困难。《廉颇蔺相如传》要与德育结合，《信陵君窃符救赵》要大谈生命的价值，《苏武传》又引领学生理解什么是职业操守，《为人民服务》进行革命的人生观教育，《明天不封阳台》则要培养环保意识，与自然和谐相处。细想一下，这些教学目标哪一个是与语言学习密切相关呢？如此的教学目标也难以通过一两次的宣讲达成，只能使学生越来越厌烦语文课。究其原因，就是因为语文教学已迷失了自我，在目标的设定上贪多求全，把本不属于自己的教学全揽在怀里。案例中《背影》这一课的教学目标，就犯了贪多求全，目标泛化的毛病：

1. 体会本文抓住人物形象特征，选择最佳角度命题立意、组织材料的写作方法。

2. 学习本文记叙事实，不加任何修饰渲染的朴实自然的语言。

3. 体会本文表现的民族传统美德，父亲对儿子的一片深情。

这三条教学目标关涉《背影》一文的方方面面：“人物形象的特征”、“行文的角度”、“命题立意”、“组织材料”、“写作方法”、“记叙事实”、“朴实自然的语言”、“民族传统美德”、“父亲对儿子的一片深情”。教学目标中的这些教学点全方位地透视了《背影》一文的主旨、内容、题材、材料组织、命题立意、构思、布局谋篇、行文结构、情感趋向和价值态度，真可谓“麻雀虽小，五脏俱全”。一般情况下，《背影》一文的教学时间是两课时。目前初中一课时为40分钟，两课时有效的教学时间也就70分钟左右。那么，目标中所关涉的每个教学点的时间平均仅为7分钟左右。一个初一的学生能否在7分钟的时间里理解并内化一个教学点呢？这种“贪多求全”的教学目标在语文课堂教学中比比皆是。特别是在一些公开课、观摩课上教师更是过分追求教学的全面与“完美”——下课的铃声响起，但由于最后一个环节“读写结合”的教学目标没有完成，也要让学生在一两分钟的时间内完成一个100字左右的小片段练习。

这三条目标中的泛化现象也很严重——“体会本文抓住人物形象特征，选择最佳角度命题立意、组织材料的写作方法”。这篇文章中有两个人物：父亲和儿子。目标并未清晰地呈现要分析哪一个人物形象的特征，其泛化一；文章中的人物形象是通过多个侧面表现出来的，《背影》一文就涉及了语言、神态、肖像、心理、动作，学生要学会的是哪一种呢？其泛化二；“佛有佛性，人有人性”，文章中的父亲与儿子肯定是各有其的特征，而且在这些特征中也有主次之分，教学中学生应抓住哪一点“人物形象”的特征，体会“选择最佳角度命题立意、组织材料的写作方法”呢？其泛化三。

所以，具体到一篇课文，设定教学目标时不应追求多面开花，而应根据文本的表达形式和人文意蕴，找准一节课要解决的一两个问题，确立相对集中的、切合学生认知规律的教学目标，让学生可以清晰地感觉到这一堂课真正要学会什么，而教师也能做到“有的放矢”。否则，泛化的目标带来的就是教学随意，随意教学导致的就是未知的学习结果，未知的学习结果呈现的就是语文教学的高耗低效。

（三）脱离实际，目标异化

通过对上述《背影》一文三条目标的分析，还可发现目标的设计表现了教师脱离教学实际，违背教学规律所设目标的异化现象。

1. 脱离语文定目标

语文学科是一个人文性与综合性极强的全息学科，社会中的大事小事都能进入语文教科书，成为教材内容的一部分，教材中的任何一点都可以变成教师所选择的教学内容。所以，这就造成了教师在设定教学目标时极易滑向非语文的目标方向，致使其异化成了其他学科的教学目标。语文独立设科的基本目的不过是让孩子们通过学校的学习学会识文断字，掌握言语表达的能力。据此，语文学习可分两个阶段：前一个阶段是学习并揣摩他人是如何借助语言表达思想与感情的，后一个阶段是学习如何用自己的语言表达自己的思想和观点。这句话揭示了语文学习的本体是语言的学习，其每一个教学目标的设定都应该指向语言的学习与运用。分析上述三个案例中“情感态度”一维的教学目标都脱离了语言学习的，这三个案例中的“情感态度”应该设定在学生通过这三篇课文的学习之后在语言感悟与语言习得方面的情感态度的变化，或认识作者是如何通过语言来传递他的情感与态度，而不是目前设定的“使学生受到革命人生观的教育，树立为人民服务的思想”、“培养学生的环保意识，引导学生与自然和谐相处的思想”、“体会本文表现的民族传统美德，父亲对儿子的一片深情”，这三方面的情感与态度都不是凭借语文教师的外力能“培养”、“体会”和“使学生树立”的，学生只有充分地认识到这些情感之于他的意义，才能作为一个主体从心理上接受并去校正自己的行为，以使其符合规范。

2. 脱离教材定目标

在多次与语文教师闲聊中了解到，他们在设定一篇课文的教学目标时，一般是按照惯性思维：以前怎么教的，现在就怎么教；他人怎么教的，我就怎么教；领导让我怎么教，我就怎么教。绝大多数教师无论是日常上课，还是承担学校布置的公开课，开始准备教学的第一步不是研读课文，而是到网上搜罗该篇课文的优秀设计、课堂实录、课件等，然后再依葫芦画瓢在教学中描画出来。很少从教科书的编辑体例、单元设置、课文在单元所处的位置，应在单元中所承担的基本教学任务等角度去思考教学目标的选择与设定。这种既没有时间投入，也没有情感投入的备课如同没备，教师自己都不知道文章使其心动之处在哪里，又怎能在课堂上以己之心动去触摸学生的心动呢？再看《背影》一文的教学目标：

（1）体会本文抓住人物形象特征，选择最佳角度命题立意、组织材料的写作方法。

（2）学习本文记叙事实，不加任何修饰渲染的朴实自然的语言。

（3）体会本文表现的民族传统美德，父亲对儿子的一片深情。

依据“《背影》教学设计”的作者在文中所作的教材分析可知：他所使用的教科书是语文出版社《义务教育课程标准实验教科书·语文》（七年级

上），《背影》一文被编在该册书的第一单元，位列第一篇课文。与季羡林的《永久的悔》，杨朔的《铁骑兵》，乔安娜·斯特朗的《苏珊·安东尼》等篇目构成了本册书唯一的一个记叙文单元。语文出版社《义务教育课程标准实验教科书·语文》的编写体例是单元编写，全套书以“文体”组元。单元教学要求“读这样的散文，首先要抓住文章的叙事线索，如《背影》以特定情境中最感人的细节为线索，《永久的悔》以‘红的’‘黄的’‘白的’为线索，《铁骑兵》以离开大队的骑兵的行踪为线索，《苏珊·安东尼》以苏珊·安东尼争取妇女选举权的斗争过程为线索；然后体会作者在叙事中所蕴涵的情感”。这段话确定了本单元的两个教学目标：一是叙事类作品的叙事线索，二是领悟作者在叙事中蕴涵的情感。具体分析《背影》的叙事特点及文中所蕴涵的情感，结合单元教学目标，《背影》教学目标则应是“以特定情境中最感人的细节——‘背影’为线索”，“特定情境——‘买橘子’的感人细节所蕴涵的情感”。用可具操作性外显行为动词进行表述就是：①能说出“背影”是《背影》一文的叙事线索；②能对作者以“背影”为线索组织材料、构思布局作简单的评论；③能复述（表演）父亲爬月台买橘子的细节，并说出在这个细节中所蕴涵的作者情感。由此可见，脱离教材定目标就会导致教学的盲目与不可操作，教材是帮助我们确定课堂教学目标的重要依据。

3. 脱离学生定目标

脱离学生的学习需要、学习问题、学力水平、学习起点设定教学目标的也不乏其人。语文学科不同于其他学科，教学内容的层级性相对模糊，这就使得教科书的编者在选用教学材料时只能根据个体的主观经验作初步的感性判断，以决定该则材料适合于哪一个学段的学生阅读学习。这就使得不少经典性的范文会同时出现在不同学段的教科书中。《再别康桥》等数十篇文章就被不同出版社的编者编入了不同的学段。其中，《再别康桥》分别被江苏教育出版社编入七年级（下），被人民教育出版社编入高中必修①。七年级与高中一年级分属于初、高中的两个起始年级，身处这两个年级的学生对语言的感悟能力、阅读水平、思维发展品质均存在着质性的差异。而在使用这篇教学材料的时候，不仅编者没有考虑到两个年级学生的学习起点与可接受能力，整日面对鲜活生命个体的教师也无视学生的存在，而只依据相关的教学参考书和自己的感性经验来设定教学目标。下表所列的有关内容很清晰地说明了当前无论语文教科书的编辑者，还是课堂中的教师都或多或少存在着脱离学生定目标的问题。

表 2－2－1－1　《再别康桥》在两个学段教学目标比较一览表

课文名称	再别康桥	
出 版 社	江苏教育出版社	人民教育出版社
教材类型	义务教育课程标准实验教科书	普通高中课程标准实验教科书
版　　次	2005 年第 5 版	2004 年第 1 版
所在年级	七年级（下）	高一・必修①
所在单元	第六单元・诗词拔萃	第一单元
课文组合	23　毛泽东词二首 沁园春　雪 卜算子　咏梅 24　古代诗词三首 木兰诗 观刈麦 破阵子 25　现代诗二首 回延安 再别康桥 25　歌词三首 我的中国心 在希望的田野上 黄河颂	1. 沁园春　长沙 2. 诗两首　雨巷　再别康桥 3. 大堰河——我的保姆 4. 中外短诗五首 断章 风雨 错误 回旋舞 在一个地铁车站
课后练习	探究与练习 一、诗歌的题目和内容有着密切的联系。《回延安》中的“回”字和《再别康桥》中的“再别”两字，对揭示诗的内容，表达诗的感情有什么作用？从中可以看出两位作者各自的追求是什么？请你另外拟几个题目和原题比较一下，并与同学交换看法。 二、请你读读下面的诗句，了解它运用的修辞方法，体会这些修辞方法在表达诗的感情方面所起的作用。 轻轻的我走了，/正如我轻轻的来；/我轻轻的招手，/作别西天的云彩。 那河畔的金柳，/是夕阳中的新娘；/波光里的艳影，/在我的心头荡漾。	研讨与练习 一、从课文语言中选出一两节诗划分节奏，标出韵脚，反复朗读，体会其音乐性，并背诵这两首诗。 二、《再别康桥》这首诗，让人感到很美，你觉得美在哪里？第一节和最后一节在语意上同中有异，请仔细揣摩其中的意味；这两节在节奏上则完全相同，形成回环往复的结构形式，这样写有怎样的表达效果？

续表

课文名称	再别康桥	
课后练习	三、诗歌的节奏、韵律，可以畅达地表现作者的感情和作品的内容。请反复诵读课文，然后同座两人交互读与听，比比看，谁能准确读出这两首诗的节奏与韵律。 四、背诵这两首诗。	
教师设定的教学目标	1. 感知《再别康桥》的诗意美、音乐美、建筑美、绘画美。 2. 学会新诗的鉴赏方法。 A. 通过教师的指导朗读学会欣赏诗歌的音乐美。 B. 通过教师的分析赏析，学会从诗歌的意象及形式等方面入手赏析诗歌。①	1. 引导学生感受康桥柔美秀丽的风光，体味作者对康桥深深依恋之情。 2. 指导学生初步感受诗歌的“三美”。②

比较表格中初、高中两位教师设定的《再别康桥》一文中的教学目标，我们不无遗憾地看到，初中教师所设定的教学目标远远高于学生的认知水平，而高中教师设定的教学目标又远远地低于学生的认知水平。这不仅是脱离了学生的学习水平与认知能力，而且在一定程度上也脱离了《义务教育语文课程标准（2011 年版）》和《普通高中语文课程标准（实验）》两份课程文件对不同学段的学生学习“诗歌”的基本要求。

《义务教育语文课程标准（2011 年版）》第四学段对“诗歌”学习的基本规定如下。

6. 能够区分写实作品与虚构作品，了解诗歌、散文、小说、戏剧等文学样式。

7. 欣赏文学作品，能有自己的情感体验，初步领悟作品的内涵，从中获得对自然、社会、人生的有益启示。对作品中感人的情境和形象，能说出自己的体验；品味作品中富于表现力的语言。③

① 陈晓. 再别康桥教案设计［EB/OL］. http：//www. moonedu. com/chuzhong/HTML/36715. shtml.

② 语文·必修Ⅰ人教新课标第 2 课《诗两首 再别康桥》同步教案［EB/OL］. http：//chinese. hengqian. com/html/2010/7－12/r83536977. shtml.

③ 中华人民共和国教育部. 义务教育课程标准（2011 年版）［M］. 北京：北京师范大学出版社，2012：15.

《普通高中语文课程标准（实验）》中与欣赏文学作品、诗歌阅读有关的教学内容如下。

6. 学习鉴赏中外文学作品，具有积极的鉴赏态度，注重审美体验，陶冶性情，涵养心灵。能感受形象，品味语言，领悟作品的丰富内涵，体会其艺术表现力，有自己的情感体验和思考。努力探索作品中蕴涵的民族心理和时代精神，了解人类丰富的社会生活和情感世界。

7. 在阅读鉴赏中，了解诗歌、散文、小说、戏剧等文学体裁的基本特征及主要表现手法。了解作品所涉及的有关背景材料，用于分析和理解作品。①

由表格中所述目标可知，那位初中教师将学习《再别康桥》的两个目标均设定在了对这首诗歌形式的品味与鉴赏，而忽略了学生阅读这首诗时的自己独有的情感体验及阅读感受，更忽略了指导学生品味诗歌语言的独特魅力，在传递情感方面与其他文体语言的不同；而高中教师设定的两个目标中，目标一看似切中诗歌的内容，但却是一种高悬于诗歌之上的，对诗歌中抒写对象（康桥）自身及其情感的“感受”与“体味”，忽略了这首诗中的“诗思”、“诗语”；目标二提到对诗歌中“三美”（音乐美、建筑美、绘画美）的感受，这个目标虽然关涉了《再别康桥》的基本特征和表现方法，却忽略了学生体悟诗歌方法与策略的学习。两位教师表现出来的共性问题是：将“他人”（含教参）赏析《再别康桥》时所使用的语言和感受设为了此诗的教学目标。而没有依据学生的学习能力、已有积累及“课程标准”的基本学习要求设定教学目标。像这种脱离学生实际，脱离“课程标准”设定教学目标的情形，在语文教学设计中也是常见的，此处的举例分析就是为了引起各位老师的警醒。

（四）含糊笼统，目标虚化

◆ **案例一**

1. 引导学生理清各段的内容。
2. 理解论点、论据、论证三要素之间的关系。
3. 通过本课学习，使学生受到革命人生观的教育，树立为人民服务的思想。

——《为人民服务》

上述所列教学目标中的加点字几乎能在每一篇教学设计中看到。这些词都属于“内隐性心理动词”，是一种只能个体自己感知，他人无法观察，难以

① 中华人民共和国教育部. 普通高中语文课程标准（实验）［M］. 北京：人民教育出版社，2003：8.

操作，不可测量的内隐心理表现。由于长时间惯于使用这些动词来呈现教学过程中的学生行为，也就使得语文教学陷入了一种设定的与教的不一样，教的与学的不一样，学的与考的不一样，结果是从教学目标的设定到最终学习结果的形成失去了基本的一致性，偏离语文教学的轨道，滑向了“差之千里”的结局。如，教师们常用“理解……”的句式来表述学生借助某个教学内容欲达成的教学目标，而“理解”是个体内化知识的认知过程，这个过程不要说处于外在的教师无法观察到学生是否理解了，就是学生自己也难以判断他是否理解了。如果能用一些外显行为动词将学生已经理解的内容说出、找出、指出、复述出来，教师就可以凭借学生的外显行为表现来判断他是否真的理解了。如此笼统含糊的表述就使所设定的目标变成了难以在教学中落实的虚化目标。避免教学目标虚化的主要策略就是在陈述教学目标时，尽可能地使用外显性行为动词来描述学生经过学习后，其认知结果在行为上发生的变化。据此，《为人民服务》一文的教学目标“理解论点、论据、论证三要素之间的关系”和“通过本课学习，使学生受到革命人生观的教育，树立为人民服务的思想”可以分别修改为：

在《为人民服务》一文中，用不同的符号画出文章的论点、论据；

列举《为人民服务》一文所使用的论证方法；

用一段话（200字以内）简要说出论点、论据、论证之间的关系。

搜集生活中能表达“为人民服务”思想的谚语；

列举四种最能体现“为人民服务”思想的职业；

说出一件你能在社区/村庄做的“为人民服务”的事情，并与同学一起讨论、判断这件事情是不是“为人民服务”。

（五）盲目照搬，流于形式

◆ **案例二**

1. 知识技能目标：学习文章夹叙夹议的写法，品味富有表现力的语言。

2. 过程方法目标：理清线索和表达的主要意思，培养学生欣赏散文的能力。

3. 情感态度目标：培养学生的环保意识，引导学生与自然和谐相处的思想。

——《明天不封阳台》

乍一看《明天不封阳台》一课的教学目标很好地体现了新课程的“三维目标”。若是认真思考一番，对于这些缥缈游离和贴标签式的虚幻目标，即便教师毕其功于一役，也难在短时间内达成的。这里所列三个维度的目标是学生用12年的时间，在学校学习语文的总目标之一。试想，在两课时一篇课文的授课节奏下，短短的80分钟内学生如何能够企及这些目标，更别说达成了。

此外，教学目标以分条的形式呈现了“三维目标”的不同维度，也反映了这位老师将“三维目标”理解为“三个”目标的认识，这在语文教师中间是一种较普遍的认识。为了调查教师对“三维目标”的认识，研究者利用对国家骨干教师进行培训的机会，分别对河南、辽宁、河北、黑龙江、安徽、江苏、北京等省市的近400名语文教师作了问卷调查。调查发放问卷380份，回收350份，有效问卷是331份。问卷结果显示，认为“三维目标”是一个目标的教师占8%，认为是三个目标的占25%，认为是六个目标的占6%。从这些数据可知，对“三维目标”的错误认识不在少数，调查数据反映了当下教师的一种普遍性的集体误解。在这种“以讹传讹”的氛围中，教师不再将语文教学看成是一个完整的系统、一个呈三维状存在的立体网络结构，以及三者有所侧重的有机整合，而是三个维度的简单叠加。

（六）概念不清，表述不准

《背影》一文的第3条教学目标“体会本文表现的民族传统美德，父亲对儿子的一片深情”，该目标的表述受了惯性表述的误导而缺失了自己对此话的理解。“父”爱“子”是人类的一种普遍情感，不专属于某一人种或某一个民族，更不是中华民族的专利产品。常言道：虎毒不食子。动物尚有“舐犊”之心，更何况人呢？所以，作为一名教师，特别是语文教师切不可做“人形鹦鹉”，在课堂上说出一些缺失自我思考的人云亦云的话语。

除此之外，这条目标的语言表述也存在极大问题，“体会本文表现的民族传统美德，父亲对儿子的一片深情”一句的主干是“体会……美德”、“体会……深情”。从汉语的语句结构与惯用搭配来看，“体会深情”尚且可以说得过去，但“体会美德”就说不过去了，情感可以体会，“美德”如何体会呢？这样的句子还有“体会本文抓住人物形象特征，选择最佳角度命题立意、组织材料的写作方法”。任何一个学科教师都不应该在自己所写的教学方案中出现类似的语病，更何况是一名语文老师呢？

综上所述，教学目标是预期的学习结果，其陈述的内容应该反映学生在一定阶段的教学活动之后将会学到什么，以引导学生学什么和怎样学。从课堂教学活动来看，教学目标是对学生学习活动结果的规定，是对活动内容和形式所提出的具体要求。因此，在教学目标中，应该明确规定学生语文学习活动的内容、形式和数量，使师生能够有的放矢地展开教学活动。

三、对教学目标的分类

在教学设计领域，对于教学目标的分类，具有代表性的分类理论有布卢姆的目标分类，加涅的学习结果分类，辛普森（E. Simpson）的七级动作技能目标，克拉斯伍（D. R. Krathwohl）五级情感态度目标则在教学中影响较大，而且具有较强的操作性。安德森等编著的《学习、教学和评估的分类学》① 将布卢姆原单一维度认知目标分类修订为“认知过程和知识”两个维度。其中认知过程由原来的知道、领会、应用、分析、综合、评价修改为记忆、理解、运用、分析、评价、创造；将知识的维度分为事实性知识、概念性知识、程序性知识和反省认知知识②。研究指出设定一项教学内容的教学目标时应考虑四个最重要的组织问题：

1. 在时间有限的学校和课堂里，学什么对学生是重要的？（学习问题）

2. 怎样计划和传递教学内容才能让大多数学生产生高水平的学习？（教学问题）

3. 怎样选择或设计评估工具和程序才能提供学生学习效果的准确信息？（评估问题：评估时要明确是评估保持，还是评估迁移）

4. 怎样确保目标、教学和评估三者之间保持一致？（一致性问题）③

安德森等人在吸收后人的研究成果的基础上，对布卢姆的认知领域目标的分类进行了重新的修订。表2－2－1－2，2－2－1－3，2－2－1－4就是修订后的新的目标分类维度。

表2－2－1－2　分类表④

知识维度	认知过程维度					
	1. 记忆	2. 理解	3. 运用	4. 分析	5. 评价	6. 创造
A. 事实性知识						
B. 概念性知识						
C. 程序性知识						
D. 反省认知知识						

① 该书是《布卢姆教育目标分类修订版（简缩本）》的译本。

② 根据该书后文的阐释、举例及所呈现出来的特征，这类知识在其他一些相关的专著及论文中被称为“策略性知识”。

③ 安德森，等. 学习、教学和评估的分类学［M］. 皮连生，等，译. 上海：华东师范大学出版社，2008：5－6.

④ 同上，第25页。

表 2－2－1－3　知识维度的主要类别与亚类①

主要类别与亚类	例　子
A 事实性知识——学生通晓一门学科或解决其中的问题所必须知道的基本要素	
A_1 术语知识 A_2 具体细节和要素的知识	阅读教学；小说 作品的背景知识；小说的三要素（人物、情节、环境）
B 概念性知识——能使各成分共同作用的较大结构中的基本成分之间的关系	
B_1 分类或类目的知识 B_2 原理和概念的知识 B_3 理论、模型和结构的知识	小说的流派；修辞手法类别 现代主义小说，现实主义小说；比喻，拟人 阅读能力的结构层级；语文教学模式
C 程序性知识——如何做什么，研究方法和运用技能、算法、技术和方法的标准	
C_1 具体学科的技能知识 C_2 具体学科的技术和方法的知识 C_3 决定何时运用适当程序的标准的知识	快速阅读小说的策略 分析人物形象的方法；复述故事情节的能力 依据相关文体的特点，区分事实作品与虚构作品
D 反省认知知识——一般认知知识和有关自己的认知的意识和知识	
D_1 策略性知识 D_2 包括情境性的和条件性的知识在内的关于认知任务的知识 D_3 自我知识	把写提纲作为掌握教科书中的教材单元结构的手段的知识，运用启发式方法的知识 教师实施的特殊测验类型的知识，不同任务有不同认知需要的知识 知道评判文章是自己的长处，而写文章是自己的短处；对自己知识水平的意识

表 2－2－1－4　认知过程维度②

类目与认知过程	替代名称	定义与例子
1. 记忆——从长时记忆系统中提取有关信息		
1.1　再认 1.2　回忆	识别 提取	从长时记忆系统中找到与呈现材料一致的知识（如，再认某一个字在具体语境中的读音） 从长时记忆系统中提取相关知识（如，回忆出某首诗作的诗人的名字）

① 此表根据《学习、教学和评估的分类学》一书第 26 页表格改编，作者根据语文学科的特点，对该表中的“例子”进行了替换。

② 此表根据《学习、教学和评估的分类学》一书第 59 至 60 页表格改编，作者根据语文学科的特点，对该表中的例子进行了替换。

续表

类目与认知过程	替代名称	定义与例子
2. 理解——从口头、书面和图画传播的教学信息中建构意义		
2.1　解释	澄清、释义、描述、转换	从一种呈现形式（如数字的）转换为另一种形式（如言语的）（例如，解释重要演讲或文件的含义）
2.2　举例	例示、具体化	找出一个概念或一条原理的具体例子（如，议论文中的例证法；说明文中列举的各种样例）
2.3　分类	类目化、归属	确定某事物属于某一个类目（如概念或原理）（如，名词、动词和形容词类属于实词）
2.4　概要	抽象、概括	抽象出一般主题或要点（如，为录像描写的事件写一则简短的摘要；复述某一课文的主要内容）
2.5　推论	结论、外推、内推预测	从提供的信息得出逻辑结论（如，根据文本所给出的有关信息进行解释并得出结论）
2.6　比较	对照、匹配、映射	确定两个观点、客体等之间的一致性（如，比较两篇题材相同，但写作风格及表现手法之间是有区别的）
2.7　说明	构建、建模	建构一个系统的因果模型（如，解释司马迁发愤著《史记》的动机）
3. 运用——在给定的情境中执行或使用某程序		
3.1　执行	贯彻	把一程序运用于熟悉的任务（如，解读现代小说的基本策略）
3.2　实施	使用	把一程序运用于不熟悉的任务（如，运用提取信息的阅读策略，提取文言文中的有效信息）
4. 分析——把材料分解为它的组成部分并确定部分之间如何相互联系以形成总体结构或达到目的		
4.1　区分	辨别、区别集中、选择	从呈现材料的无关部分区别出有关部分或从不重要部分区别出重要部分（如，从下列各选项中，选择出最恰当的一项）
4.2　组织	发现一致性、整合、列提纲、结构化	确定某些要素如何在某一结构中的适合性或功能（如，组织某一观点的证据使之成为支持或反对某一特殊解释的证据）
4.3　归属	解构	确定潜在于呈现材料中的观点、偏好、假定或意图（如，对所述事情的态度判断其作者的价值取向）

续表

类目与认知过程	替代名称	定义与例子
5. 评价——依据标准作出判断		
5.1　核查	协调、探测、监测检测	查明某过程或产品的不一致性或谬误；确定过程或产品是否有内在一致性；查明某种程序在运行时的有效性（如，判断某篇作品是否是鲁迅的小说）
5.2　评判	判断	查明产品和外部标准的不一致性，确定某产品是否具有外部一致性；查明一个程序对一个问题的适当性（如，判断两种方法中哪一种对于解决某一问题是最适当的方法）
6. 创造——将要素加以组合以形成一致的或功能性的整体；将要素重新组织成为新的模式或结构		
6.1　生成	假设	根据标准提出多种可供选择的假设（如，对观察到的现象提出假设）
6.2　计划	设计	设计完成某一任务的一套步骤（如，计划写一篇校园文学的论文）
6.3　产生	建构	发明一种产品（根据要求，写一篇作文）

四、教学目标的层级结构

从理论上讲，教育总目标的实现应遵循下列顺序递进上升，不同层次、不同水平的教学目标构成了一个完整的教学目标体系。但教师在设定一节课的教学目标时，则需要从上到下进行逐层分解与选择。（如图 2－2－1－1 所示）

教学总目标是指对各级各类学校具有普遍指导意义的共同性目标，是需要大量时间与教学才能实现的复杂和多方面的目标。其功能在于为政策制定者、课程开发人员、教师和民众提供长远观点和奋斗口号，是以粗线条的方式表明，什么东西是与好的教育有关的，学校据此确定学校目标。**学校目标**是指各级各类学校根据各自的办学特点、学生类型、教学任务所制定的目标，它是教学总目标的具体化；**课程目标**是指各门学科的学习目标，即各门学科的教学所要达到的最终结果，它是学校教学目标的具体化；**学段目标**是对学科教学目标的分阶段实施的具体细化，体现了教学目标的阶段性；**单元目标**是指一门学科中，根据教学内容所划分的若干个单位的教学目标，即对单元的具体要求，不同学科可划分为不同的单元，它是学段教学目标的具体化。

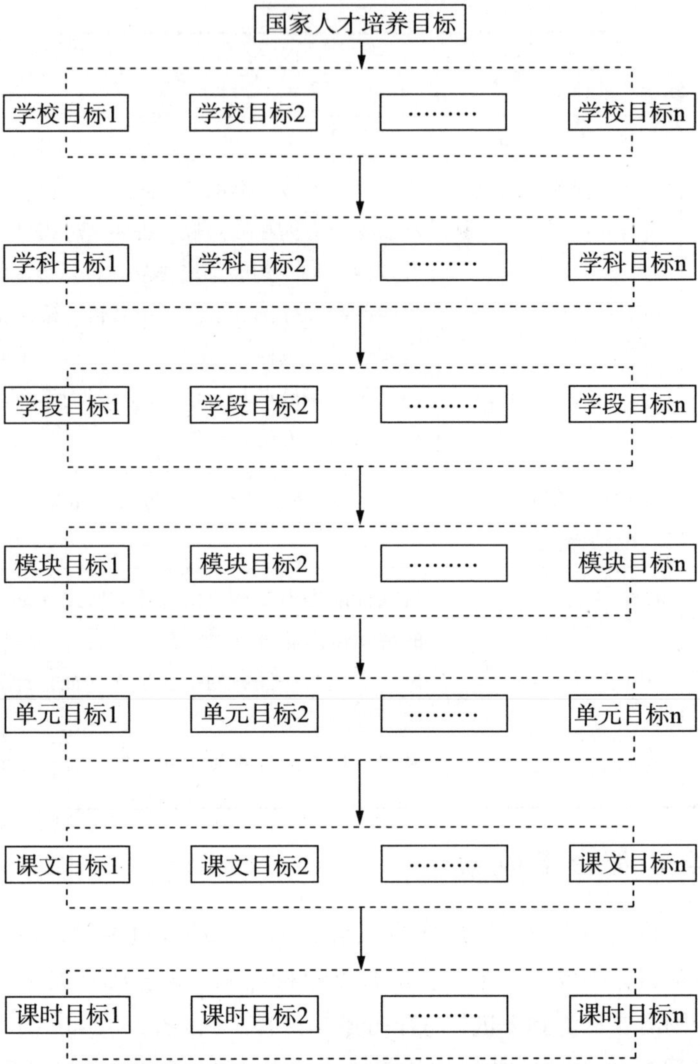

图 2－2－1－1　教学目标层级理论系统结构

课文目标是指每一篇课文被选入教科书时，编辑者都对其预设了相对稳定的目标任务，即“这一篇”课文不同于教科书中其他篇课文的教学差异处，就是编者编写此文时的目标。有时一篇课文所承载的教学目标是不能在一课时中完成的，这就需要对课文目标再进行分解，分解成能在一课时的单位时间内达成的更为具体的目标，这就是课时目标。**课时目标**是指一节课的教学目标，即一节课所应达到的学习结果，一节课可完成若干个教学目标，一个教学目标有时又需要几节课才能完成，它是单元教学目标的具体操作。

最后，谈一谈模块目标。“模块”这个概念最早运用于职业教育领域。

2003 年《普通高中课程方案（实验）》首次将“模块”引入基础教育领域。这份课程文件分三级设立高中课程：学习领域—科目—模块。并在文中有如此表述：“模块的设置有利于解决学校科目设置相对稳定与现代科学迅猛发展的矛盾，并便于适时调整课程内容。”① “每一科目由若干模块组成。模块之间既相互独立，又反映学科内容的逻辑联系。每一模块都有明确的教育目标，并围绕某一特定内容，整合学生经验和相关内容，构成相对完整的学习单元；每一模块都对教师教学行为和学生学习方式提出要求与建议。”②两段话反映出两点：“模块”是依据高中生的学习与思维特点而设置的一种课程层级，是大于单元而小于科目的高中阶段的一种学科内容的组织形式；模块的出现是应时代之大需，为解决学校课程相对稳定与现代科学快速发展的矛盾，有利于学科内容的灵活调整。所以，模块目标是学科内学段目标的又一种具体化，也是学科内目标趋近单元的一种整合，其目的就是方便课程内容的灵活调整。

五、教学目标的设定与编写

教学始于问题，终于问题的解决。问题是学生的现有学习状态与终止状态之间的差距，差距就是学生的学习需要，就是教学努力追求的目标。所以，设计教学目标时应关涉学习活动的四个因素：学生的背景知识、学生的心理准备、新知识本身蕴涵的潜在意义、新知识的组织与呈现方式。鉴于此，设计一篇课文或一个课时的教学目标时可通过对以下几方面的分析以确定参与学习活动的这四个因素的现状。

（一）设定教学目标的依据

第一是依据语文课程目标。即国家教育部统一规定的以文件的形式颁布的教育目标，它的特别承载形式就是自 2001 年以来教育部连续颁发的四个文件：《基础教育课程改革纲要》《义务教育语文课程标准（实验稿）》《普通高中课程改革方案（实验）》《普通高中语文课程标准（实验稿）》。这四个文件规定了学生在“知识与技能”、“过程与方法”、“情感态度和价值观”等三个维度发展的终极目标。语文学习迁移滞后性的特点，又使得语文教学目标的达成无法一蹴而就，它需要一个循环往复的过程，一步一步走向语文课程目标。需要教师在教学时将课程目标分解成不同阶段更为具体的阶段目标：学期目标、专题目标和课时目标。

第二是围绕语文教学的核心内容。中小学语文教学主要是借助语言运用

---

①② 中华人民共和国教育部. 普通高中课程方案［M］. 北京：人民教育出版社，2003：3.

的结果来学习语言运用的过程。概括地说，语文课的主要任务就是指导学生学习并模仿他人是如何运用语言来表达思想和感情，从而学会用自己的语言表达自己的思想和情感。那么，任何一节课的语文教学目标都应该以学生的语言发展为宗旨，以学生语言思维逻辑的养成为皈依，以学生精神的丰富与人格的完善为追求。所以，设定教学目标时一定要多问几次"这个目标能帮助学生在语言与思维的发展上得到提升吗?"、"它只有在语文课堂上能学到吗？在其他学科的课堂上能否学习得到呢?"、"这个目标与语文学习的关系有多大呢?"。也就是说，作为语文课程，提高学生语文运用的能力才是其根本任务，是其他课程无法代替，也替代不了的。因此，设定教学目标时应以语言、思维、精神的发展目标为主，其他目标为辅。

第三是依据学情。教师设定目标是学生现阶段的语文学习须达到的认知结构和行为表现的变化，学生原有的认知结构以及学生在认知结构上可能发生的变化是目标制定的依据。因此，教学目标的确定除了要以课程标准为依据，认真钻研教科书和教学参考资料之外，更重要的是在教学起点与终点之间寻找差距，并对差距进行评估、分析、甄别、筛选，从而确定一种或几种适合于在这篇课文的学习中达成的目标。

第四是依据教材。教材是教师进行教学的凭借。编者编写教材时已根据学段的需要、学生身心发展的特点及学习心理设计了各学段的教学目标，一般也会在各学段的单元学习中设计相应的单元教学目标。学段目标与单元目标是教师设计一篇课文的教学目标与课时教学目标的基本依据。教师在设计课时教学目标时，就要根据学校已有的教学资源及学生的学习需要选择并设计适宜的教学目标，通过教学落实上述目标，最终满足学生的学习需要。

（二）教学目标的编写与表述

教学目标确定之后，还要依据教学目的（aims）、意图（intentions）、范围（areas）、领域（domains）将教学目标转化为在学生身上可观察、可操作、可测量的行为/表现目标（behavior/performance objectives）。一个完整的教学目标，在表述时应包括一个动词和一个名词。动词描述的是通过教学意欲实现的认知过程，名词描述的是预期学生要学习或建构的学习内容。欲使教学目标在教学实施的过程中具有较强的可操作性，在对教学目标进行表述时，尽可能地使用可测量的外显性行为动词。参阅表2－2－1－3、表2－2－1－4中可选用的外显性行为动词。

就教学目标的编写与表述的研究而言，不同的学者提出了不同编写理论："五因素"、"四因素"、"三因素"、"两步法"等都曾在教学设计发展的过程中名噪一时。目前，大家比较认可的是“四因素法”和“两步法”，在此我们将结合语文学科的教学特点，重点介绍“四因素法”和“两步法”的编写步骤及语言表述的规范。

1. 四因素法

四因素法也称为“ABCD 编写模式”。即学习对象、学习行为、学习条件、学习程度是编写与陈述教学目标时必须关注的四个要点。

对象（A：audience，即学习者），教学是针对哪一类学生进行的。教学目标描述的必须是学生的行为，规范的目标开头应是“学生能……”。

行为（B：behavior，即学习过程中的行为表现），说明学生在学习过程中或学习结束时，应获得怎样的知识和能力，态度会有什么变化，需用可观测到的术语来说明学生的行为，以减少教学的不确定性。这里言及的教学目标主要是指行为目标，必须选择最合适的目标行为动词来描述由学生完成的动作或活动，并在行为动词后面描述欲学习的基本内容。行为动词通常用来描述学生所形成的可观察、可测量的具体行为，是学生在学习后所应表现出来的预期行为。

条件（C：condition，即学习条件），学习条件是指为影响学习结果而规定的限制或范围，即学生在学习过程中能对学生的学习结果产生直接影响的限定或范围。同样的学习行为表现，因其所处的条件不同，行为的结果也会发生变化。如“根据文章第一段，……”、“根据作者的观点，……”、“不看笔记，……”。

程度（D：degree，即目标高度），即教学所要达到的水平，即教学结束时，学生所能达到的最低表现标准。标准的确立使教师评估学生的行为有了依据。程度可从行为的速度（时间）、行为准确性和行为的质量三个方面来确定。

按照“四因素”的编写模式，教学目标可按以下步骤进行编写：

（1）以行为动词开始，描述由学生完成的动作或活动；

（2）在行为动词后面接着描述新的学习内容；

（3）如果目标需要达到一定的量值，则在可测量的项目内容下加上所要达到的最低标准；

（4）描述学生达成最低行为标准，所需要的限定条件和特殊技能。

如鲁迅的《记念刘和珍君》一文的教学目标就可以进行如此的表述：

在细读两遍课文的基础上，每个学生至少圈画出直（间）接参与“三·一八”惨案的五个不同身份人物的称呼，并能结合上下文对其中的一类人物作简单点评。

A. 每个学生

B. 圈画出，简单点评

C. 细读两遍课文

D. 至少五个不同身份的人物的称呼，简单点评其中的一类人物

2. 两步法

两步法是美国当代教育学者格朗兰德（Gronlund）提出的教学目标编写理论与策略。主要特点就是将教学目标分为两步编写：第一步的任务是界定与编写母目标；第二步再依第一步所确定的母目标，编写子目标。母目标的表述要具体到足以为教学提供方向和指导，但又不能过于琐碎，应能包容一些具体的学习行为。母目标可从“知道基本术语”、“理解概念和原理”、“应用原理于新情境”、“评价问题” 等方面进行确定与表述。子目标的编写和界定以母目标为依据，将母目标分解成可观察、可操作、可测评的具体行为动作，列举出能足够表明达到母目标的代表性从属行为。即子目标是衡量母目标达成与否的具体指标。如果我们将鲁迅的《记念刘和珍君》一文的教学母目标确定为：

辨析鲁迅对直（间）接参与了“三·一八”惨案不同人等的情感趋向。

那么子目标就可从以下几个角度进行分解：

（1）列举鲁迅创作《记念刘和珍君》的原因，指出哪一个原因是真正促使鲁迅写下这篇文章的；

（2）在文中圈画出鲁迅提及的几类直（间）接参与了“三·一八”惨案的人物，并根据鲁迅对其的褒贬进行归类；

（3）选择其中的一类人物，简述文章是如何对这类人物进行描述的，鲁迅通过这些语言向读者传递出的是一份什么情感；

（4）请以一个现代人的视角，从历史的角度评析文中所涉及的人物（可选择一类人物进行评析）。

◆ **思考**：请按照教学目标正确的表述形式，修改“学习准备”中三篇课文的教学目标。

◆ **方式**：与同伴讨论后，独立修改；然后再相互比对看谁改得比较好，即依据语文学科的特点，又具有可操作性与可观测性。

【延伸阅读】

★ 安德森，等. 学习、教学和评估的分类学[M]. 皮连生，等，译. 上海：华东师范大学出版社，2008.

★ 何更生，吴红耘. 语文学习与教学设计[M]. 上海：上海教育出版社，2004.

【悦　读】

这里的例子是四个教师——佩特森夫人、常女士、捷夫森先生和温伯格夫人和他们教《麦克白斯》这个单元的教育目标。每位教师对于学生在该单元应该学习什么有不同观点。当然教师都有多重目标，但这一例子凸显了这些教师所强调的目标怎样反映不同类型的知识。

佩德森夫人认为，她的学生应该知道剧中人物的名称和他们之间的明显的关系（如麦克白斯和麦克达夫是敌人）。学生应知道剧情细节和哪个人物讲了什么话，甚至应该能够背诵某些重要段落。因为佩德森夫人强调《麦克白斯》的细节和元素，用分类表①的语言来说，她似乎关心事实性知识。

常女士认为，《麦克白斯》这一悲剧能够使学生学习一些重要概念，如野心、悲剧英雄和讽刺。她对让学生知道这些概念如何彼此关联感兴趣。例如，在悲剧人物的发展过程中，野心起什么作用？常女士相信，强调这些观念和它们之间的关系能使该剧对她的学生来说变得活生生的，因为这样就允许学生在实际的剧本和这些能用于理解人类现状的不同概念之间建立联系。依据分类表，她关心概念性知识。

捷夫森先生认为，《麦克白斯》只不过是能够进入英国文学课程的许多剧本之一。他的目的是将《麦克白斯》作为一个例子，来教会学生如何一般地思考戏剧。根据这一目的，他开发出一种学生在阅读剧本时使用的一般方法：全班先讨论剧情，然后考察人物关系，接着再审视剧作者传递的信息，最后考虑剧本的写作方式和它的文化背景。假定这四个一般步骤组成一个不只是适用于《麦克白斯》，而且能用于一切戏剧的程序，那么用分类表的语言来说，捷夫森先生似乎在强调运用程序性知识。

同捷夫森先生一样，温伯格夫人把《麦克白斯》看做学生将要在中学和校外接触到的许多戏剧之一。她也要求学生学习一套一般的步骤或“工具”。学生能运用这些步骤或“工具”来研究、理解、分析和欣赏其他戏剧作品。然而温伯格夫人也关心学生不只是机械的方式运用这些工具。她要求学生“在运用时思考他们在做什么”，在如何运用这些工具时保持自我反思和反省心态。例如，她要求学生在运用这些步骤时注明他们遇到的任何问题（如将剧情与人物发展相混淆）并从这些问题中学习。最后，她希望学生通过识别剧中人物，能够学习一些与他们自身有关的东西，也许是关于他们自己的志向或他们自身的优点或缺点方面的学习。用分类表的语言说，温伯格夫人关心反省认知知识。

---

① 此处的分类表是指安德森等编著的《学习、教学和评估的分类学》一书中的分类表。

在以上四个例子中，剧本的内容是相同的。然而四位教师以不同方式运用这一内容指向于不同的目标，从而强调了不同类型的知识。所有教材都是由具体内容构成，但是教师如何根据他们的目标和教学活动组织这些内容就会导致在该单元中强调不同类型的知识。相应地，教师如何确立教育目标，组织教学实现这些目标甚至评估学生对这些目标的掌握情况，就会导致不同结果，即使当内容完全相同时，情形也会是这样。①

第二讲 走进文本的教学切入

教学“切入点”就是日常所说的解读文章的“突破口”，这不仅是语文教学设计研究的一个盲点，也是常常被教师忽略的一个问题。语文教材中的教学文本是一个拥有无数教学可能的信息载体，一篇课文能有一千种教法。这就要求教师根据课时教学目标、教学文本的自身特征和教学的实际情境，确定的教学重难点，从课文的某一个信息点切进去，形成有限的突破口和横断面，或是以这一信息聚合点向文本各部分发散，或是由文本各部分内容向这一信息点集中，这样才能真正做到高屋建瓴，引领学生进入阅读主阵地，控制学习制高点。

◆ 核心内容

定义：教学的突破口，授课的起点。

形式：文章的标题、关键词句、主次人物、矛盾有疑处、教学插图、文体特证、创作背景都可以成为教学的最佳切入点。

问题：切而不入，切口过大，文本之外找切入，没有切入。

◆ 学习准备

下面是三位实习老师在教读《论雷峰塔的倒掉》时选择的教学切入点，请你从手边的教科书中找出这篇课文，根据它所在学段、单元及在单元中的顺序，评析三个案例中的教学切入点。

案例一：教师甲从引导学生分段入手，把理清文章的结构作为突破口；

案例二：教师乙让学生根据课文第二小节，讲述白蛇娘娘和许仙的故事；

案例三：教师丙则抓住课文第四小节中的“居然”一词，让学生辨析词意，进而发问：为什么不用“果然”？

---

① 安德森，等. 学习、教学和评估的分类学［M］. 皮连生，等，译. 上海：华东师范大学出版社，2008：36－37.

一、教学切入点的界定

教学切入点是课文阅读教学的突破口，授课的起点。教师需要根据课堂教学目标、教学文本的特点和学生的学习需要，为学生设置一个有利于把握文章的缺口，这个缺口就是切入点。所谓“点”，即一篇课文最敏感、最关键的部位，它可以是一个词、一个句子、一个过渡段、一幅插图等。这些关键处或者揭示了文章的中心，或者点明了文章的情感，或者概括了文章的主要内容，或者暗示了文章的思路，能起到“牵一发而动全身”的作用。但在日常的语文教学中，有些教师会误把教学的导入语、教学的重难点或教学过程中的提问当做课文教学的切入点。

1. 教学导入语不是切入点

切入点与教学导入语既有区别又有联系，联系在于作用相同，都为了激发学生的阅读期待，迅速抓住学生的注意力。区别在于切入点高于导入语，是解决文章内容和教学重点的一个策略；而教学导入语是教学过程中的起始环节。切入点重在“入”，是每次课堂教学阅读点的选择，切入点在内容上是牵动全身的一个部位，在形式上是搭建文本与学生已有知识结构之间的“桥”；导语重在“引”，是两次课堂教学之间的一种过渡，是教师引导学生进入新授课的起始环节，是教师在一个新的教学内容或教学活动开始时，引导学生进入学习的课堂行为方式。在实际的教学中，教师可以依据教学切入点设计教学导入语，但并非所有的教学切入点都能承担起教学导入语“引”的作用，也并非所有的教学导入语都能起到“切点”的牵一发而动全身的作用。

2. 教学重难点不是切入点

“切入点”的确定同课文重难点的确定密不可分，既相似又不完全等同。恰当的教学切入点是突破教学重难点的导火索。一般情况下，教师须先根据单元课文及体裁的不同，确定每一篇课文的授课重点。再依据课堂教学目标、教学难点及文章特点选择切入点。如，2001 年人民教育出版社出版的义务教育初中语文教科书九年级下册第二单元的教学重点是：“学习本单元，要在把握情节的前提下，着重欣赏人物形象，把握人物的性格特点，了解刻画人物性格的多种艺术手法。”《孔乙己》被编排在该单元的第一篇课文，教学的重点是“小说透过一个少年的眼光，给我们展示了晚清世风图的一角，在不动声色的叙述中蕴涵着深沉的批判力量”。教学的切入点就可以以文末的一个细节——“放”置地点的不同来切入课文：“我温了酒，端出去，放在门槛上。他从破衣袋里摸出四文大钱，放在我手里，见他满手是泥，原来他便用这手走来的。”放的地点不同，就反映了“我”（小伙计）与“孔乙己”彼此看待对方的不同心理及态度。“我”放在“门槛上”，“孔乙己”放在“我手里”。由此可知，教学重难点是从课文中所抽取的语文教学的一般要素，切入点则是源自课文中的一个词句，是课文本身不可分割的一部分。

3. 教学提问不是切入点

教学切入点是解读课文的入口，如同进入桃花源的那个“小山洞”。而教学提问是组织教学的一种活动方式。在教学进行的过程中，教学提问是两个教学片段间的承接点，教师们常常会把一些针对课文某一内容而设计的问题，作为教学的切入点。如《孔乙己》一文更为集中地刻画了他的那双手：“孔乙己的手可以说无所不能，是什么使他的手具有如此神功呢?”这个问题是根据文章特写镜头而设计的探究小说的“局部”描写的作用，不是切入点。如果修改为：“《孔乙己》一文中，多处描写到了孔乙己的‘手’，请在文中画出描写这双‘手’的语句，并说出它与别人的手的不同”，“手”这个文中特殊的细节，就成了切入点。

二、教学切入点选择中的问题

任何一篇课文都负载着丰富的语文教学内容。无论是教科书的编辑者，还是教科书的使用者，均会根据自己的阅读体验及有关教学情境、学习时间、教学对象的变化而确定其不同的教学内容。因此，如果在选择教学的切入点时忽略了教学环境、施教对象的变化就易出现下面这些切入不当的问题。

（一）切而不入，拎不起教学

这个问题是切入点与教学内容不匹配。在进入教学之时，师生会因格外关注文本的具体内容，或负载了太多的教学元素而使切入点难于承担起理解文章的任务。在《将相和》的设计中，如果以题目中的“和”切入——“和”是因为“不和”，将相“不和”的原因是什么?“和”的原因又是什么?用“不和”到“和”的思路将三个故事贯穿到一起，落脚点是三个故事及其联系。则教师抓住一个落脚点拎起的是三个故事，这个任务太重，既要解决故事之间的关系又要在每个故事中细细品味蔺相如的特点，切入点拎不起来。到后来切入点的作用就不明显了，成了一个一个讲故事了。与其说这是一个切入点，不如说是导入点，因为它以切入的形式起到的却是导入的效果。不妨从课文插图或廉颇的一段话切入，它们的落脚点都是蔺相如的性格特点，而这正是整篇文章的切入点。

（二）切入过大，辐射面过全

有些教师在选择教学的切入点时，会选择一个字、一个词或一句话，看似简单，但要理解这个字、这个词或这句话，则需要先理解整篇课文的方方面面才有可能，这样的切入点容易淹没教学的重难点，起不到引领学生进入课文的效果。例如，《草船借箭》这一课，如果抓住题目中“借”字切入，然后让学生质疑：谁向谁借？为什么借？如何借？结果怎样？虽然切入点只有一个“借”字，但是切开的口却很大，几乎是整篇课文，因而就谈不上辐射了，整篇课文重点也难以突出。凭借学生日常生活和学习中积累的有关周瑜和诸葛亮的相关知识，学生一般都知道周瑜是一个非常有谋略的军事家，可是连他都说：“诸葛亮神机妙算，我真比不上他！”“神机妙算”这个切口很小，但是却能辐射全文：知天时、晓地理、知人心、巧设计。

（三）文本之外找切入

解读文本的切入点，一定是源自文章内部，而不是依附于文章之外。在日常的语文教学中，脱离开文本寻找切入点的情况屡见不鲜。这是对语文教学切入点的一种误解——认为只要是与文章有关的任何事物都可以成为引读文章的切入点。

学习《风筝》，老师怕学生理解不了文中的兄弟之情，便假设问题“同学们，你们喜欢放风筝吗？你们放风筝时有哪些感受?”，学生会回答“风筝飞得越高我的心情越愉快”，“当风筝飞到天空，我的心也随之飞翔，我感到自由”。正当同学们的思绪像风筝一样飘着的时候，老师来了一个大转弯，“可是并不是所有的孩子都能享受这份快乐和自由。让我们走进文坛巨匠鲁迅先生的兄弟之间，了解一下风筝都给他们带来了哪些感受。”其实在学生的那些回答中又有多少是真实的呢？在班级里又有多少孩子真正地放过风筝呢？

（四）没有切入点的教学

目前语文教学的问题之一就是没有教学切入点，面对一篇课文，眉毛胡子一把抓，是语文课堂教学中的普遍现象。听常态课时，时常听到如此的开始语：请同学们翻到××页，今天我们一起来学习××课文，给大家5分钟的时间，给每一自然段标上序号，然后给文章分段，并概括每一段的段意。这是一种典型的没有任何切入的教学，时间久了，学生天天听到、看到的都是一种模式的学习，自然就会心生倦怠，还没有上课，就在一遍遍看表的过程中期盼下课铃声响起，在这样一种心理环境中学习是很难有效果可言的。

三、教学切入点的确定与切入类型

切入点是能总领文章，激起学生阅读期待的小山口：初极狭，才通人，复行数十步，豁然开朗。最佳的教学切入点，不仅是学生与学习材料之间的最佳连接点，也是教师达到教学目标的关键。这个点要能总领课文，最大限度地激发学生探究课文的兴趣，进而使学生分析问题、解决问题的能力得到提高。一般说来，文本中的诗眼、文眼、线索、主旨、疑点、异点、悬点、奇点、动情点、精彩点、关键点、探究点、思考点等常常是教学的最佳切入点。就一篇文章而言，因其所在单元及教学重点的不同就有着不同的切入点，教学究竟从哪里进入才是最佳的切入点，取决于教学内容、教学目标及学生的基本学习需要。确定"切入点"的关键在于"找准"，准确与否决定了教学是否成功。

（一）从文章的标题切入

标题是阅读的第一视觉停驻点，是人们阅读文本时获得的第一信息。文章的标题有中心型的标题通常概括全文的中心事件和中心思想，如《杨修之死》《变色龙》；对象型的标题往往具有明确全文的中心人物或刻画、介绍的主要对象，如《孔乙己》《中国石拱桥》；线索型标题是文章构思成文的线索，文章中的每一则材料都围绕其进行组织与剪裁，如《羚羊木雕》《背影》等。颜碧伟老师在《听听那冷雨》一文紧扣"听""雨"二字切入教学：

师：（神秘地）老师这里有一个很古老的"字"，想给同学们认认，不知哪位聪明的同学能认识？（边说边投影出示甲骨文的"雨"字）

生：异口同声"雨"！

师：（惊讶）这么厉害？（板书"雨"字并追问）怎么知道的？

生：（杂）很形象，像天下雨了一样，猜到的。

师：是的，很形象。这就是我们汉字的奇妙。很多汉字一看外形就能猜个八九不离十。

师：老师这里还有一个没这么古老的汉字——繁体字，（板书"聽"）谁能认得是什么字吗？

生：（部分）"听"字。

师：恭喜你们，答对了。（生笑，师板书"听"）那谁能说说，从字形上看，古人赋予"聽"字什么内涵呢？可以推测一下吗？

生：要用"耳朵"听。（其他生笑）

师：这是肯定的，所以左边是个大耳朵，对吧？还有吗？

生：我想还应该与"心"有关吧？

师：是吗？怎么说？

生：它的下面有一个"心"字，可见，在古人看来，听什么，还要注意用"心"。

师：你真聪明，我们平时听什么都用心了吗？我们上课可要用心哦。用上“心”也就是要……

生：要“想”。

师：对，想（板书“想”），除了想，听还需要……

生：还需要带上眼睛吧？

师：这怎么说？

生：“聽”的右上是个横的“目”字，表示听还要“看”。

师：同学们觉得他讲得有道理吗？

生：有道理。

师：（板书“看”）我也觉得，古人认为要听好，应该是，除了注意用上耳朵外，还要注意用眼睛看和用心去想的。

师：那么，今天我们要学习的散文《听听那冷雨》，根据同学们的预习，文中除了写“听雨”之外，是否也写了“看”和“想”呢？

（稍作停顿，等生反映，学生自觉打开书本，有部分学生答“是”）

师：若是这样，那么，哪几段主要是写“听雨”的？哪一段主要是写“看雨”呢？“想”字又体现在哪里？（投影）请同学们再快速浏览课文，搜索关键词，思考投影上的问题。①

（二）从文章的关键词句切入

关键词句是文章中“立片言之居要”，震动全篇的语言。它往往能够揭示中心、表达感情、提示线索，特别富有艺术表现力，从而成为一篇文章的中枢或精华。这类句子主要指主旨句、过渡句、矛盾句等；关键词则大多是揭示中心的特别词语。

1. 从文章的关键词切入

陈尚余老师在教学《宝玉挨打》时就抓住了课文里的“哭”字重组课文内容，引导学生探讨在宝玉挨打这一事件中哭过的人、不哭的人、应该哭而且可以哭却没有哭的人，在这个过程中体会人物形象情感，把握形象个性特点。探究和鉴赏相结合，以“哭”为切入口，深入探讨人物复杂的内心世界，把探究性学习和鉴赏性学习自然结合起来。

2. 从文章的关键句切入

文章都有关键句，这些句子不仅能概括文章的主要内容，也能体现课文结构，反映中心思想，表达作者的思想感情，它们往往是理解一篇文章的捷径。在课堂上以关键句为切入点，将这个句子的理解和课文思路、中心思想

---

① 此为浙江省青田中学颜碧伟老师的教学片段。

有机糅合在一起组织教学，可以使课堂教学主脉络清晰，顺藤摸瓜，有利于学生在课堂上进行有条理的思维，帮助学生形成思维的系统性，顺利达成教学目标。

《记念刘和珍君》是一篇悲悼之文，鲁迅在文章一开篇就用一个103字的长句："中华民国十五年三月二十五日，就是国立北京女子师范大学为十八日在段祺瑞执政府前遇害的刘和珍杨德群两君开追悼会的那一天，我独在礼堂外徘徊，遇见程君，前来问我道，'先生可曾为刘和珍写了一点什么没有？'我说'没有'。"特别是"就是国立北京女子师范大学为十八日在段祺瑞执政府前遇害的刘和珍杨德群两君开追悼会的那一天"一句43个字，让人很难在不断句的情况下一口气读完，这个句子奠定了全文的情感基调，营造了一个压抑、喘不过气来的阅读心理氛围。教学以此切入，便可使学生在反复诵读中感受到鲁迅当时那种难以名状的悲愤与心痛。

（三）从文章的人物切入

写人记事的文章，无论是虚构作品小说、戏剧、童话、传说，还是写实作品新闻、通讯、传记、散文，都可从文中的人物切入教学。人物在叙事性的作品中，或揭示文本主题，表达作者的价值倾向；或引出叙述事件，彰显文本的内在结构。从人物切入，既可以从人物的性格特点入手，也可以从人物的精神品质入手；还可以从人物的正面描写、侧面描写入手。任何一部叙述性作品都会有起关键作用的人物，这些人物有的引起事件，有的穿针引线，有的扭转局势……《祝福》中的"我"，《孔乙己》中的"小伙计"，以这些线索人物为切入点很容易找准关键人物，理清人物之间的联系，是培养阅读能力的重要方法。

（四）从文章的矛盾处切入

文章的矛盾之处，多半都是读者阅读时的疑难点所在，进入阅读状态的学生，必然会存在对文章的种种疑问。有的疑问存在于阅读之初，伴随阅读的深入与思考的深入而涣然冰释；有的疑问却百思不得其解，进入阅读教学过程之前始终萦绕在学生的脑海中，这一种疑问特别适合作为阅读教学的切入点。以此为教学的切入点，既能满足学生的学习需要，引发学生穷根探源的好奇心，有利于对整篇文章的阅读理解，也是引导学生对课文进行纵深推进理解的突破口。

郭初阳老师在教《愚公移山》时，首先把学生本身可能存在的对愚公移山的疑问加以蓄势，介绍了把翻译成英文的愚公移山的文字拿给外国人看后的评价：一个外国人说他的父亲不会指望他的孩子去完成移山，另一个外国人说他们会选择绕道而行。外国人都不会像愚公这样。郭老师就势说："是不是我们可以顺着他们的思路追问：中国人都这么聪明，为什么会对这样一个疯狂的、一个愚蠢的老人津津乐道呢？"由这一疑问切入，一石激起千层浪，学生立刻热火朝天地探讨开来，最后直达文章的深层意蕴——愚公精神。

（五）从文章的背景切入

教科书中，有相当一部分文章是纪实的，对于这一类文章，其背后总有一段鲜为人知的来历，有的是历史上的真实故事，有的是现代社会中的生活片段。让学生了解创作文章的背景材料，能帮助学生更准确、更深刻地理解文本。不过有一点必须注意，讲述文章的背景知识时不能机械地宣读，要编成精彩的故事片段适时地讲给学生听。《大堰河——我的保姆》是艾青在狱中所作，而艾青创作此诗的背景及他的成长经历是解读与理解诗中情感的突破口。

艾青出生时因母亲难产，算命先生说他会"克死父母"，因此他一出生就受家人歧视，被寄养到大堰河家。艾青就是吮吸着大堰河的乳汁，在她的精心爱抚下成长的。直到五岁才被领回家中，但仍受家庭歧视，规定他不能叫父母为爸爸、妈妈，而要叫叔叔婶婶。因此，他总想早点离开家。18 岁他离家前往法国去学习美术。1932 年回国后，因加入"左联"从事革命活动而被捕入狱。在狱中，他转而从事诗歌创作。1933 年 1 月一个雨雪纷飞的早晨，他在狱中睹雪思人，因雪神飞，回忆起幼年生活，创作了《大堰河——我的保姆》，并以感人肺腑的情感和清新自然的诗风而震动诗坛。

（六）从文章的插图切入

课文插图是语文教科书的有机组成部分，它和文字一样，都是重要的教学资源。与文字相比较，色彩亮丽的插图更能吸引学生的注意力。教学中充分利用插图，不但容易激发学生的读书兴趣和学习兴趣，而且可以激活他们的思维。因而，以课文插图为切入点，也是行之有效的教学方法。如 2001 年人民教育出版社编写的义务教育课程标准语文教科书中，八年级上册所使用的《背影》一文的插图，就与文中对父亲衣着的描述有所不符。如果让学生比对所画插图中的哪些部分与文中的语言描述有所出入，就是一个很好的教学切入点。

（七）从文体特点切入

任何一篇文章都有其突出的体裁特点，从比较鲜明的文体特点切入，能迅速地让学生获知此类文章的结构思路，把握住文章的行文特点。小说《林教头风雪山神庙》就可从小说体裁特点切入，文题《林教头风雪山神庙》凸显了小说三要素人物（林教头）、环境（风雪）、地点（山神庙）以及悬疑故事情节——在这么一个暴风雪的天气里，林教头在山神庙中遭遇了一个怎样的故事呢？

寻找切入点的目的不只是为了读懂课文，而是最有效地激发学生的兴趣、培养学生从语言中获取信息，提升思维品质的能力。所以，选择教学切入点必须注意两点：一是切口要小巧，视野要宏大，于细微之处见精神；二是要透辟深刻，切点中肯。

◆ **思考**：如果让你教《论雷峰塔的倒掉》，你会选择一个怎样的切入点，帮助学生打开阅读此文的思路？

◆ **方式**：独立完成，然后请同伴点评。

【延伸阅读】

★ 付煜．语文阅读教学切入点研究：理论的探索与实证[D]．武汉：华中师范大学文学院，2004.

【悦 读】

我曾听过三位实习老师教学《论雷峰塔的倒掉》：实习生甲从引导学生分段入手，把理清文章的结构作为突破口；实习生乙让学生根据课文第二小节，讲述白蛇娘娘和许仙的故事；实习生丙则抓住课文第四小节中的“居然”一词，让学生辨析词意，进而发问：为什么不用“果然”？

结果，第一种突破，学生对课文尚未作深入理解，实在勉为其难，不容易诱发兴趣，激起热情。第二种突破，教者似乎考虑到学生的兴趣，然而，学生对白蛇娘娘和许仙的故事的兴趣，很难牵引到理解文章的内在结构、深刻内涵这一教学主旨上来。而第三种突破，可以看出有三个方面的优势。

一是，于理解生疑处发问，激发兴趣。在《论雷峰塔的倒掉》这篇课文中，鲁迅先生把雷峰塔形容为“破破烂烂”，“西湖十景”之一的“雷峰夕照”，在他的眼里“并不见佳”。何故？原来，鲁迅小时候就听祖母讲过白蛇娘娘和许仙的故事，知道白蛇娘娘被压在这塔底下，所以，“那时我惟一的希望，就在这雷峰塔的倒掉”。可见，希望雷峰塔倒掉，是鲁迅多年的愿望。现在，真的倒掉了，为什么鲁迅先生说“居然倒掉了”，而不用“果然”呢？“居然”表示出乎意料，似与上文矛盾。这里可以说是一个疑点，初中学生往往极易忽略。实习生丙敏锐地抓住了“居然”一词，进行辨析、发问，一下子引起学生的注意和兴趣，诱发了他们的好奇心和探求欲，为思维流程增加了内劲。

二是，于教学重点处下手，直通目标。在寻找语文教学突破口时，考虑学生的兴趣，其目的是为了促使学生产生积极主动的心理机制。为了缩短流程，找准教学重点处，才能直通目标。

《论雷峰塔的倒掉》这篇课文，是初中第四册第四单元的第一篇课文（原通用版）。教材编者给这篇课文规定的教学重点是：①夹叙夹议的写法；②理解关键词语。这两点也体现了这个单元的主要教学目标。通过对“居然”一词的辨析，可以勾连起上下文中的一些关键词语的联系。比如，“那是我惟一的希望”的“惟一”，说明鲁迅先生对镇压善良无辜的白蛇娘娘的这座雷峰塔是何等憎恨，希望其倒掉的愿望是何等强烈，几乎占据了一个孩子的整个胸间。长大了，虽然确信里面没有白蛇娘娘，“然而，我心里仍然不舒服，仍然希望他倒掉”。这里一个“然而”，两个“仍然”，写出了鲁迅先生憎恨雷峰塔的更深一层的含义：在鲁迅的意识里，这雷峰塔已经成了封建势力的象征。鲁迅仍然希望它倒掉，实质上暗示了他希望封建势力垮台的坚强意念。现在，“居然倒掉了”，给人带来出乎意料的欣喜！课文最后“活该”二字，隐含着作者对法海的无情嘲弄与讥讽，暗示了封建势力必然垮台的历史规律，点化了文章的主题。这样，通过对关键词语的理解，打通了文章的意脉。同时，使学生对夹叙夹议的表现手法有了更具体而深刻的认识，形成了一条直通目标的思维流程。

三是，于具备势能处掘口，造成流势。常识告诉我们：水从一定的高度开始流，具备了一定势能，就能顺势而流，通畅迅捷。语文教学的所谓势能处，就是具有一定难度，要跳一跳才能摘到果子的地方。从“居然”一词的辨析掘口，既是理解生疑处，又是教学重点处。学生要解释并非轻而易举，必须经历这样一个思维过程：儿时惟一的希望，缘于祖母所讲的故事。长大仍然希望，因为这塔已是封建势力的象征。然而，希望毕竟是希望，儿时的希望带着单纯、幼稚；成人的希望总觉渺茫——封建势力过于顽固，绝难轻易垮台。可那座镇压之塔现在居然倒了！这种意外的欣喜更是强烈百倍！然而又确乎在情理之中，正因为法海“横来招是搬非”，难逃罪责，蟹和尚的可悲下场早已注定；善良无辜终获自由，这是历史的必然。从“居然”突破，学生思前想后，上通下达，思维如潮，势不可挡。①

第三讲　设疑激趣的教学导入

课的开始好比提琴家上弦、歌唱家定调，第一个音定准了，就为演奏或歌唱奠定了基础。上课也是如此，第一锤若敲在了学生心上，就能像磁石一

① 时金芳. 语文教学设计［M］. 北京：社会科学文献出版社，2001：93－95.

样把学生牢牢地吸引住。心理学研究表明，开课5分钟，学生大脑还没有完全进入最佳状态，注意力不能完全集中。就像电动机、电视机等电器设备一样，在启动时，所需用的电量要比运行时所需电量大得多。同样，大脑兴奋也需要一个启动的过程，并且需要较大的刺激，才能使大脑灵活运转起来。生动、有趣、悬疑的教学导入语就是使学生大脑进入最佳状态的第一启动力。

核心内容

定义：是一堂课的开场白，是将学生由非学习状态转入本堂课学习的准备阶段，是为了引导、启发、激励学生完成学习任务、掌握知识、提高能力所运用的语言。

问题：忌同一模式　忌缺乏风格　忌哗众取宠　忌纯粹演戏　忌课堂失控　忌拖沓冗长

类型：语言导入　活动导入　媒体导入

学习准备

这里有一位实习生设计的《小桔灯》一文的导入语，请你结合自己的日常积累，对这个导入语进行评析。

一上讲台，老师就给学生讲了一个的笑话：从前有两个爱说大话，好吹嘘的人。一个叫张三，一个叫李四，他们俩谁也不服谁。有一次两人在酒馆相遇，几杯酒下肚，开始山呼海啸。张三说："我家有面祖传的大鼓，可让100人同时敲打，鼓声震天动地，可传到千里以外。"李四听罢，嘿嘿一笑道："这不算什么，我家有头牛，奇大无比，站在昆仑山上，可以把头伸到长江里去喝水。"张三哈哈大笑说："纯属胡编乱造，世上哪有这么大的牛啊！"李四从容不迫地说："没有这么大的牛，拿什么去蒙你们家的大鼓啊?"张三张口结舌，半天说不出话来。此时全班哄堂大笑。老师接着说：别笑了，别笑了，现在我们来学习《小桔灯》，请打开书93页。①

一、教学导语的界定

教学导语，是教师在开始讲授新课内容之前，围绕教学目标而精心设计的一个教学活动，它可以是一段语言、一个视频、一张图片。教学导语通常能起到知识的承上启下、内容上的点明主题、教学上的激发兴趣等作用。借

---

① 袁光华. 课堂教学导入是中学语文教师必备的教学技能［J］. 邵阳师范高等专科学校学报，1998（6）：75－79.

助导入，可以把学生引导到一个特定的学习方向上来，因此，教学导语又叫定向导入。

导入新课要实现两个沟通：一是心理沟通，即教师登上讲台，先不要匆匆开讲，而是用关切的询问与学生之间架设信任、理解的桥梁；二是教学内容的沟通，即通过导入语，使新旧知识建立联系，教学情境得到渲染。对于教学导语的设计，应当避免两种认识误区：一种认为教材内容多，教学时数少，为了节约时间，干脆不设计导语；另一种认为导语之于课文应是“千呼万唤始出来”，过于冗长，把课导“疲”了。

二、设计教学导语应注意的问题

（一）忌同一模式，千篇一律

千篇一律、缺乏变通的导入方法，会使学生产生厌倦。教师应根据每堂课的需要，采用不同的教学导入以期引发学生的学习兴趣。设计教学导入语时，既可以单独使用某一方法，也可多种方法互相配合、交叉使用，做到因课、因人、因时而变。追求课课有变化、堂堂出新意，才能避免千篇一律的同一导入模式，使学生在每次课堂教学中都能保持新鲜而旺盛的热情。

（二）忌缺乏风格，千人一面

虽然同教一篇课文，但因每位教师教学风格与气质性情不同，所处教学环境不同及其所面对的学生个性差异、生命体验不同，导语设计自然也会千差万别。导语的设计应与个人风格相符合，应考虑到学生的学习心理，切忌全盘照搬。然而，实际的教学中，教师备课时多是移植他人的优秀教学案例，这一方面反映出教师本人对设计教学的信心不足，另一方面也反映了教师没有充分地认识到教学有法，但无定法。

设计教学导语时除根据学生情况、教师自身业务水平、教学内容之外，还要根据学校的设备、媒体的功能等因素作整体考虑，进行有效组合和调整。媒体的适当运用犹如“强心剂”，能引起学生探新寻胜的兴趣，唤起他们的求知欲望。

（三）忌哗众取宠，空穴来风

教学导语不是教师个人魅力的展示，而是为了使学生快速地进入教学情境中的一种手段。导入语的设计不仅要立足于教学文本与教学内容，更重要的是具有自然性、理解性、交流性，能与教学内容完美结合。“学习准备”示例中的纯粹逗学生一乐而无实际价值的导入语言，是课堂教学的一大败笔，这特别需要引起刚入职教师的注意，需要在明确教学导入语作用的基础上，熟知教学导入语的类型与技巧，能在教学前认真对待、充分准备，结合教学内容、学生实际及自己的风格进行针对性较强的设计。

（四）忌纯粹演戏，缺乏情感投入

这类问题出在一个“演”字上，现在许多教师就如同蹩脚的演员，不是把工夫下在对教学文本的研读与教学过程的设计上，而是一味地将他人的教学设计移植到课堂上，一些教师在移植过程中不仅缺乏结合教学条件与教学风格的加工与内化，而且也难以从所呈现的语言表述中深入理解他人如此设计教学导入语的妙处与意图所在，更不知道他人如何在课堂上恰当有效地呈现教学导语，进而使学生在导入语的引领下快速地从心理上走进教学，参与到教学活动中来。

（五）忌拖沓冗长，信息庞杂

课堂教学时间是有限的，对于教学导入语的设计一定要控制在相对短的时间内完成。一般应在 2 分钟以内，最多不超过 3 分钟。如果占用时间过长，就会导致喧宾夺主，不利于教学任务的完成。日常生活中，一般人的语速为每分钟 160 字至 170 字，演讲语速可达每分钟 240 字左右，播音语速可达每分钟 300 字左右。教师授课是一种即席演讲，所以语速应在 240 字左右比较合适。如果导语的时间为 2 ~ 3 分钟，教师的语言输出量则为 500 ~ 750 字。学生在如此短的时间内要处理如此大的文字量，有时难免会挂一漏万，使信息的获取量出现残缺。所以，教学导语的设计要做到在有限时间内控制容量，净化信息。

三、教学导入语的类型

导入的形式没有一定之规，贵在灵活、不拘一格，全赖教师的匠心独运、巧妙设计。根据当前语文教学中呈现出来的导入形式，可将教学导入语分为语言导入、活动导入、媒体导入，其中语言类导入仍是教学中使用频率最高的方法。

（一）语言类导入

1. 标题导入

一篇课文的题目是作者反复斟酌的结果。题目是文章的眼睛，是文章内容的高度概括，从标题可以窥知全文的“奥秘”，能起到开门见山，抓住重点，帮助学生定向思维的作用。因此，导入时可引导学生分析文章标题，迅速探求文章的中心问题，唤起学生的阅读兴趣，吸引学生的注意力。教学《美猴王》一文可以紧扣题目中三个字，分别设置三个问题：①文中写了这只猴子哪些特征？②为什么称其为“猴王”？③这只猴子“美”在哪里？

2. 关键词/句导入

“言为心声”，人物的语言能反映其心理活动和性格特征，是小说鉴赏的重要切入点。小说里人物说的话往往不少，究竟哪些才是最有价值的呢？教学《范进中举》一文，可抓住范进发疯时的语言“噫！好了，我中了！”导入教学，设问：哪一个字体现范进发疯的根本原因？经过筛选排除，许多学生能将答案落在“好”和“中”两字上。这样学生学习的自主能动性就发挥出来了：一个“好”字，是范进发疯的根本原因。前半生的穷困潦倒，后半世的荣华富贵，随着一声“好”，风驰电掣般从范进的脑中闪过，范进才会发疯。

3. 从人物的经历导入

这里的“人物”可以是作者，也可以是文章的主人公。教师若是用热情的语言放大他们身上的亮点，创设出美好的情境，就一定能打动学生心灵深处的琴弦，引起他们的共鸣。现代主义小说卡夫卡《变形记》中的格里高由人变成甲壳虫，蒲松龄的《促织》中成名的儿子变成蟋蟀，两者都经历了由人化虫的经历，人虫“易位”的特点，有可能成为学生阅读时的兴奋点，教师以此导入，就能引导学生透过现象看本质，理解作者的匠心独运。

4. 从作品的特征导入

语文教科书中所选的文章基本覆盖了社会生活的常见文章体裁。不同体裁的作品均带着自己独有的特点：小说的虚构，诗歌的韵律，戏剧的夸张，议论文的逻辑，散文的形散神聚等，扣住作品的基本特征设计导入语也是教学中常用的导入方法。“谶语”、“同音谐义”是《红楼梦》的突出表现手法，陈尚余老师就利用这一特点，设计了《宝玉挨打》的导入语。

《宝玉挨打》出自中国古典小说《红楼梦》第五回，写的是贾宝玉神游太虚幻景，警幻仙子拿出茶和酒来招待，那茶名叫“千红一窟”（板书），那酒叫“万艳同杯”（板书）。曹雪芹喜欢用“谐音法”，“窟”就是“哭”（板书），“杯”即“悲”（板书），这两句判词暗示着小说中的那些女儿们共同的悲剧命运。《红楼梦》是一部悲剧，它的每页纸上差不多都沾着泪水。今天我们学的课文，围绕宝玉挨打这一事件，各色人物纷纷登场，并纷纷悲泣泪飞，展示了各自的内心世界和形象特征。下面就让我们一起来欣赏众生的“哭相”。①

5. 构境导入

构境导入必须恰切地把握情感的“向”与“度”。所谓“向”即喜、怒、

---

① 陈尚余.《宝玉挨打》教学设计［J］. 语文建设，2007（3）：14－16.

哀、乐等语言的情感；所谓“度”即恰到好处，不愠不火，不矫揉造作、虚浮夸饰、生硬牵强，更不可悲喜不分。安徽省马鞍山市第二中学的盛庆丰老师在教学《巴尔扎克葬词》时，就是利用抒情的语调，深沉的语气、舒缓的语速将还在嬉笑中的学生带入了150年前法国巴黎的拉雪兹公墓：

刚才向老师和你们演绎了一出悲剧，我想你们的心情也许是很沉重的，至少这出悲剧激起了我悲悯的情怀，我很想让大家轻松一下，可惜不行，我们还要继续探讨一个死亡的话题。我认为死亡是生命中一个重要的话题。有一位哲人这样说过：“一个真正懂得死的意义的人才能懂得生的真谛。”现在就请同学们随我一道穿越这个时空来到法国巴黎拉雪兹公墓在八月的一个淫雨霏霏的下午，去参加一位文学巨匠的葬礼，聆听另一位文学巨匠为他做的悼词。①

6. 比较导入

比较导入法是指根据新旧知识的联系点、相同点，引导学生观察、明确任务，启发学生在学习中运用比较观察的能力。由此及彼地引出教学内容。利用逆向思维对所讲的内容形成求同或求异的比较。

教学《陋室铭》，一位教师采用如下导语：

一部由中学生创作的长篇小说引起了不小的反响，并且被搬上了银幕，这部小说就是——《花季·雨季》。（出示小说）对于这部小说的内容我们现在不作什么评价，只是其中有一篇歪文恰似天府的“怪味花生”，咀嚼再三，别有一番味道。它是这样写的——

分不在高，及格就行；学不在深，作弊就灵。斯是教室，唯吾闲情。小说传得快，杂志翻得勤。琢磨下象棋，寻思看电影。可以打瞌睡，写情书，无书声之乱耳，无复习之劳形。虽非跳舞场，堪比游乐厅。心里云：混张文凭！

这段文字，虽然内容可笑，做法不可取，但读起来倒也朗朗上口，你也许还会佩服作者的“匠心独具”呢，不过，我告诉你们，它可是十足的“盗版”。不信，咱们来看看唐代诗人刘禹锡的《陋室铭》。②

7. 故事导入

故事自身的曲折情趣性再加上学生的好奇心，则能将学生迅速导入课文的阅读与学习。故事导入法常见的形式有轶事法、介绍作者及文章背景、联

---

① 第六届“语文报杯”全国中青年教师课堂教学大赛，高中组一等奖获得者，盛庆丰老师的教学片段。

② 李永清. 情真必定成曲调——也谈语文阅读课的导入语［J］. 阅读教学，2005（1）：29.

系时事法。教学“多义词”① 时一位教师引用下面的故事做导语，立即引发学生学习多义词的兴趣，并在一次次不断地尝试中理解和掌握了若干多义词的读音与用法。

同学们，我先来讲个故事。阿凡提是个理发师，当地一位巴依老爷经常去他那儿理发却从不付钱。一天，巴依又去理发，阿凡提给他剃光了头，刮脸时问他：“您眉毛要不要?”“当然要。”巴依回答。阿凡提哗哗两刀剃下巴依的眉毛，递给他说：“给您。”巴依气得说不出话来。阿凡提又问：“您胡子要不要?”巴依担心漂亮的大胡子又被剃掉，忙说：“不要，不要。”阿凡提哗哗又是两刀。巴依见镜中的自己像个被剥光了壳的鸡蛋，气急败坏地斥责阿凡提。阿凡提从容地说：“我完全是遵照您的吩咐做的呀!”同学们，你们说阿凡提讲得有道理吗?

8. 引用导入

运用平时搜集的诗文、格言、警句，结合教学内容设计导语，不仅能使学生受到启迪，而且可以使知识得到强化。根据教材内容，选用学生熟悉的一些知识凝练、意境优美的诗词名篇，或名人名言、警句导入，能使学生顺利进入佳境，极具艺术魅力。

在学习《记念刘和珍君》时。我先在黑板上写下这样一副对联：上联是“死了倒也罢了，若不想二位有老母依间，亲朋盼信”，下联是“活着又怎么着，无非多经几番枪声惊耳，弹雨淋头”。对于对联中所描绘的悲惨命运，学生在反复诵读中渐入文境，一张张小脸由戏谑渐渐深沉严肃了起来。接着我说：“这副对联是周作人先生为纪念在‘三·一八’惨案中牺牲的刘和珍和杨德群两人而作的对联，周作人对两人的悲惨遭遇深感同情，对当时的黑暗现实进行了深刻揭露。对于两人的遭遇，他的哥哥鲁迅先生也拿起他那匕首般的笔，写下了这篇《记念刘和珍君》一文。”②

9. 设疑导入

设计导语时可抓住课文中某个关键性又值得讨论的词句、文段，设计一个问题抛给学生，使学生产生惊奇感、疑惑感，把学生的注意力迅速地集中到所提的问题上来，自然地导入新课。例如，讲授鲁迅的小说《药》，可以这样导入新课：

同学们，你们见过用人血馒头治病的事吗？今天学习的课文《药》，就是写用人血馒头治病的故事，这“药”说明了什么呢?

---

① 李静. 导入语设计常见的几种方法［J］. 周口师范高等专科学校学报，2002（5）：59－60.

② 张爱红. 课堂导入语的几种方法［J］. 现代语文，2006（5）：47.

“中国”古老的名称除了“赤县”、“神州”外，也被称作“华夏”。华夏本是一家，现在分成两家，而且华家吃夏家的血，这又说明了什么呢？

辛亥革命终于推翻了满清王朝，但是，并没有从根本上解放中国人民。那么，无数革命先驱所要寻找的救国救民的“药方”是什么呢？①

（二）活动类导入

1. 游戏导入

游戏是孩子的天赋，利用游戏的娱乐性，可以拉近孩子与文本之间的距离，诱导学生快速进入文章的学习。一位老师在教《田忌赛马》时就运用田忌赛马中的智慧与规则设计了一个游戏，让学生初步感受田忌能赢的原因所在。

师：现在离上课还有4分多钟，我们先做一个小游戏好吗？

生：好。

师：玩过扑克牌吗？

生：玩过。

师：现在我们用扑克牌做一个小游戏，这游戏的名字叫做比大小。怎么玩呢？是这样，两个人玩。每个人手里有三张牌，每次每人只许出一张，谁的大谁就赢。等三张牌都出完以后，谁赢的次数多谁就获胜。规则听清楚了吗？

生：听清楚了。

师：那么谁愿意来跟老师玩这个游戏呢？

（学生纷纷举手，老师挑选了一位男同学。大屏幕上出现了“田忌赛马”的课文标题，标题下有一个PLAY的按钮。生1走到讲台前面，老师点击PLAY，屏幕上呈现出两组扑克牌：左面的是黑桃3，黑桃5，黑桃7；右面的是红桃4，红桃6，红桃8）

师：好，王老师这里有两组牌，一组是黑桃，一组是红桃。黑桃是3，5，7；红桃是4，6，8。现在请你先选牌，你选黑桃，还是选红桃。

生1：黑桃。

师：啊，选黑桃。那好，请你先出。

生1：出黑桃3。

师：我出4，请你接着出。

生1：出5。

---

① 许咏华. 语文课堂教学的导入与激趣［J］. 湘潭师范学院学报：社会科学版，2006（4）：141－143.

师：那王老师就出6。那你只能出7了，老师出8。算算几分，谁赢了？

生：老师赢了。

师：我赢了，谁还想玩？

(生纷纷举手，请求要玩。老师又挑一男同学)

师：你来选择，你选择什么？

生2：选红桃。

师：他挺会挑，挑了一组数大的。

生：红桃牌都是大的。

师：那你们想一下，这次结果会是怎样的？

(学生有说生2赢的，也有说老师赢的)

生：出红桃4。

师：王老师出5。我得一分了。

生：出8。

师：出3，我输了，一比一平。你出6，王老师出7，谁赢了？

(学生还想玩，但上课时间已到了)

师：我为什么两次都赢了，别着急，学完《田忌赛马》后，你们自己就知道为什么了。

2. 实验导入

教师根据所授新课的主要内容，巧设一些实验，指出某些现象，引导学生自己去发现问题，总结规律，得出结论。

《死海不死》：

离上语文课还有几分钟，当课代表把一只盛满清水的大烧杯，一支玻璃棒，一柄塑料匙子、一碟食盐，一只鸡蛋放到讲台上的时候，好奇的同学一下子涌到讲台四周，七嘴八舌地猜测起来。

“课代表，这是干什么用的？做实验吗？”

“语文课做实验？新鲜！”

“大概想请我们吃鸡蛋吧？才一个蛋，给谁吃好啊？”

“没有酒精灯，只能吃生鸡蛋喽！”

“这满满一大碟盐，吃下去还不咸死人？”

谁也猜不透语文老师的“葫芦”里究竟卖的是什么“药”。

一上课，我在同学们迷惑目光的注视下把鸡蛋投入了大烧杯。鸡蛋很快沉到了底。

“谁有办法让鸡蛋浮起来？”我问。

“拿个酒精灯或电炉来，把蛋煮熟了，也许能浮。”一个学生把握不大地说出了他的想法。

“不，只能用讲台上可能提供的条件。”我规定了思考的范围，同学们的目光不期而然地都集中到了大烧杯旁边的那一碟食盐上。不少同学举手，希望到讲台上来试一试自己的办法。

一个男生走上来，先把鸡蛋从烧杯取出，用匙子舀一些盐放入烧杯，拿玻璃棒搅到盐溶解了，再投入鸡蛋。遗憾的是鸡蛋没有浮起来。

“多放些盐。”同学们提醒他。

于是他又舀了几匙子盐溶入水中。鸡蛋虽然仍然下沉，但没有沉到底，而是半悬浮在水中。这个现象使操作者受到鼓舞，于是他把一碟子盐全部倒进了烧杯搅溶。鸡蛋终于浮到了水面上！我要他解释一下鸡蛋上浮的原因。

初二的学生已经在物理课上学到过“密度”的概念，这位同学准确地说明了清水加大量盐以后密度大于鸡蛋的密度是鸡蛋上浮的原因。

接着我请学生猜一猜今天要学的是哪篇课文，并说明猜测的理由。他们一下就猜中了《死海不死》，理由是：这个小实验正说明了死海海水含盐量高因此人不会淹死的道理。我料定学生都能猜出，因为关于死海的知识，他们在地理课上已经有过接触。经过回忆，他们都能准确地说出死海的地理位置、得名原因以及海水含盐量高等特点。①

3. 即席发言

即席发言就是教师根据教学内容及当时上课的情境，要求学生围绕其教学情境说出自己的理解与感受由此导入课文学习的方法。内蒙古自治区通辽市十一中的刘亚军老师在执教《最后一次讲演》公开课时，是如此开头的：

师：首先，请班长刘洋同学向来自全国15个省市及香港地区的近200位专家、学者、老师们致欢迎词！

刘洋：尊敬的领导、尊敬的老师、远道的朋友们……（略）

师：刘洋同学的欢迎词说出了我们二年级五班全体同学的心里话。这热烈的掌声足以证明他说得很得体，适合今天的场合，抓住了听众的心理。语气中充满热情，让人感觉到他发自内心的真诚！像刘洋这样面对大众发表意见的口头表达方式就叫“讲演”。（板书“讲演”）。刘洋的讲演很成功，让我们用掌声再一次向他表示祝贺！

这是一个一箭双雕的导入活动，既营造了良好的课堂气氛，增强了学生的学习兴趣，又引出了本节课的学习内容。

---

① 钱梦龙．导读的艺术［M］．修订本．北京：人民教育出版社，2000：64－65．

（三）媒体类导入

1. 图片导入

插图是教科书的一个重要组成部分。它将作品中的某一精彩部分用图画的形式表现出来。好的插图能起到帮助学生理解课文、降低学习难度的作用。而有误的插图如果使用恰当也能起到意想不到的效果。如，人民教育出版社义务教育课程标准实验教科书八年级上册第二单元第七课《背影》一文的插图，由于插图作者的疏忽，在其人物的脖子上多画了一条围巾，教学时如果以此导入，就可以引导学生在图形与文字转换阅读的过程中，加深对文本的理解，也可以进一步认识到理解描写性语言的重要性。

图 2－2－3－1　《背影》一文的插图

2. 音频导入

托尔斯泰曾经说过，音乐的魔力，足以使一个人对未能感受的事有所感受，对理解不了的事有所理解。音乐不像图画是可见的造型艺术，也不像电影、戏剧那样是可听、有形的综合艺术，而是由声音运动作用于人的听觉引起联想，从而获得一个仿佛可以感觉到的形象。这种由感觉产生的形象——“视象性”，正是由人们的想象而产生的。如果运用得好，它可以在语文教学中起着不可低估的作用。

辽宁的王洪涛老师在一次观摩课上执教《登高》与《山居秋暝》时就是利用两种音调、节奏均不同的音乐使学生初步感受到了两首诗传达作者情感所运用的不同表现方法。

师：今天能有机会和大家一起学习，我感到很高兴。我们的初次相逢很可能也是我们的最后一课，我会加倍珍惜这短暂的时光。我们先来欣赏两段音乐（播放《渔舟唱晚》《命运》的片段）

（学生静听）

生：我觉得有一段是《命运》，给人激昂、奋进的感觉。

生：我也听出一段是《命运》。另一段是《二泉映月》吧？嘿嘿，有点说不准。

师：说不准没关系，关键是敢大胆地说出自己的想法。那么，大家同意这两位同学的答案吗？

生：我觉得那一段不是《二泉映月》，好像是《渔舟唱晚》，很优美、很舒缓。

师：嗯，这位同学说得很好，我们刚才听到的那两段乐曲，确实是《渔舟唱晚》和《命运》。不同的音乐能带给人不同的感受，这两首乐曲很美，令人陶醉。而文字则更能直观地表达美的境界，那么，就让大家和我一起走进唐诗，走进《山居秋暝》和《登高》。①

3. 视频导入

教学刘成章的《安塞腰鼓》一文时，教师首先让学生欣赏一段安塞腰鼓表演的录像：黄土地、红腰带、白羊肚头巾和奔放激越的鼓点深深地震撼了学生。接着老师导入说："一曲安塞腰鼓，让我们感受到了一种独特的美。现在，让我们一起走进西北那块厚重的黄土地，敲响那生命和力量的鼓点。"

世上没有完全相同的两滴水，也没有完全相同的两片树叶，每一位教师都是不同于他人的"这一个"，各自有各自的特点；上课的时间、地点各不相同，教学环境也存在着差异；更重要的是在教学中，教学目的、内容、对象都是"变量"。因此，在具体的教学实践中，采用何种导入方法，应因人、因地、因时而异，不能照本宣科，一味套用，否则就会如东施效颦，犯"画虎不成反类犬"的错误，其结果只能使教学搞得很僵化，直接影响教学效果。

◆ **思考**：请根据设计教学导语的基本原理，对下列案例中的教学导入语进行评析。

有位老师在教《周总理，你在哪里》时，先向学生展示反映周总理各个时期光辉业绩的图片，加深学生对周总理的感性认识，然后老师饱含深情，以凝重的语调叙述："同学们，1976 年 1 月 8 日，我们伟大的无产阶级革命家，敬爱的周恩来总理和我们永别了。（教师在黑板正中庄重地挂上周总理遗像）噩耗传来，高山肃立，草木含悲，江湖流泪，人们沉浸在极度的悲痛之中。（播放哀乐。师生起立默哀。哀乐声停）"②

◆ **方式**：实践后反思。试着在班级中用一次，结合学生的反应进行点评。

【延伸阅读】

★ 钱梦龙．导读的艺术[M]．修订本．北京：人民教育出版社，2000.

★ 李静．课堂导入语设计的原则及方法示例[J]．中学语文，2007（12）：64－65.

---

① 王洪涛．《山居秋暝》《登高》比较阅读实录［J］．语文建设，2009（2）：33－36.

② 张方瑞．语文课堂教学导入语设计小议［J］．四川工程职业技术学院学报，2008（4－5）：120－121.

【悦 读】

《孔乙己》的十种导入法①

赵容丽

新课的导入要据所教班级的具体特点以及教学时间、学情反映、外部环境等而变换，使学生保持新鲜感及阅读学习的兴趣。本文就《孔乙己》一文，搜集、设计了十例导语，并略作分析，以就教于同仁。

一、巧设悬念

于漪老师讲《孔乙己》时先讲了这么一段话："据鲁迅先生的朋友说，鲁迅先生对他的小说中的人物，最喜欢的是孔乙己。鲁迅先生为什么最喜欢孔乙己呢？他是以怎样的鬼斧神工之笔来塑造这个苦人儿的形象的呢？你们认真读课文以后，就能得到答案。有人说，古希腊的悲剧是命运的悲剧，莎士比亚的悲剧是主人公性格的悲剧，易卜生的悲剧是社会问题的悲剧。那么，鲁迅写孔乙己悲惨的一生，是命运的悲剧，性格的悲剧，还是社会问题的悲剧呢？我们学完课文以后，可以得到正确的答案。"这样不围绕课文内容本身，而借课题以外的与课文有关联的某些内容发问，巧设悬念、由远及近引入新课，不仅过渡自然，而且所述问题正是学习《孔乙己》的一些本质问题，即塑造孔乙己形象的创作方法和孔乙己这个形象的典型意义。

二、破例切入

《孔乙己》篇幅较长，授课节数多，教学内容冗长且分散，学生很难长时间保持学习兴趣。为此，导课时可充分发挥教师的主导作用，抛开正常顺序，或倒叙，或拦腰截入，直接切入课文的教学重点，以纲举目，开门见山。我们可以这样导入：孔乙己是鲁迅先生笔下的一个典型人物，这个人物的命运是怎样的呢？作者是怎样下笔写的呢？请大家先看课文第三段的"只有孔乙己到店，才可以笑几声，所以至今还记得"一句。句中哪个字眼最关键呢？是"笑"字。孔乙己为什么可笑？人们笑他说明了什么？作者为什么抓住"笑"做文章？学完了这篇课文，就不难找到正确的答案了。

三、投石激浪

有位老师执教《孔乙己》这样开讲："大家知道，偷就是窃，窃就是偷。同学们说对不对？（生：对！）但有人说：窃不能算偷。（生：这个人没有读过书）不，他读过十几年书。你们的衣服大概三五天就要换洗吧，但有的人一

---

① 赵容丽.《孔乙己》的十种导入法［J］. 山西教育，2003（12）：14－15.

件衣服似乎穿了十多年没有补，也没有洗。（生：这不可能，穿在身上不舒服）但鲁迅笔下就有这样一个人，他就是——孔乙己。”如此开讲，注重抓住人物的典型语言和外貌，从反面去造成一种吸引力，促使教育对象去探究教材中的人物。这对于学生了解孔乙己及他生活的环境，认识封建社会给主人公造成的悲剧，有极大的帮助，能收到“一石激起千层浪”之效。

四、设疑辨析

争强好胜、猎奇善辩是青少年学生的性格特点。课堂教学伊始，若能巧设疑难，引发争论辨析，让学生各抒己见，探索研讨，能促进他们积极思维，产生解决问题的动力和动机。因此，也可这样开讲：鲁迅先生是家喻户晓的大文豪，他在《孔乙己》（板书课题）的结尾写有“大约孔乙己的确死了”。有人说这是一处败笔，因为“大约”、“的确”这两个词放在一起是矛盾的。你同意这种意见吗？为什么？我们一起来研读课文，寻找问题的答案。

五、异军突起

有位教师先板书课题，然后问学生：“孔乙己叫什么？”学生不假思索地回答道：“叫孔乙己。”教师又问：“孔乙己是他的名字吗？”学生稍加思考，回答道：“是绰号。”教师紧问一句：“孔乙己读了一辈子书，为什么连个名字都没有？”这个异军突起的问题，打破了课堂教学中的沉闷气氛和学生头脑中的平静，掀起了同学们思维活动的波澜，调动了他们思维的积极性。此时开讲正文，正值妙时。

六、成语导入

新课伊始，可在黑板上写两个填空题：（　）其不（　），（　）其不（　）。在学生苦思冥想、思想高度集中之际，点出“哀其不幸，怒其不争”的答案，然后就势引入新课：“今天，我们学习《孔乙己》。课文为我们塑造了一个受封建社会制度及科举制度毒害的读书人形象。阅读时大家用心体会鲁迅先生笔下、心底的这种（手指词语）感情。”这样开讲，不仅语言凝练精致、占时短、切入教学内容快，而且有利于学生把握全文的感情基调。

七、温故知新

教育心理学告诉我们：经常运用已有知识是使旧的知识得到不断巩固、保持，进而获得新知识的有效方法。讲《孔乙己》一文，可先让学生回忆一下初一时学过的《从百草园到三味书屋》、初二时学过的《故乡》中对比手法的运用，待学生回答后，教师小结道：“鲁迅先生的《孔乙己》又是一篇巧用对比手法的佳作。请大家认真阅读课文，看看文中怎样作对比，并思考：这样做的目的是什么？”

八、即兴导入

就是根据授课时的天气、环境、场景、教室氛围等，结合所要讲的课文内容，用巧妙的语言来缩短学生与教材的距离。如，有一次我讲《孔乙己》，时值深秋，天气有点冷，我发现教室里不太安静，于是说道："同学们，遇冷，人们常用添加衣服、烤火、喝热汤或饮酒等方式来暖身子。八十多年前，也是这样的秋后，有一残疾人来酒店喝酒。他是为了御寒吗？他喝酒的钱哪里来的？他以前是什么样子？他以后又会怎样？其答案就在我们今天要学习的鲁迅先生的《孔乙己》中。"（板书课题）这段导语，吸引了学生的注意力，激发了同学们的好奇心，他们纷纷打开课本，迫不及待地读起来。

九、运用插图

图画比文字更直观、更形象，而中学生的形象思维比较发达，我们应尽可能多地为他们提供多种感觉的感知材料、丰富多彩的表象，让他们大脑皮质中两种信号系统协同活动，触发潜伏在其意识深处的情感，从而产生情景交融的效果。人教版旧教材上，《孔乙己》一文中有张插图，是以孔乙己喝酒为题材的。开课时，可引导学生看此图中人物的动作、服饰、表情，为插图拟题，想其中的含义。如此看一图而观全篇，结合课文内容，利用课文插图来导入课文。

十、音乐渲染

"音乐是一种声音艺术，是心灵的直接语言。"用这种语言可以尽情地表达人们的思想感情，反映现实生活，使学生深深体味课文的情感。因而，导入新课时可播放音乐作品，来渲染气氛，突出文章的主旋律。教《孔乙己》，开讲前先播放乐曲《二泉映月》，那凄婉的乐曲，能使同学们神情严肃起来，渐入课文的情境，仿佛置身于那个冷酷、麻木的世界。此时开讲，能取得很好的教学效果。

第四讲　一线串珠的教学提问

1912 年，美国的史蒂文斯（R. Stevensa）第一次对教师提问进行了系统的研究。他发现，教师提问和学生回答大约占去了普通教学 80% 的时间。教师在讲课过程中，每分钟提 3 个至 4 个问题，提问被视为"有效教学的核心"。① 目标需要问题来触动，过程需要问题来激活，质量需要问题来表达。只有围绕问题并基于问题解决的教学设计才是生动、有主题的教学设计。②

---

① 金传宝. 美国关于教师提问技巧的研究综述［J］. 课程·教材·教法，1997（2）：54－57.

② 朱德全. 论教学设计的逻辑生长点［J］. 教育研究，2008（8）：72－76.

◆ **核心内容**

概念界定 在教学过程中，由教师/学生以学生个体的先前经验为基础，意识到并提出来的与学生自身现有认知水平具有一定差距的，需要在教师的帮助下，通过一定的思维和操作努力才能解决的问题。

问题分析 问题设计无效 问题设计虚假 问题设计局限 问题设计直接 问题设计低稚

提问类型 编者的问题 教师的问题 学生的问题

◆ **学习准备**

下面这个故事中"异乡客"的发问常见于教学提问中，你认为这个异乡客的问题出在了哪里？请用一句话概括。并根据你的教学/学习经历补充3～4个类似的发问。

有一个异乡客，来到了一个小城镇。他想与当地人交朋友，他走到村子的广场，看见一个老头正坐在广场边，离老头脚边不到一米的地方卧着一条狗。他小心翼翼地看着老头的狗，问道："你的狗咬人吗?"老头说："不咬人。"于是他弯腰拍了拍这条狗，狗凶狠地扑了上来，咬了他的手臂，这个异乡客一边收拾衣服一边战战兢兢地问老头："你不是说你的狗不咬人吗?"老头说："这不是我的狗。"

一、教学提问的界定

"提问（question）对教师具有重要意义，既可作为了解学生学些什么和能做些什么［评定（assessment）］的手段，又可作为教学技巧的一部分［例如，苏格拉底的对话法（Socratic dialogue）］。旨在引导学生逐步作出教师预期的回答，或鼓励学生为了培养他们自己的洞察力而对他们的亲身经验进行考察。另一个重要意义是，教育应当培养学生不仅能回答别人提出的问题，而且能自己组织问题并求得答案（从教师那里或别人处求得）。"①从这个解释中可知，教学中的提问不仅局限于教师一方为组织教学而设计的问题，也包括学生在学习过程中，意识到并提出来的与自身现有认知水平具有一定差距的，需要在教师的帮助下，通过一定的思维和操作努力才能解决的问题。无论是教师提出的问题，还是学生提出的问题，都是以学生个体先前经验为基础，意在帮助学生对问题情境进行认知，是一个发现问题和组织问题的过程。

① 朗特里. 西方教育词典［M］. 陈建平，等，译. 上海：上海译文出版社，1988：260.

所以，问题意识的增强与提问能力的形成是当前语文教学备受关注的两大学习能力。

二、教学提问中存在的问题

有研究指出，虽然在真实世界中所遇到的问题大部分都是结构不良的，但是在教育环境中教师为达成教学目标、完成教学任务，针对教学内容而设计的教学问题却都是结构良好的。在具体的教学实践中，一节课中教师向学生提出的问题有时多达数十个，在这些问题中，缺少教学意义的问题又导致学生或机械应答，或麻木不仁，学生常常因问题缺乏必要的挑战而丧失积极参与的内动力。概括起来，课堂上教师在教学提问中存在的问题主要表现为以下五种形式：

（一）问题随意无效，学生无思作答

课堂上，教师经常因组织课堂而提出一些课前并无预设、随意性比较强的问题。这些问题要么是课文中就有明确答案的，要么是一些非此即彼的是非判断，要么就是一些令学生摸不着边际，不知所指，无法作答的问题。一位教师执教《从百草园到三味书屋》针对课文第二自然段景物描写所提问题如下：

师：课文第二自然段中描写了哪些景物？

生："有菜畦、皂荚树——"

师："同学们，这些都是什么物体？"

生：（表情疑惑）

师："是植物还是动物？"

生（齐）："植物——"

师："还写了什么？"

生（齐）："蟋蟀、油伶——"

师："这是？"

生（齐）："动物——"

师："对，既有植物，又有动物。那么，作者是怎样描写它们的？桑椹是——"

生（齐）："紫红的——"

师："紫红是什么呢？"

生：（小声的有不少）"是颜色。"

师："对，是颜色！黄蜂呢？黄蜂是什么样的？"

生（抢）："肥胖——" 师："'肥胖'是写黄蜂的什么？"

生："形态——"①

（二）问题情境虚假，学生无法作答

设计问题时，为了照顾到问题的情境性，设计者会营造一个模拟生活的情境，再在这个模拟情境中设计一个看似真实的问题，但其问题的实质却是一个伪问题。面对这种虚假的问题，学生不仅无从作答，更多的是无法作答。曾听一个教师执教《戒烟》一文，教师在教学的最后一个环节提出了一个拓展性的问题："假如你发现你的儿子在躲着你抽烟，作为父亲的你会怎么办？"这个问题的虚假性主要体现在以下几个方面：首先，这是一个硬性模仿课文中的主要细节而设计的问题，初一的学生尚是不谙世事的孩子，既没有做父母的经历，也难有父母发现孩子犯错时的痛心，如果他们真的能体会到这份心痛与辛苦，那是做父母的幸福。可惜他们并不具备这种体验，所以这里的情境是虚假的。其次，班级内所坐的学生不仅是男孩子，还有女孩子，女孩子们终生都没有做父亲的权利，如此设问是完全忽略了学生实际的虚假之问。因此，这是一个男女生都无法作答的问题，即便是有个别学生在课堂上对这一问题作了回答，其言辞中的情感也是虚假、苍白、无力的。如果把问题的角度切换为"在公交车上，你旁边坐着一个抽烟的人，你该怎么办？"这就是一个基于学生经验与文本情境的真实问题了。

（三）问题偏于一隅，难以全体参与

这种问题是指教师在设计时没有顾及是否所有的学生均有平等参与的机会，而且只关注了部分学生的参与。其原因是教师潜意识里期望学生的回答与自己的答案相一致，从而排斥求异的存在，尽可能避免意外的发生。其实，学生错误的思考或回答，很可能是学生中普遍存在的问题，错误的显现恰恰是及时解决共性问题的机会，即使学生的作答是完全错误的，也可能具有创新的思路和方法，如果教师轻易放弃了对这些资源的利用，不仅伤害学生的自尊心，也会扼杀了学生展露个性的积极性。一位学生曾在周记中这样写道："现在老师也会经常叫我起来回答问题，可我不知是该喜还是该忧，因为我发现要我回答的问题都是那些谁都能回答出的问题，一眼就能找到答案的问题，甚至是不需要动脑筋的朗读作者介绍！而难题都是由成绩好的同学回答。老师如果一提问发现我们没反应，一定就叫他们来回答了，他们的回答总会得到老师的赞许和同学们的掌声。唉，我回答的那些简单问题却只能得到老师

---

① 谭向前. 初中语文课堂提问的误区及策略［J］. 当代教育论坛，2009（6）：80－81.

的一个点头。黑板上要是板书三个句子要翻译，我肯定是被叫上去翻译第一个，因为是最简单的，后面的两个想都不要想……”

（四）问题设计低稚，忽略学生特点

这类问题是指教师在教学中不考虑学生的年龄特点，向学生提出一些非常简单甚至是幼稚的问题。我们常看到这样一些“循循善诱”的教学场面：

师（赞叹的，语气上扬）：这篇文章写得好不好啊？

生（异口同声）：好！

师（试探的）：最值得我们学习的是文章的形式还是……

生（齐声）：内容！

师（满意的）：“好！接下来我们来学习这篇文章深刻而又富有哲理的内容！”

简单的一段对话中，教师提了两个问题：回答前一个是据语气判断，回答后一个是依前文填空。对于判断式发问“是不是啊”、“好不好啊”，学生无须思考，只靠揣摩教师的语气便能猜出正确答案；对于填空式问答，把一个完整的句子截成几段，教师问上半句，学生答下半句，没有思维含量的参与。这也是课堂“伪问题”的一种。

（五）问题数量过多，学生机械应答

据《文汇报》2001 年 3 月 20 日载，某市一个区教育学院对 6 所中小学语文、教学各 9 节课的课堂提问进行了专题调查，从中发现了不少问题。教师提问次数过多（平均每节课达 30 次），大都是教师问学生答，所提的问题不但过于简单，而且几乎只有一个标准答案，很难见到学生主动发问。其中一位教师在一节课上竟向学生提出了 98 个问题，几乎以问题贯穿始终，学生忙于应付，根本无暇思考。教师则习惯于用问题带着学生去寻找标准答案。

（六）问题偏离语文，迷失学科特点

问题设计偏离了语文的本质，语文课变成了生物课、科学课、公民课等。曾听过《食物从何处来》，教师上课时要求学生完成一个这样的问题：“请同学们结合生物的学习，用图文或语言表述植物的光合作用的过程和原理。”在这个问题中，用语言表述还算得上是语文课的内容，指向学生口语表达能力的训练，而用图文等形式则就成了生物学科的学习内容了。这个问题如果改成“请根据课文的介绍，结合生物书上光合作用的示意图，用自己的语言描述光合作用的过程和原理”，其问题就集中指向语文能力中的口语表达了。

三、设计教学提问的原则

韦伦（W. Wilen）通过对大量专门或部分研究提问的著作进行了梳理、归类、分析与综合，得出了下列一些提问技术。

- 设计标志教学结构和方向的关键问题，把它们写进教案中，一项任务至少有一个问题，尤其是较高水平的问题。再根据学生的回答追问一些随机性的问题。
- 清楚地、详细而精确地表述问题，避免两可的、模糊的提问。比如，“我们昨天学了什么?”或者“这个故事的主人公怎么样?”等。提单一专门的问题，避免无休止的提问，不然会使学生受到挫折或迷惑。表述清楚的提问能提高正确回答的可能性。
- 使问题适合学生的能力水平。恰当的提问可以增强学生对问题的理解，减少对自身能力的忧虑。在程度不齐的班级里，要用自然的、简洁通俗的语言表述问题，调整词汇和句子结构以符合学生的语言和概念水平。
- 按照逻辑的和循序渐进的原则提出问题，避免缺乏明确的中心和目的的随意提问，要考虑到学生智力和能力水平，预先了解将要学习的内容、论题和教学任务。按照预先计划的次序提问将有助于学生的学习和思维训练。
- 提各种水平的问题。提出基本问题检查学生对所学内容的基本理解，并以此作为进行较高水平学习的基础。较高水平的问题为学生提供了锻炼较高思维水平形式的机会。
- 紧随学生的回答继续提问。鼓励学生澄清最初的回答，提高回答问题的完整性及在更高的水平上进行思考。例如，“你能否重述一遍你的观点?”、“你能进一步对你的回答作出解释吗?”、“你如何来捍卫你的立场?”鼓励学生澄清、扩展或支持对较高水平问题的最初回答。
- 在学生回答之前提供思考的时间。提问以后，等3～5秒或更长的时间，可以增加学生回答的内容，并鼓励学生在较高水平上进行思考。让学生马上回答问题会明显地减少教师和学生间、学生和学生间有意义的相互作用。在重复或重新表述问题之前等待足够的时间，可保证学生对问题的充分理解。
- 提问那些能够鼓励全体（或大多数）学生参与的问题。所提的问题要能使大多教学生都参加到学习活动中去。例如，指定非自愿者来回答问题；对难度较大的问题采取自由处理的形式；留心沉默寡言的学生的语言或非语言暗示，如困惑的表情，似举非举的手势等；鼓励学生与学生间相互启发；排圆形或半圆形的座次，创造有利于学生参与的环境。
- 鼓励学生提问。这样做可以引导学生积极地参与。学生较高认知水平的提问能刺激学生进行较高水平的思维活动，对于探究性学习这是不可缺少的。要给学生创造提问的机会，并将探索活动进行到底。在支持性的情感气氛中，赞许和鼓励，接纳和运用学生的想法，对学生的感想作出反应等，都可推动学生进行集体的或独立的探究。①

四、教学提问的设计策略

从提问主体的角度来看，课堂提问既有教师的提问，又有学生的提问，教师和学生是课堂提问的双主体。教师的提问既有面向所有学生的，也有指向单个学生的提问。教师的提问主要从学生的“学”出发。② 除去这两个主体之外，还有一类人的提问常常被研究者所忽略，那就是编辑者所提出的问题。下文将从编者的问题、教师的问题和学生的问题三个角度分述教学提问的策略。

（一）编者的问题

编者的问题是指教科书的编辑者在每一篇选文后所设计的练习，一般情况下会设计以下三种类型的问题。

1. 记忆型问题

记忆型问题一般是编者根据语文学科的性质及应承担的教学任务，将一些必须积累的事实性知识以问题的形式提出来引起师生的注意。主要指抄写、背诵、复述、朗读、词语积累等理解性记忆。机械记忆的问题仅指那些记忆内容本身没有什么内在联系的人名、地名、年代、数字等。如，

反复朗读并背诵这首词，注意把握情感和节奏。

——人教版普通高中课程标准实验教科书·语文（一）

《沁园春·长沙》

2. 理解型问题

编者在课文之后提出一些有助于文本理解的问题，以供师生阅读时使用。这类问题在课后练习中占有较大比例，包括理解语句、理解段落、理解篇章和理解各类语文知识等。

用自己的话描述这首词所描写的湘江秋景，看看诗人主要通过哪些意象来表现自己的情感和思绪；词的下片转到“忆往昔峥嵘岁月稠”，围绕“同学少年”表现了诗人怎样的思想情怀？

——人教版普通高中课程标准实验教科书·语文（一）

《沁园春·长沙》

---

① 金传宝．美国关于教师提问技巧的研究综述［J］．课程·教材·教法，1997（2）：54－57.

② 阮彩霞．中美课堂提问的比较研究［J］．江西教育科研，2007（6）：97－100.

3. 拓展应用型问题

学习语言的根本目的，最终还是为了日常生活中的交流与沟通。因此，编者会根据课文的有关信息设计一些课内外相互联系、“举一隅而三隅反”的问题以供师生学习使用。拓展应用型问题的灵活性很大，其触角可以延伸到生活的各个角落，从本质上体现“语文的外延等同于生活的外延”的理念，旨在引导学生从生活中学习语言及语言学习的实践性。

毛泽东既是一位伟大的政治家，又是一位有着鲜明个性和独特风格的诗人、书法家。课外欣赏毛泽东的诗词和书法作品，并与同学交流心得。

——人教版普通高中课程标准实验教科书·语文（一）《沁园春·长沙》

（二）教师的问题

教师的问题主要目的不在于检测学生对知识的拥有量，而在于激发学生的学习和主动思维。问题设计阶段在问题难度的选择上就可以看出教师期望的影响：有的教师设计的问题多为封闭型问题，要求学生朝某个特定的方向思考，得出一个或几个固定的标准答案；而有些教师在封闭型问题的基础上增加开放型问题的数量，以期学生发散思维，加深对问题理解的深度和广度。一般情况下教师设计问题的策略有以下几种。

1. 比较提问

教学中，常常会碰到同题材不同体裁，同体裁不同语言风格，同背景同主题不同表现手法，教师可设计一些引导学生进行比较思索、寻同求异，提高辩证思维能力的问题。比较提问的类型可分为以下四种。

一是前后比较，教学《变色龙》一课，就可从警官奥楚蔑洛夫对待首饰匠赫留金前后迥然不同的态度进行设问，激发学生阅读寻找不同的原因是什么。

二是参照比较，以课文为中心参照其他材料进行比较。学习《天上的街市》，就可参照比较民间“牛郎织女”的传说，思考作者为什么要在诗歌中改变“牛郎织女”的故事，从而使学生能深刻地理解作者表达的“对幸福美好生活的追求”这一主题思想。

三是同中求异，通过分析比较，在相同之中找出不同之处。比如《背影》和《回忆我的母亲》都是写家庭亲情的，所不同的是《背影》的作者是怀着一种歉疚的心情来述说的，而《回忆我的母亲》的作者是怀着一种崇敬的心情来写的。教师可以让学生先找到不同，再想想产生这种不同的原因是什么。

四是异中求同，通过对不同内容的分析比较，寻找它们的相同之处。

《春》和《济南的冬天》分别描写了两个不同季节的景色，但也可从寻找相同之处设问，探求“文章有没有相同之处呢？为什么有相同之处呢？”

2. 逆向提问

逆向提问是从课文现成结论的角度反方向提出问题，以帮助学生形成质疑、批判的思维，从而对事物作出正确的判断。

逆向提问的策略之一是对现成的结论提出相反的意见。比如《鲁提辖拳打镇关西》一课，一般都将鲁提辖作为见义勇为的英雄加以肯定，如果设计一个“你觉得真正的英雄应具备哪些品质？课文中的鲁提辖是真正的英雄吗？”就可以让学生从辩证的角度认识真正的英雄，具备初步辨别是非的能力。

逆向提问的策略之二是通过打破传统的思维定式来设计问题。在传统的教学观念中，“大灰狼”肯定是凶恶的，“小山羊”肯定是善良的。在教学《狼和小羊》一文时，当学生知道了寓言的文体特征及寓意之时，逆向提问：你认为在现实生活中狼会爱上羊吗？就能让学生知道“狼吃羊”是一种自然法则，作者只是借事说理。

3. 想象设问

想象设问就是让学生根据课文已有的内容，想象出课文情节中没有的或与课文情节发展不同的情况，以此养成学生联想、据实推断预测的能力，提升学生的想象力和创造力。

《我的叔叔于勒》就可先用想象设问的方式改变后面的情节，再用想象的情节与原情节作比较。可以将情节想象为：于勒发了财，成为一个有用的人，回到家乡，和菲利普一家过着快乐的日子；可以将情节想象为：于勒发了财，回到家乡，不认哥哥一家，独自享受。以上两种情节在社会生活中并不乏其例，但这些情节所反映的主题却不能说明当时社会的本质特点，所以作者采用了原文的情节。

4. 悬念设问

一些看似枯燥无味的文章，如何使学生学得有趣，关键在于教师如何结合课文实际与学生水平，围绕切入点设计“悬疑”，形成阅读冲突。当学生急于解开这些“冲突”时，就进行了思维训练，对课文重点、难点的理解自然就水到渠成了。

人教版义务教育课程标准实验教科书八年级下册第三单元《敬畏自然》《罗布泊，消逝的仙湖》《旅鼠之谜》《大雁归来》《喂——出来》是科学文艺作品。作品内容都不甚深奥，但作品的内涵却是学生难以把握的。在教学的起始阶段，为了让学生对单元内容有个概括了解，可设置以下一组题目。

① 人类是地球的主宰，他们肆意地在地球上为所欲为，曾发出“征服自然”、“改造自然”、“人定胜天”的豪言壮语；为什么现在作者却在文中提出了敬畏自然，爱护自然的说法呢？这是不是消极无为的口号？

② 科学家彭家木，探险家余纯都曾遇难罗布泊，罗布泊因此被人们认为是生命的禁区。可谁又能想到30年前的罗布泊却是一个广阔、美丽、充满生机的湖泊，周边是牛马成群，绿林环绕。你想知道其中的原因吗？

③ 你看到过数百万只旅鼠，浩浩荡荡，前赴后继，纵身跳入大海的奇异现象吗？你能解释其中的奥秘吗？

④ 一场台风过后，人们发现了一个深不可测的洞，聪明的人们把它当做处理城市垃圾的最好场所，种种垃圾扔进洞里后，城市变得越来越美好。可奇怪的是，当初有人对着洞口喊的那一声“喂——出来”，却被一个建筑工人听到了，被人扔进洞里的那块小石头却冲着这个建筑工人飞了出来。你想知道接下来发生了什么吗？

5. 质疑设问

一堂成功的语文课，不在于学生回答了多少问题，而在于学生学习之后能否提出一些有价值的问题。学生说出这些未懂之处时，教师能否根据课堂的实际，针对学生的疑难设计出高思维含量的问题，或指导学生将这些疑难转变成进一步学习与研讨的问题。

学习《皇帝的新装》，许多学生都会对安徒生在最后安排一个小孩子来揭穿谎言而难以理解，常常追问老师“为什么安徒生最后安排了一个小孩来揭穿这个谎言？”教师这时就需要将学生的这个问题，转换成一个能引发学生扩展性思考的问题，不妨设问：如果你没读完这篇文章，你是不是很想知道这场骗局最终会由谁来揭开，谁最有胆量和勇气来说出“真相”呢？这个问题一出，学生就会重新再次阅读课文，也会一一排除文章中所涉及的人物都不会说出真相。那两个外国“骗子”肯定不会，皇帝本人不会——他已经不自觉地进入了自欺欺人的“表演”，老百姓也不可能——他们虽然没有直接参加骗局的“表演”，但“站在街上和窗子里”，充当了“看客”，并且附和着“乖乖！皇上的新装真漂亮！”在这平静的叙述中，读者不难感受到一种深刻的失望：不仅对于民众、百姓，更是对于所有的具有了一定社会经验的成年人。经过逐一排查之后，仅剩下未涉人世、保持着生命本真状态、纯洁而天真的儿童，才能无忌地直面“真相”，说出“真相”。最终这个小孩子说出了：“可是他什么衣服也没穿呀！”这也正表现了安徒生的“小儿崇拜”倾向。

6. 破题设问

从标题入手设计一些问题可以起到提纲挈领，理清作者的思路，把握文章的结构，帮助学生理解文章内容，进而理解主题的作用。直接破题法有利于攻破难点，突出重点，做到深题浅问，化难为易，这也是教学中常用的设问之法。如《林黛玉进贾府》，就可以从“进”字切入，用“进”字贯穿教学内容，围绕“进”字可设计以下问题。

①“进”程中先到了哪里？后到了哪里？又去了哪里？

② 行“进”时看到了哪些人？

③ 林黛玉“进”时的神态特征怎样？

④ 黛玉初见贾母时，贾母问黛玉念何书，黛玉回答说“只刚念了《四书》”，而后宝玉问黛玉的回答却是“不曾读，只上了一年学，些须认得几个字”，这前后矛盾的答话说明了什么？

第一个问题意在让学生了解贾府的环境和行文结构；第二个问题意在让学生把握众多人物的出场顺序；第三、第四个问题意在让学生品味黛玉“步步留心，时时在意”的性格。

7. 曲意设问

提问变直为曲，是一种巧问，也是变换提问的常规角度，不是直奔答案，而是采用“迂回战术”，从问题的侧翼寻找思维的切入口，常常是“问在此而意在彼”，学生的思路要“拐一个弯”才能找到答案。如果只是一味直来直去地发问，会降低发问的力度，减弱启发强度，久而久之学生就会对教师的提问置之不理，更不会应和，一定程度上还会妨碍思维的发展。假如我们把问题换成“曲问”、“活问”的方式提出，就能迫使学生跳起来“摘果子”。

学习《愚公移山》，要检查学生对“邻人京城氏之孀妻有遗男”一句中的“孀妻”是否理解，如果这样问：“什么叫孀妻？”学生一看注解就能直接找到答案：“寡妇”。这是“直问”。如果怕学生连“寡妇”是什么都不懂，可以再追问：“什么叫寡妇？”这又是“直问”。可钱梦龙老师换了个角度问：京城氏家里那个小孩子也跟了愚公去参加移山劳动，他的爸爸肯让他去吗？学生一时不能答，转而一想，恍然大悟地叫起来：那孩子的爸爸死了，因为他母亲是寡妇！学生不仅迂回地找到了答案，而且这也表明他们已经懂得“寡妇就是死了丈夫的女人”。这就是曲问。

8. 层级设问

一节课，教师需要提出的问题不仅仅是一个、两个，当多个问题出现时，就要注意这些问题的层次性。此时需要关注学生的认知心理，根据学生的认知心理可以从整体到局部设计问题，也可以从局部到整体设计问题。与此同时，问题的难易层次也要注意到，要关注到学习相对比较困难，程度比较差的学生最终也能达成学习的目标。上文“破题设问”中的四个问题就是层级设问的一种。

（三）学生的问题

有人说，中国衡量教育成功的标准是将有问题的学生教得没问题，美国衡量教育成功的标准是将没有问题的学生教得有问题。课改特别强调了教师应着力培养学生的问题意识，引导学生学会提问，鼓励学生问更多的“为什么”。须特别注意的是，课堂上学生的问题没有蠢问题，学生的任何一个问题都是一次良好的思维培养。全国著名特级教师于漪就曾碰到一个看似愚蠢的问题，于老师的灵活处理转变成了学生理解说明文语言准确生动的教学契机：

学习《宇宙里有些什么》时，于漪老师让学生看书，提问题。一个学生站起来问：“课文中有这样一句话，‘这些恒星系大都有一千万万颗以上的恒星’，这里的‘万万’是多少？”话音刚落，全班学生都笑了。问问题的学生很后悔，责怪自己怎么问了一个这么蠢的问题，谁不知道“万万”是“亿”呢？没等老师让坐下，就灰溜溜地坐下去，深深地埋下了头，懊悔自己不该给老师的公开课添这样的麻烦。

于老师笑着说：“这个问题不用回答，可能大家都知道了。可是我要问：既然‘万万’是‘亿’，作者为什么不用一个字‘亿’，反而用两个字‘万万’呢？谁能解释？”

教室里静了下来，学生们都在思考，随即便有人举手。于老师叫一个学生站起来回答。学生说：“我也不太懂，不过我想说说看。我觉得用‘万万’读着顺口，还有，好像‘万万’比‘亿’多。”于老师说：“讲得非常好，别的同学还想说什么吗？”

当于老师确认没有不同看法后总结说：“通过对‘万万’的讨论，我们了解到汉字重叠的修辞作用，它不但读起来响亮，而且增强了表现力。那么，同学们想一想，我们今天这个知识是怎样获得的呢？”全班学生不约而同地将视线集中到刚才发问的学生身上。这个学生如释重负，先前那种羞愧、自责心理一扫而光，仿佛自己一下子又聪明了许多。①

教师不仅要能指导学生提出有价值的问题，更应该有保护学生提问的意识及积极性，下文介绍教师指导学生由文章生疑处发问的一些常用策略。

---

① 周小山. 教师教学究竟靠什么——谈新课程的教学观［M］. 北京：北京大学出版社，2002：56.

1. 在文章关键处质疑

所谓的关键处有两层意思：一是指理解课文思想内容的关节点，二是指学生学习语文知识的难点。所谓理解课文的关节点，往往是那些牵扯到课文主题和重要观点的词句，教师如果能够抓住这些关键词句指导学生提出一些带有全局性的问题，就能养成学生在文章细微处质疑问难的能力。所谓学习语文知识的难点，既包括新出现的知识难点，也包括虽已学过却又似懂非懂的知识点。

教学毛泽东《卜算子·咏梅》时，可指导学生抓住重点字词，如“归”、“犹”、“俏”等提问，毛泽东不满意陆游《卜算子·咏梅》的孤独感，历来主张即使孤立也不能陷于孤独，所以在未定稿中用“独有花枝俏”，在定稿中则改“独”为“犹”，不仅回避了孤独感，而且强调了自得自如自在之态。另外，他也对陆游的“无意苦争春”中的“苦”表示不满，变成了“俏”。本词中梅花也明确地被赋予了女性色彩。这里的“俏”字，虽有阴性之美，却并不柔软。实际上是一种峻拔的格调，不无阳刚之气。正因为这样，在毛泽东以雄豪为特色的词风中，难得地出现了一种刚柔相济的风格。

2. 在具有思维价值的细微处质疑

教科书中的选文大多是经典之作，这些优秀作品的一个标点、一个词语、人物的一个细小动作、一句似乎无关紧要的话，往往都能体现出作者的匠心，蕴藏着深刻的含义。教师可以在这些容易被学生忽略而对表现主题有密切关系的细枝末节处，引导学生自主思考，设问质疑，使学生探微发幽之时，加深对文章的理解。教学《桃花源记》时，一位教师带领学生梳理出了这样一组问题：

（1）桃花源的美表现在什么地方？

（2）这样的地方在我们现在的社会中有没有？

（3）古代的人们为何对桃花源如此向往？①

对于第一个问题，学生在书中一下子就找到了答案。对于第二个问题，许多学生认为，我们现在的社会中像桃花源这样的地方多的是，而且其美丽、富裕的程度远远超过了陶渊明笔下的桃花源，从现在的眼光看，桃花源充其量只能算一个偏僻闭塞、自给自足的小农经济社会，一点也不令人向往。第三个问题触到了文章的关键之处。细心的学生在书中找到：先世避秦时乱。战乱给人们带来了大灾难，给社会带来了大的动荡，给百姓带来了多如牛毛的苛捐杂税。人们向往着安定宁静，无剥削无赋税的生活，而桃花源的出现

① 石国祥. 语文课堂提问的思路与设计［J］. 作文教学研究，2004（8）：61－62.

迎合了人们这种心理，这种淡泊宁静、自给自足、和睦相处的生活环境是人们梦寐以求的。

3. 在容易忽略的细节处质疑

阅读时内容新奇，情节曲折均能引起学生的主动注意，而对人物的情感，文句的思想内涵等容易忽视，顺着作者的叙述亦步亦趋读的人多，边读边思，圈点批注，重视细枝末节的人少。因此，教师可指导学生“见人所未见，发人所未发”，尽量做到“于无疑处生疑”。

教学《暮江吟》时，一学生问道：“老师，九月初三的夜晚有露珠吗？”老师刚布置学生预习这首古诗，一个学生不假思索地提出了一个极其简单的问题，这个问题很容易回答，我是否马上告诉这个同学呢？一个念头迅速在头脑里闪现。何不让学生自己去查资料，自己设法解决呢？我思考了一会儿便微笑着说：“你自己去查查资料或者问问长辈行吗？”第二天，这个学生果然找到了一些资料。他不仅懂得了季节的划分，还明白了二十四节气中有个白露节，甚至还讲述了一些关于露水的知识。当他不紧不慢地将自己收集的资料告知同学时，同学们和我都惊讶了。这个同学在大家的赞扬声和掌声中得意地坐下。从他那心满意足的微笑中，有谁还怀疑他曾经提的问题是那么的幼稚，有谁还敢嘲笑看似简单的问题背后蕴藏着如此丰富的知识，就是从这笑声中从同学们的亢奋的情绪中，老师发现同学们的思维被激活了，这不正是强化在质疑中自行解疑能力的有利时机吗？当时教师差点随口说出：“这太简单了，当然有啦！”如果老师真的这样说了，不仅扼杀了这个学生质疑的意识，也会失去培养学生自己获取知识的机会及能力。①

4. 在文章看似矛盾之处质疑

利用课文知识系统自身的矛盾设问，抓住学生学习中已知与未知的矛盾，是培养学生发现问题的关键。课文中存在许多表面上看似矛盾的现象：一类是课文题目中的矛盾，如《死海不死》《生于忧患，死于安乐》《为了忘却的纪念》；一类是课文中的前后矛盾，如《威尼斯商人》中的夏洛克贪婪成性，却不要数目三倍的还款，而只要“一磅肉”。

5. 在空白处设计质疑

所谓空白处，主要是指叙事作品中将一些内容省略以后，文章在展开过程中形成的“断裂”。这些“断裂”，正是训练和培养学生发散思维能力、创造思维能力的有利空间。《装在套子里的人》写别里科夫在华连卡的笑声中从楼梯上滚下来，接下去就写道：“过了一个月，别里科夫死了。”这中间大片

---

① 孙春成. 给语文教师的101条建议［M］. 南京：南京师范大学出版社，2007：25.

的空白都是可以设计问题的地方。

6. 在认识的残缺处质疑

这里的残缺，是指学生在理解上的错误和不全面。理解上的错误，可组织学生通过比较、讨论，让学生获取到正确的信息；理解的不全面，可从一个问题追究下去，从纵的方向以求深入，还可以从不同角度提出问题，加以引导，从横的方向把握整体。如《五彩池》中讲五彩池大小形状一节，课文有这样一句话："水池的面积不足一亩，水深不过一丈。"学生读到这里往往受生活经验的局限，对"不足"、"不过"的理解不够，导致了学生无法清楚地知道水池的大小和深浅。这时，教师可指导学生在此提出几个帮助理解"不足"、"不过"的问题：在作者的眼里，水池大吗？水池深吗？

7. 在想象的束缚处质疑

当学生受到诸如课文具体情节吸引的影响，不会自觉地去想象，教师就要激发他们去想象。如《董存瑞舍身炸暗堡》中有这样一句话：他抬头眺望远方，用尽力气喊着："同志们，为了新中国，冲啊！"对这句话，学生们不容易深切理解，教师可以点拨："董存瑞眺望远方，究竟望到了那里啊？望得远，远到什么地方啊？"学生通过想象，可以想到董存瑞望到的部队的冲锋，隆化的解放，新中国的成立，等等。

◆ **思考**：如果你的学生问出下面这样一个问题，你会作何回答？你上学时问过老师类似的问题吗？你在语文课上问过学生类似的问题吗？

◆ **问题**：一艘船上有 75 头牛，32 只羊，那么船长有几岁？

【延伸阅读】

★ RIEF S，HEIMBURGE J．全纳课堂的有效教学——满足不同需求的方案、课程及活动[M]．牛芳菊，译．北京：中国轻工业出版社，2005．

★ 阮彩霞．中美课堂提问的比较研究[J]．江西教育科研，2007（6）：97－100．

【悦 读】

指导性阅读①

语文课堂教学中最重要的部分之一就是指导性阅读。教师通过下列适当的问题引导学生理解课文要表达的思想。

---

① RIEF S，HEIMBURGE J．全纳课堂的有效教学——满足不同需求的方案、课程及活动［M］．牛芳菊，译．北京：中国轻工业出版社，2005：220－224．

指导性阅读教学中的有效问题

- 你认为________ 是什么意思？
- 你从图片里看到了什么？
- 你认为________ 正在想什么？
- 你认为下一步将会发生什么事情？
- 当他/她（故事中的人物）________ 时，你有没有觉得像________那样。
- 告诉我故事中让你感到有趣、悲伤……的部分。
- 你会选择故事中哪个人物做你的朋友？为什么？
- 通过观察这张图片你知道些什么？并根据图片谈谈这张图所要表达的内容。
- ________ 和________（或其他学习领域）有什么关系？
- 你认为作者试图传达什么信息？
- 故事材料中有什么线索告诉你__________可能会很穷？
- 故事发生在什么季节？你是如何知道的？
- 你还读过其他哪些具有类似主题的书？二者相同之处是什么？不同之处是什么？该书的封皮有没有给你提供什么线索？该书的目录和章节的题目为你提供了什么线索？
- 这篇阅读材料的基调是什么？
- 阅读材料（故事）的这部分内容让你联想起什么？二者的相同之处是什么？不同之处又是什么？
- 如果你是____________你会感觉如何？
- 什么致使__________发展成为________ ？
- 你认为______________和______________ 有什么相似的地方（或不同的地方）？
- 这本书的结局有________不同？你认为发生这种变化的原因是什么？
- 在阅读过程中，要考虑课文是如何使你确认、进一步了解或改变你已经知道的关于__________的情况的？
- 下一步________ 将可能去哪里？
- ________ 对__________产生了什么样的影响？
- 根据你对文本的理解，什么导致了________ ？
- 你认为自己最了解文章中的哪个人物？为什么？再次阅读一遍这篇文章，看着关于这个人物你还能发现些什么情况。
- 你认为__________ 的意义是什么？
- 再次阅读过程中，思考作者的________（创造气氛、描写人物等）写作技巧。

- 你曾经遇到过这种情形吗?

第五讲　简约有效的教学活动

教学过程是由一系列教学活动组成的，教学活动是师生双方共同参与的活动，既要符合教的行为，又要符合学的心理。教学中的每一个活动均需明确指向教学目标的达成。设计教学活动时，应从学生的角度去进行设计，体现出的是学生学的方便，而非教师教的方便，那些为教师教的方便而设计的活动，是很难在课堂教学的实施中取得较好教学效果的。

◆ 核心内容

教学活动　通过精心安排来支持学习者内部学习过程的外部事件。

设计依据　活动意图要明确　活动设计要围绕教学目标　活动设计要注意学生的特点 活动指令语要简洁清楚　活动方式要适当　教学活动要基于文本

类型举例　读的活动　角色朗读　圈点批注　复述课文　头脑风暴　网络论坛　班级作文　课本剧

◆ 学习准备

下面是课堂教学中常见的一个教学活动片段。请分别从执教者、观课者、学生的视角对这个教学活动进行点评。

教师在黑板上展示了一道思考题，这道题对五年级的学生来说是很有挑战性的。果然，有个别学生皱着眉，啧啧几声："这么难，怎么做呀?"教师微笑着说："这是智慧大比拼，请同学们用 5 分钟的时间独立完成，看谁最聪明。"课堂顿时安静下来。没过多久，教师又提醒大家："注意独立思考，不要互相干扰!"有的学生向教师投以不解的目光。

教师开始在小组中巡视，走到学生的身边，有的学生连忙停下来用手捂着本子，还有的学生不好意思地看着教师……教师有点恼意，忍不住说："快点思考，不要浪费时间了!"他走到一位做好的学生身边，看了一下，说："不对，再想想。要认真读题，仔细思考!"然后，他又风风火火地巡查了一番，终于看到一位学生做对了，就大声表扬道："世上无难事，只要肯思考! XX 同学已经做出来了，其他同学也要快点了!"有个学生用双手堵住了耳朵。坐在最后排的两个学生小声嘀咕："说了一遍又一遍，吵死了!"教师毫无察觉，仍然喋喋不休……

一、教学活动的界定

教学活动是由教师和学生共同完成的，是精心安排的支持学习者内部学习过程的外部事件。教学活动的设计是教师为达成教学目标，运用现代教学理论整合课程资源，对教学进程中各要素进行系统分析，为学生创设一定的情境，以指导教学顺利实施而策划的活动方案。

依据教学活动在教学过程中所起的作用，可以将教学活动分为两类：一类是组成课堂结构的结构活动，也就是常说的教学环节；一类是组成结构活动的学习活动。结构活动呈现的是一节课的共性特点，学习活动组成的是一节课的个性特点。这些学习活动不仅因学科的不同而有所不同，就是同一学科相同的教学环节，也会因教学内容、教学重点、教学目标及学生认知方式、学习风格、学习能力的不同而大相径庭。无论设计何种形式、何种内容的活动，参照的标准只有教学目标，一切以教学目标为支点，以目标的“静”来应活动的“动”。

二、设计教学活动的依据

教学中没有一成不变的活动，预设好的活动会因教学情境、教学对象、教学条件的变化而发生变化。教学活动的设计虽然灵活多变，但也有规律可循，设计教学活动时可遵循以下原则。

（一）活动意图要明确

任何一个教学活动的设计都要有明确的意图，即借助该活动学生可以得到哪方面的发展。这个原则看似简单，但在实际的教学中常常遭遇破坏。意图模糊的教学活动带来的直接后果就是无效的教学。“读”是语文教学中常用的一种活动，但多数情况下教师自己对这一活动的意图都不清楚。如，让学生齐声朗读三遍课文。听课中常常可以看到，许多语文教师课上多次安排学生齐读课文，既没有在读前告诉学生为什么要读，读后也没有利用读的结果，设计这一活动的目的模糊不清。当听课者问及设计此活动的目的时，教师常常是不置可否。

（二）活动设计要围绕教学目标

设计教学活动是为了达成最终的教学目标，教学中的任何一项活动都最终指向教学目标。中小学生学习语文重在两个方面：一是学习他人如何运用语言表达思想与观点；二是学会用个性化的言语表达自己的情感与思想。设计教学活动时必须围绕这两个方面的其中一个进行设计，终极目的就是指向学生语言运用能力的提升和思维品质的发展。但由于课文是一个全纳的信息载体，文章中的任何一点都可能成为学习的内容。因此，教师在设计教学活动时稍不留意就很有可能偏离教学目标，只注意活动的形式，而忽略了活动的主旨。例如，“课本剧”是语文教学中常见的活动，从搜集到的案例来看，多是忽略了表演前指导学生将文本语言转换成剧本语言的学习。

（三）活动设计要注意学生的特点

设计教学活动要考虑学生的特点，防止活动设计的低稚化或成熟化。对于小学生来说，由于他们还不能独立、自觉地进行学习，设计活动时应注意教师的外部协助作用。对于中学生来说，考虑到他们已掌握了一部分知识和技能，设计时可结合教材内容给学生留一些相应的自主空间，让他们在活动中建构自己的知识结构。如成语接龙、生字竞猜、故事会这些活动就不宜在高中生中使用；课本剧、辩论会、要闻点评则易激起他们参与的内驱力。

（四）活动指令语要简洁清楚

有时候，教师虽能围绕教学目标设计意图明确的教学活动，却会因活动指令语的模糊而使这一活动变得模棱两可。有一位教师在执教江苏教育出版社高中语文必修二第三单元“历史的回声”时，对这一单元中的《落日》《勃兰特下跪赎罪受到称赞》《加拿大将“南京大屠杀”编入历史教材》三篇课文进行了整合教学。其中有一个教学活动是，要求学生“用一句话概括两组文章的内容”。这本是一个常规的教学活动，但由于活动指令不明确，使得活动质量很低，导致每个学生均根据自己的理解去完成了这一教学任务。这个指令至少有三种不同的理解：①用一句话概括三篇文章的内容；②用一句话概括《落日》的内容，再用一句话概括《勃兰特下跪赎罪受到称赞》《加拿大将“南京大屠杀”编入历史教材》两则消息的内容；③分别用一句话概括三篇文章的内容。事实上，学生对问题的回答，也正因为教师活动指令语的模糊不清而“异彩纷呈”。

（五）活动方式要适当

教学活动是没有一定之规，只要有利于教学目标达成，有助于学生完成学习任务都是适当的。但有些设计忽略了学生的起点能力，忽略了他们的最近发展区，使得所设计的教学活动难以帮助其达成教学目标。一位教师执教人民教育出版社七年级下册第五单元的《真正英雄》时，考虑到此文是美国总统里根为悼念美国“挑战者”号爆炸时逝去的七位宇航员而作的电视演讲，为了让学生从内心体悟到整篇悼词的感情基调，教师设计了请学生假定自己是美国总统里根，正站在电视转播机面前，面对全体美国人民发表这篇演说辞。但无论她怎么启发，学生都很难进入教师设计的教学情境。原因只有一个：学生既不是里根总统，也不是美国公民，更没有站在电视转播机面前发言的机会，学生在这些方面的学习经验与生活经验均是空白，所以无法走进教师设计的教学活动。

（六）教学活动要基于文本

阅读教学必须以文本为基础，切合文本的特点，可以高于文本，但不能脱离文本，更不能曲解文本。一位老师执教《信陵君窃符救赵》时，由讨论侯婴之死的价值上升到了生命观的研讨，这一教学活动完全是一种脱离历史背景的无限衍生，是对文本的一种曲解活动。

三、常见活动类型的设计策略

语文因其学习材料、学科特点的特殊性，有许多教学活动是只见于语文教学，而鲜见于其他学科的。下面主要针对语文学科独有的教学活动及设计策略作一简单的介绍，用案例的方式突出设计时的可操作性。

（一）读的活动

“读”是语文教学中常见的活动，也是一种最具操作性的学习活动。但在如今的语文课上却十分罕见。一节45分钟的课堂，听课者可以看到任何意想不到的教学活动，但就是难见应有的“读”书活动，就是偶然相遇，也不过是一些“水过地皮湿”的“装饰性”朗读，仅仅是为读而读。“读”的活动可分为默读、朗读、齐读、诵读、泛读、速读等。默读适合于学生独立品读，思考文章的情感所在；朗读易于教师考评学生是否对文章有了基本的语义理解及情感把握；齐读可以在开课之初使学生很快集中注意力；诵读适合于诗歌、抒情散文的学习；泛读便于学习文字浅显、故事情节跌宕的小说；而速读适合在规定的时间内迅速从文章中搜取所需的信息；分角色朗读能使学生更好地把握人物性格及情感的变化。

教学蒲松龄的《狼》，可以“默读”为主设计教学。教师只要设计好每一次“读”的任务及应达成的学习目标，并在学生读的过程中给予必要的技术支持即可。

初读：利用课下注释及常用文言词典逐句弄懂文中每一句话的意义，尽可能让学生用自己的话说一遍（这个初读的过程比较漫长，教师要有等的耐心。一般情况下用一节课的时间，班中学习比较慢的也能完成学习任务）；

再读：学生自己在不利用课下注释及词典的前提下，边读边完成课后的练习二：解释下列加点的词语；

三读：一边读文一边用笔画出“练习一”中三个问题的答案。要求学生先用原文回答，再用自己的话转述一遍；

四读：可以加一些想象把这个故事讲给同桌听；

五读：根据上下语境，补写两只狼的对话。

（二）分角色朗读

分角色朗读是学生进入文本角色、感受作者之情的有效途径。因其在朗读时需要对人物说话的腔调和语气进行恰切模仿，对对话双方情感和情绪进行合理传达，对角色性格和性情进行真实再现，促使朗读者更加深入地品析文本。使用分角色朗读时，就不能在上课时随意指名某某学生饰读某一角色，需要给学生一个充分准备的时间。使学生在课下充分准备的基础上，从描写角色的神态、动作的句子中体会角色内心活动和思想感情，挖掘角色的个性。这样，才能在饰读时读出人物的情感，正确表达角色的内心世界。（可参阅“悦读”部分的案例）

（三）圈点批注

圈点批注是语文教学中使用较多的一种学习活动。圈点，指阅读时利用一套自己能够理解的代表某方面意义的符号在文章的字、词、句段上圈点勾画。批注，即批语注释，是对文章的品评、鉴赏。批注的位置可以是“眉批”（批在书头上），可以是“旁批”（字、词、句的旁边，书页右侧），可以是“尾批”（批在一段或全文之后）。

下面两组学习材料，分别是清人脂砚斋对《林黛玉进贾府》一文主要人物出场的评点和现代作家王蒙对主要人物性格的评点。你可以试着将自己的评点写在最右边的一栏中。

表 2－2－5－1　圈点批注示例

脂砚斋评点人物出场	我的评点
王熙凤出场 第一笔，阿凤三魂六魄已被作家拘定了，后文焉得不活挑纸上？ 另磨新墨，搦锐笔，特独出熙凤一人。未写其形，先使闻声，所谓“绣幡开遥见英雄俺”也。 贾宝玉出场 与阿凤之来相映而不相犯。 林黛玉出场 又从宝玉目中细写一黛玉，直画一美人图。奇眉妙眉，奇想妙想。奇目妙目，奇想妙想。至此八句是宝玉眼中，此一句是宝玉心中。此十句定评，直抵一赋。	

续表

原文	王蒙评点	我的评点
因此步步留心，时时在意，不肯轻易多说一句话，多行一步路，惟恐被人耻笑了他去。	黛玉并非不谙人情世理，而且自律不谓不严。不仅听见，而且留“心”，在“意”。	
黛玉忙陪笑见礼，以“嫂”呼之。	忙陪笑，不敢造次。	
贾母笑道：“你不认得他，他是我们这里有名的一个泼皮破落户儿，南省俗谓作‘辣子’，你只叫他‘凤辣子’就是了。”	被嘲弄，也是得宠的标志。	
宝玉听了，登时发作起痴狂病来，摘下那玉，就狠命摔去，骂道：“什么罕物，连人之高低不择，还说‘通灵’不‘通灵’呢！我也不要这劳什么子了！”	以变态写人物，不但注意人物的常态，更注意其变态。	

（四）课文复述

复述课文是指在理解原文重点内容的基础上，自己组织语言，按一定的顺序，清楚、连贯地叙述课文中所描写的人物、事件、情节、环境等内容的教学形式，它是语文教学中很重要的一个学习活动。教师在设计复述课文这一学习活动时，可参阅下列的一些变化，使复述活动更利于学生的学习。

改换人称复述课文。

改换读者对象复述课文或讲故事。

改换目的复述课文。

尝试删掉课文的核心段落与非核心段落，让学生研究一下后果有何不同。

把课文中的某些段落调换位置，看结果会如何。

把课文的详写部分变成略写，略写部分变成详写，看结果如何。

改换开头结尾，续写课文。

画出课文的结构图或思路图。

变换文本类型，比如把故事改成诗歌、戏剧、电影文学剧本。

（五）头脑风暴

头脑风暴是把一个组的全体成员组织在一起，使每个成员都毫无顾忌地发表自己的观念，既不怕别人的讥讽，也不怕别人的批评和指责。语文教学中的许多问题都适合用头脑风暴帮助学生将个体知识转化成小组公共知识，再转化为班级公共知识，最后再形成学生个体认知图式中的个体知识。经过三次转化后的个体知识在全班同学的努力下，其知识的数量与质量均得到了数倍的增容。

1. 准备阶段

教师可根据学习内容，从班中挑出5～6个小组负责人；然后与小组负责人协商将班中的同学分别划分到不同的小组中，一般以5～10人为宜，同时确定小组中每个成员的角色分配（表2－2－5－2）；最后对即将要学习的内容进行一些预研究或活动预演，同时研讨预演过程中暴露的问题，弄清问题实质，找到问题的关键，设计几套问题解决的方案以备活动时使用。

表2－2－5－2　小组成员任务分配表

身　份	职　责
组长	组织讨论，分配发言机会，指导组员学习，解决学习过程中遇到的问题，纠正学习中出现的一些错误，协调学习进程
记录员	记录组内同学发言的基本情况及发言时的各种典型表现，整理组员说出的代表性答案，或者差异性比较大的观点
报告员	根据记录员及自己的记录整合组内各位同学的发言，组织语言，向全班汇报小组学习的结果
检查员	检查、督促小组成员的学习前及发言中的学习情况，开始头脑风暴学习活动之前，检查组内其他成员是否对欲讨论的问题或学习内容进行了准备
观察员	负责组内同学的发言技巧，如声音不能太大，但要能让组里的成员听清楚，是否使用了礼貌用语等，负责向执教老师汇报组内每一个成员的学习与发言情况

2. 热身阶段

活动开始前，教师先出示一部分学习内容，然后由小组长带领大家演练“风暴”开始前的各个环节，目的在于创造一种自由、宽松、祥和的氛围，让大家得以放松，进入一种无拘无束的学习状态。如一节课欲学会的是“省”、“潺”、“惮”、“皂”、“撺掇”、“橹”、“弥”、“相”等字的读音及用法。教师就可以先给出“省”这个学生比较熟悉的字，让小组内学生演练学习，熟悉活动程序。

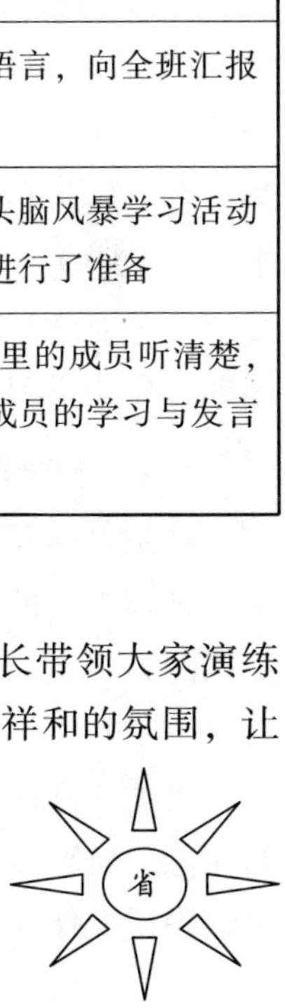

3. 明确内容

宣布学习内容时，只告诉同学们这节课欲解决的问题，不必过多讲解解决的方法与步骤，否则过多的信息会限制人的思维。使用这种方法学习古诗文可以扩充学生识记古诗文的范围。如尽可能多地写出描写（含有）“雪”的诗句。各组成员就可以“雪”为中心调动自己的诗文积累，以写出诗句最多，准确率最高的小组胜出。

4. 重新表述

经过一段时间的发言后，大家对问题已有了较深的理解。这时，为了使大家对问题的表述能够具有新角度、新思维，小组长或记录员可将大家的发言进行整理后通报给大家，从中找出富有创意的见解，鲜为人知的内容，具有启发性的表述，打开大家的思路，供下一步发言时参考。

5. 畅谈阶段

学习进行到这一阶段已接近尾声，全班同学的学习并非是同步前进的。这时个别完成规定学习任务的小组，可以在此基础上拓展学习内容。如，用刚刚学会的几个词语说一段话；用刚刚识记的诗句设计一个使用的情境等。

6. 汇报阶段

小组报告员从两个层面汇报小组的学习：一是组内每个成员的学习表现及他在此内容的学习中给小组贡献的观点、思想及知识；二是小组的学习结果。各小组汇报后，教师需要把小组的学习结果进行整合呈现在黑板或 PPT 上。由班中每一个学生根据呈现出来的内容，用 5 分钟左右的时间学习在本小组内没有学到的内容。最后这一步就是要将学生讨论出的所有内容，尽可能地转化成学习过程中的学习资源。

（六）网络论坛（聊天室，茶馆漫谈）

这是伴随着网络普及出现的一种新型的学习活动。这类学习活动一般是课后延伸学习的一种形式，目前还没有在常规的教学中普及开来。使用网络论坛的方式进行语文学习有两种形式：一种是无主题漫谈；一种是有主题讨论。

无主题漫谈是随时答疑。是师生在论坛上就所提出的问题进行无针对性的讨论，对哪一个问题感兴趣就对哪一个问题发表自己的看法。学生在学习过程中遇到任何疑难问题，都可随时在讨论区中发帖提问。

有主题讨论是预先拟订议题，有明确的问题指向，师生针对问题在线发帖，无关所提问题的发言为无效帖子。这里摘录了北京师范大学第二附属中学的一个班级论坛中，针对《祝福》中的“柳妈”进行的发帖讨论：

▶ **高明**

同是苦命人的柳妈们为何竟如此作践祥林嫂，为什么？我想，解决了这个问题就相当于顺便讨论了为什么麻木的人们会那样麻木下去。这可能还真不是一句"上天堂的梯子只有一部"就能说清楚的。我想，这头等原因便是她们的自保。在苦难的生活中，她们只有与有势力的"我们"保持一致才能得到精神上的喘息。但凡她们中的某个个体表现出与"异端"祥林嫂稍有亲近的迹象，即脱离了她们的"立场"，就会立即被"我们"孤立，沦为祥林嫂一样的"她"。

这第二个原因便是藏在人们内心深处的恶。在仁义道德被滥用于一切的时代，人们也只有装出一副恭顺温良的样子才能被同样痛苦地装成同样恭顺温良的样子的他人接纳。而人性中恶的本质是不可能被这种伪善所排解的，也就必然发泄到最弱势的祥林嫂身上。一个被封建礼教禁锢成了典型良民的女人哪里是强大的"我们"的对手?!

▶ **李明倩**

这段话可以说是柳妈自己创造出来的一个新故事，我们尽可以相信她并没有什么企图打垮祥林嫂让她自杀或者沉郁而死的念头，她没这个动机也没有这么高的智商，她仅仅是因为生活的过于无聊而创造刺激，她想看这个新故事能给祥林嫂带来什么，她想看祥林嫂的反应，说白了，想看祥林嫂更加痛苦，更加绝望，更加声嘶力竭。唯有这样的事的冲击，才能给她，以及与她一样的许多看客一些刺激和活下去的动力。

（七）班级作文

班级作文是一种简单易行、便于操作，又能激起学生乐于参与的教学活动。目前班级作文有两种形式：一种是全班同学在一个作文本上写一篇作文，这个作文本放在固定的地方。由一个同学执笔写下第一部分内容后，其他继续写作的同学所写的内容要与前面同学已经完成的内容相照应，不能脱离基本的写作线索与写作情节。这种形式适用高年级的作文练习，可以训练学生写作过程中前后照应与写作思路的贯通。另一种是将班级分成若干个小组，各小组的同学在各组的作文本上按天轮流写一篇完整的作文，后写的同学要先阅读前一个同学的作文并对其作出点评，然后再写自己的作文，完成后转交给第三位同学……以此类推，作文本形成直线流动。在流动过程中，甲、乙、丙、丁、戊……互相学习，互相帮助。一个月以后，各组进行一次成绩汇总，评出优秀写作组。

（八）课本剧

课本剧是教学有故事情节的文章时常用的一种教学活动。但这一活动的使用已走入了误区，有被滥用之嫌。活动中教师只重视表演的形式和表演的瞬间，忽略了对文章语言表述方式不同的学习与转换。除教科书中选编的剧本作品之外，其他任何一篇文章都不是为表演而创作的，所以表演课本剧之前，教师应指导学生先对课文的语言进行更深入的理解与学习，然后在此基础上将文章中的语言一句句地转换成符合人物性格特征的剧本语言，剧本语言的一个最大特点就是生活化与戏剧化。从课本剧的创编到表演结束，最能提升语文能力的是语言转换，这个转换的过程是语文学习的重要一环，也是用课本剧学习课文的目的所在，是情境中语言的恰当运用过程，而不是舞台上的瞬间表演。

◆ **思考**：请补充一个文中没有列出的语文教学活动，并给出它的设计方法及使用中注意的问题。

◆ **方式**：头脑风暴。

【延伸阅读】

★ 伊瑟尔. 阅读活动——审美反应理论[M]. 金元浦，周宁，译. 北京：中国社会科学出版社，1991.

★ 唐建新. 中学语文教学活动设计[M]. 北京：北京大学出版社，2005.

【悦 读】

“分角色朗读课文”教学浅谈①

刘元俊

《荒地》是西师版课标实验教材一年级上册的一篇课文，全文为：屋子后面有块地，/大家商量种东西。/公鸡说：“种高粱。”/鸭子说：“种玉米。”/兔子说：“种萝卜。”/猴子说：“种桃子。”/年年月月，争来争去，/直到现在，还是荒地。

本课编排的课后练习第一题是“分角色朗读课文”，这是该套教材第一次提出这样的要求。分角色朗读是学生十分喜欢的朗读形式，也是培养语感的重要途径。面对一年级的小学生，凭借这样一首儿歌，如何指导他们

---

① 刘元俊. “分角色朗读课文”教学浅谈［J］. 小学教学参考，2009（4）：16.

进行分角色朗读训练呢？我们先来看看关于这个内容两种不同的教学方式：

片段一

（在学习生字、读顺课文的基础上出示儿歌第三至六行）

师：在荒地里种什么呢？自由读一读这几行儿歌。

生：（自由读后）公鸡说："种高粱。"鸭子说："种玉米。"兔子说："种萝卜。"猴子说："种桃子。"

师：为什么不种一样的东西呢？

生：公鸡喜欢吃高粱，鸭子喜欢吃玉米，兔子喜欢吃萝卜，猴子喜欢吃桃子。

师：他们都想种自己喜欢吃的东西。所以，就争来争去。

师：想一想，他们争来争去该怎样读？练习练习。

师：谁来读一读？

（指名读，自由练读，再指名读）

师：他们争起来，声音是大还是小？语速是快还是慢？再练习读一读吧。

（指名读，齐读）

师：小朋友们在美术课制作了这四种动物的头饰，把头饰戴起来。你戴了哪种动物的头饰，就读哪种动物的话。

生分角色读。

师：这就是分角色朗读，喜欢吗？我们再来分角色读一次。

片段二

（学习生字、读顺课文后）

师："大家"都有谁呀？

生：公鸡、鸭子、兔子、猴子。

师：小朋友都认识他们吗？看看插图，指给同桌小朋友看看。还可以学学他们的叫声、学学他们的动作。

生活跃地指认角色，模拟叫声、动作。

师：就是这四个小伙伴商量在空地上种东西。他们是怎么商量的呢？谁来读给大家听听。

（生读）

师：你为什么把公鸡的话读得又急又响，却把鸭子的话读得又慢又低呢？

生：公鸡都是这样叫的。鸭子走路慢吞吞的，声音是沙哑的。

师：这四个小伙伴各有各的性格，所以你就读出不同的语调，是吗？小朋友们像他这样练一练吧。

（生练读、指名读）

师：这四个小伙伴商量出结果了吗？

生：没有！他们争起来了，谁也不让谁。

师：他们怎样争呢？前后方四人组争一争。

（生练习）

师：这四个小朋友争得脸都红了，请你们来争给大家看看。

（生分角色读）

师：真是各不相让啊。同学们想不想都来读一读啊？

师：你想扮哪个角色就扮哪个角色。注意按老师的提示来读：

屋子后面有块地，大家商量种东西——

一看意见不统一，大家急得争起来——

争来争去不相让，一声更比一声高——

师：还想来一次分角色朗读吗？这次要注意你扮演的角色的特点，也可以模仿角色的动作。

评析

笔者认为第一个教学片段不是分角色朗读，而仅仅是轮读。从四个角色相争时的声音大小、语速快慢的指导，关注的是朗读的外在形式，忽略了对内容和情感的感受和领悟，这是本末倒置、高耗低效的朗读指导。第二个教学片段先抓住“商量”这个语言环境，结合插图和生活实际，激活文中角色在学生头脑中的形象，读出不同的角色在商量时的不同语气，目的是体会角色的情感与个性。然后抓住“争来争去”这个语境，引导学生分四人组还原相争的动态过程，目的是感受和体验角色的内心情感的变化。最后，设计按老师的提示来分角色朗读，这个训练就水到渠成了。

这两个教学片段的对比启示我们：朗读指导的实质是培养学生阅读能力的过程，朗读既是目标，更是方法，语文教学要重视朗读教学的设计，以提高阅读教学的效率。分角色朗读是朗读的一种形式，分配不同的人朗读不同的文本角色不一定就是分角色朗读，至少不是有效的分角色朗读训练。分角色朗读应在充分阅读课文的基础上进行，指导的重点应落在体会角色的内心活动和思想感情，挖掘角色的个性上。

第六讲　黑白融合的教学板书

随着计算机辅助教学走入中小学课堂，结束了一本书、一块黑板、一根粉笔的教学时代，多媒体辅助教学带来的不仅仅是“声”、“光”、“电”、“影”等对学生视听觉的冲击，更重要的是教学方式的变革。如何实现传统板书艺术与现代高新教学技术的完美对接，则是现代语文教学设计必须关注与研究的问题。语文是一门学习语言的课程，语言的学习不仅需要教师自身的言传身教，更需要直观形象的动画效果来帮助学生完成对于语言的理解与内化，多媒体辅助教学在此起到了不可替代的作用。

核心内容

定义 板面书写的设想和计划，它是根据教学要求，运用教育直观性原则，通过精心构思而有计划地在黑板上书写的精要醒目的文字或图表。

原则 目的性与针对性　直观性与形象性　条理性与清晰性　精要性与新颖性　示范性与易懂性

类型 文字板书　图形板书

策略 抓住课文的中心进行设计

从文章的结构思路入手进行设计

从课文的重点内容进行设计

从文章的重难点入手进行设计

从文章的题眼文眼处进行设计

从文章的矛盾对比之处进行空白设计

学习准备

语文课上，随着鼠标的点击，一幅幅与课文相关的精美图片，一张张地在学生的眼前闪过，令人目不暇接。教师课前预设的“问题”也随着 Powerpoint 画面的变换一个个展现在学生面前，老师也在学生满意的回答中点击着一个又一个的“标准”答案，并井然有序地在黑板上张贴着事先打印好的纸条，纸条一张张地被粘在了黑板上。下课的铃声响起，黑板上什么也没留下……

这是一种在当今语文课堂上常见的现象，你如何评价这种现象呢？要求：你所选的论据一定要能证明你的观点。

你的评价：

一、教学板书的界定

板书设计，有人称为板画。它是根据教学要求，运用教育直观性原则，通过精心构思而有计划地在黑板上书写的精要醒目的文字或图表。① 依据所使

① 王松泉. 语文教学法中一门新的学科——“板书学”浅论［J］. 娄底师专学报，1984（1）：9－26.

用的书写与呈现工具，板书可分为传统板书和现代板书：传统板书是指以粉笔为书写工具，在黑板上用文字、线条、画面等符号展示的课文重点内容，即人们通常所说的“黑板板书”；现代板书是指运用现代计算机技术，综合运用文字、图形、图像、声音、动画和视频等多种手段，通过白色屏幕呈现出来的，包括投影板书和课件板书。

二、传统板书与现代板书的关系

传统板书和多媒体板书在本质和功用上是基本相同的，都是基于教学目的以文字、线条、图画等符号呈现给学生的视觉信息。只是多媒体板书增加了声音与动画的效果，使原本静态的呈现，因教学的需要而呈动态展示。两种板书模式具有不同的特点，各有优势和不足（表2－2－6－1）。

表2－2－6－1　传统板书与电子板书特点对照表①

类型 特点 项目	传统板书	电子板书
承载信息量	信息少	信息多
技术要求	低	高
呈现样式	较少	较多
制作所需时间	较少	较多
呈现方式	单一，简便	丰富，复杂
呈现特点	生成性突出	预设性突出
互动特点	易于随时圈画重点及讲评	易于当时应用与讲解
整体体现	全面，能再现重点和难点，便于回顾	不全面，重点和难点不突出，不便于回顾

三、设计教学板书的原则

教学板书是教师在教学过程中根据教学思路，借助书写在黑板或其他载体上的文字、线条、图画等简洁而直观的符号帮助学生理解课文内容的一种解读方法。成功的板书既能培养学生的概括和逻辑思维能力，又能提高学生阅读技巧和速度。以下是设计板书时应遵循的原则。

① 李明伟. 板书：在传统与现代的结合中穿行［J］. 江西教育，2008（7－8B）：4－5.

（一）目的性与针对性原则

无论是使用传统板书还是多媒体板书，都要依据教学目标与教学内容的特点，恰当地选择板书类型，清晰地呈现重点教学信息，有针对性地进行板书设计。板书存在的全部价值在于它能有的放矢地体现教学意图，揭示教学重点，从而提高教学质量与效率。如教学目标是指导学生理清文章情节，明晰文章脉络，那么以文章思路为主体设计板书就能很好地呈现出板书的针对性，突出教学的目的性。吴建的《故乡》就以呈现文章思路的板书设计[①]帮助学生梳理小说的情节发展。

- “我”
  - 近故乡——见到故乡时的悲凉心情
  - 在故乡——回到故乡时的所见所闻
  - 离故乡——离别故乡时的无限感慨

（二）直观性与形象性的原则

板书对学生是一种视觉刺激，设计得越形象有趣，越能引起学生的注意，在不知不觉中加深了学生对课文内容的理解和记忆。如李明信设计的《鸿门宴》[②] 就极其直观形象地说明了整个鸿门宴的发展过程。

- 鸿门宴
  - 宴前（发生、发展）
    - 曹无伤的告密
    - 范增说服项羽
    - 项伯的告密
    - 张良出谋划策
    - 项伯说服项羽
    - → 失去警惕（轻敌）
  - 宴中（高潮）
    - 刘邦谢罪
    - 范增举玉佩
    - 项庄舞剑
    - 樊哙闯帐
    - → 坐失良机
      - 寡谋轻信
      - 沽名钓誉
      - 直率坦诚
      - 优柔寡断
  - 宴后（结局）
    - 刘邦逃回军营
    - 项羽接受礼物
    - 范增斥责项羽
    - 诛杀曹无伤
    - → 放虎归山（用人不善）

（三）条理性与清晰性的原则

板书具有对教材进行概括与总结的作用。借助板书学生能更好地领会教

---

① 吴建. 课堂板书设计——不该被忽视的重要环节［J］. 中学语文，2008（36）：44－45.

② 李明信. 板书——帮助学生理解课文的一条路径［J］. 现代语文，2009（4）：58－59.

师讲授的内容。设计板书时除突出教材主要内容外，也应讲究板书的布局，尽可能地按顺序、有条理、清晰地呈现出所授教学内容间的逻辑层次。如孙永河设计的《想和做》①。

想 和 做

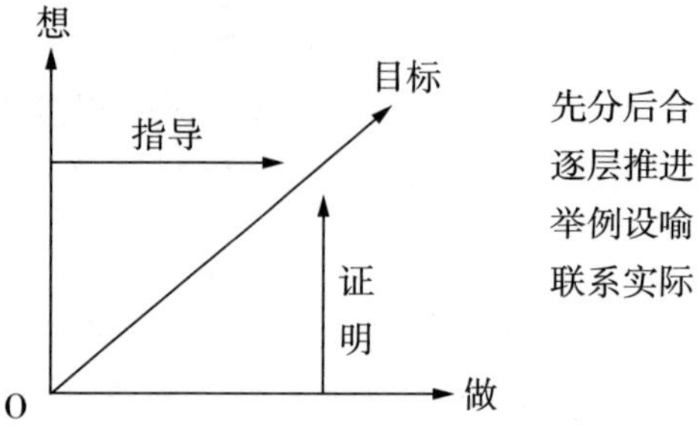

（四）精要性与新颖性的原则

好的板书是不必面面俱到的，用精练简洁的文字或符号高度概括复杂的课文内容，往往能起到以简驭繁、语约义丰的效果。在关注精要简约的同时，还要注意板书的新颖性，板书的设计可以利用“陌生化”的艺术手法为学生创设出学习的期待视野。如，吴建设计的《药》和《项链》②。

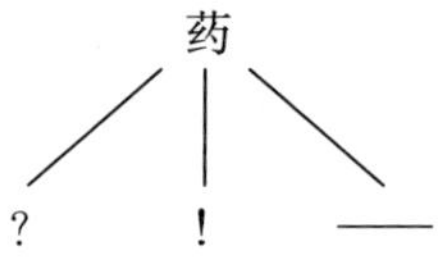

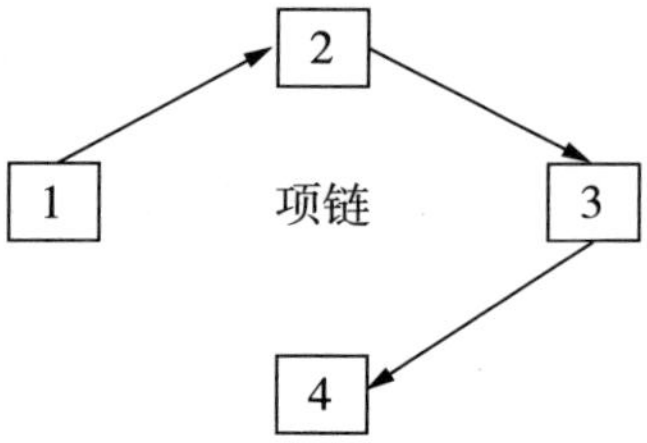

（五）示范性与易懂性的原则

板书的作用是为了帮助学生借助提纲挈领、形象简洁的文字符号更好地理解教学内容，同时它还有向学生展示教学思路、指导学习方法的示范作用。因此，板书设计就要符合学生的知识水平，年龄特点及接受能力，使学生容易看懂。如张吉扬的《三个儿子》③。

---

① 孙永河. 板书设计六则［J］. 语文教学通讯，2001（3）：21.
② 吴建. 课堂板书设计——不该被忽视的重要环节［J］. 中学语文，2008（36）：44－45.
③ 张吉汤. 板书设计要体现教学内容的主题［J］. 江西教育，2009（6）：56.

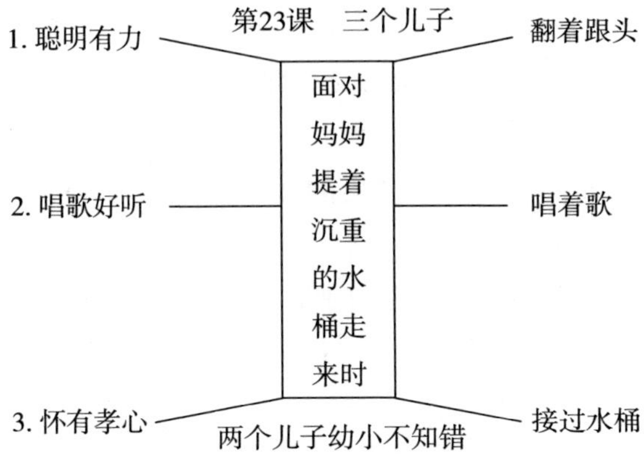

四、教学板书的类型及设计策略

依据书写工具的差异，板书可分传统板书与多媒体板书；依据符号类型可分为文字板书与图形板书；依据使用频率可分为常规板书与非常规板书；依据呈现形态可分为平面静态的板书与立体动态的板书；按照设计的主体可分为学生板书与教师板书。由于传统以粉笔的形式写在黑板上的板书，与以现代媒体工具呈现在白色电子屏幕上的板书，就显现的内容而言没有什么大的差异性，其功能与性质还是一样。所以，在此就不分别对其设计策略进行介绍，而是将根据板书的常见形态及具体的使用情况分别介绍文字板书与图形板书的设计策略。

（一）教学板书的常见类型

1. 文字板书

文字板书是指运用文字、线条等简单的书写符号，写在黑板或电子屏幕上的，在语文课堂教学中经常使用的板书。主要有以下几种类型。

① 提纲挈领式的板书

提纲挈领式的板书以呈现课文主要内容为设计核心，把课文内容按段落层次，简要地进行概括，旨在帮助学生在头脑中建立起阅读的整体图式，如李萍设计的《掌声》[①]。

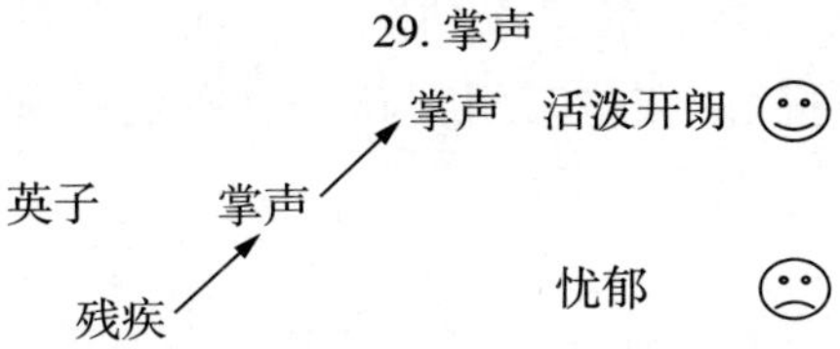

①② 李萍. 请不要冷落“板书”[J]. 小学语文教学，2008（8）：48－49.

【解读】《掌声》一课的教学重点是引导学生感受英子在掌声前后情感的变化。教者以“两次掌声”为核心，独具匠心地设计了这则图文并茂、简洁美观的板书，很好地突出了教学重点。两个带有不同表情的脸谱“☺”“☹”，形象地再现了英子在掌声前后的心理变化。

② 指导学法的板书

这类板书以指导学生如何学习与理解课文的主要内容为旨归，以教给学习策略、强调学习过程为目标，清晰地呈现每个学习步骤，旨在为自学或课外阅读服务，如《亡羊补牢》[2]。

寓言　　　　　　　　读通

丢了　亡羊　补牢　羊圈　　　　读懂

一个人，如果做错了事，就要及时改正。　美读

【解读】这则板书清晰地呈现了读懂一个寓言故事的“三步曲”。拿到一个寓言故事，首先要让学生借助字典等工具书读通这个故事；其次要凭借课题来读懂故事内容。从板书中我们可以清楚地看出，“亡羊”就是“一个人如果做错了事”，“补牢”就代表着“要及时改正”。像这样的板书，对学生的帮助是很大的，学生以后再读寓言就算没有老师教，也能读懂了。

③ 对比式板书

有些课文适于采用对比板书。在对比的展开中可以使学生更深入理解课文的情感色彩，如《罗盛教》的设计[1]。

罗盛教
- 第一次　摸
- 第二次　吸、托、使劲
- 第三次　深深地吸、顶、使尽

【解读】从板书可以看出有三组对比。第一组“吸”和“深深地吸”的对比。“吸”是由于在水中时间长造成；“深深地吸”突出了罗盛教已体力不支、极度缺氧。第二组对比，“摸”是摸索寻找；“托”用双手臂力之意；“顶”则是全身的力气。第三组“使劲”与“使尽”的对比，看出罗盛教已精疲力竭，处境非常危险。在这三组对比中，我们看到了罗盛教舍己救人的人格。

---

① 赵玉花. 几种常见的板书形式［J］. 北京教育，1997（10）：31.

2. 与学生一起书写板书

板书一般是以教师的归纳、总结、书写为主，鲜有教师肯放开手脚，大胆地让学生走上讲台与自己完成板书的设计与书写。王晶菁和向守万老师在教学中尝试与学生一起完成教学板书，起到了意想不到的教学效果。王晶菁与学生一起完成了《大地的话》的板书设计，经过大家的讨论得出结果如下①：

种子	到我怀里睡	一切有生命的精灵都是我的宝贝	果实—嘟噜—嘟噜往下坠
飞鸟	在我胸前飞		清脆歌唱
游鱼	给你足够的水		不怕困难勇往直前
小草	给你一定的地位		送给大自然一床绿被
……		大地爱护自己所有的宝贝	……

【解读】这个板书与我们一般设想的不同，这一课设计的板书一般没有最右边括号里的内容，可是孩子们认为应该在板书里加入孩子们给大地母亲的回报，所以又加入了右边的内容。虽然这个板书并不完美，但这里凝结着孩子们的智慧，述说着他们对课文的理解，会聚着他们所想要表达的感情。

向守万在教学中以选填的形式，指导学生阅读课文，寻找关键词，概括文章内容，以留白的形式让学生填充并完成老师设计的不完整的教学板书，板书中的一个个箭头指向就是对学生阅读理解思路与方向的指导，在学生寻找恰当词句完成板书的过程中，彰显了教师在教学过程中的主导作用。向老师与学生一起完成的选填式板书主要有以下几种形式②。

① 选词填空。向老师为《大海的歌》设计了选词填空的板书。向老师提供的选填内容是：吊车、石油钻探船、海轮、白云、蓝天、碧海、朝阳。

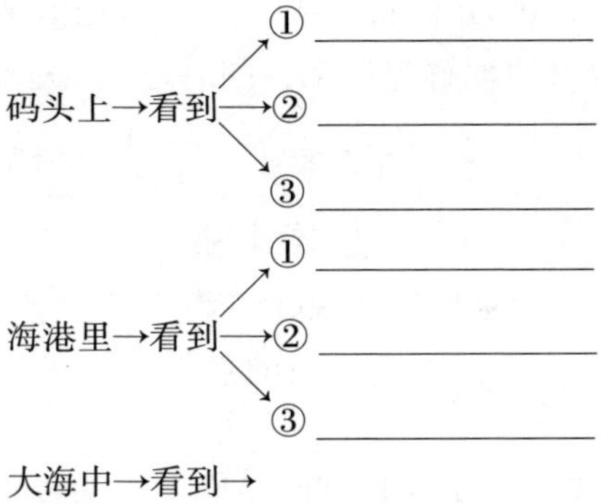

① 王晶菁. 让学生进行板书设计的尝试［J］. 2008（12A）：19.

② 向守万. 小学语文参与式板书设计八例［J］. 小学教学参考，2005（7，8）：94. 文中板书为向老师所设计，其他阐释性文字为作者所加。

【解读】这则板书，重点是引导学生理解课文内容。设计此类板书，一般可先设计好一个框架，提供一些选填内容，让学生在自主阅读的基础上，选择一些相关内容填入空白处，形成一副完整的板书。

② 提问展开。这种板书一般情况下是在教学问题的指导下，一边解决教师所提的问题，一边填充板书中的空白，如《将相和》。

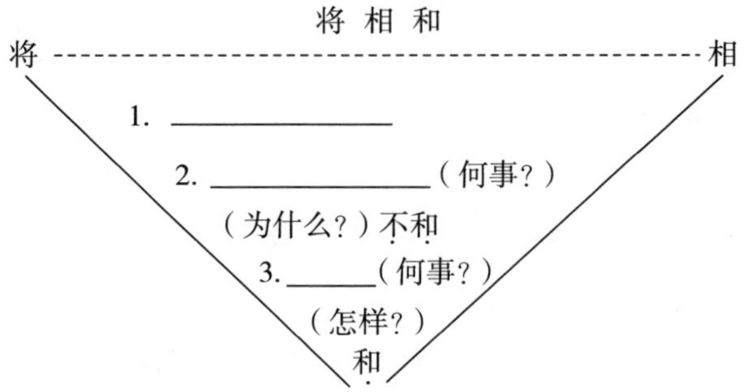

【解读】这种提问式板书通过设疑、激趣，提高学生阅读、解疑的欲望，培养学生思维能力、探究和解决问题的能力。学生根据这样一则探究图表，先体会打着重号的词“和”与“不和”这一对意思截然相反、矛盾的词语，把学生的阅读思维带入疑问之中：文章是写将相和，还是不和？并由此产生强烈的揭秘心理。接着提出几个问题：写什么事？将相为什么“不和”？又是怎样和好的？通过对这些问题的思考，引导学生研读课文。

③ 依文调序。中小学语文教科书中有许多时间和空间序列性非常强的课文，学生由于受其认知水平的限制，往往在学完之后很容易将文中的事件顺序在头脑中搞乱。针对学生在学习中出现的问题，可设计《西门豹》这样的板书，将文中出现的事件顺序搞乱，然后要求学生依文调序，以强化学生对文中所叙之事的前因后果的理解与记忆，同时也训练了学生的逻辑思维能力。

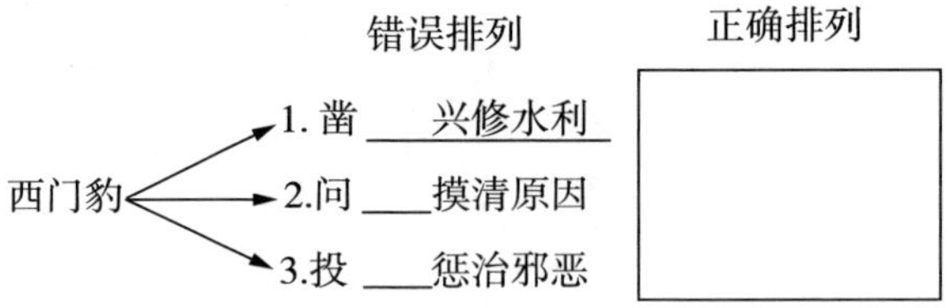

【解读】这种板书是让学生在自读的基础上，通过学生对错误顺序的重新排列，重点引导学生弄清事情发展的顺序，进行逻辑层次的思维训练。

④ 连线匹配。这种方式其实与依文调序的设计方式有异曲同工之妙。设计板书时，教师有意将文中以主人公为核心的关键性信息的次序弄乱，然后通过学生细读文章将相互关联的信息用线条连接在一起。其主要目的就是训

练学生把握文章思路，训练学生依主题组材的能力。如《穷人》的设计，把下面表现渔夫的相关内容用线连起来。

语言	严肃	忧虑	正在想办法
神态	搔后脑勺		作出了决定
	把他们抱过来		
动作	总能熬过去	觉得是个问题	

【解读】这种板书在阅读教学中主要通过让学生连线，帮助学生理清文章的结构层次，了解作者写作思路或弄清事物之间的内在联系。

⑤ 对比填空。就是依据课文中正反两种形象或观点，由学生通过阅读在课文中找出意义相反或相对的语句，以此帮助学生建立起辩证思维的能力。如《坐井观天》一文的板书设计：

坐井观天

青蛙				小鸟
______________				______________
天：_________				天：_________
我不会弄错	→	？	←	你弄错了

【解读】这种板书对比鲜明，易于操作，而且有助于培养学生的独立思考习惯。学生通过自学课文，常留下很大的空间，根据板书中的提示完成填空内容，不仅对课文内容有了一定的了解，也为理清层次，概括中心打下了基础。这样可以充分调动学生的学习积极性，鼓励学生根据提示及课文内容自己填充，有利于培养学生的创造性思维。

⑥ 图形模仿。这类板书要求学生在阅读课文的基础上，将文中形象的语言转换成笔下的图形，通过学生展现在纸上的图形，教师就能初步判断学生对文章中的关键点是否理解了，能够与学生一起商讨问题出在了哪里，并给他们提出相关的修改建议。例如《雪地里的小画家》：

雪地里的小画家

小鸡	小狗	小鸭	小马	可爱
________	________	________	________	美丽

【解读】这种板书以直观的图画代替抽象的文字，让学生在理解课文的基础上将小动物们在雪地上留下的脚印用图画出来，图文并茂，形象具体，有利于学生加深对课文的理解。画画也是小孩子比较喜欢的一种学习活动。

3. 图形板书

“图形板书”看似简单，但设计时比文字式的常规板书要复杂得多，它要求教师在吃透教材的前提下，抓住课文的要害部位，用图文结合的方式设计出理想的“图形”来，以用最经济的符号呈现课文中的主要内容。常见的图形板书有以下几种类型①。

① 几何型。几何型的板书主要是以几何图形的形式，辅以文字呈现指导学生理解文章的一种板书类型。几何型板书设计的优点在于：新颖、简明，为学生喜闻乐见，便于学生记忆。有些解说事理的说明文或按照故事情节发生变化的文章，可以运用几何型进行板书设计。《皇帝的新装》以“圆形”为核心，将皇帝受骗形象地呈现给了学生，让学生清晰地看到骗局的过程。

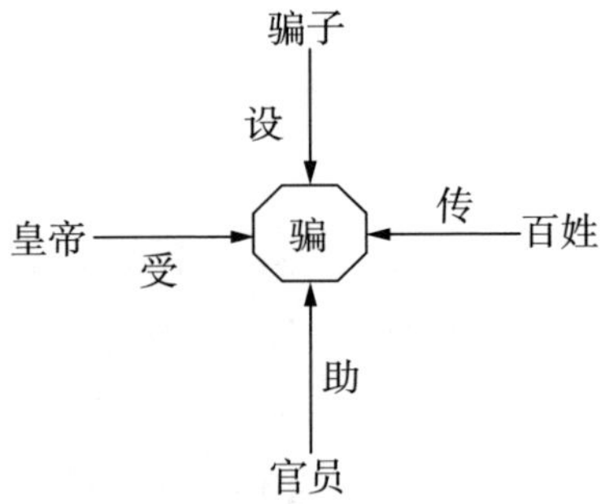

【解读】这个板书说明在这个骗局中众多人物的表现是不同的。骗子为了赚钱行骗；皇帝愚蠢受骗；官员渎职受骗，老百姓以讹传讹。可见，这是一个由众人推波助澜的大骗局。

② 阶梯型。有些按时间顺序说明事物变化的说明文或以作者感情变化为线索组织全文的文章，可以设计成阶梯型。阶梯型能形象地展示出事物变化的层级特点，有助于学生对陌生的、抽象事物的理解。如《看云识天气》。

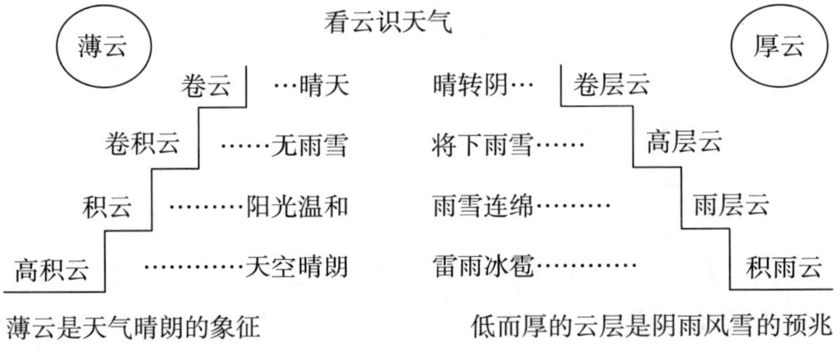

【解读】从图中可以看出天空中的薄云和厚云分别有哪几种，云的高度以及出现各种云时的天气特征。“薄云是天气晴朗的象征，低而厚的云层是阴雨风雪的预兆”，这是全文的纲。阶梯型板书设计的优点在于：直观、巧妙，能体现文章的脉络，便于学生了解课文内容。

③ 图表型。这是教学板书中常用的一种设计形式，也是相对于其他图形

---

① 此部分所用案例，除特别注明的之外，均出自：李金昌，杨本光. 语文课堂教学板书设计探微[J]. 山东教育，2009（11）：36－37.

类型相对比较简单的一种形式。图表型板书设计的优点在于：清晰醒目，可让学生一目了然，如《扁鹊见蔡桓公》。

扁鹊	见	蔡桓公
疾在腠理	立有间	无疾
病在肌肤	居十日	不应，又不悦
病在肠胃	居十日	又不应，又不悦
主动诊病		讳疾忌医
还走	居十日	使人问
逃秦		痛、死
躲避诊病		终必丧生

【解读】这个表格展示了扁鹊给蔡桓公诊病的过程，扁鹊诊病时间以及蔡桓公的态度和后果。

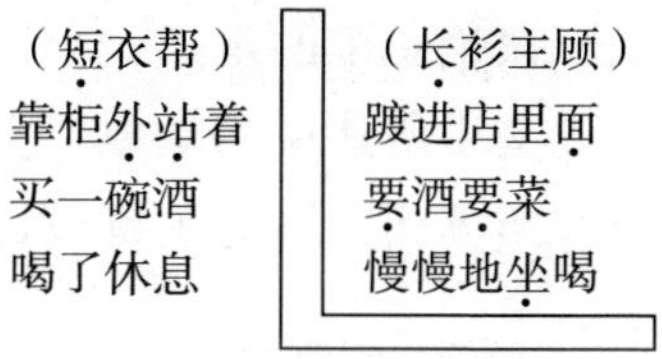

④ 仿物型。仿物型就是仿照事物的形状而进行的一种板书设计。这类板书适用于形象特点比较丰富、突出的课文，通过模仿文中物体的形象可以使学生易于记住文中所写事物的有关内容。仿物型板书设计的优点在于：因为板书能仿照事物的形状，因而给人一种新奇、新巧的感觉。如《孔乙己》的曲尺柜台①，呈现出故事主人公所处的那个等级森严的社会环境。

【解读】教师先在黑板上画一个木工的“曲尺”，然后再启发学生回答下述问题：“常到酒店喝酒的有哪两种人？这两种人的服装、举止和喝酒的时间、数量、方式有什么不同？”根据学生的回答，在曲尺柜台内外，分别填上长衫主顾和短衣帮的不同表现。通过一“短”一“长”，一“里”一“外”，一“站”一“坐”，只“买一碗酒”和“要酒要菜”的板书，鲜明地揭示出封建社会里阶级的对立和等级的悬殊。学生看了板书，就能形象而深刻地认识到，鲁迅先生所描写的柜台，实际上是一条阶级的分界线。

（二）设计教学板书的常用策略

教学板书的设计与教师对文章的理解有着密切的关系，教师对文章解读的差异，可以直接从他设计的板书中呈现给学生。虽然教学板书彰显的是教师的个性化劳动的结果，但还是能寻到一些规律性的常用策略。

① 田爱香. 课堂教学板书的心理作用［J］. 菏泽师范专科学校学报，1997（3）：53－55.

1. 抓住课文的中心进行设计

“中心”即主题思想，人物的性格，事物特征，围绕文章的中心设计板书可以起到数线穿针的作用。宁鸿彬的《变色龙》就围绕文章“变”与“不变”的主题将散落在周围的琐碎线条穿引到了这根“针”上，透过主人公奥楚蔑洛夫“善变”——见风使舵的表象，抓住他“不变”——媚上欺下的本质。

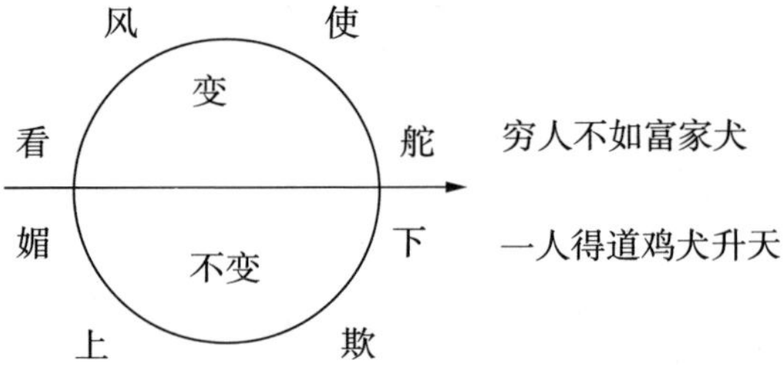

2. 从课文的重点内容进行设计

这里的内容主要指课文本身说了什么。记叙文中的事件，说明文中的对象，议论文中的观点，小说中的故事情节，诗歌中的情感等。《苏州园林》就是以文中所述说明对象“苏州园林”的特点，从“大部”和“细部”两个方面介绍苏州园林的关键设计的。①

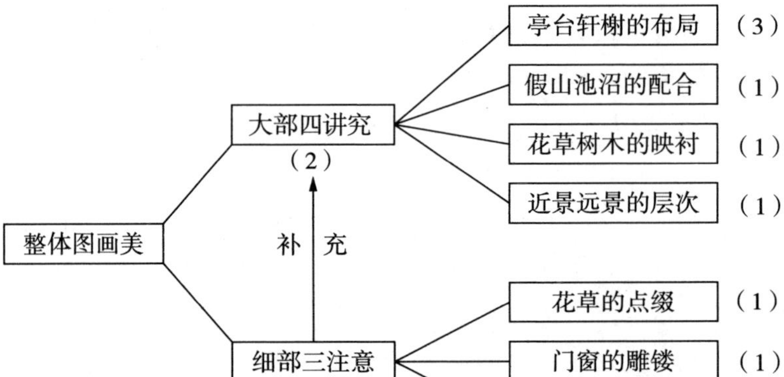

3. 从文章的结构思路入手进行设计

思路是指作者写作时安排文章材料的次序，即文章写作的主线或线索。记叙文的叙述顺序（倒序、插序）；说明文的结构顺序（总—分，分—总，总—分—总）和说明顺序（时间顺序，空间顺序，逻辑顺序）。如《地球是圆的

---

① 郝彩凤. 浅说教学板书［J］. 山西教育，2008（7）：57－58.

吗?》是按时间的说明顺序设计的①。

4. 从文章的重难点入手进行设计②

板书设计应“三五步走遍天下，七八人百万雄兵”，集“四路”（教材的编排思路 、作者的行文思路、教师的导读思路、学生的阅读思路）于一体，熔“三点”（重点、难点、特点）于一炉，而这“三点”正是教师实现教学目标和学生获取新知识的主要内容。因此，于文章重点难点特点处设置空白以激疑生思，能督促学生快速进入角色，定向释疑解惑，梳理文章内容，体会作者匠心，如《药》的板书。

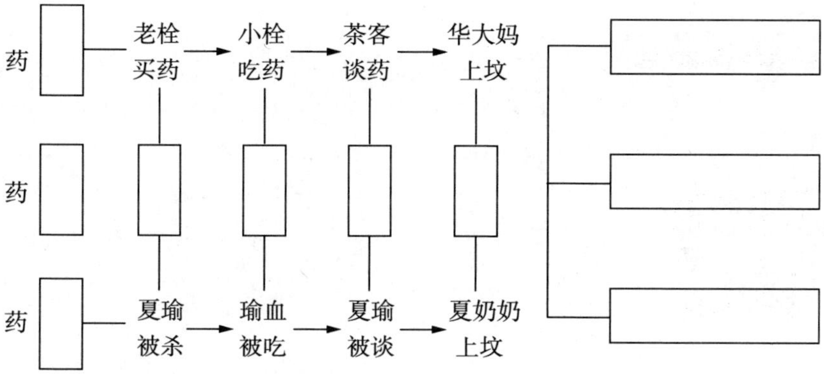

5. 从文章的题眼或文眼处进行设计

文章的题眼文眼统摄全篇，是观察的出发点、选材的侧重点、内容的核心点、思想的闪光点、主题的聚集点。对这些地方不必全部呈现，应由教师“画龙”，让学生搜索原文、推敲词语、推理演绎来“点睛”，以收片言居要、百意烛照之效，如《风景谈》。

6. 从文章的矛盾对比之处进行空白设计

板书设计应挖掘课文的可比较因素，就一篇内容或多篇之间某一侧面、角度作相类相关相反的比较。设计时，教师可明确显示某要素特点。空出其

---

① 郝彩凤. 浅说教学板书［J］. 山西教育，2008（7）：57－58.

② 以下参阅：孙春成. 给语文教师的 101 条建议［J］. 南京：南京师范大学出版社，2007：399－404.

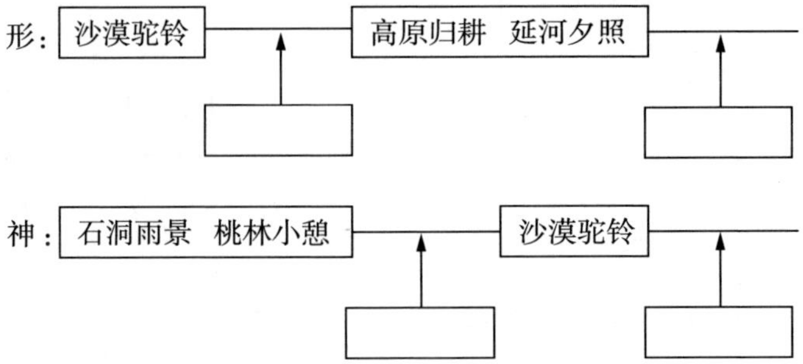

相邻面，让学生或横比或纵比或正反比或交叉比，以掌握诸要素的共性个性，如《祝福》。

祥林嫂肖像
- 第一次：白头绳，脸色青黄，两颊红，顺着眼。
- 第二次：
- 第三次：

◆ **思考**：如果你是小学一年级的一位语文教师，你今天要教 ao、ou、iu 三个复韵母，义务教育人教课标版教材如下。你会设计怎样的板书来帮助你的学生学习 ao、ou、iu 三个复韵母的认读与拼读呢？

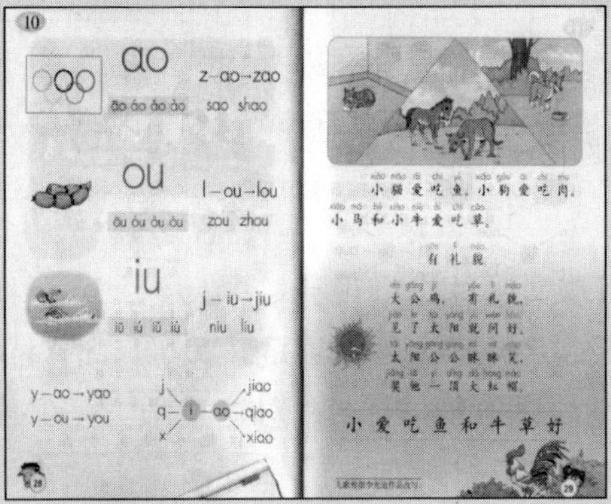

◆ **方式**：独立设计，请同伴点评。

【延伸阅读】

★ 孔庆东. 审视中学语文教育[M]. 汕头：汕头大学出版社，1999.

★ 王松泉. 语文教学法中一门新的学科——“板书学”浅论[J]. 娄底师专学报，1984（1）：9－26.

【悦 读】

《变色龙》板书及教后反思

于漪[1]

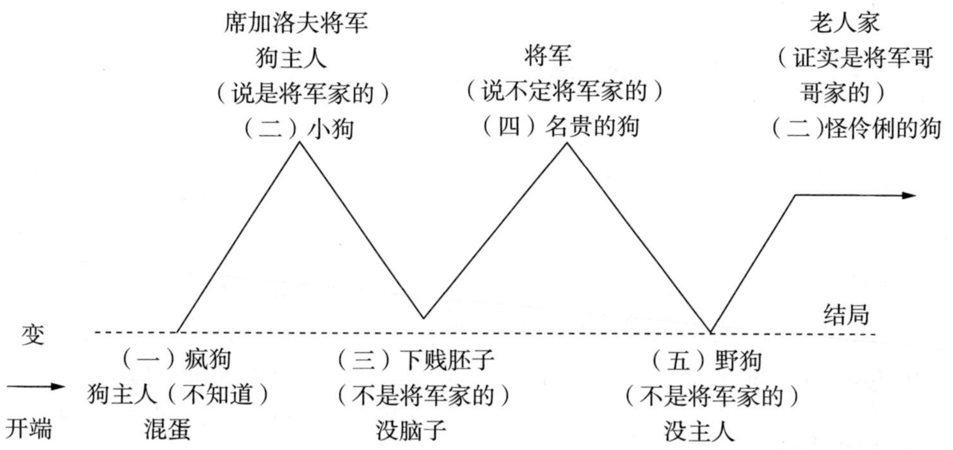

教后反思

设计板书主要考虑用两条线来表示多变的现象与不变的本质。多变的现象用波浪形的曲线来表示，不变的本质用直线来表示，多变的现象由不变的本质所决定。没想到学生对板书提出异议，认为用等距的波峰、波谷不能确切地反映作品主人公心情的变化。学生敢于当着百余听课者的面指出教师教得不确切处，我为之振奋，于是放手让学生发表意见，让学生修改板书。通过讨论，学生的理解深入了一步。随着故事情节的发展，主人公在“变”的进程中也在变化，不应该用等距离的波峰、波谷表示，应该频率越来越快，距离越来越短，这样才能活画出这个势利小人的卑鄙灵魂。

学生是可爱的。首先提出异议的这位女生语文水平并不高，第一学期期末考试语文不及格，拼音识字和文言文阅读尤其差。假期我没有给她补课，只重点辅导她怎样查检字典和上课怎样全神贯注。这位学生的胆子特别大，课堂上什么问题都敢问，有时提的问题很幼稚甚至荒谬，引得哄堂大笑，我总是保护她的积极性，给予充分的鼓励，并在此基础上加以引导或修正。久而久之，她上课注意力涣散的毛病纠正了。这次课上她提的问题可以说是超水平发挥。

就文中所讨论的这个问题来说，思维的严密性我不如学生。因而，我在课堂上坦率地对学生说：我思考问题在习惯的轨道上走惯了，只考虑了一个

---

① 于漪.《变色龙》板书及教后反思［J］. 现代教学，2009（4）：24.

方面，而且是静态的，现在多角度地考虑，发现不仅现象与本质有关系，而且现象本身也在变化发展，是动态的，这样更符合人物的内心世界。学然后知不足，教然后知困，学生学得积极主动，就能弥补教的不足。对此，我理解领悟得更为深刻了。

第七讲　画龙点睛的教学结语

教学中，教师往往比较注意导入语的设计，常常会忽略结束语的设计，多数教案都没有教学的收束语，一些教师常常是讲到哪算哪，铃声一响就宣告下课。结束语作为一堂完整语文课的最后一个环节，所用时间不长，如果运用得法，就能起到突出重点，增大容量，提高效率，引导学生深入理解，开拓思维，深化记忆的作用。好的结尾，不仅能加深学生对整堂课学习内容的印象和记忆，强化学习效果，而且能让学生在回味中实现由课内向课外的积极迁移。

核心内容

定义　教学结束语就是一堂课即将结束时，由教师提纲挈领以简驭繁加以归纳的语言，或是由教师引导学生作出总结，对整堂课的教学内容进行巩固和强化的语言。

功能　明确重点　梳理思路　总结规律　提炼升华

原则　简单明了　突出重点　启思引智　前后照应　激励渲染

类型　归纳式　朗诵式　设问式　比较式　作业式　悬念式

学习准备

1. 法国小说家都德的《最后一课》是我们每个人在上学期间学过的一篇小说，不知你是否还记得这篇小说的结尾之处，如果不记得了，请阅读下面的节录，结合你的上课体验谈谈教学结束语在课堂教学中的作用。

他（韩麦尔先生）转身朝着黑板，拿起一支粉笔，使出全身的力量，写了两个大字：

“法兰西万岁！”

然后他呆在那儿，头靠着墙壁，话也不说，向我们做了一个手势：“散学了，——你们走吧。”

一、教学结束语的界定

教学结束语就是一堂课即将结束时，教师用语言或以留作业的形式对整堂课的教学内容，进行提纲挈领式的归纳与总结。教学结束语不可太长，用时在两分钟以内为宜，过于冗长会挤占正常的授课时间，还会掩盖学习的重点。它是教学导入语的延续和补充，导语是一堂课的开头，结束语是一堂课的结尾，也是下一节课潜在的开始，它和导语遥相呼应、首尾相接，形成了一个完整的教学结构。

二、教学结束语的功能

教学结束语是在一节课即将结束之时，教师有目的有针对性地用一到两分钟的时间对这一节课所授教学内容、教学重难点、学生达成教学目标的情况，用高度简洁、凝练的语言帮助学生对所学内容进行总结和梳理，以便学生在课后能更好地内化这些内容。其主要功能表现在以下四个方面。

（一）明确重点

课堂上传递的内容一般是呈线性展开，由教师一步步展示给学生的。学生很难将课上的众多信息用一条主线贯串起来，这就需要教师在结课时能明确地将这条线告知学生，并帮助学生把散见在课堂上的信息点聚拢到这条线上，明确这节课的教学主题，并能形成一种有意识的知识迁移。语文课更是如此，语文是由一篇篇课文组织在一起的，每一篇课文都蕴涵着丰富的教学内容，而一节课的教学内容受课堂教学时间的限制，也是有限的，这就要求教师在结束语中能对教学的重点或课文的主题作出高度的概括。

（二）梳理思路

这里的梳理思路不是日常所说的梳理课文的思路，而是在明确课堂教学内容，重点、难点及注意事项时，帮助学生梳理出学的思路，即如何将课堂上所学的内容变成自己内化的内容。教师一般可利用授课结束前几分钟与学生谈话，按照下面几个问题把一节课的内容作一番梳理，渐渐培养学生在课堂上进行小结的习惯。

1. 在这节课里你学了哪些知识？请列举在书页的空白处。

2. 你认为所列的知识中哪些是最重要的，最关键的？请在下面用彩笔加上点。

3. 在这堂课的学习中，你认为自己掌握得最好的部分是哪一个？可在这一内容下边加点。

4. 你能否将你学得最好的部分总结成几条规律介绍给全班同学。

5. 在需要继续学习的问题旁边画一个箭头，让它给自己喊加油……

（三）总结规律

中小学生的思维尚处于由无序向有序过渡的状态，缺乏有序地迫近目标的思维能力。教师如能在教学结束之时，将本节课中有规律性的知识进行概括总结，给出思维层级，就能促进学生有序思维的进一步完善，也能帮助学生逐渐掌握一些自主学习的策略。语文教学中教师如能经常性地帮助学生总结一些阅读策略，就会有助于学生在阅读时建立起针对不同文本类型选用不同阅读方法及策略的技巧。

（四）提炼升华

教学结束语不能仅仅是把教授过的语文知识进行机械重复，而是要能提纲挈领的用概括性较强的语言来归纳和提升所授教学内容，揭示学习内容间的纵横联系，达到深化认识，帮助学生建构内化、提炼、升华的独立认知图式。

三、设计教学结束语的原则

（一）简洁明了的原则

精练干脆是语言的气质，是一种语言运用的上乘之美。设计教学结束语第一要遵守的原则就是简练紧凑，精当扼要。无论课堂教学容量如何庞大，文章结构如何繁复，教师都应引导学生学会抽丝剥茧、拿出“史海钩沉”的本领，用精练准确的语言归纳全文的思想内容，概括文章的写作特色，把散落一地的“珍珠”用语言的金线穿成一挂美丽的知识珠链。一位教师在总结李清照的《武陵春》和温庭筠的《望江南》教学时，只用了一句话：带着课堂上的收获，课后欣赏李清照的《声声慢》，体会词中作者表达的思想感情。

（二）突出重点的原则

一节课 45 分钟，教师会讲到许多内容，好的结束语应该围绕教学目标、教学重点和教学难点进行设计。既不要旁逸斜出，更不能强拉硬拽，应把这节课教学的重点内容凸显出来，使学生一听就能知道这节课应重点获取的信息、学习的内容是否真正地学习并掌握了。特级教师程翔执教《中国石拱桥》时的结语：“好了，同学们看，怎样来合理地安排说明顺序呢？通过这篇文章我们可以体会到：第一，按照时间的先后；第二，按照主次；第三，按照写作的目的。”

（三）启思引智的原则

结束语应根据课文的思想内容和人物线索，引导学生由课内向课外延伸、拓展，通过一次次的启思引导，让学生渐趋知道语文学习的真谛不在对教科书中几篇文章的理解，而在能借助课堂上的语文学习读懂人生、读懂社会。

明白课堂教学仅仅是语文学习的起点，真正的语文学习不在课内而在课外，甚至是贯穿于生命的始终。郭初阳老师执教《愚公移山》时，就针对最后一位同学的精彩发言，顺势而“结”：

生：我认为，愚公移山给我最大的感想，就是某种精神，在内心里面的依托。就像鲁迅在《希望》里面曾有这么一段话，他说，“在我老的时候，回忆起以前的往事，那苍白的颜色，就像内心里把生活孤立起来……”那个时候，大家也都知道，鲁迅的主张并不是得到很多人的赞同。或许这里愚公是得到他的非常多的子孙的赞同，因此才会有后面把上帝感动，这同样也是心灵的一种寄托，因为他相信上帝会帮助他。所以，这种心灵寄托，就会让他的梦想实现。这更让我想到，三毛在她丈夫刚刚去世的时候，她心里是非常孤寂的，但她始终相信有一个美好愿望：有一天，在天空里会看到她丈夫的影子。所以说，她始终选择活下去。(众鼓掌)

师：说得太好了。好，我们就以这位女同学的发言，作为我们这节课的一个结束，不要忘记鲁迅说的那句话，希望之为虚妄，正与绝望相同。愚公这个话题，还可以继续引发我们的思考和讨论，大家课后，再花点时间去想一想，好吗？下课！

(四) 前后照应的原则

设计结束语时一定不要忘记课堂开始时的导入语，一节课的结束语要与课堂教学导入环节的导入语形成首尾呼应，回环往复，浑然一体的效果。这里所说的照应是指课堂教学结构，教学方法上的照应，前有暗示，后有交代，先有伏笔，后有说明。如对于“标点符号”这个主题，马冰默老师设计的结束语是：

正像解晓东在一首歌中唱到的那句歌词一样——最爱写的字是先生教的方块字，横平竖直堂堂正正做人也像它。汉字是我们学习、工作、生活中必不可少的组成部分，真诚地希望每一位同学的人生都能像汉字一样横平竖直、堂堂正正。刚才我们说过，有汉字的地方就会有标点符号的出现。今天，我们在这里了解标点的多情，体会标点的妙用。那么，就让我借用几种标点作为今天的结束语——衷心地祝愿在座的每一位同学都能珍惜自己人生路上顿号的停留，完美连缀逗号的片段，顺利越过分号的转折，成功画上句号的圆满，用自己一生的坚毅和执著在人生舞台上挺立成感叹号的伟岸！①

(五) 激励渲染的原则

教学结语的情感，源于教师对教材的深刻理解和准确把握，在正确表达

① 马冰默．语文课导入语及结束语的设计［J］．综合天地，2007（11）：89．

教材思想内容的同时，准确恰当地传达蕴涵其中的情感因素，使学生得到感情上的体验。这就要求教师在使用结束语时，应该根据教材的内容和学生情况，适当地控制语音的高低、调子和速度。表示激昂慷慨和兴奋愉快时，可以把声音放大一点、高一点；表示庄严肃穆和疑惧感叹时，声音可放小一点、低一点。或平和舒缓，或高亢激奋，或抑郁停顿，或一泻千里，创造一种特定的结束氛围，牵动学生思绪，叩击学生心弦，引起学生强烈的情感共鸣。做到抑扬顿挫又不矫揉造作。如：

爱情这个大话题，我们怎能在短短45分钟的课堂里说清道明呢？如果你想知道爱情的力量，可以读一读白朗宁夫人至善至美的爱情情书；如果你想知道爱情的忠诚，可以听一听流行歌曲《最浪漫的事》；如果你想了解爱情的高尚，那你将来一定要读读《简·爱》《孔雀东南飞》《梁山伯与祝英台》，甚至是《飘》。到那时，我相信你对爱情会有更深刻的了解！①

四、教学结束语的类型及设计策略

谢榛在《四溟诗话》中说："结句当如撞钟，清音有余。"是指结语要有警示和点石成金之功效；切不可草率收兵，画蛇添足。在教学实践中，常用的教学结束语有以下七种。

（一）用归纳的形式结束教学

归纳总结是最常见的结尾方式。学生对一篇课文的理解，一般要经历由具体到抽象，由感性到理性的认识过程。因而，一节课的教学内容讲完后，教师常用言简意赅的语言，对本节课的教学重点和教学难点作概括性的总结，突出要理解的内容。如《罗布泊，消逝的仙湖》的结语便富含哲理，言已尽而意无穷：

泊字的"水"没了，但我们悲悯的泪水，都将洒向这片土地。诗人艾青说：为什么我的眼里常含泪水，因为我对这土地爱得深沉。再小的水滴也是一份善意，再小的善意也是一种支持。请记住：我们心存忧患，但我们并不悲观。智者乐水，仁者有泪！②

（二）用朗诵的形式结束教学

使用朗诵这种形式结束教学，主要是让学生在诵读的氛围中慢慢咀嚼课堂教学所传递出来的情感趋向。朗诵是一种被引导的创造，学生在朗诵时，可积极主动地把自己对文章的理解融入到诵读的语气、语调及语音节奏之中。

---

①② 胡德方. 语文课堂结束语的有效价值［J］. 语文学刊，2009（1）：1－3.

诗歌、散文、小说等比较适合使用这类方法结束。特级教师窦桂梅在结束《圆明园的毁灭》教学时带领学生诵读了一段铿锵有力的排比段，将作者蕴涵在文章中的情感很好地传递给了学生。

师：来，告诉大家，这把火烧毁了什么？

生：这把火烧毁了我国的园林艺术精华。

这把火烧毁了我去游圆明园的梦想。

这把火烧毁了中国人的自豪和骄傲。

这把火烧毁了世界闻名的皇家园林。

这把火烧毁了中国人心中的天堂啊。

这把火烧毁了中国最珍贵的文物、珍品。

师：这把火可以烧毁举世闻名的圆明园，却烧不毁侵略者的滔天罪行，烧不毁中华民族的仇恨，更烧不毁中国人民的勤劳与智慧！

（三）用讨论的形式结束教学

用讨论的形式结束教学，其目的是让学生能用所学到的知识分析和解决实际的问题。教学《变色龙》，学生似乎已提不出新的疑问了，教师则在结束这篇课文之时问道："有人说赫留金真倒霉，要不是碰到奥楚蔑洛夫而是其他警官就好了，是这样的吗？"学生一听，一时回答不了，自己觉得尚未真正读懂课文，这才重新开动脑筋，在教师指导下，展开了新一轮的讨论，通过讨论，学生明白了奥楚蔑洛夫乃是俄国沙皇忠实走狗的一个典型形象，他见风使舵的鲜明个性概括了"变色龙"这类奴才的共性，作者通过无情鞭挞其丑恶灵魂，针砭了沙皇的黑暗统治。也就是说，赫留金即使不碰到奥楚蔑洛夫，也会遇到其他"变色龙"，他的倒霉是注定的了。

（四）用设问的形式结束教学

在学生对课文的领悟达到一定深度的情况下，教师通过点拨、提示、发问、质疑等手段，引导学生的思维向纵深推进，激发起学生新的思维兴奋点。这类结束语的设计应该是在一节课时间已到，而授课内容尚未结束时采用，目的是刺激学生的探求欲，吸引学生关注讲课内容，不至于因下课时间的结束而终结。如对某一知识点的把握，对某一人物的认识，对某一观点的理解，学生可能会有不同的看法，正等教师来裁决，这时下课时间已到，教师就可以这样结束：刚才大家踊跃发言，提出了很多很好的看法，那么答案究竟如何呢？我们下一节课再作结论，请同学们拭目以待。

（五）用比较的形式结束教学

比较式结束语就是在一篇课文或一个单元教学内容的结束阶段，从文章的体裁、内容、结构、表达、立意等方面，有所侧重地与另一篇课文或一个单元进行对照分析，概括出它们的相似点与不同点，从中总结出规律，把握不同的风格和特点，有利于学生加深对课文的理解，有利于学生掌握多种知识和学会运用多角度的写作技巧。运用比较式结束语，重要的问题是要选准相似的教学内容和文章结构，在找准共性之后，特别要强调它们的个性特色和不同的写作风格，讲明它们各自的长处和优势，切忌把相似点不甚明显的课文内容进行生搬硬套、牵强附会的比较。更不要毫无根据地说长道短，作厚此薄彼的随意评述。学习了毛泽东的《沁园春·长沙》，可以选几首文学史上写秋的诗词，如范仲淹的《渔家傲·塞下秋来风景异》、《苏幕遮·碧云天》，柳永的《八声甘州·对潇潇暮雨洒江天》，王安石的《桂枝香·金陵怀古》，苏轼的《水调歌头·明月几时有》等写秋或以秋为背景的词，让学生比较阅读，品味不同作者的不同风格。

（六）用作业的形式结束教学

一般情况下，在教学结束之时教师会根据授课重点，有针对性地设计一些课后作业，以帮助学生强化和巩固课堂上所学的内容。那些延伸于课堂之外，有助于学生个体批判性思维形成的作业设计，也是教学中常用的结课形式。作业可以是书面的，也可以是口头的。内容上可以选取课后练习题，也可以选取当堂所讲的知识。《少年闰土》的结束语，老师问："同学们，你们想不想知道三十年后的闰土是怎么样的呢？"学生响亮的回答："想。"眼神里流露出的亦是企盼，于是老师就向他们推荐了鲁迅先生的《故乡》，告诉学生看了《故乡》之后就会明白。这样的结束语，能诱发学生课外阅读的兴致。

（七）用设置悬念的形式结束教学

这种结束方式适用于情节性强，富有矛盾冲突的课文。教《廉颇蔺相如列传》的第一课时，于最后设置了这样一个悬念，这堂课同学们已了解了课文前 5 个自然段的主要内容，即赵王得璧，秦王求璧。为解决"予"与"不予"这个矛盾，蔺相如"奉璧使秦"，然而"不予"，曲在赵，会授强秦以把柄；"予"，明摆着是骗局，岂可自己上钩？那么蔺相如到底有没有完成使命？又是怎样完成使命的呢？我们下堂课再来学习。

教学结束语方式是多种多样的，各有特色，但无论选用何种方式，都必须依据课文的内容、体裁和学生的特点而定，必须是整堂课和整篇课文教学的有机组成部分。每堂课的结束阶段，学生对课文的内容的感受已比较全面，教者恰到好处的结束语，无疑将促进课文内容与学生感受的相互沟通，从而提高学生的整体感知水平。教者还可根据需要，综合运用多种结束语，以求达到更理想的教学效果。

◆ **思考**：请阅读“悦读”部分的教学实录，然后依据整个教学过程分析此处的结语是否恰当，如果恰当的，请判断文中运用了哪种形式的教学结束语；如果不恰当的请指出违背了哪一条原则，并依据整个教学过程进行修改完善，并将修改前后的两段结束语抄录在此处，以便于以后再教此文时，在比较中思考使用。

原结束语：

修改后的结束语：

◆ **方式**：同伴讨论，合作完成。

【延伸阅读】

★ 孙绍振. 名作细读[M]. 上海：上海教育出版社，2006.

★ 阿伦菲尔特，沃特金. 100 个常用教学技巧[M]. 李凤园，刘玉娟，译. 北京：教育科学出版社，2009.

【悦 读】

杜十娘身上最宝贵的东西是什么①

夏云陶

教学《杜十娘怒沉百宝箱》一课时，很多学生看到杜十娘的百宝箱里有那么多珍贵的宝物，都欣羡不已，这是人之常情，但此时如果教师仅仅跟学生说笑一下或者谈论珠宝的价值，就失之偏颇了。其实百宝箱的来历与结局，正好可以将杜十娘的一生串成一部戏剧，她的一生因百宝箱而存有希望，也因为百宝箱的沉江而终结。百宝箱是人物精神的聚焦处，抓住这个“物”，人物的所有经历、品质都会在学生的阅读视界中浮现，能使学生一步步进入人物的内心深处。下面是笔者教学这篇课文时的实录。

师：请同学们思考以下问题，要求回答时能在文中找到依据：杜十娘为什么苦心积攒百宝箱？

生：课文前半部分提到“十娘因见鸨儿贪财无义，久有从良之志”，所以她肯定是对自己所处的环境产生了厌恶，对自身地位有强烈不满，才会苦心积攒百宝箱，并把它作为跳出火坑的物质上的依靠与希望。

师：那么，有没有人可以帮助杜十娘跳出火坑？

生：她这么漂亮，文中说“七年之内，不知历过了多少公子王孙。一个个情迷意荡，

① 节选自：夏云陶. 杜十娘身上最宝贵的东西是什么［J］. 语文建设，2008（1）：42－43，64.

破家荡产而不惜"，那些有钱的公子哥既然愿意为她倾家荡产，那么她若开口，恐怕早就有人将她包养出去，那不就跳出火坑了吗？

师：那么杜十娘为什么偏偏选了李甲？

生：她"见李公子忠厚志诚，甚有心向他"，看来，选李甲是因为她看中了李甲的品行，不像其他人，一看就是花花公子。

师：那么杜十娘为什么不早点拿出百宝箱呢？如果她早点拿出来就不会出现李甲向孙富求助，孙富从中作梗的事了啊？

生：杜十娘这样做是有苦心的，她是为了考验李甲。

师：十娘为什么要考验李甲？

生：她想看看李甲对自己有多真。

师：那同学们认为十娘可能会到什么时候才把百宝箱拿出来呢？

生：成婚后。

师：若没有孙富，他们两人会那么容易结合吗？百宝箱就可以交到李甲的手中吗？

生：难，因为李甲的父亲是封建官僚，为了门楣荣耀，一般是不会接受这样的儿媳妇的。

师：那么李甲怎样才可能和杜十娘走在一起，百年好合呢？

生：我看只有和杨过、小龙女一样隐居世外，不顾世人的俗见，抛开封建观念，才能永远生活在一起。

师：那么，李甲还可能考取功名吗？

生：也不可能了。这样看来，李甲要失去很多封建士人所追求的东西了。真要这样，也太理想化了。

师：说得很好，看来十娘的悲剧结局早就可以推知了。同学们能否重新考虑一下，十娘最可能在什么时候拿出百宝箱？

生：现在看来，十娘应该在李甲的父母都同意他们的婚事后或者是李甲在家长的反对下愿意和她私奔时才可能拿出百宝箱。

生：也未必，说不定她永远也不拿出来，因为可能以后人老珠黄时，李甲还是会另寻新欢的，那么，杜十娘就可以拿出来自己养老用了。从课文出人意料的结尾来看，十娘应该是一个很有心计的人，她极有可能这么考虑自己的后半生。

师：两位同学都说得很有道理，说不准大家课后想想还能得出其他想法，这里我们就不继续讨论了。我还想问一下杜十娘发现李甲是个负心汉时，为什么怒沉百宝箱，而不携带百宝箱飘然而去？那不就后半生无忧了吗？（学生沉默，老师让学生讨论片刻，选代表发言）

生：杜十娘那么多年的期冀，最后只寄托在这么一个人身上，那是多么沉重的情感寄托。李甲是她千挑万选出来的男人，她作出这种选择的时候应该是下了很大决心的，她肯定已经认为李甲是自己找到的可以真心相爱的人。能够真心相爱的人应该不受客观条件制约，也不会受物质条件的限制与引诱，此时，百宝箱也就不必急着拿出来了。杜十娘的可贵之处就在于她追求的是与利害毫无关系的真情。当这种追求变得极为强烈与肯定的时候，一旦希望破灭，打击是非常沉重的，她便会不惜一死表明心志。

师：说得很精彩，看来同学们认为杜十娘性格的独特之处是，她坚决追求与利害无关的纯洁的爱情，这种追求的坚决性也体现了她的——

生（齐声）：刚烈。

师：同学们对杜十娘的认识仅此而已吗？在讲究三从四德的封建社会，性格刚烈、坚贞不屈的女子应该很多吧？大家想一下，中国古代作品中有没有和杜十娘遭遇及性格相似的女子呢？杜十娘和她们有什么区别？

生：我只能想到《卫风·氓》中被氓抛弃的女子和《孔雀东南飞》中的刘兰芝。

（老师观察后发现没有学生补充）

师：既然没人再补充，那么我们就拿最熟悉的氓之妻、刘兰芝来与杜十娘比较一下，看看杜十娘身上有什么特有的光彩。

（学生讨论后陆续发言）

生：《氓》中的女子和刘兰芝都已经结婚了，她们的身世虽然是悲剧性的，但是她们都有过正规的夫妻生活，多少都享受过夫妻恩爱。

师："正规的夫妻生活"这个说法很有意思，换一种明确的说法就是得到过法律承认的、被世俗所接受的婚姻，是吗？

生：对。悲剧产生的根源也不一样，氓之妻基本上是人老珠黄后被丈夫冷落，刘兰芝相对幸福些，我说的是精神上的，毕竟她的丈夫还真心爱着她，只不过有婆婆棒打鸳鸯，还有哥哥的逼迫改嫁，造成夫妻难以复合，所以走向死亡。

生：我想补充一下，氓之妻和刘兰芝都是在向社会提出一种控诉：前者是对天下负心男子的痛斥，后者是对封建社会家族压迫的控诉。

师：照同学们的说法，这两个女子应该和杜十娘有共同点，就是她们都追求着真爱。那么，杜十娘和她们的不同点到底在哪里？

生：杜十娘可怜啊，她始终没有过上一天她希望过上的生活。

生：杜十娘是个妓女，她的身份比前两位女子都要低，氓之妻应该是个平民，刘兰芝家境还好些，因为焦仲卿是在官府工作，她们至少不会被人瞧不起、说闲话；杜十娘就算嫁进李甲家也难免会有人说三道四，她的压力更大啊。

生：对于封建社会的女子而言，丈夫喜新厌旧是很平常的，要得到永恒而真实的爱实在是太难了。杜十娘出身青楼，是古代身份最卑贱的女子，她想得到封建女子的精神上的最高待遇，实在是难上加难。

师：好，现在请同学们告诉我，你们认为杜十娘和氓之妻、刘兰芝等人相比，谁显得更伟大？

生（齐声）：杜十娘。

师：请用一句最简洁的话告诉我，为什么你们认为杜十娘最伟大？

生：杜十娘的身份最低，但是她追求的却是最可贵的东西。

师：身份与愿望的反差，使我们对人物顿时肃然起敬，我们是否更加感到悲剧意味的浓厚？是否对杜十娘的光辉形象有了更深刻的认识呢？

（有学生眼泪都流了出来，教室里一片寂静，我也沉默了一会儿）

师：现在，我想问一下同学们，如果杜十娘在你眼前出现，你会对她说什么？课后请以“寄语杜十娘”为题，写一段文字。

第八讲　彰显个性的练习作业

1979年美国教育考察团在考察我国基础教育的报告中指出：再过20年，中国科技、文化都必将远远超越美国，把美国甩在后面。理由是：中国学生有一种家庭作业，即学校作业在家庭的延续；中国学生是世界上最勤奋的，也是在世界上起得最早，睡得最晚的。30年过去了，那个对美国教育考察者造成威胁的家庭作业变成了中国孩子肩上重重的书包。中国的教育家们正在为这繁重的家庭作业奔走呼告，几乎到了谈“作业”色变的程度。作业本是学生在练习中巩固知识、形成技能的教学环节，如今却变成了过街之“鼠”，成了人人喊打，却又难以驱除的“梦魇”。那么，学生的作业是如何“涨上去”的呢？究其原因，一是源自学校内各学科教师对学生课外时间的挤占，每一学科的教师为了能使学生在课外多一点时间复习自己的学科，就将作业的数量不断加码，种类不断翻新；二是由于家长们望子成龙，望女成凤的心态，家长们不仅给孩子报了课外辅导班，而且还给孩子自留一些作业，要求孩子必须完成；三是源自课外辅导班的作业。这三方面的作业量不断增加就变成了孩子生活中的“梦魇”。那么，“怎样”的语文作业才能受到学生的欢迎呢？应当讲，语文作业设计必须遵循学生认识事物的规律和身心发展的特点，那些局限于书本上字、词、句、篇机械重复的读写训练，是无法满足学生个体学力发展需要的。改变作业设计的基本形式是解决学生课业负担过重的根本途径之一。

◆ 核心内容

定义：教师依据本节课的教学目标、学生个性、教学进展，针对教学中难以在课堂上当堂掌握的有关教学内容而设计的一种学习任务。

功能：巩固知识　训练思维　养成习惯　形成技能

原则：目的性　开放性　选择性　层级性　个性化　趣味性

类型：记忆型　理解型　应用型

◆ **学习准备**

下面三个镜头是我们在观课时经常看到的。当你再次在这里看到这些被专门摘录出来的镜头，产生的第一想法是什么呢？

【镜头一】

师：今天的回家作业还是老规矩……（还没说完）

生：抄写词语，每个三遍。

【镜头二】

语数英教师布置完作业后。

生：唉，今天又是一大堆的作业，语文小作文、教学天天练、英语大试卷，看来今晚又得晚睡觉啰。（无奈状）

【镜头三】

师：今天大家都很累，老师就不布置作业了。

生：（一片哗然，欢呼雀跃）老师，你真是太好了！

一、作业设计的界定

作业是教学的重要环节和有机组成部分，布置作业是课堂教学的终极环节。作业设计是教师依据本节课的教学目标、学生个性、教学进展，针对教学中难以在课堂上当堂掌握的有关教学内容而设计的一种学习任务。作业设计从一个侧面体现出教师的教育思想、教育观念、教育追求；从另一个侧面密切联系着学生的成长。好的作业能调动学生的学习积极性，发掘学生的创造潜质，给学生以合作、思考、探究、实践的机会，让他们在作业中获得知识，启迪智慧。

二、作业练习的功能

设计作业的目的是为了帮助学生通过练习巩固在课堂上刚刚学习的内容。语文学科的学习与其他学科不同的又一个特点是学习内容迁移的滞后性，这就要求教师根据这一特性，设计出有利于帮助学生在课后巩固这些内容的练习，以使得学习内容能很好地内化为学生认知的一部分，成为问题解决过程中的认知策略，从而变成一种在社会生存中应对生活的能力。优质的语文作业至少具备以下几项功能。

（一）巩固知识

巩固知识是学生完成作业的首要功能。设计作业就是帮助学生巩固与强化已学知识，帮助他们加深对知识的记忆、理解和内化。除了一些概念、术语、规则等事实性知识外，任何形式的作业都不能是对课本内容的简单复制，而应该能帮助学生把新旧知识勾连起来，使他们在巩固新知识基础上与旧有知识建立联系，利用所学知识在新的问题情境中进行思考。使学生认识到知识是用来解决实际问题的，不是装储在大脑中被不断编码的言语符号。

（二）训练思维

语言与思维是密不可分的，语言是显性的，思维是隐性的，思维只有借助语言才能外显。利用作业训练学生的思维，重在灵活运用课文中的语言材料，在个性的思考中表达自由思想和个人见解，更好地发展学生的辐射型、聚合型、批判型思维，优化个体的思维品质。即指导学生多角度、多层面地去观察眼见的事实和现象。

（三）养成习惯

英国教育家洛克在论及习惯时曾说：儿童不是用规则教育可教育好的，规则总是被他们忘掉。你觉得他们有什么必须做的事，应该利用一切时机，甚至在可能的时候创造时机，给他们一种不可缺少的练习，使这些练习在他们身上固定起来。这就可以使他们养成一种习惯，这种习惯一旦养成以后，就不必借助记忆，很容易地发挥作用了。这一段话明确了练习在习惯形成中的作用。教师在设计作业时就要考虑到那些属于习惯的因素，如设计习字作业时，就应对学生提出字迹工整的书写要求。为了帮助学生养成认真、严谨、一笔成字的好习惯，也为日后用符号修改作文奠定一个较好的基础，克服不加思考、盲目动笔、写成一字反复擦写的坏习惯，可提出为保证书面的美观，错误之处使用修改符号，不得使用涂改液、改正纸等要求。

（四）形成技能

学校教育中任何一门学科，都是为帮助学生由自然人完成向社会人的转化，都是“人”社会化进程中的一个方面。听、说、读、写各项技能是语文学科的教学任务，这些技能也只有在语文这门学科上才能获得系统性的学习。目前的语文作业侧重读、写技能，停留于纸笔的多，关注听、说，见诸实践的少。

三、设计作业的原则

为使作业真正起到巩固知识、训练思维、养成习惯、形成技能的作用。设计作业时就要依据语文学科独有的特点，遵循以下原则进行设计。

（一）目的性原则

作业的目的就是促进学习的保持与迁移，设计作业的第一关注点就是作业内容与教学内容的一致性。如果教师设计的作业与教学内容不一致，作业就达不到巩固所学知识的目的。寒暑假到了，可以设计一个让学生自行出版一部作品集的作业，目的就是帮助学生将一学年或一学期所学的语文内容进行有目的的整理与归类。

（二）开放性原则

开放性原则就是要求教师设计作业时考虑到对课堂教学内容的纵向提高与横向扩展，其目的在于扩大学生的知识面，使学生在掌握知识的过程中逐步提高对新知识的识别、筛选、掌握。王正才在《重视语文课外作业设计的开放性》中指出首先是理念上的开放，第二是作业内容的开放，第三是作业形式的开放，第四是完成作业方法的开放，第五是作业完成时间的灵活，第六是作业检查评估方式的开放。

（三）选择性原则

选择性原则就是教师依据所授教学内容的特点设计出满足不同学力、不同兴趣学生发展需要的多类型、多层次作业。教师形象地把此类作业称为“作业超市”或“自助餐”，突出的就是让有不同学习需要和学习风格的学生自主选择作业的形式，其目的就是殊途同归，用不同的学习方式进行相同学习内容的学习，最终达成同一学习目标。如，在语文课上，教师利用多元智能理论对有着不同智力表现的学生布置了如下的作业。其教学内容是要求学生对刚看完的一部电影进行评论，教学目标就是教会学生如何评价一部电影，即评价一部电影应该关注哪些关键性的电影因素。

语言：用自己的话解释一下故事内容。给当地报纸写一篇评论，找出片中关键的词并且讨论它们在传达电影信息上的作用 。设计一个填字游戏，表达电影中暗示和反映的一些问题。

空间：用图片、图表、照片等形式表达故事的主要信息。做一个公告牌或海报，有效宣传这部电影，并且讨论为什么要这样做。

音乐：考虑影片中音乐的分量，为什么其中的音乐可以有效地传达影片的信息，或者不能有效地传达。建议替换音乐，或者创作一支乐曲，使它能够传达电影的某个特定的信息，然后把它作为背景音乐弹奏出来，并且告诉别人你自己选择该曲的原因。

逻辑数学：算出片中男演员和女演员的比率、年老演员和年轻演员的比率、影片中的主要情节出现的逻辑顺序。

身体运动：设计一个喜剧片段或滑稽短剧表演片中最有意义的一个情节，用舞蹈表演一个场面。给片中的某个场景建一个可以放在电影博物馆模型。

内省：以片中一个主角的身份写一封信到学校。以影片作者的身份写一篇公开的演讲稿。给杂志写一封观后感。

人际关系：模拟一个与影片出品人的见面，并与他讨论影片要传达的信息及放映后的反响或场面。

自然：对照和比较片中的鸟与树、植物与动物的照片。在居住地附近开一个图片展，展示几种相似类型的图片，并且清楚地在上面标注每种类型。①

（四）层级性原则

班内学生由于受天赋及后天诸多因素的影响，会存在很大的差异。虽然各学科在教学总目标、单元作业及基本尺度上对全体学生是一致的。但教师总是设计统一的作业，势必会造成“学优生吃不饱，学困生吃不了”的局面。所以，设计作业时教师要充分考虑到学生的个性差异和不同需求，针对教学重难点，结合学生实际，分层设计作业。分层不仅要考虑到难易度的分层，也应考虑到作业量及作业完成时间的分层。谢红新将自己所设计的作业难度分为三级：a 级为“爬坡”式练习，b 级为“跳高”式练习，c 级为“起步”式练习，三个别级对应着三个不同的难度：a 级要求学生具有较强的综合思维能力、文学鉴赏能力和语言表达能力；b 级要求学生具有一定的思维能力、文学欣赏能力、语言组织能力；c 级主要是帮助学生积累基础知识，提高语言表达能力。②

（五）个性化原则

学生是学习和发展的主体，设计作业时，应该充分认识与了解任教班级学生的个性风格，以使所设计的作业不仅具有教师个体的风格，也能体现出学生所在区域的地域风格及学生个体的学习风格。比如，王丛英老师依据语文学科中需要记忆的事实性知识是完全个性化的个人知识，她要求学生自备一本“自默本”，根据自己的情况和意愿，挑选课文中的一些文学常识、生字词语作为掌握和自测的对象。③

（六）趣味性原则

作业的趣味性是经常被忽略的一个原则，中小学生具有强烈的好奇心，一种新格式，新题型，甚至一个新作业本都会引起他们较长时间内的兴奋。设计作业时教师若能抓住学生的“兴奋点”，运用变式手法，设计多种形式的

---

① 杨九俊. 新课程教学评价方法与设计［M］. 北京：教育科学出版社，2004：3－4.

② 谢红新，等. 语文作业设计的三个要点［J］. 现代教学，2008（12）：34－35.

③ 王丛英. 初中语文自主创新作业设计的几点尝试［J］. 黑龙江教育学院学报，2010（2）：69－70.

作业，使学生一看作业内容就有跃跃欲试的冲动。识、写字的作业常常被设计成抄、背、默、记的纸笔作业，而有的教师就发明了转盘识字和扑克牌识字，让学生在游戏过程中达成了识、写字的目的。

四、作业练习的类型及设计策略

作业从形式上可分为口头作业与书面作业；从时间上可分为课前作业（预习作业）、课中作业（校正反馈）、课后作业（强化巩固）；从设计的主体可分为教师设计的作业与学生设计的作业；根据完成作业的地点和场合，可分为课堂作业和课外作业；从作业的功能可分为记忆型作业、理解型作业、应用型作业；根据新的教育理论研究，作业可分以复习旧知识为目的的检查性作业；以培养思维能力为宗旨的认知性作业。无论作业的形式如何，布置作业都是为了让学生巩固课堂所学，都是为了让学生能在实际的生活中，运用所学解决生活中的实际问题。下面主要从作业功能的角度介绍三类作业的设计策略。

（一）记忆型作业

记忆型作业一般指那些“非对即错”的概念、术语、规则类的事实性知识，需要学生借助记忆策略进行准确记忆，是以记住的方式存在于学生认知结构之中的，考查的是学生再认、复现的能力。汉字的认读与拼读，名言警句的背诵，课文内容与作家知识、创作背景的对应性知识，古今中外的文化常识等均是需要借助记忆型作业帮助学生进行巩固的。这些知识多是互不关联，零碎分散的个性化很强的个人知识。教师设计作业时应根据这类作业的特点，提供思路，督检学生自己设计记忆型作业，梳理个人知识的储存器。教师可指导学生建立自己识、写字的数据库，数据库中应包括学生个体感觉难认难读的字、辨识不清的形近字/音近字、日常习惯性误读/误写/误用字，这个数据库中一般只有字种，没有字量，是根据学生个体掌握3500个常用汉字的具体情况而定的。

以成语数据库为例。教师可指导学生搜集、整理成语，然后将自己常常用错、写错的成语归为一类。如以“风”开头的成语：“风声鹤唳”、“风烛残年”、“风调雨顺”、“风雨同舟”、“风起云涌”等。也可以已搜集整理的成语为核心，画一个成语记忆的概念图，学生自己在以后的学习中来不断地调整这个结构图，去除那些已经牢固记忆的、保持那些记忆不牢，补充记忆不准的，如果学生自己真的能建立起这么一个立体开放的结构图，他们的学习就会变得积极主动。图2－2－8－1是一个以“风”为核心的开放式成语数据库。

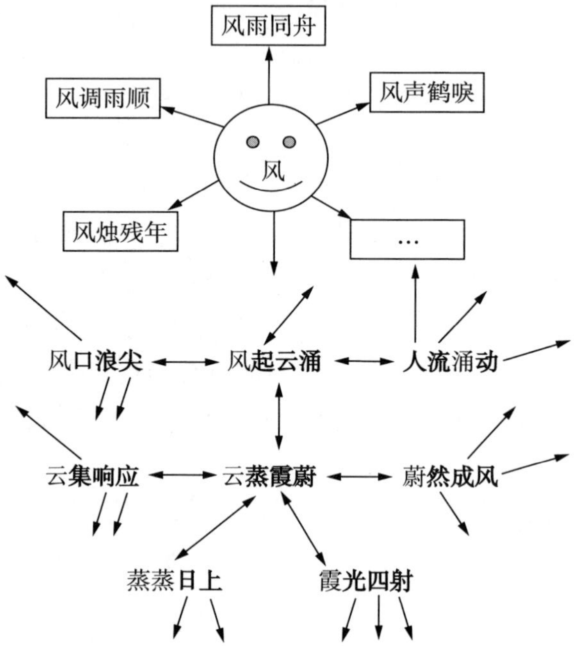

图 2-2-8-1　个人知识数据库示意

图2-2-8-1中，每一个成语、每一个字都可以勾连起语文学科中任何一类需要记忆的知识与内容。它可以画成单一型知识的概念图，也可以画成一个综合型知识概念图（可将诗词名句、修辞仿写等各类内容画在一个图中）。总之，这是一个向外无限延展，向内无限吸纳的图式，可以应用于各类型的作业设计。

（二）理解型作业

语文作业多为理解型的，这类作业主要运用学生的内隐心理机制对语文学科中的某些内容进行心领神会的诠释。学生对这些内容的诠释有时能用另一套语言编码或肢体语言进行呈现的，有时只是一种只可意会，无法言传的心理反应。这种心理反应一般都是情感与态度上的微观变化，是需要假以时日才能在学生的日常言语行为中表现出来的。常见的理解型作业有理解语句、理解段落、理解篇章和理解各类语文知识等。

“理解语句的练习，如：根据语脉推断词义的练习；对于句子中关键性词语的发现和理解；品味词语的感情色彩和表意特色；根据语义的情意情境，理解句子的意思。

“理解段落的练习，如：熟悉段落类型；分析段落构成；把握段落中心句；根据不同目的区分段落内主体部分与附加部分；划分段落内的层次，理清层次间联系；体会各种表达方式的特点等。

“理解篇章的练习，如：根据文章中心；编写情节、线索、形象、人物、对话、描写、论证提纲；理解全文各部分之间存在的和形式上的联系；熟悉各种文体的特色；体会各种表达方式的特点等。”①

《孔乙己》是一篇传统的选文，一位教师在学生初知文章的大致内容之后，一改常用的人物分析法，而是让学生分组完成一份《孔乙己的个人简历》。② 这份简历中所要填写的信息有些是课文中直接出现的信息，比如孔乙己的籍贯，学生很容易就能填写出“鲁镇”。但有些是需要进行概括和归纳的。比如表格要求填写“孔乙己的特长”和“孔乙己的人生经历”，这就需要学生更进一步地理解课文内容，并且发挥小组成员的力量。通过这一份作业，学生不但能够巩固前一课的内容，更能够锻炼他们的概括能力及与人合作的能力。

（三）应用型作业

应用型作业旨在使学生运用已有的知识解决学习与生活中的实际问题，问题的解决需要调动听、说、读、写等多项技能，是语文知识与技能的综合运用。任何问题的解决都不是单一知识及某个单项技能所能完成的，这就要求教师对学生已有的技能及需要在问题解决的过程中学习获取的技能有所知晓，使所设计的作业正好位于学生的最近发展区内，唯有如此，应用型作业才能达到“举一隅而三隅反”的效果。下面这份作业是与学生的文言阅读能力密切相关的应用型作业③。

下面两段文字都节选自《〈史记〉选读》，请阅读后完成文后题目。

（甲）高祖还归，过沛，留。置酒沛宫，悉召故人父老子弟纵酒，发沛中儿得百二十人，教之歌。酒酣，高祖击筑，自为歌诗曰：“大风起兮云飞扬，威加海内兮归故乡，安得猛士兮守四方！”令儿皆和习之。高祖乃起舞，慷慨伤怀，泣数行下。

（乙）项王军壁垓下，兵少食尽，汉军及诸侯兵围之数重。夜闻汉军四面皆楚歌，项王乃大惊曰：“汉皆已得楚乎？是何楚人之多也！”项王则夜起，饮帐中。有美人名虞，常幸从；骏马名骓，常骑之。于是项王乃悲歌慷慨，自为诗曰：“力拔山兮气盖世，时不利兮骓不逝。骓不逝兮可奈何，虞兮虞兮奈若何！”歌数阕，美人和之。项王泣数行下，左右皆泣，莫能仰视。

---

① 顾黄初，顾振彪. 语文课程与语文教材［M］. 北京：社会科学文献出版社，2001：123.
② 黄　艳. 浅谈语文教学中三类作业设计的三种原则［J］. 中国教师，2009（S1）：410.
③ 杨志芳. 高中语文选修教学的作业设计［J］. 中学语文教学，2008（10）：36－39.

1. 解释文中加点的词

故人　纵酒　发　壁　幸从　逝

2. 你认为（甲）文中的《大风歌》是诗吗？为什么？前两句写的是什么（限8字）？末一句写的是什么（限2字）？

3. 京剧中《　　　　　　》一折戏，写的即是（乙）段内容；毛泽东"宜将剩勇追穷寇，不可沽名学霸王"诗句是否也从此段话中来？

4. 下面是对《大风歌》和《垓下歌》的特点的概括。请分别选出适合两歌的项。

A. 自然天成，豪情满怀　　B. 依楚辞风韵，慷慨悲壮

C. 一腔愤怒，万种低徊　　D. 呜咽缠绵，听之落泪

E. 百感交集，忧思不已

（1）《大风歌》＿＿＿＿＿＿　（2）《垓下歌》＿＿＿＿＿＿

5. 两段文字中都有一个细节描写："泣数行下。"其内涵一致吗？请具体说明。（乙）段中还加上"左右皆泣，莫能仰视"，是否可以删去？为什么？

6. 下面是对（乙）段文字画线部分的评点，请参考这种写法，为（甲）段文字画线部分写一段评点。（不少于30字）

① 清代吴见思《史记论文》评项王别姬的描写是："一腔愤怒，万种低徊。地厚天高，托身无所，写英雄失路之悲，至此极矣！"

② 项羽悲歌的形象，和他叱咤风云的形象，在司马迁笔下"若相反相违，而既具在羽一人之身。似有两手分书，一喉异曲，则又莫不同条共贯。科以心学性理，犁然有当。"（钱钟书《管锥编》）

点评：＿＿＿＿＿＿＿＿＿＿＿＿＿＿＿＿＿＿＿＿＿＿＿＿＿＿＿＿

7. 下面是古人的两段评论。请根据评论答题。

① 班固《汉书·司马迁传》中引刘向、扬雄之言，赞《史记》"其文直，其事核，不虚美，不隐恶，故谓之实录"。

② 垓下是何等时，虞姬死而子弟散，匹马逃亡，身迷大泽，亦何暇更作歌诗？既有作，亦谁闻之，而谁记之欤？——（清·周亮工）

以上两段文字是否矛盾？如何理解清代周亮工提出的问题？

8. 以"无情未必真豪杰——由霸王别姬看项羽性格的多面性"为题，写一段300字左右的鉴赏性文字。

五、作业设计的基本流程

设计作业首先要表达明晰的设计目的，克服作业设计的含混性和盲目性；其次，明确目标导向，使教师对学生的作业引导方向清楚；再次，作业设计中教师列出的作业要求及形式最好让人耳目一新；最后，详尽列出作业完成

的方法和步骤，这将触及学生完成作业的根本目的、学习方法的掌握和运用，评分表的呈现则为学生提供了完成作业的质量标准。所以，教师设计作业的科学规范，对应的是学生完成作业的有效性和规范性。设计语文作业时，教师可依以下流程进行设计：

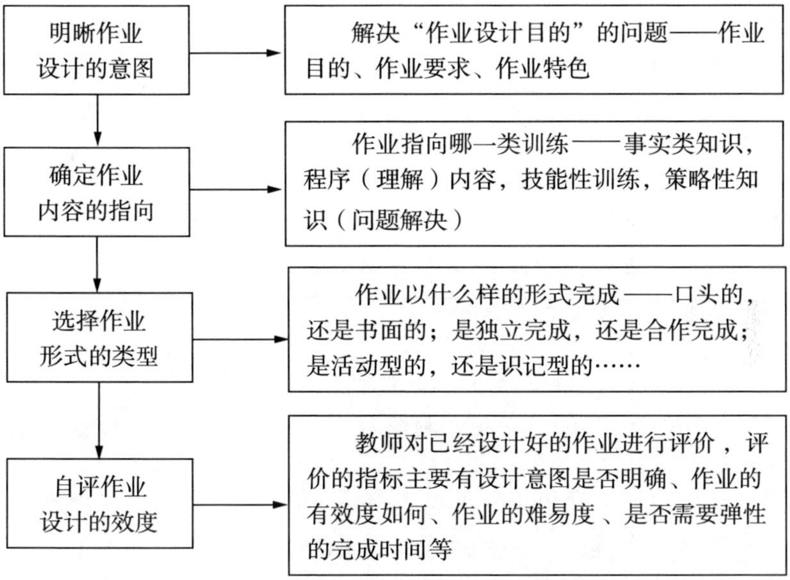

图 2－2－8－2　作业设计流程图

◆ **思考**：下面这段文字出自王荣生的《语文教学内容的重构》，请你根据这段文字所述的现象，判断下面两位老师所设计的语文作业，是否与这段文字中所描述的现象有相似之处，请给出你的判断，并陈述理由。

当前的语文教学出现了一些奇怪的现象：教《孔乙己》，就带领学生替孔乙己打官司；教《鲁提辖拳打镇关西》，就组织大家审判鲁达；上《孔雀东南飞》，便让大家讨论“如何正确处理婆媳关系”问题，诸如此类的“非常态”教学却被认为是“用教材教”而不是“教教材”的典范。应该说，这样的教学的确不是“教教材”而是“用教材教”，但却只是利用了教材的某一点，然后从这一点出发，教了一个语文之外的东西。这种教学，有学者认为，这是典型的“泛语文、非语文”。

《赵州桥》一课的作业设计：请根据课文的描写，画出赵州桥的示意图，喜欢制作的同学也可以制作桥的模型。

《装满昆虫的衣袋》《变色龙》《金蝉脱壳》一组课文的作业设计：要求学生在课外对自己喜欢的一种昆虫进行连续观察，了解它的生活习性，写下观察日记。同时搜集有关这种昆虫的资料，结合自己的观察所得，在班级举行“奇妙的昆虫世界发布会”。

◆ **方式**：在独立思考的前提下，分组研讨。

【延伸阅读】

★ 肖川．名师作业设计经验：语文卷[M]．北京：教育科学出版社，2007．

★ 科恩．家庭作业的迷思[M]．项慧龄，译．北京：首都师范大学出版社，2010．

【悦 读】

如果家庭作业本身的存在是一个迷思，那么我们欠所有的孩子一个以真相、以合理为基础的家庭作业政策。

作业多不一定对学习有帮助①

柯华葳

因参与国际阅读素养研究，我看到学生阅读后的作业量与阅读成绩不成正比的一些资料。这现象不只台湾有，香港或是国际平均皆然。当我有机会与老师或父母分享这一信息时，得到的响应都是不可置信，甚至怀疑数据有误。我则反复思考作业是为练习，而练习是为熟能生巧或是勤（增加时间）能补拙，到底哪里出了问题？

我的推测是作业的内容相似，练习是就相同的东西反复做，以致孩子没用多少心思，运动了手部小肌肉，但未影响思考，也失去了学习的兴趣。

学习大致可以分为学习程序性的技能和陈述性的知识。多数学习两者皆包含，例如数学有程序性的公式计算，也有陈述性的数学概念。音乐有程序性的乐器技巧，但也有陈述的乐理。程序性技能和陈述性知识练习的方法不一样。技能要熟能生巧，知识却要理解、推敲与创意。依目前作业的内容，不论哪一科，基本上做的较多属程序性练习。练习很多也费去许多时间，但是效果不彰。2009年有一篇论文清楚地指出学生每天多阅读二十分钟的学习成果比不上老师在二十分钟内帮助学生有系统地使用阅读策略阅读。显然作业、练习、时间投资都需要方法。

有的老师听了“作业多效果不彰”后又遇到我，很为难地说：“家长要作业”，没有家庭作业或是家庭作业少，家长会认为老师偷懒，因此出作业是为了说明老师没有偷懒。但因为作业多，老师没办法也没时间用心设想，而以

---

① 科恩．家庭作业的迷思［M］．项慧龄，译．北京：首都师范大学出版社，2010：序。

抄抄写写为主，或是买现成的测验卷、学习单。批改时，就是一个√或是签字加上日期。也因作业多，在家中最常听到家长的话是："功课做完没"或是"还不去做功课"。作业多几乎造成一个恶性循环：家长要老师多出，老师要学生多做，学生与家长、老师的关系变坏。大家都辛苦，且都未蒙其益。

这一本书专讲作业这件事。作者看到这些年美国政府因提升其学生国际竞争力，提出的改革方法包括定期的学习成就评量与增加家庭作业。后者的争议不多，几乎大家都认为熟能生巧、勤能补拙、练习才得完美。但就像前面所说的以及本书第一章提到的，增加作业会增加父母负担、孩子压力、家庭冲突、并导致孩子有较少的学习兴趣和较少的时间从事其他活动。这些损失并没有以学业成就来加以平衡。书中作者提出了研究证据说明这一点，也借用了不少老师的经验，阐明不是不要作业而是要问怎么做才有效益。而问作业的效益时，问的不只是是否提高学业成绩，还有更核心的，孩子有没有兴趣，是否能增广、加深学习，亲子间的关系与互动会受到怎样的影响等。

作者或许心里着急，有些章节读起来有受责备的感觉，例如第六章。一开始作者就直指越是不知道如何教学、对儿童发展无知的人越支持学生多做作业。不论读者是否赞成，就如作者的最后一句话：我们欠所有的孩子一个以真相、以合理为基础的家庭作业政策。这一本书让我们有一个机会认真考虑如何解开因作业引起的恶性循环，以及如何为学生设计合理有效的作业。请大家多加参考。

单元三　语文课堂教学中结构性因素的设计

教学设计主要研究教学过程中的优化组合，系统规划教学系统中的各个要素，对教学资源和教学程序作出有利于教学的最佳安排。单元二主要介绍了独属于语文学科的个性化因素的设计策略，这些个性化的因素是设计一节语文课所必须考虑的，这些因素只是构成一节优质语文课的基本部件，要想设计出一节能产生高质量教学效果的课，除了这些因素之外，还应有计划地对教学系统中的结构性因素进行有效的合理规划。这些因素在实际的教学中主要起结构教学内容与教学活动的作用，辅助教师将设计好的个性因素安排在一个优良的系统中，使其效能最大化。

第一讲　教学流程的基本环节

对古今中外教育史进行梳理，可以清楚地看到教学过程是在漫长的发展过程中伴随着教学理论研究的深入不断地得以完善：我国古代的教学过程主要是被动注入式的“上所施下所效”。近代夸美纽斯有遵循自然，感官施教的教学过程：感知—记忆—理解；赫尔巴特以心理学的统觉为依据，提出新知识是在旧知识的基础上通过统觉形成的，其教学过程是清楚—联合—系统—方法；杜威的思维起于疑难是教学过程的指导思想。20 世纪 50 年代以后，教学过程理论的发展进入了一个新时期，赞科夫认为走在发展前头的教学才是有意义的教学，学生的认识过程就是促进发展的过程；布鲁纳强调教学过程的多层次、多要素和多值，提出了把知识结构与学生的认知结构和教学相结合，以达到学习迁移的目的，把认知图式的补充与完善看做是教学过程的基本层次；布卢姆将教育中应达到的全部目标分为三个领域：由知识的掌握、理解及智力发展诸目标组成的认知领域，由兴趣、态度、价值观与正确的判断力、适应性的发展诸目标组成的情感领域，由各种智力技能和运动技能诸目标组成的操作运动领域，明确了在各自的领域达到最终目标的过程中，应顺次达到的目标系列。

◆ **核心内容**

定义：教学流程主要是指教师在单位时间内实施教学时，为向学生传递教学信息所设计的教学活动顺序，是教学信息依次展开的步骤。

类型："以教为主"的教学流程　"以学为主"的教学流程

单篇教学的程序　专题教学的程序

◆ **学习准备**

"马克·吐温偷钱"的故事说明了一种心理现象，你知道是哪一种吗?

著名作家马克·吐温有一次在教堂听牧师演讲。最初，他觉得牧师讲得很好，很感动人，就准备捐款，并掏出自己所有的钱。又过了十分钟，牧师还没有讲完，他于是决定一分钱也不捐。到牧师终于结束了冗长的演讲并开始募捐时，马克·吐温由于气愤，不仅未捐钱，还从盘子里偷了两元钱。

一、教学流程的界定

教学流程主要是指教师在单位时间内实施教学时，为向学生传递教学信息所设计的教学活动顺序，是教学信息线性依次展开的步骤。设计这些活动的目的在于为学习者的学习引入概念或技能（一个45分钟的课例中占5～10分钟），通过举例和讨论让学习者发展有关技能的概念（在一个45分钟的课例中占25～35分钟），最后通过总结概念或技能，或对其进行评论而结课（在一个45分钟的课例中占5～10分钟）。

"流程"和"过程"都是指事物发展所经历的基本步骤或程序。"流程"的本意是"水流经的途程"，有随着地势高低动态调整与变化的意思；"过程"的本意是事物发展或事情进行所经历的程序，体现的是依序而行的特点。所以，在此用教学流程，而不用教学过程，就是想体现教学特殊认识过程中，课堂教学不应是将提前设计好后的活动步骤，通过课堂教学依计划步步落实，而应是在信息传递的过程中，根据学生对教学信息的反映及学生接受信息的能力空间，进行动态的调整与变换。教学流程是教师"导学"的过程，是教师除对学生进行循循善诱的引导之外，还需要根据学生的学习反应对课前设计好的教学步骤依据教学情境的变化进行调整，其目的就是为了把学生的认识导向正确的思路，减少学生的无效劳动，提高学习效率。

用教学流程，而不用教学过程的第二个原因是：教学过程讲求的是同步教学，即教学实施是面对着几十个人统一要求，齐步向前的过程；而教学流程讲求的是异步教学，即教师在实施教学时要为不同的学生提供不同的学习路径，由学生根据自己的学习需要及学习意愿，自己选择学习材料及学习内容，学生可以沿着不同的学习路径，建构出相同的学习结果，达到统一的教学目标。由此可见，教学流程是一个教学决策实施的过程，同时也是教师不断调整教学策略、调换活动顺序的过程。

二、不同教学流程的设计策略

尽管开放和弹性的教学设计已经把课堂教学活动展开中的不确定性和可变化的因素引入流程设计之中，但实际进行着的教学过程是师生之间多元互动及多种因素之间动态作用相互推进的过程，它存有多种可能性，在教学设计时是很难全面预见的。实际进行着的教学流程远比预定的、计划中的过程生动和丰富。不同的研究者从不同的视角对教学过程进行不同观察，展开不同思考，抽取出不同的元素，对现行课堂中通用的教学步骤与程序给出了不同的分类。这些研究主要分为两大类：一是以“教”的活动为主展开的教学程序；二是以“学”的活动为主展开的教学程序。

（一）“以教为主”的教学流程

“以教为主”的教学已有上千年的历史，夸美纽斯的班级授课制是“以教为主”教学程序的肇始，以此确定以教师为中心设计教学活动。“以教为主”就是以教师的活动为中心对教学流程作出设计，以教师的“教”为核心确定教学内容，选择教学策略。在此仅介绍几种对我国课堂教学产生过根本性影响的教学流程。

1. 赫尔巴特的四阶段教学程序①

赫尔巴特将教学过程分为四个阶段：明了、联想、系统、方法。赫尔巴特的四阶段教学过程，后来被他的承继者改变成了五段教学法：预备（提出问题，说明目的），提示（提示新课程，讲解新教材），联系（比较），总结，应用。五阶段教学法至今仍影响着当今的课堂教学，受制于所产生的时代，也存在着教学程序模式化的机械性及忽视学生主动参与学习过程、不注重实践教学的缺陷。

表 2－3－1－1　赫尔巴特学派的教学程序

序号	形式阶段	教学程序
1	预备	通过问答式谈话，使学生回忆已有相关知识，为学习新知识作准备
2	提示	提出许多事例，供学生观察和了解

① 王天一，夏之莲，朱美玉．外国教育史：上册［M］．北京：北京师范大学出版社，1993：328－329.

续表

序号	形式阶段	教学程序
3	联系	使学生比较和分析所提到的事例
4	统合	帮助学生求得一条可以解释这些事例的规则、原则、原理等
5	应用	提出习题、作业，让学生使用已学过的规则或原理解答问题

2. 奥苏贝尔的接受学习教学程序①

奥苏贝尔等人在《教育心理学——认知观点》一书中将学习从两个维度分成四种类型：第一个维度是意义和机械；第二个维度是接受和发现。他认为对于接受和机械、发现和意义，不能随便地作出肯定或否定的判断。接受用得好就能产生有意义的学习，发现用得不好也能产生机械的学习，他更推崇有意义条件下的接受学习，他指出这是目前课堂教学形式中学生获取知识的最主要的学习方式。奥苏贝尔的有意义接受学习的突出特色，就是对先行组织者的运用。这个教学程序分为三个阶段。

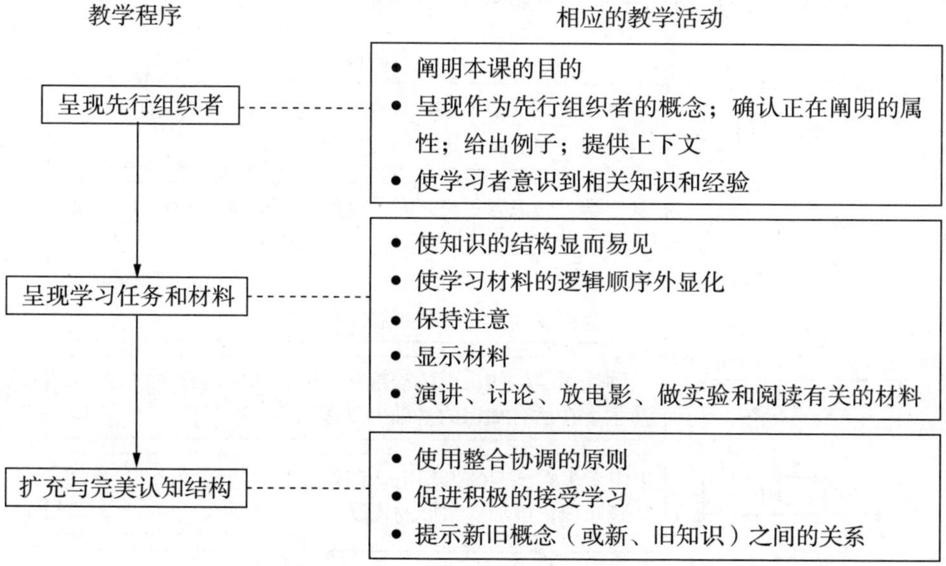

图 2-3-1-1　接受学习教学流程

3. 布卢姆“掌握学习”的教学程序

“掌握学习”是美国教育心理学家布卢姆的核心理论。他认为，只要用于学习的有效时间足够长，所有的学生都能达到课程目标所规定的学习目标。因此，

① 奥苏贝尔，等. 教育心理学——认知观点［M］. 余星南，宋钧，译. 北京：人民教育出版社，1994：138-193.

在集体教学过程中，教师要为学生提供经常、及时的反馈以及个别化的帮助，给予他们所需要的学习时间，让他们都达到课程的目标要求。掌握学习的教学程序分五个步骤：学生定向—集体教学—形成性测验—矫正教学—再次测评。

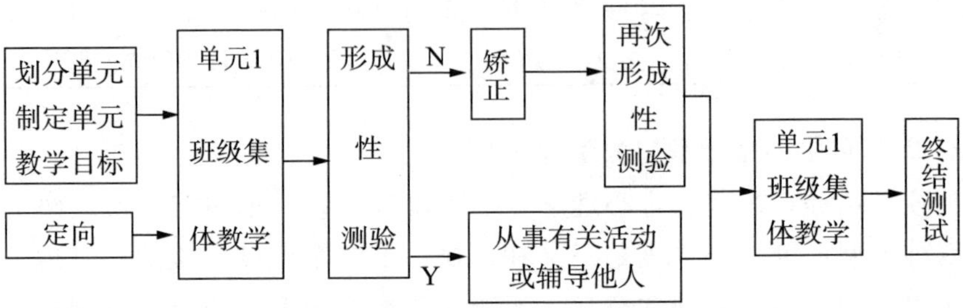

图 2-3-1-2　掌握学习教学流程

4. 凯洛夫的“五环节教学法”

目前，普遍应用于我国课堂教学的程序是以赫尔巴特“五段教学法”为原形，经苏联凯洛夫改造的“五环节教学法”。其基本程序是：激发学习动机—复习旧课—讲授新课—运用巩固—检查效果。

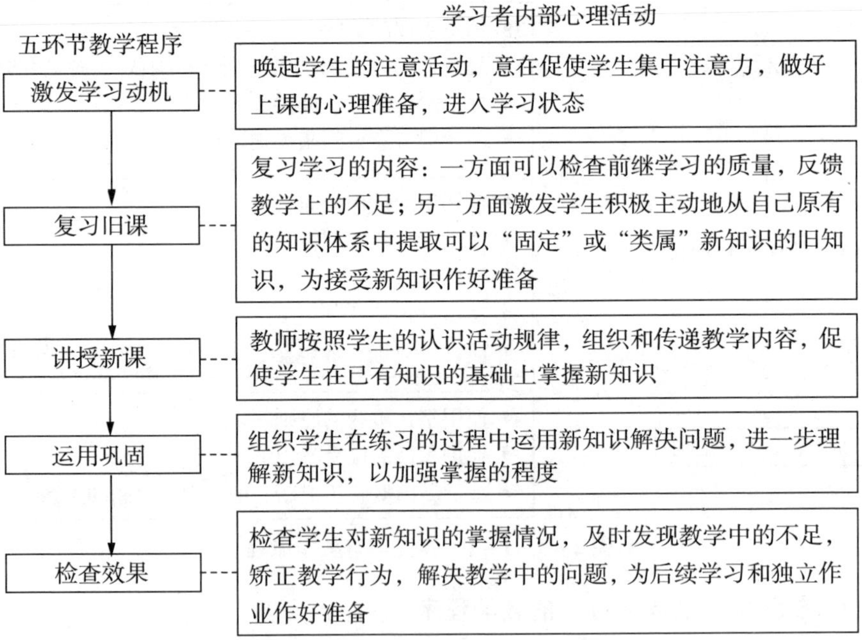

图 2-3-1-3　“五环节”教学流程

（二）“以学为主”的教学流程

孔子把教学过程概括为“学—思—习—行”，提出了“学而知之”的命题；其孙子思在《中庸》中进一步把教学过程具体化为“博学之—审问之—慎思之—明辨之—笃行之”。“以学为主”的教学就是以学生学的活动为中心设计教学，关注学生如何学的问题。体现的是学生作为课堂学习主体的课程理念，同时也是以学生的“学”为核心确定教学内容，选择教学策略。

1. 杜威学派的“反省思维”教学程序

美国教育家杜威提出了“反省思维”的教学理论，确立了新的教学程序的依据，杜威的“反省思维”教学程序主要强调对问题反复、持续的探究过程，分五个步骤，见表2-3-1-2。

表2-3-1-2　杜威学派的五步教学程序

序号	思维步骤	教学程序
1	疑难或问题的发现	创设能使学生觉得对于自己有密切关系的学习情境，引起学习兴趣和内部努力
2	确定疑难的所在和性质	当时的情境需要激起学生的观察和记忆，以发现情境中的疑难和解决疑难的途径
3	提出假设、作为可能的解决办法	要假定一种在理论上或假设上认为是最便于进行的计划
4	演绎假设所适用的事例	实施所定的计划
5	假设经试验证实而成立为结论	把实行的结果和最初的希望相比较，来决定采用的方法的价值，并辨别它的优缺点

2. 布鲁纳“发现学习”的教学程序

“发现学习”是美国心理学家、教育家布鲁纳提倡的教学方式。发现学习是指让学生通过自己经历知识发现的过程来获取知识、发展探究能力的教学模式。它强调的是探究、获取知识的过程，而不是知识本身或学习的结果。在此，教师的角色不是知识的代表或权威，也不是向学生传授知识，而是为学生发现知识的活动创造条件，提供有关支持。这里的发现并不是要求学生去发现人类尚知晓的事物，而是对已有知识作模拟的“再发现”。其教学程序分三个步骤，见表2-3-1-3。

表2-3-1-3　布鲁纳“发现学习”的教学程序

序号	教学步骤	教学活动
1	问题—情境	教师创设问题情境，提供有助于形成结论的典型实例，让学生从对现象的观察分析中，逐渐聚集观察的范围，将注意力集中在问题的要点

续表

序号	教学步骤	教学活动
2	假设—检验	在分析、比较的基础上，指导学生对信息进行转换和整合，以此提出假说，而后通过查找资料、思考讨论、探索研究，对假说进行检验和修正，直至得出正确的结论，并对发现的过程进行反思和总结
3	事例—应用	将发现的新知识与原有的旧知识以恰当的方式联系起来，存储到认知结构的适当位置，以备日后运用这些知识解决相关的问题，促进知识的巩固和迁移

3. 建构主义“支架式”教学程序

建构主义以维果茨基的“最近发展区”理论为基础，认为教学可以依据学生的“最近发展区”，教学应走在学生发展的前面，运用支架作用将学生的智力从一个水平引导到另一个新的更高水平。“支架”这个术语借用的是建筑行业中使用的脚手架。所谓脚手架，就是指在教学实际中教师所能提供给学生、帮助学生提高现有能力的支持形式。支架的例子包括认知模型、提示或给予线索、帮助学生在停滞时找到出路、通过提问帮助他们去诊断错误的原因并且发展修正的策略，激发学生达到任务所要求目标的兴趣及指引学生的活动朝向预定目标。其教学程序由五个步骤构成，见表2-3-1-4。

表2-3-1-4　建构主义“支架式”教学程序

序号	教学步骤	教学活动
1	搭脚手架	围绕当前学习的主题，按最近发展区的要求建立概念学习的框架。
2	进入情境	将学生引入一定的问题情境（概念框架中的某个层次）
3	独立探索	学生独立探索的内容包括确定与当前所学概念有关的各种属性，并将这些属性按其重要性进行排序，探索开始时教师应先启发引导（演示或介绍理解类似概念），然后让学生自己去分析；探索过程中教师要适当提示，帮助学生沿概念框架逐步攀升，起初的引导、帮助可以多一些，以后逐渐减少，最后要争取做到无需教师引导，学生自己能在概念框架中继续攀升
4	协作学习	小组协商、讨论。讨论的结果有可能使原来确定的，与先前所学概念有关的属性增加或减少，各种属性的排列次序也可能有所调整，并使原来多种意见相互矛盾，且态度纷呈的复杂局面逐渐变得明朗、一致起来，最终完成对所学知识的意义建构

续表

序号	教学步骤	教学活动
5	效果评价	主要包括对学生个人的自我评价和学习小组的学习评价，评价内容包括：自主学习能力；对小组协作学习作出的贡献；是否完成对所学知识的意义建构

4. 基于网络媒体的教学程序

网络教学平台（Vclass）① 系统是一个基于互联网络的教学支持平台，其核心是提供了网络教学各环节的支持工具，教师无需自己再去开发复杂的程序就可以实施网上交互式的教学。在 Vclass 系统中，所有教学活动都是以学生为中心，特别强调在学习过程中发挥学生的主动性、积极性。相应的课程与教学设计主要围绕“教学内容”、“自主学习策略”和“学习环境”三个方面进行的。首先，教学内容是教学的前提与条件；其次，整个教学设计的核心是通过各种学习策略激发学生去主动建构知识的意义（诱发学习的内因）；最后，要为学生主动建构创造必要的环境和条件（提供学习的外因）。由于网上教学与传统教学有很大区别，教师的地位发生了明显的改变，教师由原来的知识的传授者、灌输者转变成学生主动建构意义的帮助者、促进者。因此，教师的教学设计理念必须发生根本性的改变，见图 2－3－1－4。

（三）课堂教学的一般流程

综上所述，教学流程为学生的学习结果提供了教学的起点和终点，而教学顺序则是连接起点和终点的环线。任何模式的教学设计中均含有一个逻辑发展的过程，暗示着每一个设计都有一个明确的起点、中间点和终点。据此可以将一般的课堂教学顺序分为四个阶段八个要素，见表 2－3－1－5。

三、语文课的教学流程设计

语文课的教学程序更强调动态教学中学生对学习材料的个性化学习，强调学习结果的多样性，这就要求教师设计的教学流程除了体现其丰富性、个性化与开放性之外，还要关注到语文教学过程自身的个性特点。总览一般常见的语文教学，剖析它的过程，可以看到有四种思路在发挥作用：一种是课文作者的思路，体现为文章的层次线索，上至立意布局，下到造句用词；一种是课本编者的思路，体现为分册要求、单元部署，直至思考习题、词语解释；

---

① 徐英俊．教学设计［M］．北京：教育科学出版社，2001：140－141．

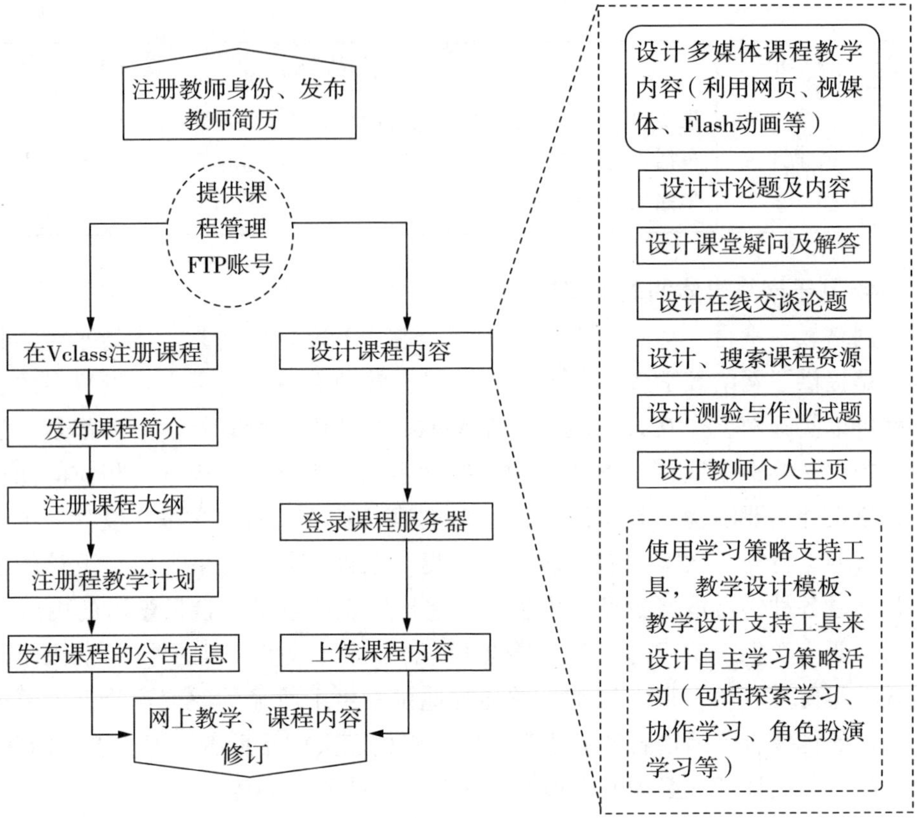

图 2－3－1－4　Vclass 系统中课程设计流程

表 2－3－1－5　课堂教学的一般程序

1. 引起学生的注意 2. 告诉学生学习目标 3. 在将要学习的内容与已经学习过的概念和技能之间建立联系	→ 激趣导入
4. 呈现要学习的内容 1）明确要领并提供样例（推论） 2）提供样例并让学生提出结论（总结）	→ 形成概念/技能
5. 为学生运用概念或技能提供机会（有指导的实践）	→ 拓展概念/技能
6. 对学生的表现水平作出反馈（形成性评价） 7. 评价所有的表现（总结性评价） 8. 强化保持和迁移	→ 评价迁移

一种是学生思路，体现为认读识记、理解鉴赏，直至实践应用、温故知新；再有一种是教师的思路，体现为确定学习目标、部署教学内容，安排教学过程、设计教学方法，包括提供情境、设置支点、考核与调动学生积极性的手段和途径等。① 单篇教学与专题教学（模块教学的雏形）是目前语文课堂上常见的教学形式。

（一）单篇课文的教学流程

单元教学虽然于20世纪初就由梁启超介绍进入我国，80年代至90年代再掀研究与实验的高潮，但是据观察有95%的课堂仍然进行的是单篇课文的教学。受传统语文教育的影响，在一篇课文中追寻语文教学元素的面面俱到已成为当前语文课堂教学中难以根除的痼疾，虽然单篇教学的形式不太适应初、高中学生的阅读心理与思维方式，但相对于思维联系性与综合性尚不完善的小学生而言，从单篇教学中寻找出一个与小学生思维、语言发展相切合的教学点，应该是小学语文课堂教学的主要形式。分析目前语文课堂教学程序的展开过程，对于单篇课文教学而言，教师们大多遵循以下教学程序进行教学。

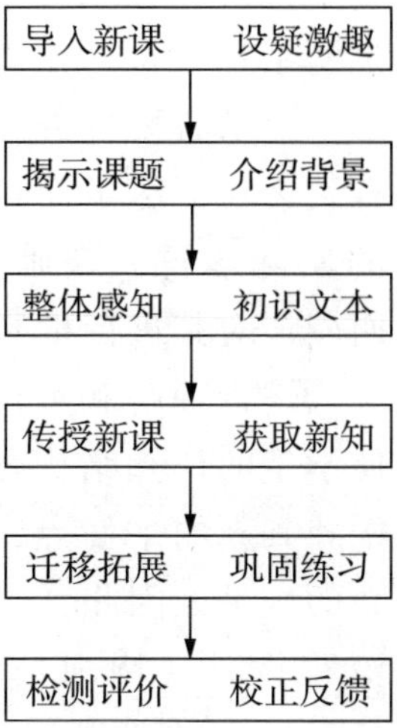

图2-3-1-5
单篇课文教学的一般教学流程

（二）"专题教学"的教学流程②

"专题学习"就是教师可根据具体的教学情境、学生的学习情况、既定的教材内容，结合阶段教学目标与教学任务，针对学习者的学习风格、学习需求及学习差异，调整散见于各册教科书中的同类学习材料的编辑顺序，构建适合教学情境和教学对象的专题学习群。专题学习群也由一篇篇独立的文章构成，不同的是这些调整后的单篇学习材料，涵盖了一个与学习者的心理特点、认知结构较吻合的核心元素，整个学习过程将围绕这个核心元素进行设计和展开。元素可以是一个知识点、一个能力点、一个问题、一个话题、一种文化……此时元素的不确定性是由语文学习材料的丰富性及多样性而决定

---

① 何以聪．语文教学的四种思路［M］//李杏保．语文学科教育参考资料类编．北京：高等教育出版社，1996：308.

② 张秋玲，吴欣歆．"专题学习，个性选择"选修教学模式的设计思路［J］．语文建设，2009（3）：27－31.

的，相同学习情境下的同一个专题学习群也会因执教者、学习者的不同而有所差异。构建专题学习群就是以差异理论为基础，其中包含的多种学习元素可以满足学生不同的学习需求。

“专题学习”要求教师在使用教材时立足学生已有的知识与技能，具备对学习材料进行筛选、补充、整合、调整的独立加工能力，能对既定的教学材料进行二度开发，形成体现专题学习群特色的系列材料。在构建专题学习群时，能及时为学生提供必要的补充资料，指明获得这些资料的有效途径，尽量简化学生在利用资料时必须经历的实际步骤；鼓励学生不要局限于教材内容，而应该对其进行批判性思考，并按照自己的思维方式进行理解和解读；通过必要的对话和讨论，使学生的认知结构在不断“同化—调节”的过程中找到新的平衡点，使学生的学习能力提到一个新的水平。因此，选修课的教学应注重系列化的流程设计，特别是有关文学作品鉴赏的课程，具有极大的丰富性和不确定性：对于作者，它是一种动态的生成，是思维之流，是言语智慧；对于读者，它又是一种召唤结构，召唤读者加入自己的个性化理解。“专题学习，个性选择”模式的学习流程图如图 2－3－1－6 所示。

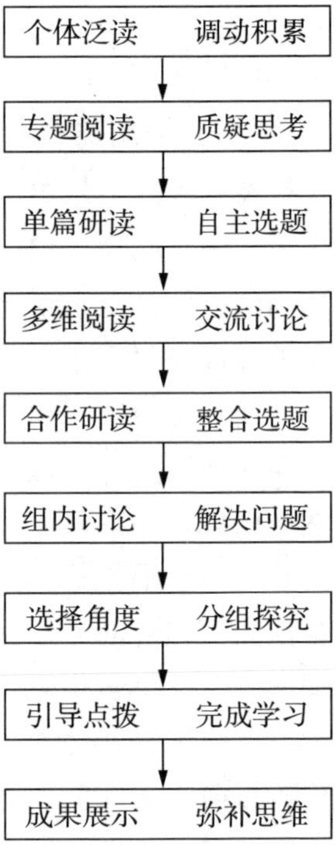

图 2－3－1－6
“专题学习，个性选择”模式的学习流程

◆ **思考**：阅读第二讲“悦读”部分，盛庆丰老师的《琐碎中有无限烟波》的课堂实录，画出这一节课的教学流程，并确定该流程属于语文教学中的哪一种类型。

◆ **方式**：独立阅读，分享思考。

【延伸阅读】

★ 张秋玲，吴欣歆.“专题学习，个性选择”选修教学模式的设计思路[J].语文建设，2009（3）：27－31.

★ 吴欣歆. 自主选择，有效指导——“京味小说”专题教学设计与实施[J].语文建设，2008（7－8）：28－37.

【悦 读】

基于 Internet 设计的"《物种起源》导言"①

本课例是北京汇文中学"信息技术与语文课程整合"实验的优秀课例，教学内容是高中语文"《物种起源》导言"。本课教学过程如下：

（1）教学目标：学习筛选信息的一般方法；

（2）教学重点：探讨如何快速、准确地筛选信息；

（3）教学步骤

第一阶段：创设情境。这篇文章的作者是达尔文，教师要求学生以小组形式上网查询关于达尔文的生平介绍以及关于《物种起源》一书的内容及评价等有关资料。每组将所找到的资料以 PowerPoint 的形式集中演示。学生查找资料用一周，演示资料用一课时。

第二阶段：独立探索。将所要学习的文章以网页的形式提供给学生，同时告诉学生筛选信息的一般方法与要求，要求学生在规定时间内独立完成以下几个任务，每个学生将自己所筛选的信息在学生作业区内发布。教师浏览学生作业，并给予适当及时的反馈。时间一课时。任务内容：

① 整体把握。

② 阅读全文，筛选重要信息。

问题：速读课文，筛选出作者阐明的关于物种起源问题的两个主要观点。

③ 阅读段落，准确筛选信息。

用原文回答问题：

作者研究家养动物和栽培植物的目的是什么？

作者研究家养动物和栽培植物的意义是什么？

作者从研究家养动物和栽培植物中获得的两点认识是什么？

④ 阅读段落，用简明的文字表述筛选的信息。

问题：作者认为，关于物种起源，还有很多需要弄清楚的问题。文章第七段从哪些方面归纳了这些问题？

⑤ 阅读重点语句，准确、全面把握句子所含信息。

问题：认真阅读下面的长句，选出概括其要点时必不可少的几项。

关于物种起源的问题，如果一位博物学家对于生物相互间的亲缘关系，它们胚胎的关系、地理的分布以及在地质期内出现的程序等事实加以思考，那么可以推想得到，生物的种和变种一样，是由以前别的种演变而来，而不

---

① 何克抗．教学系统设计［M］．北京：高等教育出版社，2006：149－151.

是分别创造出来的。

A. 研究物种起源的背景

B. 研究物种起源所凭借的事实基础

C. 研究物种起源的方法

D. 对物种起源的推断

E. 对错误学说的批判

F. 对物种起源的不同认识

第三阶段：监测交流。学生浏览其他同学的作业，在学生讨论区内进行讨论，交流自己对筛选信息基本方法的理解掌握的体会。教师给予适当的引导、提示、评价。然后提供给学生一些补充内容，加深学生对所学内容的理解，启发诱导学生自己去进一步发现规律，自己去纠正和补充错误的或片面的认识，完成自主建构。对于补充内容中的任务，学生仍发布到学生作业区，并在讨论区中讨论，教师要给予及时反馈。时间两课时。

第四阶段：典型评议。学生将自己的关于筛选信息方法的心得体会发布在讨论区中，在教师指导下，学生自主在网上寻找感兴趣的文章，同时提出以筛选信息为目标的问题，在作业区内发布；由其他同学围绕其问题进行阅读、讨论，最后师生共同评议。时间一课时。

第二讲　教学方法的有机融合

当教学目标、教学内容、教学对象确定之后，选择什么样的教学方法取决于它是否能在特定的教学情境中有效地回答“学习结果是什么、学习结果如何达成以及学习结果如何评估”这三个基本问题。① 同时，教学方法的选择也受到多种教学因素对它产生的直接间接，大小不同的影响。教学时，即使同一种教学方法，由同一位教师使用，也会因教学观念的不同而产生不同的教学效果。

◆ 核心内容

什么是教学方法

语文教学常用的教学方法

选择适宜教学方法的策略

① 盛群力，马兰，褚献华．论目标为本的教学设计［J］．教学研究，2008（5）：73－78.

◆ **学习准备**

举例说明你对“有经验的教师把学生教少了，没经验的教师把学生教多了”的理解。

一、教学方法的界定

教学方法是为了完成一定的教学目的和教学任务，师生在教学活动中所采用的各种教学行为方式的总称，既包括教师教的方法、也包括学生学的方法，是教的方法与学的方法的统一。日本的教学论研究者佐藤正夫认为“教学方法是引导、调节教学过程的最重要的教学法手段。它是教学中旨在实现课程（学科课程）所计划的教学目标，旨在接受一定教学内容（教养内容、教材），师生所必须遵循的原则性的步骤”①。可见，教学方法是由教学目标、教学内容、学生年龄特征、教学媒体、教师的教学风格等所决定的。王逢贤教授在《学与教的原理》中谈到，教学方法应包括以下内容。

教学方法的目的性。即教学方法的运用是为完成一定的教学目的和任务。

教学方法的双边性。即教学方法既包括教师教的方法，也包括学生学的方法，是师生共同活动中的方法。

教学方法是师生在共同活动中所采用的教学方式、教学手段，不是某种固定的方式或动作。它不同于教学方式，一种教学方法是由若干教学方式有机组成的；它也不同于教学手段，教学手段是指某种物体、工具，教学方法是对教学手段的运用。②

二、语文教学常用的教学方法

教学论研究者研究的是一般教学方法，这些从各学科教学中抽取出来的教学方法具有一般的共性特点，适用于不同的学科，同时也适用于语文教学。同语文教学密切相关、适用的教学方法有如下几种。

（一）讲授法

讲授法就是教师在教学中运用口头语言，系统地向学生传递教学信息的一种方法。讲授包括讲述、讲解、讲演和讲读四种形式。

在使用讲授法时，重要的是摒弃那些无效信息、学生已知信息或为卖弄自己学识的宣讲，而应在学生遇到问题，经过努力自己无法解决时，针对问

---

① 佐藤正夫．教学论原理［M］．钟启泉，译．北京：人民教育出版社，1996：243.

② 王逢贤．学与教的原理［M］．北京：高等教育出版社，2000：228－229.

题进行清晰、准确、有效的讲解，教给学生解决问题的方法。吴欣歆老师在上《京味小说》这个专题时，有学生提出“京味语言与京味文化的关系”以及“北京话是如何体现北京文化”的问题。这两个问题是学生在学习过程中产生的，已经超出了他们自己解决问题的能力，这时就需要教师及时介入，并给出恰当的指导与讲解。吴老师恰当地运用了北京话中独有的“挂獾”一词，以四两拨千斤的讲解帮助学生解决了这一问题。

生：我觉得可以再探讨一下京味语言与京味文化的关系，北京话如何体现着北京的文化。

师：他说到这个问题让我想起昨天有位老师跟我讲起王世襄先生的《锦灰堆》里写到的“挂獾”。说是八旗子弟捉到獾以后到茶馆里一挂，有茶客上来“呦，捉着獾了。”捉到獾的人得意地讲讲捉獾的过程，等獾挂臭了就扔掉，“捉”与“挂”都与利益无关，只为获得一种心理满足。“挂獾”这个词本身就承载着一种文化现象，折射着一种文化心理。要研究语言与文化的关系，可得好好地读一些书。①

（二）谈话法

谈话法，又称问答法，也被称为“启发式教学”，是教师在学生已有知识和经验的基础上，通过师生间相互对话，使学生获得新知识、巩固旧知识的教学方法。最早使用这种教学方法的是中国古代的孔子和古希腊的苏格拉底，但两人的谈话方法却是迥异不同的。孔子主张教学要运用“叩其两端”的追问方法，从事物的正反两个方面去寻求知识，他鼓励学生提出问题，对于能提出深刻问题的学生常给予褒奖，而且公开表示向学生学习，孔子用的是“以学为主”的谈话法，《子路、曾皙、冉有、公西华侍坐》就是孔子谈话教学法的最好验证。苏格拉底用的是“以教为主”的谈话法，由他自己提出一个又一个问题引导弟子思考回答，当弟子不能正确回答时，他并不急于去纠正其中的错误，也不把自己的思想强加给弟子，而是针对错误提出反问，使弟子仔细检查自己的思想，重新思考问题，逐步得出新的、正确的结论。下面这段教学实录反映的就是苏格拉底抓住学生思维过程中的矛盾，启发诱导，层层分析，步步深入，最后导出正确的结论的谈话教学法。

一位名叫欧谛德谟的青年，一心想当政治家，为帮助这位青年认清正义与非正义问题，苏格拉底运用谈话教学和这位青年进行了下面的对话（以下皆是苏问，欧答）。

---

① 张秋玲，闫萍．后殖民批判教学法视野中的教师角色分析——以高中语文选修课教师为个案［J］．教师教育研究，2009（6）：34－40．

问：虚伪应归于哪一类？

答：应归入非正义类。

问：偷盗、欺骗、奴役等应归入哪一类？

答：非正义类。

问：如果一个将军惩罚那些极大地损害了其国家利益的敌人，并对他们加以奴役，这能说是非正义吗？

答：不能。

问：如果他偷走了敌人的财物或在作战中欺骗了敌人，这种行为该怎么看呢？

答：这当然正确，但我指的是欺骗朋友。

问：那好吧，我们就专门讨论朋友间的问题。假如一位将军所统率的军队已经丧失了士气，精神面临崩溃，他欺骗自己士兵说援军马上就到，从而鼓舞起斗志取得胜利，这种行为该如何理解？

答：应算是正义的。

问：如果一个孩子有病不肯吃药，父亲骗他说药不苦、很好吃，哄他吃下去了，结果治好了病，这种行为该属于哪一类呢？

答：应属于正义类。

苏格拉底仍不罢休又问：如果一个人发了疯，他的朋友怕他自杀，偷走了他的刀子和利器，这种偷盗行为是正义的吗？

答：是，他们也应属于这一类。

问：你不是认为朋友之间不能欺骗吗？

答：请允许我收回我刚才说过的话。①

（三）讨论法

讨论法一般是教师给出一个研究问题，或者是把学生在学习过程中遇到的问题呈现给全班，班级中的每一个学生都可以根据自己对问题的理解发表看法，这是一种信息多向流动的活动，学生在听取不同发言时，在比较中集思广益，博采众长，能深入理解讨论的问题，获取新信息。讨论法促进学生发展的作用是不言而喻的，若使用不得法则会适得其反，不仅起不到促进学生发展的作用，还可能会养成学生信口开河，言不由衷，思维混乱。所以，讨论这种教学方法最好事先不要定得太死，有时候可以临时决定组织讨论，有时候可以取消事先准备的讨论，一定要视课堂上学生对学习问题的反应而定。

---

① 佚名．当代教育改革路在何方——孔子教育思想给我们的警示（三）［EB/OL］．［2011－06－23］．http：//www. china saint. org/baijia/zzbj/201106/3006_ 5. html.

北京师范大学第二附属中学的王广杰老师指导高中生重读经典，读《背影》一文时学生提出这么一个问题："作者为何选择'背影'来写，而不写父亲的'正面'？"王老师觉得此问题是从写作方法角度提出的，通过讨论不仅能让学生更深入地理解《背影》一文的入题之妙，更能让学生在讨论中深入理解朱自清当时那种复杂的微妙的情感变化。于是，当即就组织了课堂讨论，这是在课前设计中没有的教学活动。

生3：很同意刚才同学的观点。不过我认为，作者因为拘谨不愿意正面"凝视"父亲还只是其中的一个方面。就"被凝视者"而言，其正面也往往会有不愿意给人"正视"、被人"发现"的一面，所以人的正面常常会有眼神、表情等来加以美化和掩饰。而背影却永远是赤裸裸地展示给人看的，无法美化和掩饰，因而也最能展现人真实的一面，最能激发"凝视"者心中酝酿已久的悲伤情感。

生5：文中有一句话："我望着他走出去……等他的背影混入来来往往的人里，再找不着了，我便进来坐下，我的眼泪又来了。"我突然想到，与正面相比，背影给人的印象有时候是偏"瘦小"的。（我们常常说"高大的背影"，那其实是在赞誉一个人时夸张的说法）而"瘦小"让人联想到的又是一种"衰老"和"忧伤"。因此，我觉得作者写背影正符合文章的情感基调。

（四）演示法

演示法就是教师运用实物、模型、图片、照片等教具，或采用现代化教学手段，演示实验和示范动作，达成教学的方法。由于演示材料的不同，可分为实物、标本、模型的演示；图片、照片、图画、图表、地图的演示；幻灯、录像、录音、教学电影的演示；实验演示等。

演示法也是语文教学中常用的方法之一，教师在更多地关注于实物、声音、视频的演示的同时，若能较好地利用语言的变式突破教学难点，能起到实物等具象教具起不到的功效。安徽省特级教师盛庆丰在教学《巴尔扎克葬词》一文时，就巧妙地利用了语言的变式演示了此文诗化的语言特点，突破了语言教学的难点。

师：比喻。也就是说在表达形式上产生了什么？产生了变化。作者不光前面运用了直接的评说议论，这里已经运用了比喻，用这种华彩的语言，来尽情地赞美，那么这样的赞美和一个浪漫主义的作家是不是很吻合呢？也就是说，从这样的语句里面，我们读到了一种诗意，那我们感受到这是一种诗意的美，"当一个崇高的英灵庄严地走进另一世界的时候，"你读这样的文句，难道不是在读诗吗？如果同学们不信的话，你们看，我稍加变化……（以下

文字用PPT以动态的形式呈现给学生)

他的一生
是短促的
然而
也是饱满的
作品
比岁月还多
当一个崇高的英灵
庄严地走进
另一世界的时候
当一个人
张开他的有目共睹的
天才的翅膀
久久——
飞翔在群众的上空
当他忽而展开
另外的看不见的翅膀
消失在——
未知之乡的时候
我们的心中只能充满
严肃和诚挚

(五) 练习法

练习法是学生在教师的指导下，反复地完成一定动作或活动方式，以形成技能，技巧或行为习惯的教学方法。按照练习的性质和特点，练习法可分为心智技能、动作技能、行为习惯三种类型。语文教学中常用的练习类型应为心智技能的练习：分析一篇文章的结构；理解文中的关键语句；体会文中蕴涵的情感等都属于心智技能练习的一部分。

(六) 课题法

课题法，也称研究性学习，是从科研人员的研究过程与解决问题的方式演变与迁移到教学中来的。这种教学方法是学生围绕一个真实情境中发生的问题，模拟科研人员研讨，制订研究计划，撰写研究方案，提出研究假设，选择研究方法，实施研究、解决问题。运用这种教学方法重在培养学生的研究意识，享受研究的过程，不应太过重视研究结论与研究成果，如果学生能在研究的过程中真正地得出了意想不到的研究成果，这是应当鼓励的；如果没有得到想要的研究结论也是值得肯定的，这种教学方法重视的是参与学习的过程，而不是学习的结果。《我市空中绿化情况调查》这项作业就是一个与学生的日常生活密切相关的研究课题。教师首先引导学生设计方案：

一是设计研究的内容：

空中绿化对城市各行各业的影响（对建设的影响，对交通、旅游的影响）；我市空中绿化现状（空中绿化的类型有哪些，现在的情况如何）：调查点为城市建筑屋顶绿化情况调查、马路栏杆绿化物情况调查、居民阳台绿化调查。

制约空中绿化的因素有哪些？

解决空中绿化的基本思路。

二是设计研究途径，即组织课题组，做好研究工作分工，分头进行调查与收集资料。

三是处理资料，撰写调查报告。在帮助学生设计方案后，教师在指导学生收集资料的同时，重点帮助学生如何把报告写出来，这是打好学生语文功底的有效途径。为此，教师交给必要的写作方法与写作结构外，还要帮助其修改文章，通过老师的帮助，学生一个个优秀成果就脱颖而出。①

（七）分团教学法②

分团教学法（group method），又叫小组合作学习方法。这种方法如果使用得好，学生之间的相互交流与思维冲突就可以促使学生对问题的思考越来越深刻，如果使用不好，流于形式，就会使学生养成闲谈、空想或不想、没有听清他人的观点而自说自话的坏习惯，这种教学法的优劣与成败，完全取决于教师在其中所起的调控作用。运作分团教学法组织教学时，教师需要至少考虑以下若干问题。

首先，小组是如何构成的。小组的构成有多种形式，一种是课堂上随机构成的；一种是由学生自发组成的，后者的构成相对比较复杂，或基于学生之间的关系比较亲密，或基于同学们的兴趣比较一致，还可能是基于大家面临某个共同的问题，等等；三是由班级中原有的学生分布，如按座位前后顺序构成小组。但无论是哪一种形式组成的，教师都应把握住组内异质的原则，只有组内异质的形式，才能满足不同程度学生的不同需要，小组学习才能在互助互补的前提下进行学习。同时，教师还要注意小组内男女生比例搭配的问题，有人曾经做过一个研究实验：如果一个小组内只有一两个男生，那么这一两个男生就会被这个小组给淘汰出局；如果一个小组内只有一两个女生，那么这一两个女生就会成为这个小组的核心。一般情况下，小组内部的人员分工可以参阅表2－3－2－1。

表2－3－2－1　小组内部人员分工

组员分工	职责
主持人	主持小组讨论，分配发言机会，协调学习进程
记录员	记录小组内合作学习过程中最经典的意见，以及不积极参加讨论的同学
报告员	搜集组内意见，组织语言，然后向全班作汇报

---

① 施志方．初中语文开放性家庭作业的设计与操作策略［J］．新课程，2010（4）：131.

② 分团教学法即现在的小组合作学习，在许多早期文献中，多以分团教学法来表述。

续表

组员分工	职责
检查员	检查、督促、确认小组成员的学习情况，如谁发言最积极，谁没有参加讨论等
观察员	负责观察组员合作技巧，如声音是不是太响亮了，有没有利用礼貌用语等，并把观察结果向任课老师汇报
材料员	负责保管组员自主学习时搜集来的资料，根据讨论过程保留有用的材料，剔除无用的材料，以备撰写小组报告时使用

其次，小组活动的保证机制。组织学生小组讨论时，教师要明确指导怎么讨论，要对组内的每个学生提出要求，如把需要讨论的学习材料读一遍，以小标题或关键词的形式列举出在阅读时发现的问题。然后在小组内对每个同学所发现的问题进行充分交流，并就组内能解决的问题进行整合，达成共识，这才是讨论。注意整合的是对小组内每个人的观点逐渐合并，而不是某一个人的观点。在讨论的过程中，教师特别要关注的是：让学生在聆听他人的陈述时提出说话者的观点，并与自己的观点进行比对，在比对中寻找他人观点与自己观点的一致性及差异性，以此思考自己观点与他人观点的差异所在。

最后，拿什么交流。课堂上用来交流的观点应是小组内共同碰撞的观点，这种观点才有力量，小组讨论拿出的观点一般都是经过学生们充分讨论后形成的，这些观点一般都是有思考价值的、非常漂亮的观点。这个时候教师干什么？教师在学生交流的课堂上，一是要引，要把学生的发言以及所出现的各种学习活动引向本节课或本篇课文的教学目标。二是要补，补充进去其他学习材料，如吴欣歆老师在教学《石钟山记》一文时，针对学生提出的“苏轼敢于挑战权威”的观点，补充了郦道元的学习材料；吴泓老师则针对学生在学习“王安石”这一专题时，补充了岳晓东的《王安石偏执误政》，借助心理学的视角，为学生堵塞的思维撕开了一条小缝，引导学生从个人心理与性格的角度看历史人物，明了王安石变法的步伐太快和用人不当都源于其人格的偏激与执拗，同时也给学生提供了一个分析人物性格的新视角。三是要提，就是要帮助学生把他们在发言与交流中形成的观点进行提升，使其对所讨论问题的认识更有深度，提升后的学习成果就能成为下一次的学习资源。

三、选择适宜教学方法的策略

教学有法，教无定法，贵在得法。方法是死的，如何利用方法是活的，所以任你怎样好的方法，死板无生气的教师有法变成无法，灵活而有生气的教师无法能变成有法。任何一门学科的教学、任何一节课，都不可能只使用一种教学方法，对于教学方法的选择主要受制于课堂教学中的多种因素，课堂教学中的任何一个微小的变化，都可能牵涉影响变量的变动。对于教学方法的选择，归结为一句话就是：适合者即用，不适者即弃。

罗密佐斯基（A. J. Romiszoski）认为教学设计中方法、媒体、教学内容、学习目标、学生以及环境之间是相关联的，并且具有如图 2 –3 –2 –1 所示的关系。

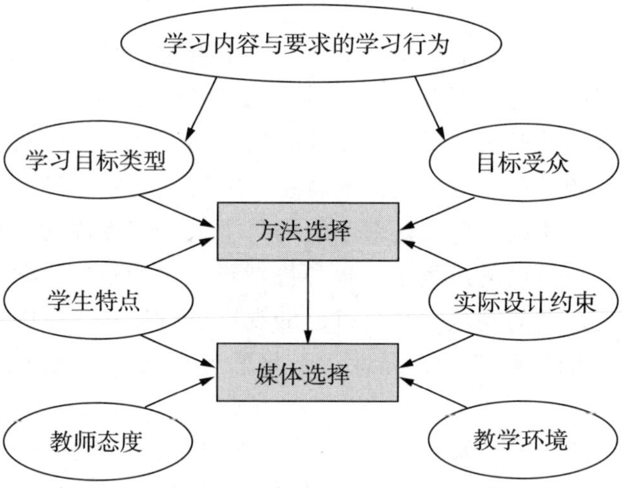

图 2 –3 –2 –1　选择教学方法的制约因素①

根据图 2 –3 –2 –1 提出的影响教学方法选择的有关因素，结合中小学语文学科的特点以及教师在课堂教学中常用的教学方法，语文教师在选择适当的教学方法时需要从以下几方面进行思考。

1. 语文学科的基本特点

作为一名语文教师，应该十分明确语文教学应该做什么，不应该做什么，不要在语文教学中迷失了自我，更不要出现“忘我”之事。语文的基本任务是教给学生正确运用语言的能力与方法，而附着于文字材料之上的一些属于非语文学科的内容或情感，则不能作为选择教学方法的要素进行考虑。

2. 教科书与学习内容的因素

在选择教学方法时，必须从教科书的编辑指导思想出发，总体把握教学的目标和任务，也就是说教学方法的选用要以教学目标为转移，服从于教学

① 徐英俊. 教学设计［M］. 北京：教育科学出版社，2004：145 –146.

内容的需要。语文教学的目标不只是让学生记住课文的内容，而是要让学生凭借学习材料掌握语言运用的方法和能力。因此，在选择教学方法时，就要考虑到学习内容自身的特点。不仅要辨析学习内容的类型（听、说、读、写），还要注意到具体的学习文本。例如，说明文就不适合使用朗诵法进行教学，诗歌尽量少使用讲解法，小说、传记、戏剧这些故事性较强的文章，使用分团教学法更有利于学生思维差异性的体现，也更有助于批判性思维的形成。

3. 教学方法本身的因素

任何一种教学方法都不是万能的，每一种教学方法都有其使用范围和局限性。所以教师必须了解各种教学方法的优缺点，用其所长，以便发挥其最佳的效果。教师只有在了解各种教学方法优劣的基础上，才能根据具体情况作出最佳选择。如今在语文教学中，就常看到用滥了和用错了的小组合作教学法，课题式教学方法，启发式教学法，诵读教学法。一节课中教师让学生个体读、集体读、大声读、小声读，甚至还发明出了“美读法”、“情读法”、“入境读”，而使用这些教学方法究竟要完成怎样的教学任务，达成怎样的教学目标，不仅学生是懵懂的，就连教师自己也很少去有意识地反思。

4. 教师因素

语文课堂教学是由教师来设计与掌控的，那么在选择教学方法时就应从自身的实际情况出发，选择最适合于发挥自己特长的教学方法。任何一个教师的教学，都有其自己的风格、特点及教学思路，教学时应扬长避短。如果自己习惯的教法对学生、对某篇课文行之有效，就不妨驾轻就熟，用自己所擅长的教法去教，而不必一味模仿别人的格式，落得东施效颦、邯郸学步的尴尬。因此，对于名家教案、教学参考资料，不能不加分析地照抄照搬，而应有所选择地为“我”所用。许多有名的语文特级教师就是因为立足优长，兼采众长才创生出了带有自身个性特点的教学方法。

5. 学生因素

教师的教是为了学生的学。教师的教只有符合学生掌握知识的规律，才能获得较好的教学效果。因此，选择教学方法必须要考虑不同年龄阶段学生的年龄特点、心理特征、知识基础和认知能力。不少语文教师会忽略任教班级学生的学习特点来选择教学方法，这种情况最易出现于借班上课的公开课与研究课上，教师因不熟悉上课班级的学生情况，一般会根据自己所教班级学生的情况选择教学方法，其结果是不言而喻的。

6. 环境因素

环境因素是教师选择教学方法时常常被忽略的一个方面，特别是构成课堂教学的软环境。如，教师选择教学方法时基本不考虑“这一节”语文课前学生上的是什么课。如果学生的前一节课是音乐课，教师在这节课之初使用诵读法，可能就会因音乐课上学生练习了一节课的音节视唱，因口干舌燥而读不起来；如果是体育课，就很有可能会因之前球赛的精彩而安静不下来，小组讨论的中心话题也就有可能变成对球赛的回味。此外，教师在选择教学方法时还要充分考虑到教学时学生所处的实际教学空间及教室所安装的教学设备。

◆ **思考**：阅读盛庆丰老师的《琐碎中有无限烟波》的课堂实录，画出这节课上盛老师所使用的教学方法，并分析其适宜性。

◆ **方式**：独立勾画并写出点评；与同伴比对交流。

【延伸阅读】

★ 王逢贤．学与教的原理[M]．北京：高等教育出版社，2000.

★ 巴班斯基．中学教学方法的选择[M]．张定璋，高文，译．北京：教育科学出版社，1985.

【悦 读】

琐碎中有无限烟波——文学作品的细节之美①

盛庆丰

这节课，我以一个小角度来给学生一点阅读作品的视角，舍弃了相对宏观的文学概念，即文学作品教学中经常用到的形象、情节、主题等，给学生建立一个已非一般意义上的细节概念，让他们会发现、会体悟、会品赏。

文学作品的阅读不是一次即可的速成行为，也不是简单的重复行为。它需要“反刍”，它需要参入阅读者的体验，它需要不断地变换“视角”，唯有如此，才有可能常读常新。经典作品的阅读更应该这样。所以，我选用的是同学们已经学习过的有代表性的文学作品，也没有局限于某一篇作品，以细节的发现和品赏为教学流程，希望自己的教学目的能有所实现，课堂实录是这样教学目标的一个具体呈现。

师：一提到文学作品的鉴赏，鲜活的人物形象、生动的故事情节、深刻的思想意蕴，可能就会立刻浮现于我们脑际，它们犹如一朵朵红硕的花朵，

---

① 盛庆丰．琐碎中有无限烟波——文学作品的细节之美［M］//《语文学习》编辑部．语文课堂教学内容的确定：理论与案例．上海：上海教育出版社，2010：281－288.

令我们着迷。但“一枝一叶总关情”，鲜花还需绿叶扶持。今天我们就是要关注这“一枝一叶”。先请同学们看材料，思考每则材料中加点部分的内容。

【课件 A】张籍《秋思》“洛阳城里见秋风，欲作家书意万里。复恐匆匆说不尽，行人临发又开封。”

师：请一位同学朗读一下。

（生读）

师：这首诗表达出了什么样的情感？又是怎样表现出来的？

生 1：诗人对家乡亲人的思念。

生 2：通过末句“行人临发又开封”的细节描写来体现的。

生 3：诗人抓住了临发信前又打开，似乎言犹未尽，还需补充的矛盾心理。

师：很好，请坐。前句“欲作家书意万重”已作铺垫，又通过动作（板书）性细节来表达出了诗人复杂的心理（板书），浓浓的思乡之情。第二则材料呢？

【课件 B】孙犁《荷花淀》

很晚丈夫才回来了，女人抬头笑着问：“今天怎么回来的这么晚？”站起来要去端饭。

师：哪位同学来说说这“笑着”的意蕴？

生 4：这个“笑着”表达了妻子对丈夫的期待，同时也表现出了妻子的贤惠。

师：这个词表现的是人物的什么特征？

生 5：表情、情态、神情……

师：也就是人物情态（板书），在其背后表现出了人物的性格、品质（板书）。

【课件 C】曹禺《雷雨》

周朴园　（徐徐立起）哦，你，你，你是——

鲁侍萍　我是从前伺候过老爷的下人。

周朴园　哦，侍萍！（低声）是你？

鲁侍萍　你自然想不到，侍萍的相貌有一天也会老得连你都不认识了。

周朴园不觉地望望柜上的相片，又望侍萍。半晌。

周朴园　（忽然严厉地）你来干什么？

师：“半晌（shǎng）这个词表示的是什么？”

生 6：时间。

师：时间（板书）性词语，在戏剧中叫舞台提示语，能不能丢掉？为什么？

生 7：不能，因为它表现出了主人公周朴园思索的过程。

师：很好。也就是说它折射出了人物的心理过程。综上所述，我们在阅读文学作品时就要注意以上这些方面的细节。我想借用明代散文家袁中道一句话来概括：“琐碎中有无限烟波。”这“烟波”就是文字后的意蕴。

琐碎（细节）……烟波（意蕴）（板书）

师：我们在读过的作品中，有哪些是细节，有没有体味到其无限烟波，这可以检验一下我们的鉴赏能力。今天就让我们一起通过两位文学巨匠的作品来感受经典的无穷魅力。我选了两篇名著片断，一是鲁迅的《药》（第一、二部分有删节），一是曹雪芹《林黛玉进贾府》，请前两排同学讨论《药》，后两排同学讨论《林黛玉进贾府》，从文中找出有意蕴的细节并加以思考。

(学生看了五分钟后)

师：好，我们先看《药》，哪位同学先说？

生 8：我找了有关华大妈，康大叔的一些动作性词语。

如华大妈“……掏了半天，……抖抖……，按一按……”这些动作性词语，揭示了华家家境的贫寒，这是穷人对钱的特有的忠实的动作。

再如康大叔“……扯，……裹……塞……抓……”揭示了康大叔凶恶、贪婪的本性。

生 9：我找出的是华老栓买回“人血馒头”后，华大妈的一番话，“小栓……不要……”表明母亲不希望小栓知道这是“人血馒头”，反映母亲的善良而又愚昧。

还有烤馒头时的奇怪香味，“奇怪的”是鲁迅先生着意点明这馒头是蘸上人血的，富有批判和嘲讽的意味。

生 10：华小栓吃下“人血馒头”后，……，仍不停地咳嗽，这是为下文“死”埋下伏笔，也表现出小栓对生的渴望。

生 11：华老栓买回“药”后，华大妈从……急急地走出来，圆睁着……这些情态动词表达出华大妈对“药”的期待和对小栓的疼爱，希望挽救儿子的性命，希望迫切，但又最终破灭了，更主要有批判讽刺意味。

生 12：“（华老栓）……仿佛抱着一个十世单传的婴儿……”这是心理描写，表现出了华老栓得到“人血馒头”后的兴奋，小栓也仿佛看到了自己生命的延续。这里也表现出了残忍，因为这“药”包含着另一个鲜活生命的消失。

师：以上同学都能独具慧眼，各抒己见，我也找了两处，我们一起来看看，请看屏幕。

● 展示材料（1）除了夜游的东西，什么都睡着。华老栓忽然坐起身，擦着火柴……

师：你从“忽然”一词中体味出了什么？人在什么情况下会这样呢？

(学生思考)

师：这是一个副词，能否丢？

生 13：不能丢。

师：一般而言，一是做噩梦，一是心里惦记着一件重要的事情，这里应排除前者。那么，老栓心里会惦记着一件什么事呢？

生 14：儿子生命危在旦夕，他在寻思买到治好儿子病的药。

生 15：这能很准确地表现出了华老栓心系买药。

生 16：而且药也不容易买到，机遇难逢。

师：是的。一是家境贫寒不允许他随机买；一是处决犯人不是随时能碰上的。可以说，全家的希望都重压在华老栓心上。

● 展示材料（2）“这给谁治病的呀？”老栓也似乎听得有人问他……

师：有没有注意到这句话？

（不少学生摇了摇头）

师：别人怎么会知道老栓买的是药呢？

生17：老师您一提醒，我好像悟到点什么。说明当时的人都知道用人血馒头治痨病。

生18：反映出当时国人思想都很愚昧，其实这也是一种社会背景描写。

师：很不错。鲁迅往往从不经意处来着意暴露普遍的国民的愚昧。可见，细节有时是在起“勾连情节，烘托背景”的作用。

● 展示材料（3）“小栓吃药”这个部分有小栓母亲的几句简短的话，能不能品味一下其中的深义？

“得了么？”

（“得了。”）

“吃下去罢，——病便好了”

“睡一会罢，——便好了。”

师：如果把前两句换成“老栓，药买到了吗？”“药买到了”，两者表达的意蕴有何区别？

生19：因为原文问句前有动作“急急地”和神态“睁着眼睛，嘴唇有些发抖”作铺垫，表达的是当时华大妈急切的心情，如果加了“药”，语气就舒缓了。另外，夫妻俩彼此心照不宣，不需要说出来。

师：再看后两句，从句意上看，它们是什么关系？有什么意味呢？如果在“便好了”前加“病”，体味一下有何区别？

生20：应该是条件关系。只要吃了，再睡一会，就一切都好了。

生21：可以看出华大妈已经把“人血馒头”当作灵丹妙药了。

生22：连“病”都没了，说明华大妈既满怀希望又愚昧之极。

师：由此可见，简短的人物语言（板书）的背后有着丰富的意蕴，这个细节为小栓吃药过程蒙上了神秘而诡异的色彩。这一过程我们进行得不错，下面来品味一下《林黛玉进贾府》中的细节。这里我删去了最为精彩的“王熙凤出场”、“宝黛初会”，撷取的只是些繁杂的文字，这里能有什么“烟波”吗？

生23：林黛玉进贾府时，小心谨慎、善于观察，短时间明白了房屋的布置、地位，这也给读者展示了贾府的“豪门气派”。

生24：黛玉到来时，贾府已给安排得妥妥当当，这是大户人家的气派。

生25：多次写到了丫头、小厮、婆婆、门……表现的是贾府（封建大家庭）正统而严谨的作派（繁缛的礼节）。

生26：多次对“门”的描写，反映贾府的气派，其次是让读者了解贾府的方位和礼仪。

师：刚才同学们多次用到了“气派”、“作派”，我认为很准确。《红楼梦》在第三回借林黛玉的这双眼让读者感受到了豪门望族的辉煌的气派和作派。在辉煌的气派背后，我找了几段文字，似乎和这有点不太相称，请大家看屏幕。

- 展示材料（4）“贾政正房的描写”：

正房炕上横设一张炕桌，桌上垒着书籍茶具，靠东壁面西设着半旧的青缎靠背引枕。王夫人却坐在西边下首，亦是半旧的青缎靠背坐褥。见黛玉来了，便往东让。黛玉心中料定这是贾政之位。因见挨炕一溜三张椅子上，也搭着半旧的弹墨椅袱，黛玉便向椅上坐了。

这一段文字中有一词反复出现，是哪个词？

生 27：“半旧。”

师：对，这是复现（板书）性词语。该如何理解？

生 28：体现了贾府的等级森严，只有地位低的人才坐“半旧”。

师：这个回答确切吗？哪位同学再说说。

生 29：贾政是典型的封建正派人物，这“半旧”和他的身份、性格相符，否则就会用大红大紫的。

师：我们设想一下，一夜暴富的富豪，其家庭装潢会是怎样的？贾府是一夜暴富吗？

生：不是。

师：贾府有着辉煌的历史，有着长期的历史积淀，才形成了今日的气派，所以我们在看到贾府衰败的同时，切不可忽视其勤俭持家等好的本色。在欣赏文学作品时，我们还应用一种辩证的眼光，这样可能会更准确一些。

- 展示材料（5）：

A. 另换了三四个衣帽周全十七八岁的小厮上来，复抬起轿子。众婆子步下围随至一垂花门前落下。众小厮退出，众婆子上来打起轿帘，扶黛玉下轿。

B. 众婆子们放下车帘，方命小厮们抬起，……至仪门前方下来。众小厮退出，方打起车帘，邢夫人搀着黛玉的手，进入院中。

C.（宝玉挨打）王夫人不敢先回贾母，只得忙穿衣出来，也不顾有人没人，忙忙赶往书房中来，慌的众门客小厮等避之不及。（《红楼梦》三十三回）

师：有人说《红楼梦》这部经典巨著“字字珠玑”意义深长，没有闲笔。这里三处细节有无耐人寻味的意韵？

生 30：男性下人不能直接面对女主人，说明贾府规矩很大。

师：读过《红楼梦》的同学就会知道，在这个“诗礼之家”里，也有人不守这个规矩。

生 31：是贾宝玉。

师：贾宝玉是曹雪芹钟情的人物，可以不守此规。

生 32：是贾赦、贾琏之流，尽干男盗女娼的事。

师：那作者为什么在作品中多次写贾府规矩之大、之严？

生 33：这是一种对比，说明华堂之下有龌龊。

师：非常精准。这样的华堂之下还有如此苟且之事，不正说明了貌似辉煌的封建大家族已呈没落、颓败之势，也见出作者精心用笔的后面是辛辣的讽刺。所以，我们品赏细节，还应通视全篇，这样的细节就有映射主题（板书）的作用。

（画面投影：阿尔卑斯山风光，画面上有"慢些走啊，请欣赏！"文字。）

板书设计：

琐碎（细节）　　烟波（意韵）

动作　　　　　　人物

情态　　衬托　　（性格、品质、心理……）

暗示　　映射→　情节

对比　　　　　　背景

复现　　　　　　主题

师（总结）：今天我们在一起探讨了细节在文学欣赏中的作用。我们还有一个拓展练习（课前已发给学生），也是跟细节欣赏有关的，请同学们课后完成。希望同学们在欣赏文学的路途中慢些走，在林阴道上驻足，在溪水边流连，也许清风会为你送来一朵野花的芬芳，飞鸟会激荡你的心扉。谢谢大家，下课！

第三讲　教学组织的基本类型

教学组织形式是指课堂教学中师生活动的组织结构。自古到今，教学组织形式在发展的历史中发生了几次大的变革：先是从个别教学发展到班级授课，接着在班级授课的基础上，提出了能力分组、因材施教；然后是变常规教学为开放教学。如今，随着 Internet 走进课堂，基于网络的各种教学组织元素将不同的群体集中于此，将从组织结构上突破传统教学的基本组织形式，并有可能创生出一种全新的教学组织形式。

◆ 核心内容

什么是教学组织

教学组织的类型

　　集体教学

　　个别化教学

◆ **学习准备**

结合你个人的教学/学习经验，列举常见的教学组织形式。

一、教学组织的界定

教学组织，也被称为组织教学（Classroom Structuring），指的是教师和学生在课堂上的活动，这些活动的目的是提供课程内容和长期或短期的教学框架，使课堂依据框架进行①。

二、教学组织的类型

一般情况下，学生的学习均是在集体中进行的，然而人们必须记住，学生即便是处于同一时空条件下的集体中，但学习依然是在独立的个体中进行的，在同一条件下的集体学习是不存在的。班级授课制是现代学校教学的重要组织形式，依据组织方式不同，可分为集体教学与个别化教学。

（一）集体教学

加涅将集体教学分为三类：一对一辅导的两人组；3～5名成员的小组；15名以上的大组学习。这三种类型集体教学的课堂作用模式如图2-3-3-1所示。

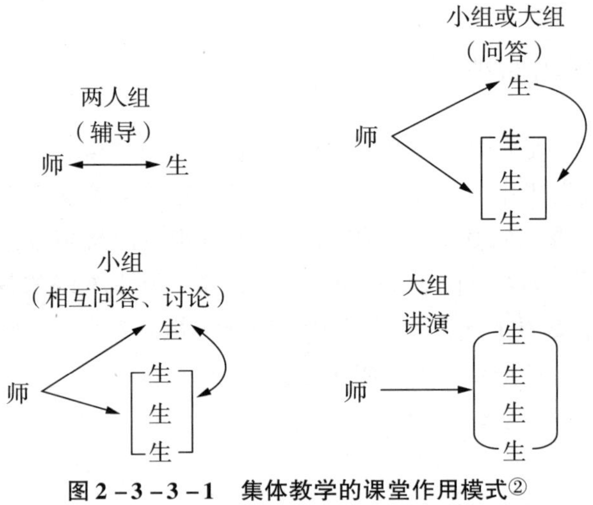

图2-3-3-1　集体教学的课堂作用模式②

---

① 中央教育科学研究所比较教育研究室．简明国际教育百科全书·教学：上［M］．北京：教育科学出版社，1990：239.

② 加涅，等．教学设计原理［M］．皮连生，等，译．上海：华东师范大学出版社，1999：293.

在世界研究领域内仍没有研制出班级集体教学中，适合 25 人以上、适应每个学生发展的教学作用模式。在我国，由于受客观条件的限制，以上三种类型四种模式的集体教学均难以在课堂上付诸实施。目前，我国课堂教学中的集体教学的组织形式主要分为两种：集体授课和复式授课。

1. 集体授课

集体授课是一个年级分一个班或几个班。班内的学生人数基本相等，年龄基本相同，坐在同一个教室内，接受同一的教学内容，要求学生按照教师的教学要求集体前进，统一学习。我国 90% 以上的学校使用这种教学组织形式。这里主要介绍班级授课制下集体授课的四种教学组织。

（1）讲座式

这种组织形式以教师演讲、说明、解释为主，其组织模型如图 2－3－3－2 所示。它能把教学所涉及的新内容、新信息快速地传递给众多的学生。这种组织形式的好处就是受众面比较广，能使每个学生都听到专家或优秀教师的授课，比较适合于专家讲座或者是学生没有知识积累的新内容的学习。它不利的一面是师生活动相对单一，学生无法及时对教学内容作出反应，教师也很难及时获得对所授内容的反馈。

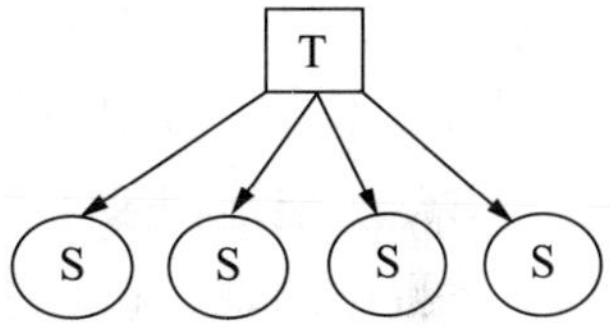

图 2－3－3－2
讲座式教学组织

（2）提问式

提问的教学组织，就是教师以问题为主设计教学活动，学生根据教师设计的问题，阅读学习材料，寻找问题答案，以所答的合理与否作为判断的依据（图 2－3－3－3）。这种组织形式能使教师根据学生的作答情况及时了解学生的学习现状，教师也能对学生的作答给予及时的点评，通过点评向学生反馈他的学习成效。因此，这种组织形式就要求教师能根据学生的“最近发展区”设计出高质量的问题。鲁迅的《祝福》，许多教师在授课时都会把重点放在“神权、族权、夫权、父权”等封建文化对祥林嫂的摧残上，这是一种带有很强政治意识形态的解读，已不适应当今的解读。如果教师能以此为切入点设计一个问题：“教参说‘鲁迅选择妇女题材，是为了深刻揭露封建文化的流弊和余毒’，你同意这种说法吗？请结合鲁迅的《灯下漫笔》说说你对《祝福》主题的认识。”这种带有矛盾冲突的问题，很容易挑战学生的思维品质，不仅能将学生的阅读引向纵深，也能从根本上解决教学从本本到本本的“代读”。

图 2－3－3－3
提问式教学组织

（3）小组合作

这种组织形式可以促使每个学生都参与学习活动，很好地发展学生的人际交往与沟通的能力。教学时，教师可根据学习材料的特点，将班级中的学生分成若干个小组，让学生在小组内通过交谈进行学习。教师在使用小组合作学习时，需强调小组内个体成员的责任与群体间的相互依赖关系，使学生认识到一个群体的成功是离不开团体内每个成员的参与和努力的。只有当群体的成功能够根据所有成员的成绩总和而定，或评价成员对团体计划的贡献时，才能显著提高参与学生的成就感。所以，在合作学习时可根据教学需要采用“组内异质，组间同质”的两次合作方式。

第一次，是组外学习。教师将准备好的学习材料发给学生，指定小组内同一编号的学生学习相同的内容。学习时每个学生都要认真聆听其他同学的发言，并尽可能地记录下关键的信息，以备回到本组时能够有效地传递在讨论时大家提出的观点和问题。如图2－3－3－4（1）所示：

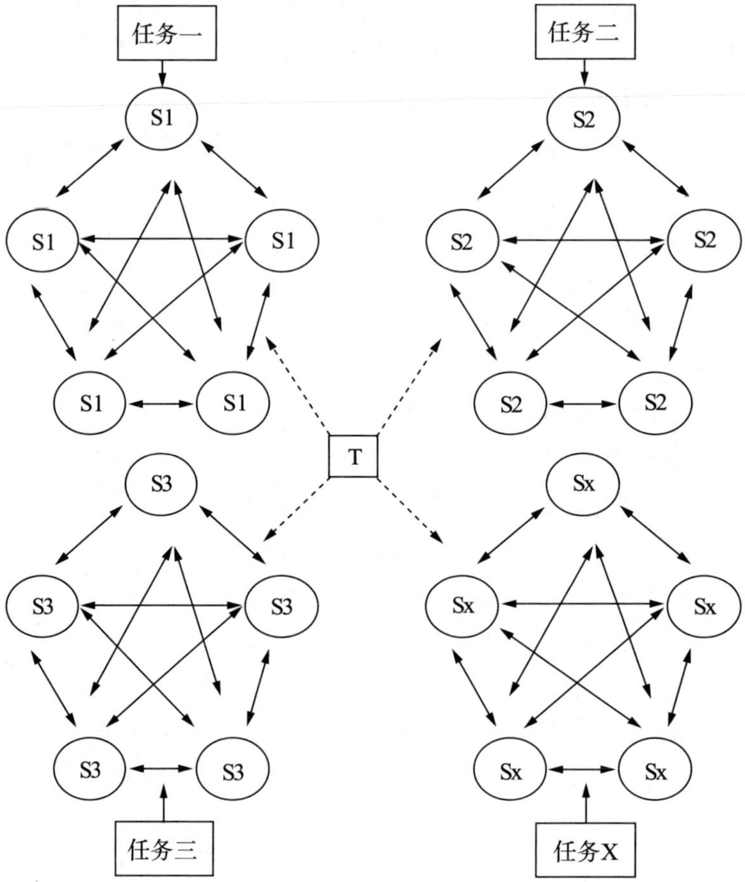

图2－3－3－4（1）　小组合作的教学组织：组外学习

第二次，组内学习与交流。承担不同学习任务的小组成员回到组内后，需要将讨论的结果带给自己的小组。向本组成员讲述他在与其他小组成员讨论“这一”问题时产生的观点及问题，而且要通过讲解让组内的其他成员知晓或明白“这一”问题。如果组内还有对此问题不明白的成员，这个“出外”讨论的同学必须负责到这个有问题的同学，明白、理解此问题为止，如图2－3－3－4（2）所示。

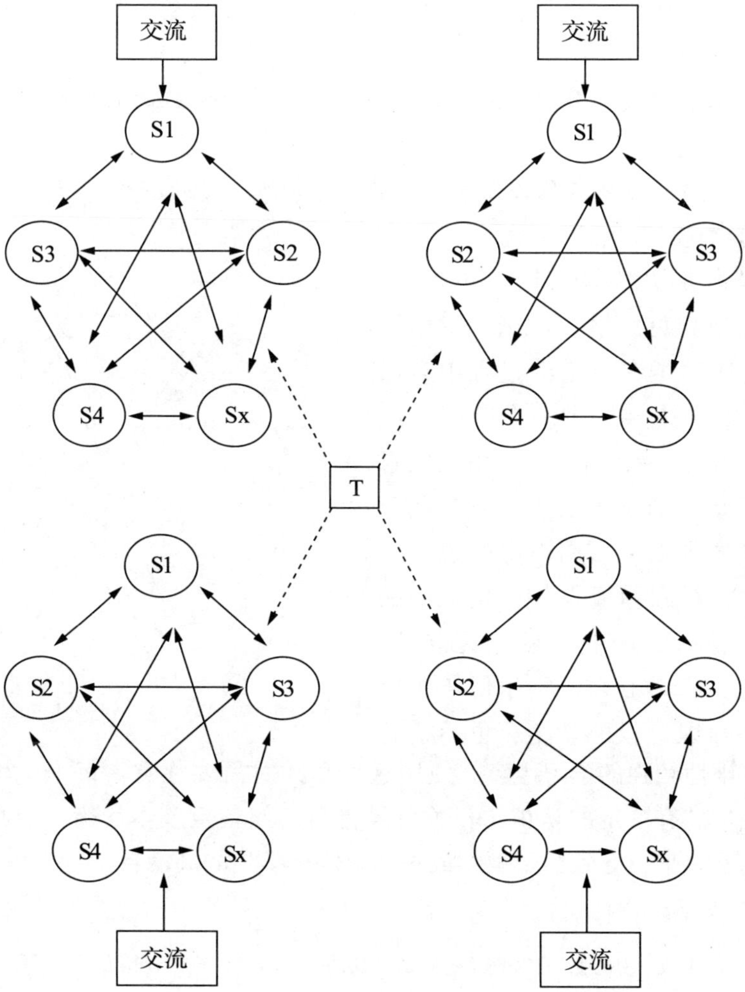

图2－3－3－4（2）　小组合作的教学组织：组内学习

◆ 案例：小组合作阅读

1. 选择一项学生应该练习的社交技巧（如前述的任何一种）。其他技巧还可包括管理技巧、改写或总结别人的见解。为学生确定一个练习该技巧的基本理由。

2. 把学生编成3～5人小组。

3. 每组分配一套资料。这套资料必须是每个小组成员都有一份，每个成员的材料是该套资料的一部分。

4. 指定学生与其他学习小组拿到相同资料的成员一起开会，然后一起学习这份资料，并计划如何回去教自己小组的人。

5. 让学生回到自己原来的小组，并轮流将自己熟悉的那一部分内容教给本组成员。

6. 要求小组成员互相测试，直到每个成员对该资料的熟悉程度都令人满意为止。

7. 用适当的方式评价每位学生掌握信息时所选择的社交技巧。①

(4) 讨论式

讨论式教学一般是以“论题/问题”来呈现教材、组织讨论、得出结论，从而使学生在讨论的过程中自己解决问题。师生共同围一个圆圈（图2－3－3－5），一起讨论，自由发表意见。教师要鼓励学生敢于质疑、敢于说出不同的观点，运用丰富的想象力或联想力，对问题或事件作出准确的判断。这种形式能使学生彼此启迪，深化认识，但它不太适宜于低年级或缺乏有关知识背景的学生，也不适宜学科内基础性较强的学习内容。使用这种形式时需要注意：每个学生对所讨论的问题均具有一定的认识，相关背景材料的储备也基本均衡，否则有可能导致讨论不起来，导致整个教学成为几个优秀学生的展示台。

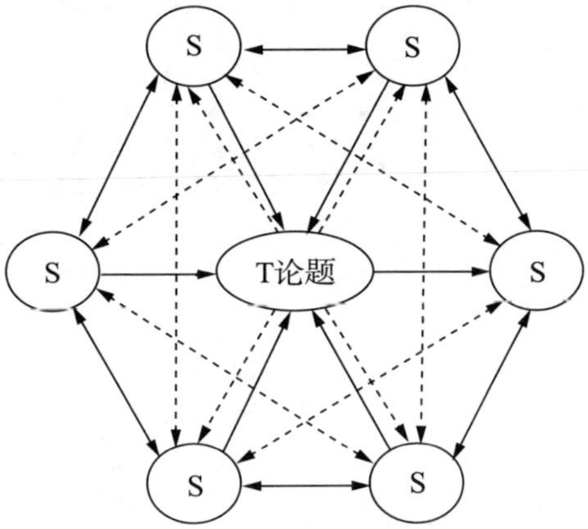

图2－3－3－5　讨论式教学组织

◆ **案例：文学的合作讨论**

在中学阶段，学生可以练习更高层次的社交技巧。在以下的活动中，学生可以学习参与讨论，并评论别人的想法。

1. 指定一篇文学作品让学生阅读。

2. 准备一些“发言”与“评论”的筹码。发言的筹码可以用红色方块纸

---

① CAMPBELL L，等．多元智能教与学的策略［M］．王成全，译．北京：中国轻工业出版社，2001：250－251.

或塑胶片制作，每人可以发给3个。评论的筹码用蓝色胶片制作，每人可以发给5个。

3. 准备讨论的问题，鼓励个人讲解故事中的角色、主题与事件。把学生分成几个小组，并要求每组讨论一套问题。

4. 向学生说明，每次回答问题时，要拿出1个红色筹码到桌子中央。如果对别人进行评论，每次增加1个蓝色筹码。要特别强调评论主要以分享思想为主，并不是伤害或指导别人。每个学生都必须回答每一个问题，每次发言都必须放1个筹码到桌上。由于每人的筹码数都限制了指定的数目。因此，就不会有人独占这场对话。

5. 教师应该在讨论时监控这些小组，以引导观念、确定没人被批评，并确保所有的学生都能平等地参与讨论。①

6. 可以对个人或团体作评价。

上述这四种形式是班级授课制模式下常用的教学组织。学习内容及学生因素是教师选择教学组织形式的依据，教师需要根据学习内容的特点及学生的认知水平谨慎地选择教学组织形式，最忌讳的就是跟风般地从众使用。要知道任何一种形式都不能单独地发挥功能，都需要与其他形式配合才能获得最佳教学功效。教师在使用小组合作与讨论这两种教学组织形式时，不仅要注意时间的分配，还要有足够的耐心等待学生的讨论结果，更需要辨别“问题”是否有讨论的价值，因为观点相左的冲突才能讨论起来，否则就会走向一种流于形式的假合作或假讨论。

2. 复式授课

复式授课，就是在一间教室中有低年级到高低级不同年级的学生，教室中有几个年级视学生的具体情况而定。一节课45分钟的时间内，授课教师要逐年级讲课，分时段把教室中应有年级的授课内容讲完。这种教学组织主要存在于交通极不发达的偏远农村，目前正逐渐走向衰亡。在使用中，教师们有时会忽略这种教学组织形式的优势：由于班级内坐着不同年龄不同学段（年级）的学生，教师授课时又无法将不同的教学信息进行屏蔽，这就使得学力水平比较高的低年级学生，可以提前学习高年级的内容；而学力水平比较低的高年级学生，又可以在教师给低年级学生讲解教学内容时，重新学习没有掌握好的那部分内容。然而，复式授课的教师为了减少非教学信息的干扰，常常会让正在接受教学的学生面向黑板，而已经完成教学或等待教学的那部

---

① CAMPBELL L，等. 多元智能教与学的策略［M］. 王成全，译，北京：中国轻工业出版社，2001：251－252.

分学生背向黑板，并给这些学生布置一些学习任务，让他们独立学习。

研究中，大家只看到了复式授课的劣势，忽略了教学信息不同的优势。如果研究者能认真地总结和提升复式授课中的差异教学论，说不定能为我国现有国情下，班级规模较大的课堂教学探索出一条满足不同学生学习需要的课堂教学作用模式。

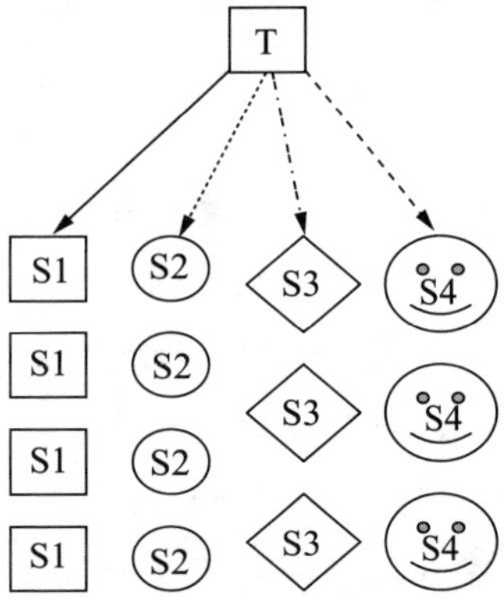

图 2－3－3－6　复式授课的教学组织

注：图中的不同图形标示的是班级中不同年级的学生；教师与学生相互作用时用不同线条的箭杆标示不同的授课时段。

（二）个别化教学

个别化教学主要是指在一个有 15 人以上的班级中，如何关注学生的学习需要，据此解决两个标准差的问题（布卢姆与他的学生认为最有效的教学组织形式，应该能使中等程度的学生超过传统课堂教学中学生的 98%。这种教学形式的成绩差异是两个标准差，布卢姆将其称为两个标准差的问题）。这种教学组织虽然称为个别化教学，但仍是一种个体学生置身于集体中的教学组织，它凸显的是“学习在个体中发生、进行”的特点。这种教学组织的教学信息不是由教师传输给学生的，而是将如何使用教学材料直接告诉学生，让学生在材料的阅读中寻找自己的学习目标，满足个体学生的学习需要。教师在学生学习的过程中，只是观察学生个体的学习表现，依据不同学生的学习表现进行随机介入式的教学点拨，实际进行的是两人组的一对一辅导，同时学生个体之间又可以针对某一具体的问题进行学习交流。

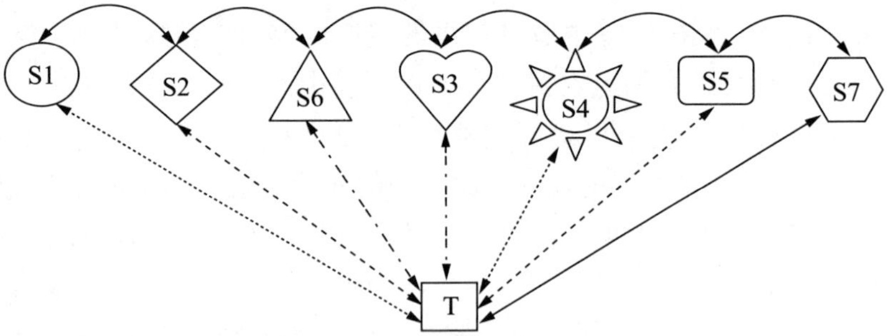

图 2－3－3－7　个别化教学的教学组织

1. 此类教学的目的

（1）提供评估学生起点能力的方法。

（2）在一个教师精心规划的目标/话题/问题/课题/专题的系列中，指导学生寻找自己的学习起点。

（3）为了适应学生多种多样的学习风格，教师需要提供不同的可供选择的学习材料和媒体，包括印刷材料和非印刷材料。

（4）进行频繁便利的学习发展检查，以保证学生不会因为屡遭失败而陷入学习困境。

2. 个别化教学的基本流程

（1）确定学习课题（问题、话题、专题）

在个别化教学中，对于学习课题（问题、话题、专题）的确定，是为了保证学生之间的学习在学习目的及所述目标上的基本一致。一般情况下，可以根据以下方面的问题来确定个别化学习的课题（问题、话题、专题）：

① 教师凭借多年的教学经验，依据学生所处年龄的共性特征及学习材料的特点独立确定的问题；

② 解决前一个课题（问题、话题、专题）的过程中，学生表现出来的带有共性特征的普遍性问题；

③ 师生在前一段时间的学习的基础上，共同协商的问题；

④ 学生在学习过程中，自己发现、必须在下一阶段的学习中解决的问题。

（2）选择学习材料

确定了课题（问题、话题、专题）以后，就要选择能完成任务的学习材料。这些学习材料可以是印刷的，也可以非印刷的；材料选择的主体，可以是教师也可以是学生，或者是师生共同选择的；学生对教师所提供的材料可以使用，也可以不使用，甚至可以是有选择地使用。材料的类型包括教师自写的，往届学生学习成果，名家大师的作品等。这些材料具体如何使用，还要看学生个体在学习中的自我定向。

（3）自定学习目标

在这种教学组织形式下，学生可以在较大的宽泛的范围内为自己作出大量的决定：学习目标是什么，什么时候能完成此项任务的目标，什么时候可以进入下一个任务的学习。学生需要依据教学确定的课题（问题、话题、专题），在大量阅读相关材料的前提下，提出自己的学习目标。

（4）自定学习方向

班级授课制下的个别化教学的突出特点就是打破了全班学习同一内容、采用统一的步调，达成同一个教学目标的陈规。这种学习组织形式要求学生在同一教学目标牵引下，学生自己选择学习方法、寻找学习路径，教师一般不会对学生如何达成这一学习目标进行限制，在目标的达成过程中，教师也可能会提供一些阅读材料或其他辅助性材料，但并不强行要求学生使用它们。

学生究竟从哪个方向突破来解决问题，完全是由学生自己决定的，而不是由教师指定的。

（5）自定学习步速

学生可以自主选择和决定自己的学习速度，但必须按照教师制定的、要求所有学生必须达到的总的目标进行学习。达成的早晚、快慢则由学生自己决定，只要是在教师规定的时间内即可。

（6）学生自主解决问题为中心

对于问题的解决，在学习过程中教师是不能干涉的，此时教师的作用就是借助有关的评估方法或评估量规来评判学生是否真正地解决了课题（问题、话题、专题）。学生自己决定学习，并从以下几个方面对自己的学习作出自我评判：

① 选择的学习目标是否能凭借自己的学力水平达成；

② 能否依据学习目标选择特殊材料、资源和练习；

③ 当学习进程遇到障碍时，能否找到适宜的外部援助；

④ 自定的学习步速快慢是否恰当，与其他同学相比是快了，还是慢了；

⑤ 能否进行学习目标达成的自我评价；

⑥ 是否能在学习的进程中，理性地判断学习目标的可达成性，从而放弃一个不适合的学习目标，以利于进行另一个目标的学习。

个别化教学在我国还没有完全普及，但已初露端倪，并且在个别学校也已有了成功的教学案例。有兴趣的读者可以浏览深圳新安中学的家园学习网站：http：//www. szjiayuan. net：8000。

◆ **思考**：阅读第二讲“悦读”部分，盛庆丰老师的《琐碎中有无限烟波》的课堂实录，列举这节课教师主要使用了哪一种教学组织形式，并以文中的材料为论据证明你的观点。

◆ **方式**：个体列举，同伴研讨。

【延伸阅读】

★ 徐英俊. 教学设计[M]. 北京：教育科学出版社，2004：143－145.

★ CAMPBELL L，等. 多元智能教与学的策略[M]. 王成全，译. 北京：中国轻工业出版社，2001.

【悦 读】

以专题设计为基础的课程①

杜威主张：理想的学校应该包括完整且连续的经验，而不仅是由几位教育工作者所讲授的一系列抽象、零散的课程。杜威反对那种为了成人的方便而组织的课堂，并强调涵盖学童多方面本质的真实世界经验的价值。在《学校和社会》一书里，杜威写道：

没有任何一种仅以提供信息的名义而开设的客观课程，可以像生活在农场和花园中，亲身养护动植物那样，能够最真实地了解动植物。没有一种在学校里的感官训练，基于训练的名义，可以从日常的熟悉工作中的亲近与兴趣，所得到的警觉与充沛相比拟。可以在限定的任务中训练口语的记忆，也可以在科学和学习中获得推理能力的某些训练；但毕竟，相较于后有真实动机、前有实际成果的事物中的注意力和判断的训练，这似乎就显得有点遥远而不切实际了。

……

这一类典型设计，需要两周到两个月时间不等。有些教师在一年的课程中可能融入三个，甚至更多的专题设计，他们声称专题设计与传统课堂相比，包含了更多的知识信息。此外，专题设计在本质上经常是跨学科的，在实施过程中涉及了更为广泛的智能。有兴趣在课程实施专题设计的教师，可以参阅以下指导。

（一）有效地指导专题设计

1. 确认重要的概念，或先确定一个开放式专题设计所包含的知识。

2. 让学生参与规划。有时候，学生甚至应该能够自己确定设计内容。

3. 确认所需的材料和资源，如有专长的社区成员、家长或高年级的学生。

4. 带领学生经历设计的各种阶段，从启动、执行、修正、发表、反思、评价，以及开展新的或后续的研究。

5. 在实施专题设计和完成设计时，选出学生的草稿和作品汇集成册。

6. 要求学生回想他们的学习过程及个人成长经历，作为设计专题的总结。

7. 让学生向观众展示其设计成果，这些观众可以是同学、家长、社区成员或其他愿意对学生的努力提出建设性批评的人士。

8. 从多个观点来评价设计，加德纳的建议如下：

该设计的规则、发表和执行情况怎样

---

① 依据 Linda Campbell 等人所著的《多元智能教与学的策略》第 9 章第 5 节整理，有删节。

正确性
挑战程度
创造力和创造性
资源的使用
知识分子对设计成果的反馈
学生学习的数量
学生反思的品质

9. 在学生完成设计之后，反思他们的工作所揭示什么信息——兴趣、强项、挑战，是否是个别的或集体的工作者、设计中所表现的兴趣可以进一步纳入未来的设计之中。

（二）实施专题设计的八个步骤

应该重视向学生传授专题设计的基础技能。在学校里，学生很少有机会管理自己的学习，经常需要在实施过程方面进行指导。在布鲁斯·坎伯所著《多元智能手册，课程规则及其他》一书中，指出了教授学生实施设计的八个步骤：

1. 陈述你的目标
"我想要了解视错觉是怎么发生的。"
2. 把目标改成问题的形式
"什么是视错觉？它们怎么愚弄了我们的眼睛？"
3. 至少列出三项你曾使用的信息来源
图书馆有关视错觉的书籍
眼科医师或大学教授
伊切尔（Echer）作品的复制品
美术教师
4. 描述要实现目标时将要实施的步骤
请图书馆员帮忙拣出有关视错觉的书
阅读这些书
查阅百科全书的视错觉，并阅读其叙述的内容
与美术教师或其他人谈论视错觉
观看伊切尔的作品
5. 至少列出你想要研究的五个概念或想法
什么是视错觉？
眼睛如何被迷惑？
视错觉是怎么产生的？

哪些艺术家曾经创作过有关视错觉的作品？

我能够学会制造视错觉吗？

6. 至少列出三项你发表设计的方法

解释什么是光学错觉

绘制一个简图说明眼睛活动的机理

用著名的光学错觉制作海报

尝试自制视错觉

分发一张光学错觉图表给班上的每位同学

要求同学试着制作一些可引起视错觉的作品

7. 把设计制成一个时间表

第一周：阅读信息资源

第一周：访问成人

第二周：观看各种光学视错觉

第二周：自己试制光学错觉

第二周：制作眼睛的构造图

第二周：为同学制作讲义

第三周：练习发表设计

第三周：在班上发表设计

8. 决定你将如何评估你的设计

在父母面前练习，并请他们提建议

在朋友面前练习，并请他们提建议

请同学为视图作品发表意见

填写自我评价表

阅读教师的评价

分析录像带

以设计为主的课堂教学与传统的教学有很大的不同。学生变成是自我学习的启动者，与学校变得更亲近。对大多数的学生而言，设计毫不勉强地促进他们的课业和个人的优点，并能从中领略如何管理未来成年生活中的各种真实设计。

第四讲　教学媒体的适宜选择

学生学习和掌握知识，总要借助于知识的物化形态才能得以实现，不同的物化形态，具有不同的教学功能，适应学习活动的不同需求。语言形态的知识抽象概括，适应直接经验比较丰富的学习者；文字形态的知识具有传播时空范围上的灵活性，适应自主性较强的学习者；图画形态的知识直观、形象、生动，适应于图形感较好的学习者；电子形态的知识可以形象具体地反映事物本身的固有属性，可以满足直接经验匮乏者的学习需要。当知识的物化形态所具有的教学功能满足学习需要时，可以获得好的学习效果；反之，学习效果就会受到不良影响。这些知识的“物化”形态，也是教学赖以存在与传递的媒介物，简称教学媒体。

◆ **核心内容**

定义： 教学媒体是将教学内容以文字、声音、动画、图像等表现出来的教学信息载体。

依据： 教学目标　教学内容　教学对象　教学环境　媒体特性　经济成本

功能： 展示事实　创设情境　提供示范　解释原理　解决问题　评价分析

类型： 传统媒体与现代媒体

◆ **学习准备**

观察你所处的教室，尽可能列举教室中所有的教学媒体，然后与你周围的同学比较一下，看看是否有遗漏，或者是将那些不属于教学媒体的东西列举进来了。

一、教学媒体的界定

“媒体”一词源于拉丁语（Medium），意思是“两者之间”，指信息在传递过程中，从信息源到受信者之间承载并传递信息的载体。所以，教学媒体是将教学内容以文字、声音、动画、图像等表现出来的教学信息载体。

进一步讲，所谓“教学媒体”，指教与学过程中获取、加工、处理和利用事物信息过程所使用的存储与传递事物信息的所有媒体。因而我们在界定一种媒体是不是“教学媒体”时，应把握两个基本原则：首先是存储与传递的信息是以教学为目的的；其次是存储和传递信息功能应用于教与学活动的过程；符合上述两个条件，才能称为“教学媒体”。

二、教学媒体选择的依据

“教学媒体”是达成教学目标的一种手段。不同的“教学媒体”有很多“相对”的优缺点。“媒体”本身没有优劣之分，但教学的选用是有优劣之分的。其优劣主要看其是否适合教学内容、能否达成教学目标，产生怎样的教学效果，而不是只孤立地看选用了哪种“教学媒体”。只要能达到好的教学效果，让学生对所学内容有一个很好的掌握和理解，即便是仅仅使用了语言这一媒体也是恰切的。选择教学媒体时不仅要注意其功能或价值，还要注意教学媒体在教学中的实用性及与教学环境之间的适用性等问题。

1. 根据教学目标

每个知识点都有具体的教学目标，为达到不同的教学目标常需要使用不同的媒体去传递教学信息，有助于实现教学目标的媒体才具有教学的实用价值。

2. 根据教学内容

教学内容不同，其课型就会不同，课型的不同所选用的教学媒体就会产生不同的教学效果。汉字讲究字形、法度，书法是中国传统的文化的精髓，有着很深的文化内涵，这时教师若能写一手漂亮的板书胜过任何形式的现代化媒体。

3. 根据学生的需要和学习水平

不同年龄的学生对事物的接受方式不一样，选用教学媒体时必须考虑他们的年龄特征。小学低年级学生抽象思维水平较低，宜选择直观性强、表现手法简单，图像画面对比度大的媒体；中学生具有了一定的逻辑思维及自我调控能力，宜选用表现手法复杂，展示教学信息连续性强的媒体。所选择的媒体能激发学生的兴趣，调动学习的积极性、主动性，有助于学生更好地理解、掌握、记忆新信息。

4. 根据现有的教学环境

选择教学媒体时应根据已有的教学设备，教室环境，技术支持，其中包括资源状况、经济能力、师生技能、使用环境、管理水平等。环境不仅是指教学发生的地点，而且包括为传递教学信息和指导学生学习所需的一切方法、媒体和技术，即硬环境和软环境。硬环境是指教学中实实在在的物体，如电视机、投影仪、计算机等。软环境是指一些抽象但又确实存在的东西，如人际关系、班级文化、教学气氛、学生素质等。

5. 根据教学媒体自身的功能及特性

教学媒体自身的功能及特性对应着相适应的教学内容，就会产生良好的教学效果。各种媒体在色彩、立体感、表现运动、表达声音、可控性、反馈机制等方面都是不相同的。因而，每一种教学媒体呈现教学信息的功能和能力也不尽相同，使得某一种媒体应用在某一特定的教学环境中要比其他媒体更为有效。

6. 教学媒体的易获性及经济成本

选择教学媒体时，还要考虑到在现有的条件下是否能够获得，如果不能获得，再有效的教学媒体也是水中月。另外还要考虑经济成本。选择教学媒体的思路，如图 2－3－4－1 所示。

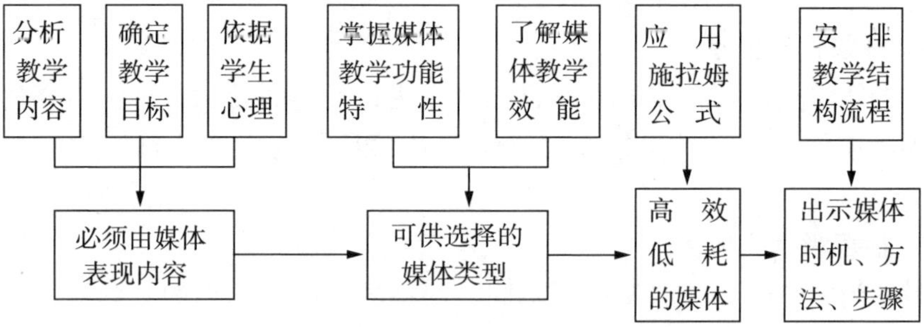

图 2－3－4－1　教学媒体选择的程序

注：施拉姆公式即媒体选择的概率（P）＝媒体产生的功率（V）/需付出的代价（C）

三、教学媒体的功能

教学媒体在不同的教学情境，甚至在同一教学情境的不同教学环节发生的教学功效都是不一样的，产生的教学效果也不一样，如表 2－3－4－1 所示。

表 2－3－4－1　教学媒体的教学效能表

教学环节	所属知识类别	所需能力	媒体产生的功效
创设情境	事实、概念	观察	引发动机
提供事实	事实	观察	建立共同经验
显示过程	事实、技能、原理	观察、推理	建立表象
展示事例	概念	观察、推理	扩大视野
提供示范	概念、技能	观察、推理	正确操作
举例验证	概念、原理	推理	建立概念
解释原理	原理	推理	启发思维
提出问题	原理	推理	引起思辨

四、教学媒体的类型

从教学设计理论建构的角度来看，当前研究者对教学媒体的分类仍没有一个相对比较一致的看法，每个人的分类都有一定的道理，同时也存在一些相对的缺憾。我国教育心理学家冯忠良教授依据教学媒体所负载的信息特征，把所有教学媒体分为两类五种。①：

- 教学媒体
  - 非语言系统媒体
    - 实物系统媒体
    - 模拟系统媒体
    - 动作及表情系统
  - 语言系统媒体
    - 口头语系统媒体
    - 书面言语系统媒体

图 2－3－4－2　冯忠良的教学媒体分类

徐英俊以是否应用计算机技术为基准，将教学媒体分为传统教学媒体和现代教学媒体两大类。②

- 教学媒体
  - 传统教学媒体
    - 直观教具—仪器、实物、标本、模型、黑板、印刷材料
    - 示意教具—图片、地图、表格
  - 现代教学媒体
    - 视觉媒体—幻灯、投影……
    - 听觉媒体—录音、激光唱盘、广播……
    - 视听媒体—电影、电视、录像、激光视盘……
    - 系统媒体—语音教学系统、计算机辅助教学系统……

图 2－3－4－3　徐英俊的教学媒体分类

五、选择教学媒体的策略

教学媒体的选择虽然有一定的依据，但并非是每一个教师都能对其作出恰当适用的选择的。它除凭借一定的教学经验之外，也需要一些相关的决策手段。徐鑫鑫在《课堂教学传播中教学媒体的选择与运用》一文中建立的教学媒体选择的决策模型可供大家参阅使用，这一模型具体包含以下几方面内容。

1. 问题表。它是把有关选择教学媒体的问题列出来，建立一份包含诸多要求解答的问题清单，媒体选用者通过逐一回答这些问题可以发现适用于一定教学情境的媒体。

2. 流程图。它建立在问题表模型的基础上，先将选择过程分解成一套按

---

① 王颖．现代与传统教学媒体的比较研究［J］．北京工业职业技术学院学报，2009（4）：98－101．

② 徐英俊．教学设计［M］．北京：教育科学出版社，2001：152．

序排列的步骤，然后按逻辑被引入不同的分支。回答完最后一个问题，就会有一种或一组媒体被认为是最适合于特定教学情境的媒体。流程图是辅助教学媒体选择很好的工具，它为教师选择合适的媒体进行教学决策提供了思维步骤和明确指向。

3. 矩阵式。它通常是两维排列，如以媒体的种类为一维，以教学功能和其他考虑因素为另一维，然后用某种评判尺度反映两者之间的关系。评判尺度可用"适宜"与否、"高、中、低"等文字表示，也可用数字和字母表示。矩阵式还有"一维分类"和"多维排列"的媒体选择方法，前者如比较受推崇的戴尔的"经验之塔"，将教学媒体按其所能提供经验的抽象程度划分为11个层次；后者如托斯悌和鲍尔的"六维排列"方法，涉及的六个纬度分别是：信息呈现形式、信息呈现的持续时间或间隔频率、呈现的信息要求学生作出的反应类型、要求学生作各种反应的频率和时间、管理形式和意图和管理的频率。它可以顾及更多与教学情境有关的因素，但实际使用起来有一定的难度。

4. 算法式。它是通过模糊数量计算，确定媒体的成本与效益之间的比值关系。前者要把与媒体成本相关的要素全部罗列出来并加以分析，得到它们的总和，记作C；后者是要把与媒体收益相关的要素全部罗列出来并加以分析，得到它们的总和，记作M。得到了C和M就可以根据低成本、高效益原则选择媒体。

5. 表格式媒体选择程序。它对教师分析每一节课所需要的教学活动和相应的教学媒体很有帮助。步骤如下：分析目标、目标分类、列出教学活动、选择刺激种类、列出备选媒体、理论上选择的最佳媒体、最终的媒体选择、媒体选择的基本原理、对媒体制作者的指示。①

◆ **思考**：阅读"悦读"部分季雪娟老师的《〈小石潭记〉教学设计》，点评她在教学中所用教学媒体是否恰当。

◆ **方式**：独立点评，同伴比对交流。

【延伸阅读】

★ 皮连生．教学设计——心理学的理论与技术[M]．北京：高等教育出版社，2000.

★ 马颖峰．网络环境下的教与学——网络教学模式论[M]．北京：科学出版社，2005.

---

① 徐鑫鑫．课堂教学传播中教学媒体的选择与运用［J］．教学研究，2009（9）：90.

【悦 读】

《小石潭记》教学设计①

季雪娟

设计理念

对初中的孩子来说，文言文学习是一大难点。我一直在思考如何调动学生学习文言文的积极性，设计《小石潭记》时，我发现文中景物描写生动传神，让人如临其境。如果能引导学生把阅读时在脑海中形成的画面描绘出来，让他们跟随自己的画笔，一步步走到文章的意境中去，一定能收到寓教于乐的良好效果。于是，我让学生在预习时，选择印象最深的景物描写，画出一两幅图片。整个教学过程都围绕学生的画图活动展开。

教学目标

通过绘画、朗读、讨论，品味语言的精妙之处，学习文章生动细致的景物描写手法，体会作者失意被贬、寄情山水的抑郁忧伤之情。

教学内容和步骤

一、课前准备

学生课前预读课文，借助课下注解和工具书解决生字词，并选择印象最深的景物片段，画出一两幅图片。教师整理学生的图片，按照教学需要制成幻灯片。

二、导入新课

在“江山多娇”这一单元中，我们“游览”了神奇美丽的西双版纳、风景如画的阿里山，今天就让我们穿越时空，回到古代，去欣赏柳宗元笔下水清景幽的小石潭。

三、整体感知

1. 齐读课文，注意文言字词的读音。

2. 以小组为单位，用原文语句为小组成员的每一幅画配上说明。

3. 欣赏同学的画图作业，朗读课文。

小组交流完毕，教师放映幻灯，依次介绍优秀的画图作业，请学生看图片，从课文中找出画面展现的原文内容，然后请几个学生朗读。师生就图中所画景物进行简要的点评。

限于篇幅，下面只列举几张有代表性的图片：

---

① 季雪娟.《小石潭记》教学设计［J］. 语文建设，2005（11）：23－25. 收录时，根据版式设计的需要，对内文稍作了修改。

左下图的作者已经配上了“隔篁竹，闻水声，如鸣佩环，心乐之。伐竹取道，下见小潭”一段文字，但是画面其实并没有表现出“伐竹取道，下见小潭”。

右上图的作者可能想表现的是“伐竹取道，下见小潭，水尤清冽。全石以为底，近岸，卷石底以出，为坻、为屿、为嵁、为岩。青树翠蔓，蒙络摇缀”。画得很美，缺点在于图片上有些石头已经画到石潭中间了，与原文“近岸，卷石底以出”不大吻合，对于小石潭“青树翠蔓，蒙络摇缀”的特点，图片也没有展现出来。

左下图表现的应该是“俶尔远逝，往来翕忽，似与游者相乐”。这里的小鱼已经跃出水面，极具动态，与上文“潭中鱼可百许头，皆若空游无所依。日光下彻，影布石上，佁然不动”形成了鲜明的对比。但是，是否完全符合原文内容还有待商榷，因为连接静和动的是“俶尔”一词，鱼儿应该还是在水中“往来翕忽”。

右上图反映的内容应该是“潭西南而望，斗折蛇行，明灭可见。其岸势犬牙差互，不可知其源”。图片很形象地展现了原文的内容，非常到位。

下图反映的应该是“坐潭上，四面竹树环合，寂寥无人，凄神寒骨，悄怆幽邃”。整个意境设计得不错。但学生别出心裁添上的几朵鲜花，与小石潭

“凄神寒骨，悄怆幽邃”的意境不符。

设计意图：在“整体感知”这个环节中，通过小组讨论，为画图作业配上原文语句，学生们能够进一步熟悉原文内容。结合优秀的画图作业，学生朗读了课文，对文章描绘的“水”、“石”、“鱼”、“潭源”等几个画面也有了更深刻的印象，而且在看图配文字的过程中，也指出了一些与原文语句有出入的细节，纠正了预习时理解不到位的地方，为下一个环节“研读课文”作了铺垫。

四、研读课文

1. 疑难解答：同桌互译，有疑问的地方作好标记。互译结束后学生质疑，教师板书，全班一起解决问题。

2. 翻译课文：教师依次展示“整体感知”环节中已经配上原文语句的图片，请几位学生翻译相应的语句。教师可根据学生翻译的情况对重点字词及语句进行强调，以加深学生印象。

设计意图：“研读课文”这个环节目的是让学生进一步理解文意，跟常规的古文教学步骤没有太大的区别，但是因为结合了学生的画图作业，他们的兴趣更浓，理解更到位。例如，翻译“潭西南而望，斗折蛇行，明灭可见。其岸势犬牙差互，不可知其源”时，上文的第 4 幅图已经很形象地表现了原文的内容，学生翻译起来觉得很顺利。

五、品味语言

1. 听读品味：教师配乐朗诵，要求学生画出喜欢的语句。

2. 小组交流：学生各抒己见，说出自己欣赏的语句以及欣赏的原因。

3. 代表发言：教师播放相应的图片，请学生结合图片说说自己欣赏的语句美在哪里。

4. 品味文中重点语句。

(1)“如鸣佩环”未见其形先闻其声，从侧面烘托了“石”潭的特点。

(2)“水尤清冽”概括了潭水的特点，与下文写鱼的语句相互照应。

(3)“空游”两字突出了水之清，清到透明的程度；“影布石上”从另一个角度写水清，“鱼、石、影”全都清清楚楚，足见潭水的清澈。

……

设计意图：文中像“影布石上”“似与游者相乐”“斗折蛇行”“犬牙差互”等极为生动传神的语句，学生在预习时已经画了下来，课堂上再引导学生结合画图作业品味语言。由此，他们经历了“文字—图画—文字”的过程，他们一定能更形象、更深刻地体会文章的语言魅力。

六、体会情感

1. 对比两幅画，引导学生体会作者的情感变化：从“心乐之”到“悄怆幽邃”。为什么会有这样的变化？

学生可能会根据自己的理解回答：文章开头是因为听到了“如鸣佩环”的水声，心里很喜欢，于是砍伐竹子去寻找小石潭，但是在那个环境中待的时间长了就会觉得“凄神寒骨”，认为“其境过清，不可久居”了。教师可以引出柳宗元的生平，请学生联系起来理解。

2. 学习柳宗元生平，体会作者失意被贬、寄情山水的抑郁忧伤之情。

在这个环节中教师可以介绍柳宗元的生平、主要作品，重点介绍“永州八记”。

作者失意被贬，其内心是忧伤抑郁的，因此在投身于大自然的美景时，最初“心乐之”，见到“俶尔远逝，往来翕忽”的鱼儿，也觉得它们“似与游者相乐”，然而时间一长，其内心深处的忧伤依然会渐渐蔓延开来，使他感到“悄怆幽邃”。

七、布置作业

1. 请学生对画图作业中不符合原文内容的地方进行修改。

2. 朗读、背诵，体会作者的情感。

教后反思

这篇教学设计也存在一些问题。学生在预习时完成的画图作业与课文内容多少有一些偏差。我在上课时纠正了这些问题，课后也让他们进行了修改。但是后来我想，如果让学生修改完以后，再在课堂上展示修改前后的图片，这样一对比，学生们一定会留下更深刻的印象，教学效果会更好。

整体来讲，让学生自己动手画画，调动了他们学习文言文的兴趣，大多数学生的作品不仅构图合理，而且很好地体现了文章的意境。课堂上学生们兴致盎然，结合画图进行整体感知、研读课文、品味语言、体会情感，各个环节都收到了很好的教学效果。这次语文、美术相结合的综合性学习的尝试深受学生欢迎，也让我倍感振奋。

入选初中教材的古文，有很大一部分都是像《小石潭记》这样景物描写极为生动传神的文章，如《桃花源记》《岳阳楼记》，这种语文、美术相结合的综合性学习方式也适用于这些课文，我会继续探索，不断完善这种教学方式。

模块三

语文教学设计的评定量表与案例分析

评价和评估都是由经验丰富且术业专攻的专家来操控的。在评定的过程中，机器不评价，试卷不评价，测验不评价，人来评价。实践证明，评估学生发展和进步的最好人选就是教师。

——题记

模块三

语文教学设计的评定量表与案例分析

评价是收集、分析、综合信息来帮助教师在教学中作出决策的过程，教师收集到的信息能否帮助他作出正确的教学决策，设计出各策略间匹配、调和、适宜的教学，既取决于信息的可用性，也取决于所使用的评价工具。模块三构建了评价语文教学设计的5A100分评定量表。同时，运用量表中的评价维度对“识字、写字”、“阅读”、“写作”、“口语交际”、“综合性学习”五篇优秀案例进行基于定量评价的定性分析，对其存在的普遍性、典型性问题进行了指瑕与点评，并给出建议及修改示例。所选案例反映出来的问题，一般都是教师在撰写教案时出现的共性问题，也正是这些习以为常的问题从根本上影响着语文教学的实效。如果你在读完了这五个案例后，能运用该模块所构建的评定量表对自己的教学设计进行评定，对以往所撰写的设计进行反思性修改，你就能娴熟地使用教学设计的理论与策略设计未来的教学了。

【核心内容】

评价语文教学设计的量表

语文教学设计中常见的问题

评价教学设计的理论模型

构建5A100分评定量表

教学设计案例分析

【延伸阅读】

★ 阿伦菲尔特，沃特金 .100 个常用教学技巧［M］. 李凤园，刘玉娟，译 . 北京：教育科学出版社，2009.

★ 王丽 . 追寻失落的中国教育传统［M］. 北京：教育科学出版社，2010.

单元一 评价语文教学设计的量表

评估学生的学业表现是为了确定已实施的教学是否达成教学预设的目标。通过评估学生的学业表现来确定教学前所设计的教学目标是否达成，从理论层面而言是没有问题的。但问题就出在借助学生的学业表现来评估课堂教学是以教学目标的达成度为前提的，是假设课堂教学实施中所使用的“这个”教学设计是合理的，所设定的教学目标是能满足学生的学习需要，符合学生的学习实际的，依据教学目标所选定的教学内容能完成教学目标规定的学习任务，设计的教学活动有助于教学内容达成教学目标，选用的教学方法有利于学生将教学目标中所包含的知识与能力进行内化。总而言之，教学时所使用的教学设计是能促进学生语言发展思维提升的。但就语文学科而言，由于长期的一些误导，教师们对语文学科应承担的教学任务，达成的教学目标没有正确的认识，使得教学设计本身就存在着极大的问题。因此，本单元主要论述如何依据文本的特性及学生的认知特点来评价一篇教学设计的优劣。

第一讲 语文教学设计中的常见问题

以往我们在对教学进行评估时，更多是从教师的教、学生的学、教学过程三个方面着手。这里有一个基本的评估假设，即教师在课前设计的教学方案合理有效，能很好地达成预设的教学目标，其中的教学内容、教学活动、教学方法等均是围绕教学目标的达成进行设计的，而学生所获得的学习结果也是通过课堂教学实现的，学习结果的类型与教学目标要求的类型相一致，教师设计的学业评估方式也能很好地反馈学生对学习内容的掌握情况。但从三百多节的课堂观察及五年来在《语文建设》的看稿经历发现这个基本假设是不存在的。目前，最大的问题就是：绝大多数教师不知道自己日复一日所撰写、设计的教学方案是不合理的，存在着众多的学理问题。

◆ 核心内容

教学目标的设定不合理

教学内容难以达成教学目标

作业练习与教学目标中的要求不一致

◆ **学习准备**

从已经发表的教学设计中选择一篇阅读，完成以下四个任务：

1. 看一看教学目标是否是针对“这一篇”课文进行设计的。
2. 看一看所选择的教学内容与教学目标有无关系。
3. 看一看布置的作业内容是否是课堂上刚教过的。
4. 写出这篇教学设计的优点或缺点，并对缺点提出修改建议。

一、教学目标的设定不合理

教学目标是在对学习任务的分析过程中产生的，是对学生要学习的知识与技能加以分类并作进一步分析的终极目标。“设计者开始任何教学，设计之前必须能回答的问题是：‘经过教学之后学习者将能做哪些他们以前不会做的事？’或者‘教学之后学习者将会有何变化？’”①。因此，清楚地界定目标不仅仅是为了定向教学，也是为了保证教学评估指向的正确。

（一）有悖于课程标准中相关教学内容的规定

在翻阅教师的教学设计或随堂听课时，时常能看到教师在设定教学目标时，完全忽视了《义务教育语文课程标准（2011 年版）》或《普通高中语文课程标准（实验）》中对有关教学内容规定的学习要求，而在设定教学目标时随意地拔高或降低课程标准的要求。这方面问题在设计文言文教学时是最常出现的。《义务教育语文课程标准（2011 年版）》对文言文教学的要求是：“阅读浅易文言文，能借助注释和工具书理解基本内容。注重积累、感悟和运用，提高自己的品位。”而有老师却将《童趣》一文的教学目标确定为：

教学目标

1. 背诵，翻译全文。
2. 理解作者的精神体验——“物外之趣”。
3. 领悟作者的奇思妙想，丰富自己的想象力。

——《童趣》②

《童趣》被编排在人民教育出版社义务教育课程标准实验教科书·语文七年级上册的第一单元的第五篇课文，是学生上初中后接触的第一篇文言文。在此之前，学生在小学仅读过一些通俗易懂，没有文字障碍的文言小故事。因此，对于这样一篇处于此位置的文言文，尽管读起来比较易于上口，对教

---

① 加涅，等．教学设计原理［M］．皮连生，等，译．上海：华东师范大学出版社，1999：129.

② 佚名．《童趣》教案［EB/OL］．［2004－4－19］．http：//www.ht88.com/downinfo/15099.html.

师来说是容易的，但对于学生而言却未必是易懂的，其中一些古今异义及现代汉语不常用的字词和文言特殊语句：如“童稚”、“其”、“于”、“所向”、“或”、“之”、“徐”、“怡然”……；“私拟作群鹤舞于空中”、“果然鹤也”则需要教师指导学生学习，学生应当在教师指导下，利用课下注释读懂文章的基本内容。因此，教学目标不应是现在确定的“理解作者的精神体验——‘物外之趣’”、“领悟作者的奇思妙想，丰富自己的想象力。”更何况在这篇课文的“研讨与练习”中，编者把借助注释或字典读懂文言文基本意思作为一项重要的技能进行了示例（见该版教材 22 页），实际也是在教给教师如何指导学生读懂文言语句基本意思的方法。

一、解释词语

1. 文言词的意思，有的可用加字的办法解释，如“必细（仔细）察（观察）其纹理”；有的要用换字的办法解释，如“昂（抬）首（头）观之”。试选用一种方法解释下列各句中加点的字。

（1）项为之强　（2）果如鹤唳云端　（3）以丛草为林

（4）兴正浓　（5）方出神　（6）驱之别院

2. 下面的词语大多作为成语保留在现代汉语中，解释时不妨采用讲述大意的办法。示例：怡然称快（高兴得连声叫好）。

（1）明察秋毫　（2）怡然自得　（3）庞然大物　（4）夏蚊成雷

除了这道直接指导学生如何理解文言文中的字词、语句的练习外，编者所设计的练习一（见该版教材 21 页），也仅仅是让学生用自己的话叙述基本的文意。

朗读课文，用自己的话叙述“我”看到“鹤唳云端”的景象和遇到那个“庞然大物”的经过。为什么作者说这两件事有“物外之趣”？你认为要怎样才能成为一个富有情趣的人？

由此可见，编者设计的练习完全遵循了《义务教育语文课程标准（2011年版）》中所描述的文言文教学的基本要求，只是教师对此文的教学定位有悖于它。

（二）忽略了“这一篇”文本的独特教学价值

目前，由于长期受语文教学中一些常见现象的影响，绝大多数教师在教学时都会忽略从教学文本之所以为“这一篇”的独特教学价值确定教学目标。而是惯性地看到人物就分析人物形象，看到写景就讲借景抒情，看到诗歌就讲意象、意境，等等。如，一位教师在教学艾青的《大堰河——我的保姆》这首诗时，将教学目标确定为：1. 分析大堰河的形象特点；2. 揣摩诗歌关键词中蕴涵的情感。这两个教学目标设定的不合理就在于忽略了学情，遗失了文本。这首诗是高一年级的教学篇目，是学生学习的第一首叙事长诗。而这两个教学目标既忽略了学生是第一次接触叙事诗，也没有在教学目标中呈现出这是一首“叙事诗”的独特教学价值。本单元的前面两首诗《雨巷》《再别康桥》是借景（意象）抒情诗。因此，这篇课文的教学重点不应确定为分析大堰河的形象特点和揣摩诗歌关键词中蕴涵的情感，而应为叙事诗是如何通过叙事进行抒情的，或者叙事诗和抒情诗的抒情手法的差异是什么。如果非要将教学目标确定在分析大堰河的形象特点，那么也应该将其置于叙事诗的语境中进行分析，以使学生能辨析或获知叙事诗中人物形象的特点与其他叙事类文本（小说、戏剧、传记、散文等）塑造人物形象的不同。

（三）忽略了学生已有的学习经验

忽略学生已有的学习经验确定教学目标是在教学设计中常常出现的问题，特别是在一篇文章被不同版本的教科书选编的时候。此时，教师很难根据学生所处年龄学段以及认知水平发展的阶段确定教学目标，而只会依据自己的经验确定教学目标，或者借鉴他人的教学案例中的教学目标。有关这一点可参阅本书模块二单元二第一讲的有关内容，在此不再作详细分析。

（四）将“情感态度和价值观”目标混同于个人的思想道德

关注和评价学生的情感、态度、价值观的发展是本次课程改革的一个重要内容。从学生未来要面对的生存环境而言，情感态度和价值观的发展要比认知的发展重要得多。生活中几乎每一天都会感到人的情感态度对生活的影响。对于语文这门学科而言，可关注的态度目标是多种多样的。这里列举一些普遍认为合理的态度目标。

- 对学科的态度；
- 对学习的积极态度；
- 对自我的积极态度；
- 对自我作为学习者的态度；
- 对不同于我的他人的相处态度；
- 对于生活的态度；
- 热爱祖国的语言文字，维护祖国的语言文字；
- 关注生活中的语言现象，并能分析、判断、取舍；
- 对于某事物看法的态度。

然而，目前绝大多数语文教学设计中将“情感态度和价值观”这一维度的学习目标与学生个体的思想道德观混为一谈。如“把握荷花淀女人们的性格特点，学习她们勇敢、坚韧的品质与乐观主义精神”、“分析人物形象，探究人物的人性美和精神美，体悟小说主题”，如此无以附着的思想道德教育，在语文教学设计中比比皆是。翻阅有关教学设计的专著、论述，对于态度这一维度目标的界定，都远远超越了目前所见的语文教学设计中所确定的目标。加涅的《教学设计原理》是这样界定态度的："态度是影响个体对人、对物、对事的行为的复杂的内部状态"。[①] “当我们的教育者谈及情感的时候，一般都会涉及到学生的态度、兴趣和道德感。其中我特别关注的是学生的态度和兴趣，我承认不是很关注学校教育是否能够培养学生的道德感，比如公平、正直、诚实的道德。……我提倡教师评价那些我认为对教育有重要意义的情感——比如学生对于学习的态度，他们对于某一学科的兴趣，以及他们运用在学校学到的重要技巧的信心，比如进行书面和口头交流的技巧。”[②]

二、教学内容难以达成教学目标

由于语文教科书中的任何一篇文章都是一个丰富的语文教学库，文章中的任何一点都可以成为学生学习语言运用的教学内容，教学内容的选择是要与教学目标相对应的。然而，在实际的教学中，教师所选择的教学内容一般会与教学目标的达成互不相干。如《老王》一文的教学目标是：

① 熟读课文，弄清记叙线索与写作顺序，区分详写与略写。

② 学习本文自然精当的记叙语言。

③ 关爱生活中的不幸者，陶冶美的情操。[③]

就第一个教学目标而言，是为了让学生在学习这篇课文的过程中学习记叙文的线索及作者围绕线索组织所叙之事的写作顺序，并能使学生知道在所叙述的这些事件中哪些是详写，哪些是略写。在此我们且不去分析这个目标确定得是否合理，先来看看教师从《老王》这篇教学材料中选择的教学内容是否与所设计的教学目标相对应，是否有助于教学目标的达成。[④]

……

六、教学过程

（一）导语（略）

---

① 加涅，等．教学设计原理［M］．皮连生，等，译．上海：华东师范大学出版社，1999：88.

② POPHAM W. 测验的反思——对高利害测验的建议（The Truth About Testing：An Educator’s Call to Action）［M］．国家基础教育课程改革“促进教师发展与学生成长的评价研究”项目组，译．北京：中国轻工业出版社，2005：205.

③ 刘永康．语文教育学［M］．北京：高等教育出版社，2005：123－127.

④ 案例出处同上，使用时为了使问题更易于呈现，只选取了案例中的对应部分，未全部抄录。

（二）默读课文，找出文中写了哪些事，重点写什么

本单元写人记叙文，都需要学生默读精思。学生在预习时已安排了读课文，上课伊始，先让学生默读，梳理文脉，理清材料，区分详写与略写（着重号为作者加），整体感知课文。

学生读完后明确（板书）：

1. “常坐”、“说着闲话”（总说）

2. “失群落伍”、“单干户”、“破旧三轮车”（境况）

3. 一只眼是“瞎的”、另一眼也有病（外貌）

4. “荒僻的小胡同”、“破破落落的大院”、“塌败的小屋”（居住环境）

5. “送的冰比前任大一倍，冰价相等”、“最老实”（老实）

6. “送钱先生看病，不要钱”、“拿了钱却还不放心”（善良）

7. “凑合”着“维持生活”、“病了”、“总不见好”（生活困难）

8－21. 送香油，鸡蛋（详写）

22. “总觉得心上不安”、“一个幸运的人对一个不幸者的愧怍”

……

虽然，在教学活动的要求中，教师也要求学生做了一些能达成教学目标的活动（文段中加点的语句），这些活动是与教学目标1中（文中加线的语句）的学习要求相一致的。但在学生读后的明确板书中，就只剩下了将文中所写的事情一一地列举在了黑板上（此处暂不评价所列之事是否属于“材料”），就教师在教学过程中所呈现的教学内容来看，所选教学内容只能使学生达成了区分“详写与略写”这一教学目标，而在熟读课文的基础上“弄清记叙线索与写作顺序，”这一教学目标却不知到哪里去了。查阅全篇教案，“弄清记叙线索与写作顺序”这一教学目标仅仅是写在了教学设想中“教学要注意三点”中的第二点“文中所写的事情很琐碎，兼用逻辑顺序和时间顺序来编排全文的。”[①]从上文呈现出的摘录教案可以看出，教师既没有开展指导学生从文章中寻找写作线索的教学活动，也没有设计指导其梳理写作顺序的教学环节。这个案例说明，教师在设计教学时所选择的教学内容有时只能达成教学目标中的一部分，难以有效地完全达成课前所设定的目标“熟读课文，弄清记叙线索与写作顺序，区分详写与略写”，也就是说这篇教案中的教学内容与教学目标缺乏必要的对应性，对应性的缺乏就会使教师在课堂教学的实际指导中遗失部分教学目标。也就形成了目前有些学者所描述的语文教学现状：该教的没有教，不该教的教了许多，学生所获得的是一堆乱七八糟的、

① 刘永康．语文教育学［M］．北京：高等教育出版社，2005：124．

既在应考中无所用，也在未来的生活中无用的东西。

三、作业练习与教学目标中的要求不一致

按照教学设计的基本原理，教学是为了帮助学生更好、更快地获得发展，也是以促进学习的方式影响学习者的一系列活动。对教学进行设计的目的就是对成功的教学特征加以系统的描述。对教学中成功的教学特征进行描述是为了有目的、有计划地帮助每一个学生，使之按自己的个性方向得到尽可能充分的发展。“帮助学生的学习就必须是有计划的而不是随心所欲的，它所帮助的学习应使每一个学生更接近于最适当运用自己的才能，享受生活和适应物质和社会环境的目标”①。有时，教学完成后教师所设计的作业却不是教学目标所确定的学习结果。如一个教师在《记念刘和珍君》的公开课上，设定的教学目标是：

知识与技能：理清文章思路，把握思想感情。

过程与方法：跳读法，自主学习、自主合作、互动探究。

情感态度价值观：学会解读鲁迅先生的作品，认识鲁迅先生作品的现实意义。

教学重点与难点：理解文章重点语句及主旨。②

而拓展练习则是：

1.“惨象”和“流言”当下还有没有？如果有，我们应该用手中的笔去唤醒“谁”的意识？

2. 鲁迅的文章对于今天的意义。

在此，我们且不去分析教学过程中选择的实现教学目标的内容如何，也不分析教学目标设定得是否合理。我们只要将教师设定的教学目标与其设计的拓展练习放一起比对就知道问题出在哪里：拓展练习的不是教学目标所要求的，而教学目标所要求的在拓展练习中基本没有提及。特别是“鲁迅的文章对于今天的意义”这一练习，在整个教学中教师根本就没有讨论，在没有进行教学的情况下，要求学生在拓展练习中进行巩固，又何谈教学的有效性呢？

综上分析，造成这一现象的原因更多的是教师自身原有的经验体系。许多教师的职业发展缺少专业引领，他们有些是在较长的教学经历中摸索的，

---

① 加涅，等．教学设计原理［M］．皮连生，等，译．上海：华东师范大学出版社，1999：4.

② 此处的目标是不规范的，是对三维目标的一种错误理解，请读者不要模仿。在此抄录只是为了说明本节欲说明的问题。

有些是经过世代传承并不断强化所凝固的，有些是从周边的教师身上学来的。如此，就形成了调查中，回答“你是如何学会教学”这个问题时，所呈现出来的经验主义：（1）上中小学读书时，自己的教师怎么教，“我”就在回忆中向这些启蒙教师学习；（2）周围的同事怎么教，自己就模仿着教；（3）跟着师傅学习，师傅怎么教，自己就怎么教；（4）上大学时，教师怎么教，我就怎么教。所以，要评判一节课的优秀，我们不能只关注课堂上的师生表现，还要把目光延伸到课堂之外，要先确定教师课前设计的方案是否合理和正确。

◆ **思考**：教学目标通常描述班上所有学生应学会的知识，让所有的学生达到同样的目标。你觉得合适吗？

◆ **方式**：头脑风暴，同伴研讨。

【延伸阅读】

★ 杨九俊．教学评价方法与设计[M].北京：教育科学出版社，2004.

★ MORRISON G，ROSS S，KEMP J．设计有效教学[M].严玉萍，译．北京：中国轻工业出版社，2007.

【悦　读】

有关教育目标的问题①

因为能够以学生行为的方式来明确教育成果，教育目标通常成为教学过程的第一步。有人称教育目标的陈述为“倒计划法”，因为它是从确定教学结果开始的。因为教育目标很重要，有关问题不容忽视。

1. 教育目标一定要写下来吗？对于新教师和实习教师来说，写下课堂教学目标是必需的。有经验的教师也有必要列出教学目标，提醒自己关注学生的预期学习结果，而不只关注自己的教学活动应该是怎样的。每年学生和课程都会变化，每年评估教育目标就成了所有教师课堂评估的重要部分。

2. 高层次的教育目标是什么？认知能力有低级的（如背诵和记忆）和高级的（如复杂的思维行为）之别。高级行为，或者说高级思维能力（higher order thinking skills，HOTS）包括分析信息，运用已有的知识和规则解决新问题，对比和对照事物和观点，将分散的信息整合成一体等方面的能力。接下来的几个例子中，低层次的目标只需要记忆，而高层次的目标则要求复杂得

① 艾瑞逊．课堂评估——一种简明的方法［M］．夏玉芳，译．长沙：湖南教育出版社，2008：59－60.

多的行为。

低：学生能给出单词表中的每一个单词的意思。

高：学生能正确运用单词表中的单词写句子。

低：学生能将故事中的话和说这话的角色匹配起来。

高：学生能对比故事中正面人物和反面人物的动机。

低：学生能写出毕氏定理的公式。

高：学生能够运用毕氏定理解决消防云梯的长度问题。

所有的教师都应该清楚低层次和高层次思考技能间的区别，并尽力将一些高层次的技能整合到自己的计划和教学中去。

3. 在一门课程中我需要陈述几个目标？这部分取决于考虑的教学框架和目标自身的具体程度。教学时间越长，目标越具体，陈述的希望学生能达到的目标就越多。通常的情况是教学目标很多，教育目标比较少。高层次的目标通常要花更长的时间才能教会、学会，所以很少在一堂课内完成。教学生理解图表比教他们记住一个公式花的时间要长。有些教师一学年定几百个教学目标，他们要么是对自己和学生期望过高，要么是把目标定得太细了。与此相反，那些一学年只有5个教学目标的教师要么是太低估学生，要么是目标定得太笼统。

4. 制定目标时有应该要特别注意的事项吗？教学目标是课前就定好了的，要用来指导教学和评估。但教学目标并非不能改变，环境要求改变时就得改变。因为目标是在教学实施前定的，教师很难预计课堂上进展会怎样，所以必须仔细考虑怎样才能遵循自己课前确定的教学目标。

第二讲　评价教学设计中的理论模型

教师在教学开始之时，就必须要考虑：我究竟希望我的学生在听了课后能知道些什么他们原来不知道的，还是能做些什么他们原来不会做的事呢？泰勒在他的《课程与教学的基本原理》一书中指出课程设计要回答四个问题：

1. 学校应达到什么样的教育目的？
2. 为达到这些教育目的，应该提供什么样的学习经验？
3. 怎样有效组织这些学习经验？
4. 我们如何确定这些教育目的正在得到实现？①

① 泰勒. 课程与教学的基本原理［M］. 施良方，译，瞿葆奎，校译. 北京：人民教育出版社，1994：17.

L. W. 安德森等人在《学习、教学和评估的分类学》指出设计教学时要关注学习问题、教学问题、评价问题和目标、教学、评估的一致性问题。

1. 在时间有限的学校和课堂里，学什么对学生是重要的？(学习问题)

2. 怎样计划和传递教学内容才能让大多数学生产生高水平的学习？（教学问题）

3. 怎样选择或设计评估工具和程序才能提供学生学习效果的准确信息？(评估问题：评估时要明确是评估保持，还是评估迁移)

4. 怎样确保目标、教学和评估三者之间保持一致？(一致性问题)①

◆ 核心内容

评判一份教学设计的优劣应遵循教学目标—教学内容—教学活动—作业类型的一致性原则，其中，导入环节的设计在关注设疑激趣的同时，也要注意其统领课堂，贯穿教学活动始终的作用。

◆ 学习准备

从已经发表的教学设计中，选择一篇你认为撰写得比较好的教学设计，依据你已知的评估标准，对这篇教学设计进行评判，写出你评估依据的标准，说明这个标准是自制的，还是借用他人的。

据此，根据在设计教学时要回答的问题，再结合上文评述的语文学科教学设计方案呈现出来的各种问题，我们可以从教学目标—教学内容—学习结果—学习评估（作业设计）是否具有一致性来评判一份教学设计方案的优劣。

首先，教学目标的设定要合理。即设定的教学目标是否基于学生的学习需要，是否扣住了文本的教学价值。我们日常所看到的教学设计中的教学目标均存在着这样那样的问题，而最大的问题就是教学前设计的教学目标不仅不符合学情，而且也没有扣住文本的教学价值。如一位教师在设计莫怀戚的《散步》教学时，设定了三个教学目标：“①正确流利有感情地朗读课文；②准确理解词句的含义；③培养尊老爱幼的思想感情。”②这三个目标，除却第三个目标“培养尊老爱幼的思想感情”这一条需要考虑文本的题材及主题之外，其他两条是放在任何一篇课文中都适用的。在此我们且不讨论“目标

---

① 安德森，等．学习、教学和评估的分类学［M］．皮连生，等，译．上海：华东师范大学出版社，2008：5－6.

② 刘永康．语文教育学［M］．北京：高等教育出版社，2005：123－127.

表述”中的问题①，只评述这三个目标分别违背了目标设定时应遵循的哪几条原则。

一是这三条目标均忽略了课堂学习的主体——学生。这篇课文被编入七年级学段，从教学过程中所设的“活动6”可知这篇教案是分别在汉文班和藏文班两种语言基础的班级中使用。这一信息告诉我们这个学校有汉族学生，也有藏族学生，是一所比较特殊的学校，特殊之处就在于汉语是汉族学生的第一母语，而对于藏族学生而言是第二母语。虽然同为语言学习，但第一母语与第二母语学习的内部机制及所遵循的学习规律是不一样的，而教师在设计教学目标时却忽略了两类学生学习这篇课文时所存在的认知差异，“正确流利有感情地朗读课文”、“准确理解词句的含义”这两个目标相对于已完成小学教育的汉族学生而言是没有什么问题的，而且可以说大多数学生不用经过这一节课的学习也基本能达成这两个目标。但对于藏族学生而言，这两个目标可能就是他们学习的难点，或者在近期内都难以企及。

二是没有找到“这一篇”文本独特的教学价值。《散步》是一篇叙事抒情的散文。那么“正确流利有感情地朗读课文”这一教学目标应该体现出散文的朗读与诗歌、小说、戏剧、新闻等文体在朗读的语音、语气、语调上的差异是什么；“准确理解词句的含义”也应该体现出散文中的语言与其他文体语言的差异，只有找到了这些差异点，才能谈到如何准确地理解这篇文章的词句的意义。

三是“培养尊老爱幼的思想感情”是对“情感态度和价值观”这一维教学目标的窄化处理，用道德观窄化了学习此篇文章在情感态度上的转变与发展。

其次，教学内容与教学目标应有一致的对应性。即教学内容的选择与教学目标是否具有对应性，能否与教学目标保持一致。换句话说就是设计时所选择的教学内容是否能达成教学目标。教学内容与教学目标的不对应是语文教学效率低下的根本原因，这两者的不对应在有些情况下还会导致教学的无效与负效。在此仍以《散步》为例，研读全篇教案，达成第二个教学目标的教学内容就与“准确理解词句的含义”这个目标不太对应，由于这个目标的表述中没有指向学生在学习过程中的行为变化的动词，我们很难判断教师的教学预设是使学生“能准确说出词句的含义”——定位于学生的复现与再认的能力，还是要学生在此文中学习“准确理解词句含义”的技能。但无论是这两项中的哪一个定位，教学过程呈现出的两项教学内容“哪些语句和细节

① 目标表述中的问题可参阅本书模块二单元二的第一讲：基于学情的教学目标。

写一家人的互敬互爱?”和“哪些语句渗透着‘我’对生活的使命感?”均难以达成“准确理解词句的含义”的目标。这两项教学内容能达成是的“辨析文章中寄予了特殊情感的词句”的目标。

再次，学习结果的类型与教学目标的要求相一致。即学生最后获取的知识或能力所归属的学习结果的类型应与教学目标中表述的类型相一致。依据加涅的学习结果分类，《散步》一文所设定的三个教学目标：“①正确流利有感情地朗读课文；②准确理解词句的含义；③培养尊老爱幼的思想感情”[①]，分别属于智慧技能中的高级规则、言语信息和态度的学习。然而观察教学设计方案中的“教学过程”部分施教之后，学生所得的学习结果却与教学目标的学习类型要求有了很大的出入。根据教学方案中所给出的教学指导，不难看出教学过程中的教学活动3、4、5是紧扣教学目标1进行设计，其教学活动与教学指导均是指向“正确流利有感情地朗读课文”这一智慧技能的高级规则进行学习的，学生所获得的学习结果类型也是智慧技能中的高级规则。而回答“活动6”的思考讨论中所设计的两个问题“哪些语句和细节写一家人的互敬互爱?”和“哪些语句渗透着‘我’对生活的使命感?”的从属技能是对文章中词句的准确理解，是以言语信息为基础的，但是学生要正确地在文章中找到这些语句，所需要的不仅仅是对词句的理解，又涉及了智慧技能中的辨别（哪些语句和细节写……和哪些语句渗透着）这一从属技能，而在回答这两个问题的学习中，学生获得的是辨别与高级规则（这篇文章是如何借助特殊的语言表达和细节描写向读者传递了“一家人的互敬互爱”和“‘我’对生活的使命感”这两种情感的语言表达规则）。教学目标2设定的“准确理解词句的含义”仅仅是对于文章中词句理解的言语信息的学习。由此看来，学生很可能在教学中并没有学到“准确理解词句的含义”，即言语信息这一学习结果，相反学习的却是智慧技能的辨别与高级规则。该课的教学目标3是“培养尊老爱幼的思想感情”，这是一项情感态度的学习。加涅在《教学设计原理》和《学习的条件论》两本著作中均写道，“态度是改变个体行为选择的一种持续状态”，“态度的作用是放大个人对某些人、事物或情况的积极的或消极的反应”，多数情况下，“态度是在校外获得的，并且也有许多态度学校不能恰当地了解它们与教学功能的关系如何，可能是学校教学的目标树立是对所学科目的积极态度的目标。”[②] 而长期以来，语文教学设计的方案中充斥着大量的类似“培养尊老爱幼的思想感情”、“关爱生活中的不幸者，

---

① 刘永康．语文教育学［M］．北京：高等教育出版社，2005：123－127．

② 加涅，等．教学设计原理［M］．皮连生，等，译．上海：华东师范大学出版社，1999：48．

陶冶美的情操”这样一些无法通过学校教学而获得、而是需要在校外的日常生活渐渐养成的态度。众所周知，一个人对某一人或事物所呈现出来的选择的持续状态，是无法通过课堂教学中向学生宣讲而习得的，态度需要在校外的生活中习得与养成，是必须经历“获知—领悟—认同—内化—习惯—自觉”这样的过程的。“态度是‘内部状态’，它是从对个体行为的观察中（通常是从报告中）推论出来的，不是行为本身。如果观察到一个人将口香糖纸丢到废纸篓中去，就不能仅从这个例子推论出，这个人对处理生活垃圾有正确态度，或对污染有消极态度，或对口香糖纸确实没什么态度等。但是，在大量的不同情境中会发生大量的此类行为，这就可以对一个人的态度作出推断。可以推断，某种内部状态影响了一整类的具体事例，在每个事例中个体都要作出选择。”① 由此可知，“培养尊老爱幼的思想感情”是无法通过《散步》这篇文章习得与养成的，而是需要学生在生活中对待这一类具体的事例中去作出判断与推论。更何况在这篇教案中所设计的教学活动中也没有达成该项教学目标的有关内容和活动。

最后，用于评估学生在新问题情境中是否能保持或迁移学业表现的作业类型，也要与教学目标中的知识与能力类型相一致。这方面的问题要比这前面分析的几个问题更严重。大多数情况下，教师设计的作业类型都远远地偏离了教学目标、教学内容。换句话说，就是教学目标中没有要求的，教学中教师也没有教的，却要学生在课堂练习或课后作业中完成，即要求学生完成一项没有教的“任务”。这一点在大多数的语文教学设计及课堂教学中俯拾皆是。如《散步》中的两个练习任务：

六、课堂练习

课后练习四。先请同学们朗读例文，思考为什么要送小龟回家？送小龟回家说明了什么？本文和《散步》反映的主题有什么不同？

小龟不吃不喝，想念爸爸妈妈，儿子不忍，要送它回家，去找爸爸妈妈。送小龟回家，一方面说明了儿子的纯真、无邪，反映全家（主要是儿子）对小龟失去父母的同情，怜悯；同时也寄寓着不能人为地制造骨肉分离的思想(对藏文班的学生应加以提示)，进一步写出家庭成员之间要互敬互爱，和谐美满，以及对生活的使命感。

七、作业

写篇反映尊老爱幼的短文，300 字左右。

我们先来看看教师在此设计的课堂巩固练习，要完成这个练习中所设计

① 加涅，等．教学设计原理［M］．皮连生，等，译．上海：华东师范大学出版社，1999：88.

的学习任务：思考为什么要送小龟回家？送小龟回家说明了什么？本文和《散步》反映的主题有什么不同？需要三方面的技能：一是整合文本中的多项内隐信息进行概括与推论的技能；二是能准确捕捉文本借助语言文字传递情感，理解作者蕴涵在文字中的主要观点，提炼文本主题的技能；三是能辨析、比较不同文本主题差异的技能。一般情况下，课堂练习的任务就是针对本节课学生获取的新的学习内容进行巩固训练的一种教学活动，其练习的设计应该对应着本节课的教学目标。但这个课堂练习中所包含的三项练习任务没有一项是在本课学习过的，也没有一项是针对着教学目标进行设计的。

再来看看，教师设计的课外作业：写篇反映尊老爱幼的短文，300 字左右。要求学生写一篇 300 字左右的反映尊老爱幼的短文。在研读了整篇设计方案后可知，教师无论是在课前预设的教学目标中，还是在课堂教学过程中均没有进行“如何写一篇反映某类情感的短文”的写作教学，却让学生在课后写一篇这样的文章，这样的作业布置可谓是印证了当前语文教学研究领域流行着的一个观点：有写作，没有写作教学。

由此可见，就是这样一份被认为优秀的，能作为教学示范案例的教学设计方案，也处处呈现出目前语文教学设计方案中一些群体性错误。这些问题的存在也佐证了当前语文课堂教学效率低下的一个根本原因：目标、教学和评估的不一致。所以，评价、衡量一篇教学设计优劣与否，只要观其教学过程中所选教学内容、所设教学活动，以及评估学生学业表现的作业设计是否能与教学目标保持一致——能保持一致者即为合格与优良，不能保持一致者即可判为不合格。通过以上的例析，初步构建一个评判一篇教学设计优劣的理论模型。

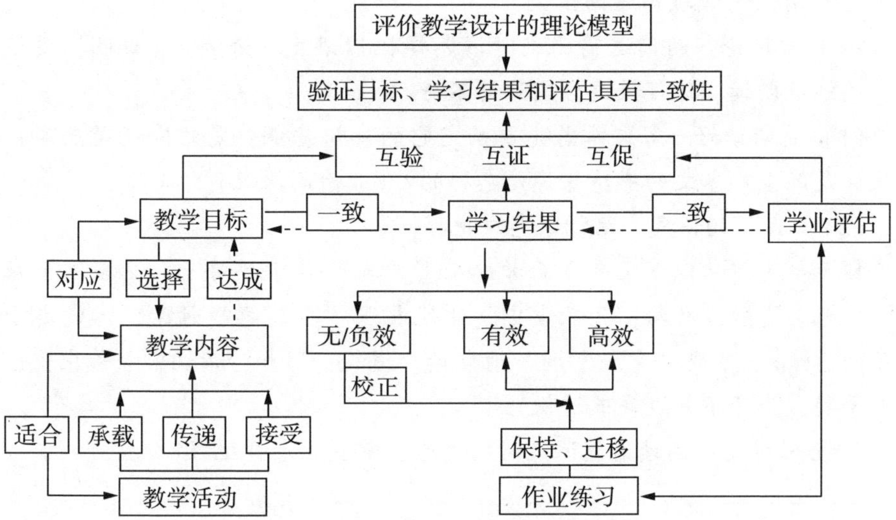

图 3－1－2－1　评判教学设计优劣的理论模型

附：《散步》的教学设计①

一、教学目标

1. 正确流利有感情地朗读课文
2. 准确理解词句的含义
3. 培养尊老爱幼的思想感情

二、教学重点

目标1

教学难点：目标2

教学时间：一课时

三、预习指导

通读课文，用横线画出不认识的或读不准音的字，查字典注音。能把课文顺畅地读下来，并且放声朗读；可以用下列词语语句：分歧、委屈、熬、越……越……、这边……那边……

四、教学过程

1. 三分钟演讲

2. 导入

《散步》这篇散文，通过祖孙三代人的散步过程，表现出家庭成员互敬互爱的思想感情，请同学们朗读时要用心领会。

3. 初读课文

请一位同学朗读一遍课文，大家从两方面进行评议：

（1）有没有读错字音的情况；

（2）有没有读破句子的情况。

4. 分组讨论：朗读这篇课文时该怎样把握语气、语调？（说明：要边讨论，边练习朗读，边评议这样朗读好不好?）如下：

（1）要朗读好一篇文章首先要确定它的感情基调：是欢愉还是悲哀；是轻快还是沉重？本文的感情基调是怎样的？(欢愉而深沉)

（2）“我”的语气、语调该怎样把握？

提示：可以从以下几个方面考虑：①“我”是中年男子；②在这个家庭中，“我”是核心人物；③散步中，处处表现“我”孝敬母亲，疼爱妻子和儿子的感情。(不要“拿腔拿调”地朗读。语气：温和，亲切中含着庄重；语调：平稳，声音不宜过高或过低)

5. 全班讨论：朗读这篇课文时的语速、重音该怎样把握？

---

① 刘永康．语文教育学［M］．北京：高等教育出版社，2005：110－112．

（1）朗读一篇文章，一般说不应当自始至终一个语速，总要有时快些，有时慢些，有时急促，有时舒缓。语速处理应与作者思想感情的发展，文章内容的推进相协调，不要造作地处理，本文以中速为宜，第四段应快些，结尾应慢些。

（2）朗读时，需要强调的词句一般要加重语气。恰当地处理重音，能增强朗读的感染力量。

以文中两段话为例，感受怎样确定重音。

南方初春的田野……这一切都使人想着一样东西——生命。

但我和妻子都是慢慢地……就是整个世界。

6. 思考讨论（针对藏文班的学生，教师应给予一定的提示）：

（1）哪些语句和细节写一家人的互敬互爱？

（2）哪些语句渗透着“我”对生活的使命感。

7. 交流学习本文的心得：

（1）这篇课文哪些描写最令你感动？以一两处为例谈。

（2）你最喜欢哪个人物？为什么？

（3）“好像我背上的同她背上的加起来，就是整个世界”，这句话是什么意思？

（4）这篇文章的中心思想是什么？

（5）你喜欢课文中哪些语言？为什么？

说明：这些问题，不要求都回答，更不宜规定统一答案。学生只要能对其中一两个问题有所认识就可以了。

五、小结

（1）这篇散文表现祖孙三代互敬互爱的思想感情，感情基调是欢愉、深沉的。朗读时要细心体会。

（2）对汉文班学生，教师应让他们初步掌握散文诗的一些特点，鼓励他们多读多写多体会。

六、课堂练习

课后练习四。先请同学们朗读例文，思考为什么要送小龟回家？送小龟回家说明了什么？本文和《散步》反映的主题有什么不同？

小龟不吃不喝，想念爸爸妈妈，儿子不忍，要送它回家，去找爸爸妈妈。送小龟回家，一方面说明了儿子的纯真、无邪，反映全家（主要是儿子）对小龟失去父母的同情，怜悯；同时也寄寓着不能人为地制造骨肉分离的思想（对藏文班的学生应加以提示），进一步写出家庭成员之间要互敬互爱，和谐美满，以及对生活的使命感。

七、作业

写篇反映尊老爱幼的短文，300字左右。

◆ **思考**：教师既是教学设计的制定者、实施者，同时也是教学成功与否的评估者。如此的双重身份会给教师制定和实施教学计划造成什么样的负面影响？

◆ **方式**：画概念图，头脑风暴，同伴研讨。

【延伸阅读】

★ LINN R，GROVLUND N. 教学中的测验与评价（Measurement and Assessment in Teaching）[M]. 国家基础教育课程改革“促进教师发展与学生成长的评价研究”项目组，译. 北京：中国轻工业出版社，2003.

★ 耿书丽. 有效听课、观课和评课的智慧与技巧[M]. 长春：东北师范大学出版社，2010.

【悦 读】

改进教学计划评估①

做教学计划时，为了加强计划的效度，教师可以遵循以下几点。

1. 对学生的需求和特点做完整的起点评估。既然教学的目的是教会学生做他们以前不能做的事，课堂计划要得到回应就必须考虑学生的需求和特征。了解学生的基础、能力、注意度，课任教师才可能正确地计划教学的时间长度，计划全班或小组活动，计划课堂上以教师为主还是学生自主。就学生和班级做的起点评估越有效、越可靠，课堂计划就可能越合适。

2. 计划时利用起点评估所获得的信息。教师可能起点评估做得很好，但如果做课堂计划时不利用这些信息，就没什么意义了。制定课堂计划就是要让教学适应学生的需求和特点，教师有责任制定出适合教学的计划。

3. 制订教学计划时不要完全地、不加批判地依赖课本以及配套的辅助资料。我们已经了解到，教参能提供很多有关教学计划、教学实施和教学评估所需要的信息，但不是全部。教师将课堂计划和评估与学生的特点和需求匹配起来是很重要的。教师指南也应经过评估才能用来给每个班级的教学提供最可行的指导。

4. 教学计划中既要有低层次的也要有高层次的教学目标。多数教参提供的教学活动很重视背诵、教师讲学生听这类的班级活动，注重的是低层次的

---

① 艾瑞逊. 课堂评估——一种简明的方法 [M]. 夏玉芳，译. 长沙：湖南教育出版社，2008：65－67.

教学目标。因此在课堂计划和活动（不管是教参提供的还是教师自己考虑的）中综合低层次和高层次的教学目标是很重要的。

5. 计划中要提供广泛的适合学生需求的教学活动和策略。教师如果每天毫无变化地重复使用相同的策略（教师讲学生听、板书）就会出现两个问题。首先是学生做同样单调重复的事情就会厌烦，失去积极性；其次，单一或极少的教学手段根本教不好那些有着不同的学习风格、不同的困难和母语不同的学生，也教不好那些更喜欢别的教学方式（小组教学法、游戏学习法、动手法等）的学生。因此，制定课堂计划时必须考虑多样化的教学策略。

6. 保持教学目标、教学策略和计划评估的一致。教学目标描述的是应有的教学结果，教学策略和活动是达到这一成果所需的手段，评估是对目标及教学成功度的测量。达到目标需要相应的、恰当的手段。不牢记成果，很难评判教学计划的充分性或评估本身的质量。表 3－5 展示了方法（教学活动）或成果（目标）之间的关系。

表 3－5　教学手段和成果关系举例

手段：默读一个小故事。
成果：学生可以用自己的话讲述这个故事。
手段：放有关电脑的电影。
成果：学生能够区分电脑硬件和软件。
手段：完成教学书 47－48 页上的作业。
成果：学生学会计算正方形和三角形的面积。
手段：讨论元素周期表的排列。
成果：描述一个元素的性质时学生可以找到它在周期表中的位置。

7. 认识自身在知识和教学方法方面的局限。教师制订计划时会评估很多的因素，但常常忘掉对自身的评估。自身知识的局限会使教师忽略某些重要的内容，敷衍了事，甚至出错。同样地，偏爱一两种教学法会剥夺学生接触其他更利于他们学习的方法的机会。当教师听任自己知识的局限和对某些教学方法的偏好而不考虑学生，不考虑课堂里该做什么不该做什么时，就有必要对其教学计划的合理性提出质疑。

8. 将评估策略纳入教学计划中。教学计划和教学实施是帮学生学到新知识、理解新东西。因此，课堂计划应包括一些正式的评估，以确定学生是否达到了要求达到的目标，并了解学生的疑惑和混淆之处。尽管以学生积极性和参与度为基础的非正式评估很有效，但它不能替代课后的学生独立思考、家庭作业、小考、口头提问这类的正式评估。

表3－6总结了制定课堂计划时要遵循的原则。

表3－6 制定教学计划时应遵循的原则

做全面的起点评估了解学生的需求和特点。
利用起点评估的结果。
不完全、不盲目依赖教参和其配套的材料。
结合低层次和高层次的教学目标。
采用多样化的教学活动和策略。
使教育目标与教学策略及活动匹配。
认识自身在知识和教学方法方面的局限，以及对某些教学方法的偏好。
在教学计划中纳入评估方法。

第三讲 构建5A100分评定量表

根据上文教学设计方案评估的理论模型，可以从教学导入、教学目标、教学内容、教学活动及作业设计五个维度，构建定性评判与定量评判相结合的5A100分评定量表。

◆ 核心内容

5A100分评定量表　5A100分评定量表就是分别赋予教学设计中的教学导入、教学目标、教学内容、教学活动及作业内容不同的等级与权重，运用定性与定量相结合的方法描述一篇教学设计的水平高低。

◆ 学习准备

请从你阅读过的书籍中，或日常的评教工作中，选择3份评定教学设计的量表，找出它们评定难度的异同。

5A定性评定：即把每个项目打出等次，然后求和。如某篇教学设计均为A，等级就可评定为5A；某篇教学设计一项得A，两项得B，两项得C，等次评定就为2B2CA，习惯上把系数大于1的等次写在前面，系数一样时就按字母顺序排列。

百分评定法就是把教学设计评估量表中的五个维度赋予不同的权重，总分为100分，然后依据其项目类别再进行权重分配，并按数值区间划分A、B、C三个层级。

5A100分评定法就是把每个项目打出等次与分值，然后求和。如某篇教学设计五个维度的评定等次分别为 A25、A15、B15、C10、A15，则该教学设计的等次评定则为 3ABC80。这个组合评定不仅能很清楚地描述一篇教学设计的等级，也可以描述该篇教学设计在不同维度的等级层次。

表 3－1　中小学语文教学设计方案评估表

课题		年级		日期	
教师		课型			

评价项目	指标描述	评价 赋分 Y	评价 赋分 N	评价 等次/分值	评价 评定结果
教学目标	1. 是否符合课程标准的有关具体要求	5	0	A≥25 B≥15 C≤10	
	2. 是否针对文本的独特教学价值确定的	5	0		
	3. 是否关注到了学生的起点能力及学习需要	5	0		
	4. 是否用外显行为动词进行表述的	5	0		
	5. 是否为学业评估提供了可观察的学习行为	5	0		
	6. 是否能在规定的课时内达成	5	0		
教学导入	7. 是否能起到设疑引趣的作用	5	0	A＝15 B＝10 C＝5	
	8. 是否能起到统领整节课的作用	5	0		
	9. 是否具有贯穿整节课教学活动主线的作用	5	0		
教学内容	10. 是否出自“这篇”教学文本	5	0	A＝20 B＝15 C≤10	
	11. 是否具备“这篇”教学文本的独有特点	5	0		
	12. 是否与教学目标具有较强的对应性	5	0		
	13. 是否宜于达成教学目标中规定的任务类型	5	0		
教学活动	14. 是否适合学生的认知特点与身心特点	5	0	A＝20 B＝15 C≤10	
	15. 是否较好地帮助学生获取教学目标中规定的学习结果类型	5	0		
	16. 是否与所选择的教学内容有较好的契合性	5	0		
	17. 是否能体现语文学科的特点：学习和运用语言	5	0		
作业设计	18. 是否与教学目标中要求的类型相一致	5	0	A＝15 B＝10 C＝5	
	19. 是否是课堂教学问题情境中的学业保持/迁移	5	0		
	20. 是否与真实的问题情境相一致，并能被观察到	5	0		

注：85 分以上为优秀；80 分至 75 分为良好；70 分至 60 分为合格；60 分以下为不合格。

◆ **思考**：在设计教学时，教师最常犯的错误是什么？你准备如何克服。

◆ **方式**：头脑风暴，同伴研讨。

【延伸阅读】

★ WEBER E. 有效的学生评价（Student assessment that works：A Proctical Approach）［M］. 国家基础教育课程改革“促进教师发展与学生成长的评价研究”项目组，译. 北京：中国轻工业出版社，2003.

★ PORHAM W. 促进教学的课堂评价［M］. 国家基础教育课程改革“促进教师发展与学生成长的评价研究”项目组，译. 北京：中国轻工业出版社，2003.

【悦 读】

为适应学生而做调整①

计划教学和实施教学都得适应学生的需求和困难而做调整。

学生的需求和困难是多方面的。有些有着严重的认知、情感和/或精神运动方面的困难，有些学生注意力难集中。将所有的教学调整策略都谈到是不太可能的，这里仅谈几点，借以说明这类策略的广泛性。下面的实例出自普赖斯（price）和纳尔逊（Nelson）先生的著作。

计划教学内容时的调整：

➢ 如果学生落后于课程进度，教最一般的内容。

➢ 教知识的同时教给学生学习的策略。

➢ 根据学生的兴趣来选择教学材料，比如，允许学生读报上的体育版来训练阅读技能。

计划教学目标时的调整：

➢ 教学前做测试，确保所定的目标适合学生。

➢ 确定目标是否可以为了某些学生做些调整。比如，写作能力差的学生可以用口头表述的方式来展示他们所学的知识吗？

确定教学方法时的调整：

➢ 认识到具有某些学习和行为障碍的学生经常需要非常明确的指令。

➢ 评价学生学好所需要的方法的层次，不要想当然地认为所有学生用随意的方法学得最好。

---

① 艾瑞逊. 课堂评估——一种简明的方法［M］. 夏玉芳，译. 长沙：湖南教育出版社，2008：67－69.

➢ 如果学生落后于课程进展，用最省时的方法。

➢ 确保所用的教学手段能使学生获得成功所需的技能。

计划课堂教学时的调整：

➢ 提供指导、程序和规则；口头、笔头对之加以描述。

➢ 用提问、让学生复述或解释的方式来了解学生的状况。

➢ 用同样的词来重复关键词。

➢ 寻求经常的、积极的回应。

➢ 将内容分开，一次教一两个内容，然后练习；教一两个内容，再练习。不断提醒学生整个的任务，经常停下来总结。

➢ 列出步骤，按其进行。

除了以上介绍的调整，还有针对有特殊需要的学生的调整策略。比如，安排难以集中注意力的学生坐在大人或安静的同学旁边，或让他们远离嘈杂的地方，或让他们单独坐，或多给他们中间休息的时间，或经常变换给他们的任务，或多给他们开展要求他们积极参与的活动。在难以进入学习任务的学生的桌上贴一张步骤提示卡，供学生按照表一步一步完成任务，或任务一开始就到学生身边提供帮助（告诉他们你还要回来检查进展情况），或给他们找个同学帮手。为了帮助条理性不强的学生，教师可以把布置的作业和所需的材料写在黑板上或是打在幻灯片上，要求他们用笔记本抄下来，给不同课程所需的材料用不同的颜色编码，开学和期末时给他们时间收集课本和资料。

以上调整措施只代表制定课堂计划帮助学生从教学中获取最大收益的一小部分策略。依据起点评估了解的信息和最初的课堂教学，教师应该明确学生的需求，确定根据学生状况该做哪些调整。有了这些准备，教师就能计划并实施适当的调整，那些有特殊需求的学生才能最有效地学习，从而教学和评估的效度也得以提高。

单元二 教学设计案例分析

第一讲 识字、写字教学设计案例分析

识字、写字是阅读写作的基础，是小学低年级的重点学习内容。学生不掌握一定数量的汉字，就无法进行阅读和写作。识字与写字的多少、快慢，直接影响到读、写水平的发展。低年级的识写字教学不仅能使学生掌握一种了解民族、国家和世界的工具，也能使学生在识字、写字的过程中领悟语言文字所承载的民族文化。较强的独立识字能力、良好识字与写字的美感意识，比识、写字量的多寡更能引起学生的识字兴趣。

◐ 学习准备

下面是王宁老师在《汉字构形学讲座》中举的一个识字教学的案例，你如何看待识字教学中的这种无理据的“拆字”现象呢？

例如“饿”字中的“我”，是示音构件，没有表意功能，但有些人硬把它讲成“我要吃（食），因为我饿”，把“我”曲解为表意构件。这样一来，“俄”、“娥”、“峨”、“鹅”的讲解，就会被类推成“我的人”、“我的女儿”、“我的山”、“我的鸟”，……

一、识字、写字教学概述

据不完全统计，在我国有一定影响的识字教学改革实验有二三十种之多。从第一届汉字识字教育国际研讨会（1994 安徽黄山）论文集（1 卷）、第二届汉字识字教育国际研讨会（2006 北京）论文集（3 卷）和主持这两次研讨会的专家戴汝潜主编的《汉字教与学》所收集的材料来看，汉字“识”、“写”教学虽然取得了众多的研究成果，但实际的教学却并未随着研究的深入而有所改观，教学中学生识字成绩并不理想，错别字多，书写混乱等现象严重阻滞了学生读写能力的提高。

《义务教育语文课程标准（实验版）》提出了识写分开，分进合击的识字原则，所谓识写分开，就是指会认的字和会写的字，要求不同，区别对待。对于会认的字，要求见其形读其音，即只要求认识，在课文中认识，在别的地方也认识。对于会写的字，不仅要会认、会写，还要懂得其意思，并要在

口头和书面表达中学习运用。低年级学生少写一些汉字，可以腾出一些时间多认字，以便尽快地凭借文字走向阅读。同时，低年级学生手部肌肉不发达，少写一些汉字，也有利于小学生的正常发育和健康成长。

二、明确阶段性识字、写字的教学目标

《义务教育语文课程标准（2011年版）》除对义务教育阶段的识、写字教学提出了总目标：学会汉语拼音；能说普通话；认识3500个左右常用汉字；能正确工整地书写汉字，并有一定的速度。同时，分别在不同的学段提出了各自的识字量及识字任务。义务教育第一学段（小学1～2年级）的识字目标是：

第一学段

1. 喜欢学习汉字，有主动识字、写字的愿望。

2. 认识常用汉字1600个左右，其中800个左右会写。

3. 掌握汉字的基本笔画和常用的偏旁部首，能按笔顺规则用硬笔写字，注意间架结构。初步感受汉字形体美。

4. 努力养成良好的写字习惯，写字姿势正确，书写规范、端正、整洁。

5. 学会汉语拼音。能读准声母、韵母、声调和整体认读音节。能准确地拼读音节，正确书写声母、韵母和音节。认识大写字母，熟记《汉语拼音字母表》。

6. 学习独立识字。能借助汉语拼音认读汉字，学会用音序检字法和部首检字法查字典。

（一）案例介绍

识字、写字是义务教育1～2年级语文教学的重点内容，在这个阶段无论是教科书的编者，还是教科书的使用者都会根据汉字的特点，从编写与教学的角度为学生提供多种识字与写字的策略与方式。字谜作为中国汉字文化中的一朵奇葩，常常会被教科书用做激发学生热爱汉字的手段。王艳梅老师的“《一个字》教学设计”正是借助教科书的相关内容，以猜谜为手段引领学生识读汉字的。《一个字》是北京师范大学出版社主编的《义务教育课程标准实验教科书·语文》二年级下册第11课“丁丁冬冬学识字（三）”中的部分课文内容。

选择这样一份教学设计作为案例分析，基于两方面的考虑：这篇设计的呈现方式代表了当前一大部分人对教学设计的理解，即把师生在课堂上活动的一举一动全都预想到了，特别是学生对问题的回答，也给了预设，

这违背了教学设计可以动态调整的原则；二是教学内容应落在识字与写字这两个能力点上，谜语仅仅是引导学生识、写字的手段，不应该将谜语作为本节课的教学重难点，如果读谜语、猜谜语被确定为教学的重难点就偏离了本课识字与写字的教学内容。这篇教学设计收录于陈宝民主编，2006年北京师范大学出版社出版的《小学语文课改实践与探索》一书的第205~207页。

（二）案例点评

《一个字》教学设计

王艳梅

【点评】原设计没有学情分析与教材分析。

【建议】依据二年级学生的基本特点及所任教班级的学生组成，分析学生学习此内容的基本情况。指出学生的学习起点及最近发展区的水平。补充教材分析的有关内容。

◆ 修改

一、学情分析①

小学二年级学生突出的认知特点是无意记忆强于有意记忆，所认汉字还很有限，适合在具体的生活情境和语言情境中认读生字。二年级（4）班是一个有着较强表现欲的班级。班中36个学生，其中男生19人，女生17人，都很喜欢老师能叫自己来回答问题，有一些同学能清楚地说出一节课老师让他回答了几次问题。班中有一个小男孩的表现与班级里的其他同学表现都不一样，他的语言表述能力明显低于他的生理年龄，特怕老师叫他起来回答问题，但他的字写得很漂亮，书面作业做得很认真。教学时教师应特别注意给该生创造机会，多鼓励其在众人面前说话。另外，对于谜语同学们并不陌生，上课时可不必花太多的时间对此内容进行讲解。有部分同学已经熟知这篇课文，并能说出字谜的谜底，这些都是教师在设计教学时应考虑在内的。

二、教材分析

“一个字”是北京师范大学出版社《义务教育课程标准实验教科书·语文》二年级下册第11课“丁丁冬冬学识字（三）”中的部分课文内容。这套教科书的编写体例，以主题·情境为主线编排教学材料及教学活动。“丁丁冬冬学识字”是该套教材的特色板块，也是其他教科书中所没有的内容。这个板块的主要内容是帮助学生梳理前一段时间学习中所遇到的一些程序性知识或策略性知识。本册书“丁丁冬冬学识字（一）”让学生集中认识了形声字的特点，学生知道了许多

---

① 注：此处学情分析对应的班级为虚拟的。后文同。

汉字中的某一部首是表示读音的；“丁丁冬冬学识字（二）”使学生知道了汉字中的同音字，这些字虽然音同，但意义却相去很远，在生活与学习中是不能混用的，如果混用就会闹出意想不到的笑话。“丁丁冬冬学识字（三）”为学生设计了谜语情境中的识字方法，整个板块由一篇课文——汉字，三个活动——“识字方法交流会”、“猜字谜”、“读一读，猜一猜”等构成教学的主体内容。“汉字”以“马”字为例介绍了汉字由象形文字到现代简化字的演变轨迹，意在使学生初步了解汉字的文化，提升其学习认读与书写汉字的兴趣。三个活动主要是为学生独立识字提供相关策略，以猜字谜的形式将所识汉字及汉字的文化性融为一体，避免了纯粹的单识单写，让学生在活动之中体会到了汉字文化的博大精深。“一个字”很容易使教师专注于什么是谜语的教学，忽略了利用字谜进行识字的目的，这一点是教师在设计教学时要特别注意的问题。

◆ 原文

教学目标

1. 读谜语故事，能猜出字谜。认字 16 个，书写 2 个生字。
2. 引导学生展开想象自编字谜。
3. 培养学生的识字能力、合作能力。激发学生热爱祖国文字的情感。

【点评】所设三个教学目标与设计中的教学内容保持了高度的一致性，而且教学目标的设计也关注到了学生学习的起点水平与学习能力。但目标表述语的针对性与指向性不明确。第 3 个目标比较空洞，容易在教学中落空；识字与写字的目标只有教学内容，没有目标要求，即学生的学习到什么程度可以判定达到了会认 16 个字，以及会写 2 个字的要求。

【建议】将第 1 条目标中的“读谜语故事，猜字谜”改为教学导入，这样即使用了教科书中的教学材料，也可以调动学生阅读课文的兴趣；将第 3 条目标分解到第 1 条与第 2 条目标中，并进行整合表述。如此可使第 3 条目标中态度的养成有一个载体和落点。明确学生在什么条件下认字与写字，达到什么水平可以判定其完成了教学目标。

◆ 修改

教学目标

1. 能在没有拼音的条件下，准确读出文中的 16 个生字；能在不看书的条件下，按笔顺在田字格中正确书写带“口”的生字：智与善。能与同学合作，正确听写要求会写的 10 个字。逐渐养成与同学一起合作识字的能力。

2. 能在教师的指导与帮助下，用已会认读的 16 个生字，编成字理相对合理的字谜，并在自编字谜的过程中体会中国汉字的文化。

3. 自己能独立流畅地大声朗读课文，朗读时尽可能不出现读破句及漏读、错读的情况，少于4处的破句、漏读与错读，即可判定为朗读流畅。

◆ **原文**

设计思路

这篇课文是一个谜语故事。故事中的生字很多，要认字16个，写10个。对于这节课来说，认字和写字是重点。针对低年级学生的心理特征和认知特征，这节课的教学共设计了四个环节。第一个环节采用猜谜语的形式引入新课，激发学生学习课文和学习汉字的兴趣，引导学生用已有的识字方法去认识谜语中的9个生字。第二个环节是读文识字。让学生在自主、探索的氛围中学习，掌握各种技能。第三个环节是学生自己编谜语。通过这一环节达到巩固旧字和扩展认字的目的。第四个环节是写字。指导“智”、“善”两个字，使学生喜欢写汉字，激发学生热爱祖国文字的情感。本节课的设想是让学生在生动有趣的情境中自主地学习，与同桌友好地合作，完成学习任务。让学生在感受汉字很有趣的同时也体验到学习过程的快乐。

教学重点　利用各种识字方法认字16个，写好带有“口”字的生字。

教学难点　猜出字谜并能自编字谜。

教学准备　词语卡片、生字卡片，课件、书、本、图片

【点评】教学设计思路很清晰，每一个环节的任务组织与目标达成也是比较合适的。教学重点的表述有问题，教学难点的设定应与教学重点有一定对应性。教学重点应该与学生学习的最终目标相一致，根据后文的设计来看，按笔顺正确书写两个带“口”字的生字应是这一节课的教学难点，难点应该是存在于重点之中的。如果一个教学点连教学重点都不是，那就不应是教学难点。重要的是猜字谜与编字谜在本节课中是一种提高学生识字兴趣与巩固学生识字成果的教学活动，不是学生学习的一项教学内容，因此将其确定为教学难点是错误的。

【建议】设计思路可不作修改，将教学重点中所用词语不当之处进行调整或替换；重新确定这一节课的教学难点。

◆ **修改**

教学重点　正确认读16个生字，会写10个汉字。

教学难点　按笔顺在田字格中正确书写带有“口”字的生字，书写时要注意字的间架结构、比例分配，还要注意其字形的美观。

教学准备　词语卡片、生字卡片，课件、书、本、图片

教学过程

◆ **原文**

一、创设情境：猜谜语、学生字

1. 出示课件1。

字谜的谜面：“古代有，现代无。商周有，秦汉无。唐朝有，宋朝无。”“善

人有，恶人无。智者有，愚者无。听者有，看者无。”“右边有，左边无。后面有，前边无。中间有，外边无。”“高个有，矮个无。嘴上有，手上无。跳着有，走着无。”（课件制作时把这几句话分成四行，生字下面加上红点）

师：请同学们自己读一遍这几句话。（生读）

生：老师，这是什么呀？

师：这是一个字谜，这节课我们一起来猜谜语。（学生都非常高兴）

【点评】这个教学导入环节，以课文中的字谜故事作为教学的导入与切入，能很好地引发学生认读汉字与书写汉字的兴趣，可以说教师对教学材料的利用还是非常恰当的。美中不足的是下面的三句师生对话，可能会在课堂上限制师生动态生成的智慧。

【建议】删除这一教学环节的师生对话，由教师在课堂上根据学生对课件上呈现内容的反应，进行灵活的处理。

◆ 修改

字谜的谜面：“古代有，现代无。商周有，秦汉无。唐朝有，宋朝无。”“善人有，恶人无。智者有，愚者无。听者有，看者无。”“右边有，左边无。后面有，前边无。中间有，外边无。”“高个有，矮个无。嘴上有，手上无。跳着有，走着无。”（课件制作时把这几句话分成四行，生字下面加上红点）

师：请同学们自己默读大屏幕上的语句，把你们想说、想问的大声说给我们听。

◆ 原文

2. 出示课件 2。

出现“猜谜语”三个字。

师：谁认识这几个字？（指名 2 生读，全班一起读一遍）

师：“猜”和“谜”这两个字是生字，谁有好办法记这两个字。

生：我有办法记“谜”这个字，我们学过“迷路”的“迷”字，“迷”字加上言字旁就是“谜语”的“谜”。

生：我想给他补充一点，谜语得有语言，所以是言字旁。

生：“清水”的“清”字去掉三点水旁，换上反犬旁就是“猜谜语”的“猜”。

师：同学们记字方法真好，我们可以用旧字来记新字，也可以用换偏旁的方法，还可以用小窍门来记字。希望我们学习其他字的时候，大家也能用上这些好办法。

师：下面我们就来猜猜这个谜语吧！（贴上图片）打一个字。谁愿意把谜面再来给大家读一遍？其他同学边听边想，这到底是个什么字呢？（生读，思考）

生：我觉得这是“口”字。

师：为什么？（其他同学有的想，有的在议论）

师：猜谜语不是“蒙”，要会分析谜面，下面我们就来一起分析一下。先把“……有”的字放在一起。（板书出示词语卡片：古代、商周、唐朝、善人、智者、听者、右边、后面、中间、高个、嘴上、跳着）

师：同桌两个同学一起读一遍这些词语，如果谁有不认识的字，小伙伴帮忙让他认识。

（同桌一起读词语。学生仔细观察）

生：我猜到了，这些字中都有“口”字，所以这个字是“口”字。

师：我们一起读一读这个谜语，看看是不是。（全班读）

师：我们再来分析一下。（出示词语卡片：现代、秦汉、宋朝、恶人、愚者、看者、左边、前边、外边、矮个、手上、走着）（全班齐读）

师：这些字中有没有“口”字？

生：没有“口”字。

师：同学们真聪明，这个字谜的谜底是“口”字。在这个谜语中有一些生字，大家都认识了吗？（出示生字卡片：唐、朝、秦、宋、善、恶、愚）

师：这些字请同学们小组合作学习。

【点评】这一环节的设计仿佛是课堂教学的真实记录，不能算做真正意义上的教学设计，而且整个教学给人一种是学生在教师的引导下，一步步走进教师课前设好的教学之“套”，让人感觉教师是在“引君入瓮”。这里有两点值得肯定：一是通过猜谜这一活动让学生认识到同一个字可以设计许多谜面，初步感受到了汉字文化的丰厚与奇妙；二是指导学生利用旧知学习新知，让学生自己寻找记忆生字的方法，关注到了学生个体学习的独特性与差异性。其不足之处，是忽略了对学生思维过程的关注与指导。

【建议】根据原设计呈现出来的教学过程，将其转化为教学设计稿，同时补充填加对学生思维过程的指导与关注的内容。教师根据学生的发言所讲出来的内容，进行小结。并用简洁易懂的教学语言向学生解释什么是谜语，以及谜语的一般特点，随即引出教学的第二个环节，利用猜谜语与自编谜语认读生字。充分利用谜语设疑的特点，激发识读汉字的兴趣。

◆ **修改**

2. 出示课件 2：猜谜语。

（1）学生进入“猜谜语”的环节，回放第一张 PPT。

（2）教师指导猜谜语的方法，同时让学生通过观察认识谜面的特点，认读谜面中的生字。

① 如果有学生已经说出了谜底是“口”字，教师须指导学生说出他“猜谜”的思维过程，或者是他猜“口”字的理由。教师根据学生的回答与其他同学一起

分析这个学生的思考过程，以肯定为主。

② 如果在等待一分钟左右的时间后，仍没有学生猜得出来。教师需要给予指导，帮助学生建立起一种在“类”中找共性的思维方式。使学生在教师的思维指导下，自己找到谜底。

出示第一组词语卡片：古代、商周、唐朝、善人、智者、听者、右边、后面、中间、高个、嘴上、跳着

出示第二组词语卡片：现代、秦汉、宋朝、恶人、愚者、看者、左边、前边、外边、矮个、手上、走着

（注：这里的两组词语卡片可以不使用，可以直接在 PPT 上以变换字体的方式，让学生注意到这些词语的共性特点，依然能起到词语卡片所起的作用。在有 PPT 可解决的问题下，出示这两组卡片便是画蛇添足，词语卡片在此是为班级中没有多媒体教学设备的老师提供的教学指导。）

③ 指导学生认读生字：唐、朝、秦、宋、善、恶、愚。（出示生字卡片）

④ 建议同学们小组互助学习、巩固这几个生字。

◆ 原文

3. 出示课件 3。

出示学习要求：1. 读准字音。2. 说一说怎样记字。3. 组词。（学生小组学习。选代表说一说学的情况）

生：“恶”字表示心里很凶、很坏，所以它的部首是心字底。

生：“朝”字我们学过，是多音字，组词：朝鲜，唐朝。

生：我把“唐”、“秦”“宋”三个字一起记，它们都与朝代有关。组词：唐朝、秦朝、宋朝。

【点评】这个教学活动重在巩固学生已识读的 16 个生字。教学过程呈现出来了学生自己认读的特点。应以设计的方式呈现，而不是实录的形式呈现。

【建议】将学生的课堂回答转换成教学设计的规范格式。

◆ 修改

3. 出示课件 3。

出示学习要求：1. 读准字音。2. 说一说怎样记字。3. 组词。

（1）同桌互助，利用提前准备好的生字卡片，检查对方是否能在没有拼音的条件下，准确读出每一个字的读音，以错读字不超过 3 个为达标。

（2）学生根据自己的已有识字经验，说出自己记忆这些生字的方法，并正确组词。要特别注意易读错字的记音法。学生一般都会用汉字部件组合的增添法，利用旧字记忆新字；教师在这个环节需要注意的是学生在发言中所使用的一些在

以往的识字教学中所没有使用过的方法，并及时地给予肯定，帮助其校正可能会出现的问题。

◆ **原文**

二、引入课文，自主识字

师：大家生字认得不错，字谜猜出来了。下面我们来看看猜字谜的课文吧！请同学们打开书，自己读一遍课文。（学生自己读课文）

师：请小组一起把剩下的生字卡片找出来：虎、征、饮、酒、敏、甘、互。小组长带着本小组的同学自主识字，用我们学过的识字方法，要使每个同学都学会。（小组学习，教师巡视，帮助处理问题）

师：同学们学得这么好，咱们再读一读。（开火车读7个生字）

【点评】教学活动设计得非常合理，但以实录的方式呈现不太合适。

【建议】将学生的课堂回答转换成教学设计的规范格式。

◆ **修改**

二、引入课文，自主识字

1. 读课文，识生字

① 指导学生自己阅读课文，用统一的符号标出文中不认识的字。

② 指导学生利用课后生字表中的拼音或与同桌一起认读课文中的生字。把剩下的生字卡片找出来：虎、征、饮、酒、敏、甘、互。小组长带着本小组的同学自主识字，用学过的识字方法，要使每个同学都学会。（小组学习，教师巡视，帮助处理问题）

2. 指名学生朗读课文，以判断学生是否认识了生字表中的生字，并由同学指正纠音。（可根据具体情况决定读课文的人数，这些被指名起来朗读课文的同学一般是教师在巡视的过程发现问题比较多，或能体现同学在学习中出现的共性问题的学生，以便教师在指导他纠音的同时，也是在解决教学中的重难点问题）

3. 开火车认读7个生字：虎、征、饮、酒、敏、甘、互

◆ **原文**

三、开动脑筋，自编谜语

师：这个谜语真有意思，明朝的几个聪明才子祝枝山、唐伯虎、文征明，还有那个酒店老板，把它编得这么有趣，同学们和他们比一比聪明，你们能编出谜底是“口”字的谜语吗？

（学生编谜语：杏花有，梨花无。河里有，岸上无。/语文有，数学无。姑娘

有，小伙无。客人有，主人无。富人有，穷人无。/吃有喝有品尝有，跑有跳有走没有)

师：同学们编得真棒，你们都非常聪明。聪明人，让我们看看这些带“口”的字怎样写好看。

【点评】让学生仅仅自编一个“口”字的谜语，没有充分利用好谜语识字的方法，如此设计给人以赘余之感。

【建议】将自编“口”字之谜作为一个教学的引子，指导学生从刚刚学会的生字中自选两个或两个以上的字创编谜语，这样的学习任务才具有挑战性，也才能引发学生编的兴趣。

◆ 修改

三、开动脑筋，自编谜语

1. 指导学生依据几位大诗人的谜面，尝试自编几个“口”字的谜面，不对谜面的设计作严格的要求，谜面只要能体现出“口”字类的特点就可以了。

2. 要求学生尽可能独立猜出教科书中的其他三个字谜：秋、告、一。

3. 让学生从刚刚认读的 16 个字中，任意挑选两个或两个以上的字，编出谜语，然后由同桌或指定同学猜谜。对没有被选中的字，留成课外作业，让学生继续编谜语，意在帮助学生记忆那些不太好记的生字。

◆ 原文

四、写字

师：(出示“善”“智”) 观察这两字中都有“口”字，这两个“口”字写法一样吗？怎样写好看？(学生观察生字)

生：“善”字里的“口”字要写得扁一些，“智”里的“口”字要写得小一些，方一些。

师：请同学们自己练习写字。说一说哪个写得好，哪个写得不好？同桌互相纠正。再写两个。

【点评】这是教学的难点，在难点突破方面，教师指导不足。一是缺少教师示范性的板书，二是学生说出来后，教师对学生问题的作答没有进行理答，而是自顾自地进行下一环节的教学了。

【建议】在学生观察了两个字的特点，并进行作答后，教师应通过示范让学生知道写好这两个字的要点。

◆ 修改

四、写字

1. 出示“善”“智”两个字，让学生说说写这两个字时应注意什么。

明确：“口”字的不同；结构比例；字中的每个部件在田字格中的位置。

2. 教师在黑板的田字格中，示范写这两个字的笔顺及各部件在田字格中的位置。

3. 教师带着学生写：教师在黑板上示范一个部件，学生在下面学写一个部件。

4. 学生在生字本上练习写字，教师巡视指导，帮助书写不理想的同学尽可能把字写得美观些。

5. 再写两个，同桌互相纠正。说一说哪个字写得好，哪个写得不太好？

◆ 原文

五、小结

这节课我们学习得非常愉快，我国的汉字有着无穷的魅力，希望同学们认真学好汉字。

【点评】小结流于虚空，对本节课的学习起不到总结概括的作用。

【建议】可以从本节课谜语识字的特点进行小结；可以从本节课所识字量与字种进行小结；也可以留作业的方式进行小结。

◆ 修改

五、小结

这节课我们又学会了 16 个生字，会写 10 个生字，并且也学会编字谜了，大家在课上编得很好，但没有编完，请你们回家后接着把没有编的字，编成字谜，自己书写出来，然后贴在咱们班后面的墙报上，让大家一起猜，看看谁最先猜出来，谁又猜得最多。最后，我们会授予他（她）“谜语大王”的光荣称号。

（三）案例点评的反思

“《一个字》教学设计”以谜语为载体，以识字为内容。整个设计教学思路清晰，教学节奏明快；对于谜底与谜面的逻辑关系解释得很清楚，有利于激发学生的思考，也为后面学生自编谜语奠定了基础。抛开点评过程中的设计瑕疵不谈，本设计仍有以下几方面的闪光之处。

（1）本课教学设计中的认字过程是培养学生自主学习的过程。这一环节充分体现了为学生服务的教学作风，以学生为主，“激发学生的主动意识和进取精神”，让学生开动脑筋想办法学字。

（2）课堂上帮助学生树立合作意识，教给学生合作方法。

（3）培养学生好的写字习惯。写字是低年级学习的重点，在写字这一环节充分体现了学生是学习的主人，让学生自己观察怎样写好看，通过自己练习，同桌互相帮助，再练习。达到了写好每一个字的目的。

（4）在这篇教学设计中，王老师将分析能力、朗读能力、独立识字的能力、小组合作学习的能力融为一体，自然转换，调动了学生多样思考，养成了学生综合运用多种方法独立识字的意识。

【延伸阅读】

★ 王宁. 汉字教学的原理与各类教学方法的科学运用[J]. 课程·教材·教法，2002（10－11）.

★ 郑国民. 新世纪语文课程改革研究[M]. 北京：北京师范大学出版社，2003：73－103.

◆ **思考**：请将“案例点评”中的“修改”部分的文字摘录出来，组合成一篇完整的教学设计方案，与原文进行比较。使用5A100分评定量表，对组合后的教学设计进行定量与定性分析，同时描述你的思维过程。

◆ **方式**：独立点评，同伴比对交流。

第二讲　阅读教学设计案例分析

语文教学中80%的时间都被用于阅读教学。目前受诟病最多的也是阅读教学，众人的责难已经触及了阅读教学的方方面面。由最初对教科书中选文陈旧，到对教学模式的僵化、教学过程的死板的指责，最后触及到教学方法及教学手段。可这些批评都是浮于语文教学的浅层与表面，并没有真正触及到造成语文教学诸多问题的根本原因。教学内容的内隐、多义、随意、游移是造成语文教学高耗低效的本质原因，教学目标的模糊、笼统、空泛是造成语文教学问题重重的直接原因。根据教科书的编排、学生的学习特点及问题需要选择恰当的教学内容，设定明确的教学目标是解决这些问题的有效途径，也是一个语文教师应具备的专业技能。

◆ **学习准备**

阅读郑丽洪的《〈背影〉教学设计》一文①，请你用在模块二学习的“教学设计”理论来帮助设计者诊断这篇设计所存在的问题。

① 郑丽洪.《背影》教学设计［J］. 语文建设，2006（1）：15－16.

一、阅读教学的概述

阅读是从字词句的局部信息认读到段落篇章信息的整合过程。即字形或字音的解码→字面理解→推理性理解→理解监控。现代认知图式理论认为阅读是一种自上而下的加工过程。该理论主张：学生阅读过程是一个根据大脑中已有的认知图式对文章提供的信息作出判断和推理的过程，学生在阅读过程中要利用自己已有知识对文章内容和结构作出预期；然后有选择地知觉文章的大小标题或开头与结尾的关键性句子，对自己预期的文章内容是否正确作出检验。其过程可以概括如下：看到文章标题→激活已有知识经验并作出预期→有选择地知觉文字材料→检验预期是否正确。如此看来，阅读教学就是学生在教师的指导下逐步学会阅读一篇文字性材料，并形成自己能独立阅读并读懂一篇类似文章的能力。这一单元以“散文”阅读教学为例，以案例诊断与分析的方式，简析设计阅读教学时应注意的有关问题。

二、散文教学设计的案例分析

我国现行中小学语文教科书中选入了大量的中外散文作品。依据散文的文体特征及课标中相关的教学要求，设计教学时可从以下散文教学目标中选择能满足学生需要，适合学生学力水平的教学目标。然后，再用选定的这个教学目标，对应教科书中承担此教学目标的课文，据此确定哪些内容是达成教学目标的最佳教学内容。确定散文的教学内容可以从四个角度进行思考：一是散文教学的总目标；二是散文的文体特征；三是从文章内容与结构；四是学生现有的阅读能力。第四学段（7 ~9 年级）散文教学的基本目标列举如下。

能在 3 分钟以内通读 1500 字左右的文章。

能依据上下语境推断出陌生词语/多义词语/关键词语在文中的含义。

能运用浏览的方法快速判断散文的基本类型。

能说出叙事散文所叙之事，文章的结构线索及作者是如何借所叙之事传递感情的。

能说出写景散文的一般特点，判断作者是借景言志，还是借景抒情。

能说出文章是写实之作，还是虚构之笔。

能依据文章的一般特点及表达方式，区分文章所使用的主要表达方式。

能根据不同的散文类型，说出文章所写的基本内容。

能用概念图的形式画出文章的结构，并用几个简单的词语标出文章的思路。

能找出文中的中心句，并依据中心句说出文章选材特点及表达的情感。

能在自主研读的基础上，依据文章中所写的内容，用 2 ~4 句话概括文章的主题。

能够针对文章的关键地方提出高质量的、质疑辨难的问题。

能整合文章有争议的地方，说出自己的观点和看法，并能用文章中的相关语句或有关细节来证明观点的合理性。

（一）案例介绍

朱自清的《背影》是目前通用版教科书均选编的一篇叙事散文，但因编辑意图的不同，各家出版社所赋予它的基本教学任务也不同；《背影》的教学也因设计者的理解差异而有所不同，那些被发表出来的案例虽是优秀之作，但由于教师受惯性思维的影响，在设计时难免会出现一些问题，这些问题普遍且典型，而教师对此却常常熟视无睹。下面所选案例是一篇单元教学设计，在此仅节录单元整体设计及《背影》的教学设计（资料来源见前文“学习准备”处脚注）并作相应点评。

（二）案例点评

单元整体设计

一、学情分析

◆ 原文

八年级学生已初步具备自主阅读、收集和处理信息、探究性学习的能力。学习本单元，旨在引导学生领悟作品的内涵，从中获得对自然、社会、人生的有益启示。在学习的过程中，养成与他人合作的品质，共同探讨、解决疑难问题。

【点评】对学情的分析过于宽泛，对设计教学起不到实际的指导作用，有同于无，所起的作用仅仅是摆在这里，实用性不强。虽然实用性不强，但说明了设计者的心中还是装有学生的，在潜意识中还是知道教学是为学生的发展而服务的，学生是学习中的主体，只是在设计中落实得不是很到位。

【建议】可从以下层面进行学情分析。

（1）描述任教班级的基本情况。

（2）已有的知识水平：学生学习此文时是否积累了一些与文章、作者有关的背景知识；在此之前学生是否学习写人记事的散文，具不具备这方面的有关知识；会不会阅读一篇叙述类散文；对叙述类散文的叙写方式是否清楚。

（3）学习需要：在本单元应该掌握的有关记叙文的阅读知识或阅读技巧。

（4）学力水平：学生能否借助文章的助读系统读懂课文，并针对有疑问处提出有质量的问题；学生是否有良好的团队意识，能与同伴一起合作解决自读文章时留下的问题；学生在教师的帮助下应提升的能力，应学习的新的阅读知识与阅读技能。

◆ 修改

初二（1）班共有学生 48 人，其中男生 28 人，女生 20 人。学习《背影》

时，学生正处于青春期，与父母的关系基本处于比较紧张的时期，事事都与父母拧着做，处处都觉得父母就是他人生成长路上的束缚者，时时都想着要挣脱父母的管教。彰显个性是这个时期初长成人的学生的普遍心理特征。另外，上周一个与父母关系的小调查显示，班中有85%的学生感觉不到父母的爱，所得亲情比分呈现出“关系平等，有待加温”的结论。《背影》一文创作年代虽然久远，但文章所传递的情感却是一个永恒的主题：父慈子孝。《背影》被编在八年级下册第一单元的第一篇文章，设计教学时除充分考虑语文知识与能力的提升之外，也可充分利用文中传递的情感，帮助学生尽快度过青春叛逆期，走好这一生命的转折点。

班级中的学生对语文课说不上喜欢，也说不上讨厌。上课时一般能按照教师所设计的教学步骤按部就班地进行，主动学习的意识比较弱，基本处于“喂食”的状态，不会主动地思考问题。李强等四位同学的朗读水平比较好，在教学《背影》时可充分发挥他们的特长，通过他们的演示与帮助，提升全班同学的朗读水平；程永泉等10人是写作记叙文、编故事、讲故事的高手，可请他们指导其他学生的记叙文写作；范小明同学性格比较孤僻，基本不太愿意参与任何学习活动，但内心情感很丰富，对问题的思考常常有自己的独特看法，有时他的分析很有道理，可尊重他的意愿，尽可能为他提供独立学习的空间。

在学习《背影》这篇文章之前，学生已积累了不少有关记叙文的知识，他们分别在七年级及八年级第一学期学习了记事、写人、写景、状物等叙述类散文，95%的学生都能准确地从文中找出记叙的六要素；能判断出文章所使用的基本表达方式；能针对具体的文章说出作者所使用的行文线索，但遇到线索不是很明晰的时候就辨析不出来了。由此，根据单元提示中的说明，在《背影》一文中就可以线索为学习抓手，指导学生如何在作文中将能表达主题的事件，组织在这条线索上，并能根据表达情感的需要进行取舍——这也是本课的教学目标及学习重点；文中所传递的情感可用来润滑学生反叛父母的摩擦，帮助学生学会用恰当的方式处理与父母的冲突。另外，对于《背影》的作者朱自清先生，学生在七年级学习《春》一文时已经有所了解，此项内容教师可交给学生自己去预习，教学时可根据实际检查学生积累这一知识的情况，以判断这一知识是否已内化为学生个体知识的一部分了。

二、单元设计思路

◆ 原文

本单元共有四篇记叙性散文。这种文体以叙述和描写为主，兼有适当的议论和抒情，结构上有一条较明显的线索贯穿全文。《背影》与《永久的悔》为精读课文，教学这两篇文章，宜通过作者对亲情的感悟，引导学生在生活中学会珍惜、学会感激、学会理解与宽容。《铁骑兵》和《苏珊·安东尼》为略读课文，教学这两篇文章，可以通过文章中表现出的革命信念和坚忍不拔的意志，引导学生学会坚强、建立自信。

学习本单元这四篇课文，可以“情”为主线，充分调动学生的学习兴趣和积极性，激发学生的情感体验。可采用朗读教学法、情感体验法、优美词句品味法，让学生在学习课文的过程中，获得审美愉悦和情感熏陶。

【点评】文不对题。首先，根据下文的具体内容可以看出，此处所述的不是单元设计的整体思路，应是对单元内所编选文的一个具体描述及编辑者所赋予每篇文章的教学任务及教学功能。其次，设计者对单元教学目标的设定脱离了教材编辑者的意图，教材的编辑者赋予该单元的学习目标是叙事类散文的行文线索及作者蕴涵在事件中的情感。而设计者将单元教学目标设定在“以‘情’为主线，充分调动学生的学习兴趣和积极性，激发学生的情感体验。”这个教学目标既背离了教材编辑者的初衷，也缺少真正意义上的语文教学——如何读懂此类文章。单元教学目标设计了两个读懂此类文章的阅读策略：一是抓住文章的行为线索，二是事件中作者的情感趋向。

【建议】将标题改为教材分析；根据单元说明重新对教材进行分析，并依据单元说明中的陈述与思考练习来确定《背影》一文的教学目标及达成教学目标的内容，由此选择教学的方法。

◆ 修改

二、教材分析

本单元是八年级下册的第一单元，四篇叙述类散文《背影》《永久的悔》《铁骑兵》《苏珊·安东尼》构成了本册书唯一的一个记叙文单元，《背影》位列第一篇课文。《背影》与《永久的悔》为精读课文，《铁骑兵》和《苏珊·安东尼》为略读课文。单元说明写道：“读这样的散文，首先要抓住文章的叙事线索，如《背影》以特定情境中最感人的细节为线索，《永久的悔》以‘红的’‘黄的’‘白的’为线索，《铁骑兵》以离开大队的骑兵的行踪为线索，《苏珊·安东尼》以苏珊·安东尼争取妇女选举权的斗争过程为线索；然后体会作者在叙事中所蕴涵的情感。”这段话确定了本单元的两项教学内容：

（1）叙事类散文的叙事线索；

（2）领悟作者在叙事中蕴涵的情感。

三、单元教学目标

◆ 原文

学习本单元应抓住文中的“情”与“神”，学习在叙述和描写中抒发感情的方法。结合自己的情感体验，感悟文章的思想内涵。

【点评】目标脱离教科书及语文学科基本特点设定；以教师为主体设计教学目标；目标的表述语不够清晰规范。

【建议】根据单元说明及每篇课文后的习题设计，确定单元教学的重点；用清晰、规范，带有可操作性的外显行为动词陈述目标（可注意修改后的单元教学目标中所使用的加点词语）；陈述目标时注意以学生为学习主体进行表述。

◆ **修改**

1. 能在教师的帮助下提取并说出四篇文章的叙事线索，画出围绕这条线索所叙之事。

2. 分别判断四篇文章的作者在文中所叙之事中寄托或蕴涵的情感。

四、课时分配

◆ **原文**

总课时7课时：《背影》2课时，《永久的悔》2课时，《铁骑兵》1课时，《苏珊·安东尼》2课时。

【点评】课时分配有点太硬，可以适当有些弹性，一个单元可以留出1节机动课时以备不时之需。

【建议】《苏珊·安东尼》是一篇略读课文，又是一篇翻译作品，与其他三篇课文相比，本文虽然较长，但语言浅显，一般阅读水平的学生均没有理解上的障碍。在本单元可以作为一篇练习寻找叙事线索的文章，学生只要能找出文章的线索，画出围绕线索所叙之事，说出所叙之事蕴涵的情感趋向，即可视已完成此文的学习。一课时的时间基本能完成所设定的教学任务。将分配给《苏珊·安东尼》的2课时匀出一课时作为弹性课时，以补其他学习之用。

◆ **修改**

总课时7课时：《背影》2课时，《永久的悔》2课时，《铁骑兵》1课时，《苏珊·安东尼》1课时，机动1课时。

《背影》教学设计

一、设计说明

◆ **原文**

本文是一篇回忆性散文，语言朴实，意蕴深厚，“哀而不伤，怨而不怒”的美学风格，深深打动了一代又一代读者的心。教学中，宜创设良好的课堂情境，采用朗读、研读相结合的方式，通过有感情的诵读以及对文章重点词句的分析，调动学生的情感体验，引导学生感受浓浓的人间亲情。

【点评】此处呈现的这几句话是面面俱到的空泛语言，缺少对教学设计的针对性指导。所列教学方法也是放之四海而皆准的“真理”。《背影》是一篇内省式的抒情散文，作者将他对父亲的歉疚之情隐藏在了文章的叙事之中，全文未着一个“情”字，但字字句句都透着浓浓的情感，所以不宜采用课上朗读与合作研读的方式进行教学。

【建议】应针对《背影》在单元中所承担的教学任务，选择能达成单元目标的教学内容，重点针对《背影》入题的独特视角引导学生把握文章的叙事线索。根据文章的抒情方式及作者表达的情感，本文宜采用教师指导下的自主研读及教学后的出声诵读。最不宜的是集体齐读。

◆ 修改

具体分析《背影》一文的叙事特点及文中所蕴涵的作者情感，结合单元教学目标，《背影》可承担的教学任务是“以特定情境中最感人的细节为线索”、“特定情境中感人细节蕴涵的情感”，转换成具体的教学内容就是“以父亲的‘背影’为叙事线索，说出以此为线索好在哪里”；“父亲爬月台买橘子的细节描写中蕴涵了作者怎样的情感”。这两个教学内容也能从教学文本后编者设计的“思考与练习”得到证实。文后的四个“思考与练习”题暗合了前文所分析的《背影》一文在“语文版”教科书的教学内容：第一题解决的是课文行文线索的问题；第二题至第四题强调的是在体会作者文中所蕴涵情感的基础上，逐步将这种情感由文中迁移至文外并与自己的生活联系起来，用形象化的语言抒写自己对亲人的感念之情。

设计思路：以学生自主研读为主，教师巡视，针对学习有困难的学生进行个别指导；最后依据学生对文章的诵读水平评判学生是否领悟了作者隐藏在事件中的情感。

二、教学目标

◆ 原文

1. 揣摩文章朴实而简洁的语言，感悟文字中蕴涵的父子深情。

2. 仔细研读父亲爬过铁道去买橘子时的“背影”，学习本文抓住人物形象特征进行细致描写的方法。

3. 联系自己的生活，进一步体会亲情的内涵。

【点评】脱离教材定目标；脱离学习需要定目标；将学习内容当做教学目标；目标表述语多使用内隐心理行为动词，如“揣摩”、“感悟”、“学习”、“体会”等词的使用。

【建议】依据《背影》一文所在单元的编排意图，此阶段学生学习的心理及情感需要，应提升的语文能力设计教学目标；用具可操作性的外显行为动词进行表述，注意修改部分所使用的加点词语。

◆ **修改**

教学目标

1. 能在画出文中所写几件事的基础上，提取并说出《背影》一文的叙事线索。

2. 通过自主研读解答教师提出的问题，在问题的解答过程中，说出文中所叙之事蕴藏的作者对父亲的歉疚情感。

3. 能用恰当的方式处理与父母之间的关系。

4. 能以特定情境中的感人细节为线索，选择事件，组织材料，并在叙事中写出一种自己的特定情感。

三、教学步骤

1. 导入新课

◆ **原文**

今天我们要学习一篇著名的纪实散文，作为语文教材的传统篇目，它感动了很多很多读者，因为它写出了人世间至深至诚的父子之爱。现在，就让我们一起来品味朱自清先生的《背影》。

【点评】导而不入。这个导入既起不到设疑激趣的作用，也无法统领课堂教学。因为它承上没有紧扣欲达成的教学目标，启下没有开启教学之门，听完这段话，学生依然是站在文本之门的外面而走不进去。

【建议】教学导入的基本功能是设疑激趣，统领教学。一篇课文的导入就是进入桃花源的山口，“初极狭，才通人，复行数十步，豁然开朗”。所以，此文的导入可结合教学目标1、2及学生的喜欢读图的特点进行设计。

◆ **修改**

自读课文，为下面的四幅图排序，并给每幅图加上一句话的文字说明。(注意：①说明文字必须紧扣图画内容；②说明文字必须是课文中所有的)[注：这四幅图可以有两种呈现方式：一种使用PPT呈现；一种打印出来制成学案]

◆ **原文**

2. 整体感知（自主学习）

（1）聆听配乐朗读，小声跟读、模仿，初步感知文章内容。

（2）朗读课文，进一步体验作品的情感。

（3）讨论交流。针对阅读中不理解的地方，如某些词语、句子等，提出疑问。梳理筛选，将学生比较关注的、较有价值的问题找出来，共同解答。

【点评】整体感知是一个比较模糊的词语，教学的指导性不是很强；活动的顺序有些不太适合读文的思维过程。

【建议】将“整体感知”修改为指向性比较强的教学指导语。调整三个活动的顺序，以适合读文的思维过程。

◆ **修改**

2. 细读课文——读懂课文的内容：文章写了什么事。（以自主阅读为主要的教学方法）

（1）独立阅读课文，借助课下注释、字（词）典解决阅读中遇到的生字词，并能结合上下语境确定它们在文中的意义；使用不同的符号标出阅读中遇到的问题，在归类整理的基础上，在书的空白处写出你在阅读中需要他人帮助解决的问题。

（2）向周围的同学寻求帮助以解决你阅读中遇到的问题，大家均不能解决的问题，记录下来，并用通顺、流畅、指向性较强的问题语言进行表述，以便向老师或全班同学寻求解答的方法。

（3）师生共同解决学生提出来的问题，帮助每一个学生初步读懂课文。

（4）聆听配乐朗读，小声跟读、模仿，通过仿读加深对课文内容的理解。

（5）将全班同学分成四个大组，分别由四位朗读比较好的同学带着小声诵读课文（教师课前可对四位同学朗读的不足之处进行个别指导）。

◆ **原文**

3. 研读课文（合作学习）

（1）在写父子离别之前，作者还交代了随父奔丧、家境衰败、父亲到南京谋事等内容，从中可见父亲当时怎样的处境和心情？这对写“背影”有什么作用？

（2）作者写父亲买橘子时的背影，运用了哪些富于表现力的词语？从中你看到了什么？默读第六自然段，注意表现作者情感的语句的读法。

（3）找出父亲送儿子上车过程中说的四句话，并体会它们的含义。

（4）配乐朗读最后一段，体会作者对父亲的怀念之情。

（5）课件展示：父爱深深

【点评】教学内容繁杂，五个问题均是针对课文内容及文中的细节进行设计，五个问题的解决欲达成的教学目标不是很清晰；五个问题之间缺乏内在的有逻辑的层级联系，看不出上一个问题的解决对解决下一问题的帮助。

【建议】针对修改后的教学目标，选择恰当的教学内容，明确研读的内容与目的。修改留用问题（1），问题（2）移至下一个教学环节。问题（3）（4）（5）与所设计的四个目标均没有密切的关系，可删除。

◆ **修改**

3. 研读课文——梳理文章思路，辨析文章线索：感人的特定细节。

（1）独立阅读课文，请根据文中所写四件事情的顺序，仿照第一个方框中的短语，用短语的形式分别概括另外三件事情。

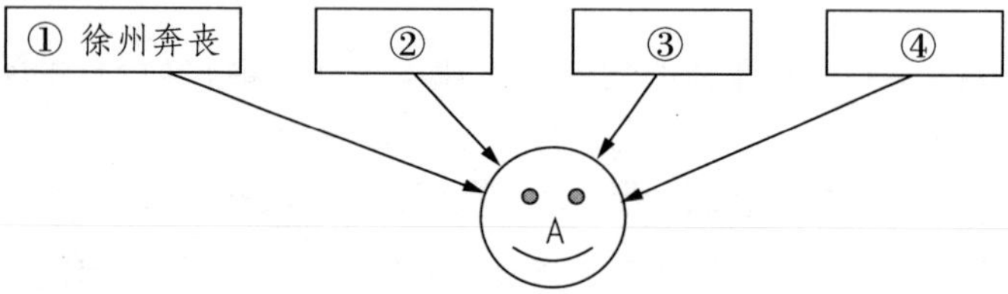

（2）再读课文，从文中找出一个能将这几件事联系在一起的“生活细节”写在上图的 A 处。

（3）三读课文，你认为文中还有没有其他生活细节可以替代“父亲背影”将这几件事联系在一起呢？请简述你的理由。

（4）讨论：你认为刚才大家列举的这些生活细节中，哪一个更适合做文章的叙事线索呢？依据文本说出你的理由。（同时解决课后练习第一大题）

◆ **原文**

4. 品味鉴赏（探究学习）

（1）本文语言平淡中蕴涵深情，请从文中找出两个句子加以品味。

（2）课文写作者一见父亲的背影就流泪，为什么？

（3）文末作者再次写到父亲的“背影”，有什么作用？

（4）朗读课文，仔细体会文章的思想感情。

（5）仔细观察课本彩页中罗中立的油画《父亲》，说说画中的“父亲”给你留下了怎样的印象。（拓展）

【点评】“鉴赏”用在此处有些虚空，“品味鉴赏”目的是什么？下面所设计的问题也不具备品味鉴赏与探究性学习的条件，这些问题只要读懂了课文就能知道。设计者在此环节所选择的教学内容与其教学目标缺少对应性。问题设计过于琐碎，没有核心问题。解答这些问题的指向也不清楚，不知想达成原教学目标中的哪一个。教学问题与教学活动的设计无法帮助学生体会文章所传递的思想感情。

【建议】除第 5 个问题可移至拓展延伸环节修改使用之外，其他几个问题均可删除。将“作者写父亲买橘子时的背影，运用了哪些富于表现力的词语？从中你看到了什么？默读第六自然段，注意表现作者情感的语句的读法。”移至第四环节，修改使用。修改教学环节的标题，在标题上明确呈现设计该环节的教学意图与教学指向。

◆ 修改

4. 品读课文——说出所叙事件中蕴涵的对父亲的歉疚之情。

（1）文中四次写到“父亲背影”，牵出四件事，表达的是一种情感。“父亲背影”每出现一次，作者的情感就向纵深递进一次。请从四件事情中选择一件事，画出能传达作者情感的语句，指出哪些词句附着着作者的情感，作者想传达的情感是什么？

（2）以第 6 或第 7 自然段为例，分析作者是如何将自己的情感蕴涵在对父亲的行动描写之中的？把表现作者感情的词语画出来，在默读中体会，并用读给他人听的方式呈现你对作者情感的理解。

◆ 原文

5. 拓展延伸

提供舒禾《尚在旅途》片段（略），让学生拓展阅读。

【点评】材料偏难，不太适合学生阅读；无法得到学生的学习反馈，文本特点离学生这节课所用的学习材料差异性太大，不利于所学知识与能力的迁移。另外，这一环节的重点为教学的演练环节，不应与其他四个环节并属。拓展阅读的内容与教学目标、教学内容相去较远，违背了教学目标—教学内容—学习结果一致性的原则。

【建议】延伸阅读是贯穿于语文教学始终的，最后一个环节应该是帮助学生将课上所学的新知识或能力内化为自身认知图式中的一部分，变成个性化的学习内容。用一篇文体类似的学习材料进行替换。设计一道利用本文所得的写作知识学习写作的作文题目。此环节的小标题也需要根据所设计的训练内容重新拟定。

◆ 修改

5. 迁移训练

（1）自读本单元的《铁骑兵》，找出文章的叙事线索，画出文章所叙的几件事，分析作者是如何根据叙事线索安排材料的，说出作者在叙事中蕴藏的情感。

(2) 20 世纪 80 年代初，罗中立的油画《父亲》(见书中彩色插页或见右图) 一经发表，就感动了很多人。观者在为画中父亲的沧桑感动之时，忽略了在父亲的左耳边插着一支油笔。请你以“父亲耳边的这支油笔为线索”，结合你自己的生活经历，展开联想，选取几件与这支油笔有关的三到五件事情，倾诉一种你从这幅画中获取的感情。

(三) 案例点评的反思

尽管我们在此对所节录案例中的突出问题进行了点评与修改，但并不说明原设计没有可取之处。原案例中所呈现的优点还是比较明显的，与同时期的其他同类案例相比，在以下几方面还是值得教师们借鉴的。

1. 对单篇课文教学的设计关注到了它在整个单元中的位置，能从单元整体设计的角度确定设计的思路，这是优于其他设计的地方。

2. 无论是教学目标的表述，还是单元教学设计的总体思路，整个设计在力争转换教学的基本理念，体现了设计者向以学生为中心的教学观转变的意图。特别是在教学目标的表述中，呈现出来的教学主体是学生而不是教师，教师眼中的学生意识还是比较强的。

3. 教学目标的设计与教学内容的选择有一定的对应性，基本遵循了教学目标与教学内容、学习结果前后一致的原则。

4. 教学活动的设计基本能以学生的自主研读、合作学习为主进行设计，透露出了教师是学习的设计者、组织者及合作者的基本思想。

5. 教学中所设计的问题尽管凌乱，但均是基于文本所设计的，部分问题就是课后的练习设计，没有跳出文本教语文，无论是高质量的问题还是低质量的问题都是以文本为阅读基点提出来的。

6. 整个设计没有染上泛“人文性”的弊病，学生的活动还是紧紧围绕语言的运用与语文能力的提升进行设计的，活动虽然多杂，但基本还是尽了语文作为一门学校课程的职责。

【延伸阅读】

★ 安德森，等. 学习、教学和评估的分类学[M]. 皮连生，等，译. 上海：华东师范大学出版社，2008：117－133.

★ 董水龙. 只教不懂的，不教已懂的——《背影》教学案例[M]//王荣生，等. 语文教学内容重构. 上海：上海教育出版社，2007：35－39.

◆ **思考**：请将“案例点评”中的“修改”部分的文字摘录出来，组合成一篇完整的教学设计方案，与原文进行比较。使用5A100分评定量表，对组合的教学设计进行定量与定性分析。同时描述你的思维过程。

◆ **方式**：独立点评，同伴比对交流。

第三讲　写作教学设计案例分析

正如众人指出的那样，写作教学是语文教学的重要组成部分，也是面临问题与困窘最多的一部分。实际课堂上几乎是有写作无教学，写作被附着于阅读教学，阅读课上学什么，就让学生写什么，讲的是“读写结合”。我们知道课堂教学中的写作是虚拟条件下，教学情境中的写的训练，是课程论与教学论意义上的写作，应有别于一般的生活写作与作家创作。在目前我国写作教学还没有独立于阅读的情况下，写作教学只能在“读写结合”这一模式中进行，将阅读训练中的某个教学点迁移至写作训练，指导学生在模仿中学习写作。

◆ **学习准备**

“语文我最怕，一怕文言文，二怕写作文，三怕周树人”，“名言荟萃、古人开会、题目倒嚼、高分绝对”是目前中学生传唱的校园民谣，你能从这两句民谣中看出写作教学的问题所在吗？

一、写作教学的概述

听、说、读、写是语文教学的基本任务，如果将这四项任务指向的能力培养进行梳理整合的话，不外是信息的输入与信息的输出两方面的能力。听与读解决的是信息输入的问题，说与写解决的是信息输出的问题。学界对作文教学的批评主要集中在这样几个方面：一是作文教学没有自己独立的系统，既没有适用的课程论意义上的课程知识，也没有教学论意义上的教学内容；二是作文教学中教师以经验说与灵感说为主的直觉主义的泛滥，将学生写作能力的形成说成是“灵感”、“顿悟”的“妙手偶得”；三是课堂作文教学的虚假性。

批评者认为“习作”是在教学情境下进行的写的训练，是一种教学行为，不是严格意义上的精神生产的实践行为，一种虚拟的写作，不是一种真正的写作。由此他们认为即便是教学论意义上的作文教学也应该使学生知道：

①“我”为什么要写这篇文章，这篇文章可以解决一个怎样的实际问题；②这篇文章的用途是什么，“我”的这篇文章能收到预想的效果吗？③“我”的这篇文章成文后，除了教师之外，还有没有其他的读者，他们读了之后会对这篇文章产生怎样的想法——建立读者意识。

二、“高二议论文训练”教学设计案例分析

《义务教育语文课程标准（2011 年版）》和《普通高中语文课程标准》（实验）分学段明确了写作教学的重点，分别为：第一学段以“写话”为主；第二、三学段以“习作”为主；第四学段以“写作”为主；高中学段是综合性的“表达与交流”。各个学段除了名称不同之外，也暗含着教学重点的不同。小学低学段以诱发兴趣，建立书面表达的自信心为主；高学段以能正确地表达思想与观点为主，重在开发学生的想象力以及对客观世界的观察力，能把眼睛看到的与脑中想到的清楚地表述出来；第四学段重在有目的、有针对性地解决学习与生活中的问题，能用不同的表达方式传递自己的情感与观点；高中阶段的关键是能辩证地、综合地分析某一个问题，并能就这个问题发表自己的观点和看法。

（一）案例介绍

“高二议论文训练——议论文论点的确立与表述（二）”是高二年级写作教学的重点内容，与记叙文相比，议论文的结构与写作是相对容易的。在当今高考写作命题越来越不限定文体与文章立意的背景下，为了使学生在高考中取得一个比较理想的作文分数，大多数教师都会把议论文写作的教学与指导作为高中阶段写作教学的重中之重。但从听课的情况来看，教师在指导学生读题、立意、立论及选材方面都有一些重概念轻训练、重讲授轻指导的特点。这篇设计案例是陈小刚老师应作者之邀精心设计的，基本呈现出了当前课堂上教师指导学生作文的原始状态，虽然设计也有众多不尽如人意的地方，但也是一篇代表着实践中教师较高水平的设计稿，其中有许多可供我们借鉴的教学思考。

（二）案例点评

高二议论文训练（二）
——议论文论点的确立与表述

【点评】缺失学情分析与教学内容分析。

【建议】应该依据所任教班级的具体情况进行补充。这里给出的仅供示例所用，其目

的就是为了提醒教师设计教学时要有学生意识，要时刻考虑到学生需要与教学内容之间的适应性问题。

◆ 修改

一、学情分析

高二（2）班是一个刚刚组建的理科班，是仅次于理科重点班的普通班。班级中有46个学生，男生26人，女生20人。由于成绩与三个重点班同学的成绩差不了多少，班级中除个别一两个学生抱一种无所谓的态度之外，95%的学生都憋着一股子拼劲，课上的精神状态非常好，参与课堂教学的积极性也非常高。另外，高二学生的心理正逐步走向相对稳定与成熟，从思维品质上看，正处于由“经验型”向“理论型”过渡，抽象思维能力有了进一步的发展，已有独立思考的意识。虽然班级中学生的智力特点偏重于理性与抽象的趋势较大，根据加德纳的多元智力理论，这时学生的某一种智力并没有消失，而是因为没有得到有效的开发而呈逐步萎缩之势。适当的时机，适当的肯定，能重新唤起学生发展某一方面能力的信心。处于高二（2）班学习状态的学生，此时有很多方面都是可以培养的，教师绝不可轻言放弃哪一方面思维的培养。这个班学生在语文课上表现出来的最大特点是还没有形成带着个性特点的独立的学习方法，对教师布置的作业完成得好，对完成作业后的时间安排基本是心中无数。对于学科难点，更是无从下手，不会解决。大部分同学也没有养成良好的语文学习习惯，这都需要教师帮助他们在学习中有针对性地逐渐养成。

二、教学内容分析

在两周以前，学生已经通过范文学习并练习了议论文的规范模式，知道了一篇好的考场作文的基本特点是：论点鲜明、论据充分、论证合理、有严密的逻辑性。也练习了如何在开篇的三四句话中就提出自己的中心论点，然后转入下文以分论点的方式逐一论证所提中心论点的合理性，知道了议论文的特点是以理服人，指出问题、分析道理、得出结论。在此基础上，教师又以范文的形式让学生分辨了议论文常见的四种结构：并列式结构、正反对比式结构、递进式结构、“总—分—总”结构。“议论文论点的确立与表述”这一教学内容就是在前期练习的基础上进行教学的。

◆ 原文

教学目标：

1. 知晓议论文论点提炼的注意点。
2. 提高确立论点的能力。

教学重点：论点提炼的注意点。

教学难点：有效确立论点的能力。

【点评】所设教学目标与具体的教学内容——“议论文论点的确立与表述”不一致，所设教学目标没有切中本节课教学内容的核心所在。

【建议】从“如何确立一个鲜明的论点”与“清楚地在3~4句话中提出中心论点的方法”两个角度任选一个角度设定教学目标。删除教学重/难点两项。根据下文的设计部分的内容，教学目标的修改应选择“如何确立一个鲜明的论点”。表述可放在下一节课去进行。

◆ 修改

三、教学目标

1. 能根据所给材料，运用不同的方法准确找到作文的立论点——确立中心论点。

2. 能用3~4句话，根据所给话题（材料），清楚地表述中心论点。

四、课时

两课时。

第一课时：练习从材料中选择并确立中心论点。

第二课时：练习用简洁的语言开门见山地表述中心论点。（在此不呈现这一课时的内容，读者可依据第一课时的修改，练习完成第二课时的设计）

◆ 原文

一、论点小常识

1. 定义：

论点就是文章所要议论、阐述的观点，是作者要表达的看法和主张，形象一点来讲，论点就是议论文的灵魂。

2. 呈现位置：论点可以安排在开头，也可以安排在文章的中间或结尾。我们规定：论点放在文章的开头，段落中的分论点放在段落的开头。

3. 分类：论点可以分为中心论点以及分论点。一篇文章的中心论点，只能有一个。如果中心论点有较多指向性的，那么就要用分论点的形式来表述。一般使用三个或者四个分论点即可，这几个分论点可以是并列的，也可以是递进的，但它们都应该为全文的中心论点服务。

4. 呈现方式：论点应该有明确的判断，是作者看法的完整陈述，在形式上应该是完整的句子。注意：反问句与比喻句不能作为论点。

5. 论点的提出和确立要注意三点。

① 正确性。论点的说服力根植于对客观事物的正确反映，而这又取决于作者的立场、观点、态度、方法是否正确，如果论点本身不正确，甚至是荒谬的，再

怎么论证也不能说服人。因此，论点正确是议论文的最起码的要求。

② 鲜明性。赞成什么、反对什么，要非常鲜明，而不能模棱两可，含混不清。

③ 新颖性。论点应该尽可能新颖、深刻，能超出他人的见解，不是重复他人的老生常谈，也不是无关痛痒、流于一般的泛泛而谈，应该尽可能独到、新颖。

高考一般考的是命题作文、话题作文和材料作文。写议论文有两种命题方式，第一种就是命题作文，出一个题目，你根据这个题目去写。第二种就是提供材料，提出要求要你写一篇议论文，比如第一篇练习的"心态与生活"话题作文。不管是命题议论文还是材料议论文，确定论点是第一位的，因为论点是你文章的核心，也是你文章的灵魂。

而这三种题型中材料作文的难度比较大，因为材料作文有很多信息是多余的和冗余的，所以我们这堂课重点要说的是材料作文的观点的提炼。下面请同学们回忆一下，当你拿到一个名为"心态与生活"的话题时，你首先想到的论点是什么?

（学生发言，教师分析学生的论点，提供修改意见）

【点评】此处的1、2、3、4条内容是学生在阅读的学习中已经掌握的内容，基本都是已经烂熟于胸的，没有必要在此重复这些旧知。另外，直接进行新课的传授，会使一部分没有作好学习准备的学生感到雾中看花，不明就里。最后，教学内容的安排顺序混乱，没有重心。

【建议】强干减枝。删除1、2、3、4等学生已经掌握的教学内容；将"高考一般考……你首先想到的论点是什么"改为教学导入，以给学生一个进入学习的缓冲带，给学生几秒钟的时间调整心理使其快速进入新课的学习之中。保留第5条的内容，但不以直接讲述的方式呈现，使学生在练习的过程中自己总结出来。将此内容调整至第一个教学目标达成之时。并修改其中部分不通的语句。

◆ 修改

五、教学过程

（一）开门见山，导入教学

命题作文、话题作文和材料作文是近年高考写作命题的基本形式。命题作文就是给你一个具体的题目，要求你以此为题写一篇文章；话题作文就是给你一个词语或一段话，要求你以此为话题，自拟标题、自主立意、自选文体写一篇文章；材料作文就是给你一段材料，要求你依据材料所给出的有关信息写一篇文章。综观近几年的高考作文试题，虽然命题者没有明确的文体要求，但是就题目自身而言已经暗示了文体的规定。有些题目适合写记叙文，有些题目适合写议论文，比如2010年北京卷的"仰望天空与脚踏实地"写议论文容易，写记叙文就要挑战考生的写作水平了。所以，近几年的题目虽然是文体不限，但多数题目还是有议论文的倾向的。

比如，以“心态与生活”这个话题来作文，就既适合写记叙文，也适合写议论文。如果高考时要求你以此为话题写一篇议论文的话，你会从哪些角度立意，并提取你的立论点呢？依据你的经验积累，你想到的第一论点是什么？

（学生发言，教师分析学生的论点，并指出问题所在，为新授内容设下一个伏笔）

◆ **原文**

二、关于材料作文的论点确立

我们一拿到材料作文，往往会感觉比命题作文难度更大。为什么呢？因为材料作文的语言简约，含义比较含蓄。不是一眼就能看出来的，需要我们有较高的阅读能力和分析问题的能力，并且要能在很短的时间提炼出正确的观点。所以我们很多考生感觉到材料文比较地含蓄，其中还含有许多多余的甚至是冗余的信息，带有一种迷惑性，也正因此，许多人拿到材料作文不知如何确定作文的观点。下面我们就如何提炼材料作文的论点给同学们一些建议。

1. 抓住话题确立论点。

所给材料必然是有命题人的命题趋向的，这是所有材料作文训练题中最简洁的习题，不需要同学们再花很多的时间用于对话题的琢磨。我们在拿到材料后，要从整体上、全面地去考虑，要抓住命题人的命题意旨。比如“心态与生活”的材料：

有个谜语：你对它笑，它就对你笑，你对它哭，它就对你哭——这是什么？

人们都猜：这是镜子！我的朋友却不动声色地回了一句：这是生活。

举座皆惊！他却来了句妙侃：“愁眉苦脸地看生活，生活肯定愁眉不展；爽朗乐观地看生活，生活肯定阳光灿烂！”

果然有道理！

于是，我突地想起一个故事。一次，穷困的法国作家拉伯雷想去巴黎，却偏偏一分钱也没有，就故意笑眯眯地当着警察的面拿出几张白纸，分别在上面写上：送给皇后的药，送给王子的药，送给公主的药，然后在白纸里包了点红色粉末。那警察见拉伯雷行踪古怪，疑为刺客，便把他押到了巴黎，经审查排除了刺客的嫌疑，又只好把他放了——真是妙极，笑眯眯的拉伯雷一分钱也没花，便平平安安地到了巴黎！

真佩服这位乐观豁达的拉伯雷，真佩服这种笑眯眯的人生态度！尤其有趣的是，笔者钻研法国文学时，居然找到了上述谜语的出处——就是拉伯雷说的：

“生活是一面镜子，你对它笑，它就对你笑，你对它哭，它就对你哭。”

不是吗？如何看待生活，的确与人的主观世界有关：心中没有阳光的人，势必难以发现阳光的灿烂！心中没有花香的人，也势必难以发现花朵的明媚！

既然如此，以豁达的态度面对人生吧！别小肚鸡肠！别斤斤计较！别动不动就背上沉重的十字架！

请以“心态与生活”为话题，写一篇规范议论文，题目自拟，不少于800字。

【分析】整体看这则材料，其具有明确的指向性。该话题首先要求同学们从“心态”与“生活”二者之间的关系入手，分析二者的关系。其次是要求所写文章中必须揭示二者的内在联系。因而，仔细分析“心态”这一词，我们会发现如果按照不同的分类，心态则有积极—消极、乐观—悲观、豁达—抑郁等的区分。据此，可以确立如下中心论点：心态左右生活、心态决定生活、心态影响生活、心态改变生活，等等。如果再具体一点的话，也可以写成怎样的心态铸就怎样的生活，等等。

2. 抓住关键信息，确立论点

相比较而言，只给定材料而不给明确话题的材料作文，难度相对较大。这就要抓住文字中的关键信息。我们来看下面这则材料，想一想，我们可以确立哪些论点呢？

材料一：

有人问镜子：“为什么你能以一片而收摄一切，无限容纳？”镜子回答说：“朋友，因为我空明，摄进而不拥有，纳入而不私藏。”

【分析】这段文字是一问一答，而这个问答之间是什么关系呢？（因果）。因为它纳入而不私藏，又因为它摄入而不拥有。所以这个问题包含了两个关键信息：摄入、纳入，实际上是指人们的吸收，而不拥有，不私藏，是指的奉献。一问一答，因果关系。这个因就是我们要把握的材料的关键信息，那么从总体上把握这篇文章应该写的是谈奉献和汲取，应该贪婪地汲取，才能做到无私的奉献。

3. 抓住提示语确立论点

有的材料作文，给了一则材料之后，会给一些提示语。这些提示语往往包含着命题人的意图。

材料二：

宋国有个富人，一天大雨把他家的墙淋坏了。他儿子说：“不修好，一定会有人来偷窃。”邻居家的一位老人也这样说。晚上富人家里果然丢失了很多东西。富人觉得他儿子很聪明，而怀疑是邻居家老人偷的。

以上是《韩非子》中的一个寓言。直到今天，我们仍然可以在现实生活中听到类似的故事，但是，也常见到许多不同的甚至相反的结果。我们在认识事物和处理问题的时候，感情上的亲疏远近和对事物认知的深浅有没有关系呢？是什么样的关系呢？请就“感情亲疏和对事物的认知”这个话题写一篇文章。

【分析】抓住提示语：“感情上的亲疏远近和对事物认知的深浅有没有关系呢？是什么样的关系呢？”这两个问句目的就在于提示考生本次话题作文在选材上要关注两个方面：一是主观感情方面，二是客观事物方面。要把二者有机地结合起来，要讲清相互间的关系，不能偏谈一方。不少考生虽然话题是看清了，但写起来就把“要点”去了。或去谈人的情感上有“亲疏远近”是人之常情；或去谈人对事物的认知“有深有浅”。这样写作，其选材只涉及了话题的一半，按高考作文评分标准，属严重走题。

4. 宏观把握材料，确立论点。

材料三：

在众多的应聘者中，年轻的丁格被选中了。老板解释为什么选择丁格时说：只有他带来了许多介绍信。他在门口蹭掉脚下带的土，进门后随手关上门，说明他做事小心仔细。当看到那位残疾老人时，他立即起身让座，表明他心地善良，体贴别人。进了办公室他先脱去帽子，回答问题干脆果断，证明他既懂礼貌又有教养。其他人都从我故意放在地板上的那本书上迈过去，而只有他俯身捡起那本书，并放回桌子上。这不是很好的介绍信吗？

[提问] 在众多的应聘者中，丁格被选中了。丁格被选中的原因，老板说他带来了许多介绍信。根据这许多介绍信，你看应该提炼一个什么样观点？下面请你说一下，就这篇作文，你提炼一个什么观点？

（学生可能会只抓住其中一点来谈，教师要引导学生从宏观上把握材料的意旨）

【分析】老板说他带了许多介绍信。丁格做到了材料当中的四件事，就是因为他本身具有比较高的素质。这四件事共同体现他的素质，所以这篇作文如果提炼“凡是要从小事做起”，就不如提炼“要提高自身的素质”。“要提高自身的素质”，这就是从材料的整体来理解，它把四件事都贯穿进去了。

【点评】教师以材料作文为抓手，指导学生从材料中通过分析提出中心观点，所选择的教学内容是比较适宜的。教师在此以“授之以渔”的策略教学为重点体现了“教是为了不教”的教学指导思想。但教学中所选择的材料过于庞杂，部分材料语句不通，而且材料与材料之间也是互无联系，如此学生会迷失在这些众多的材料中而忽视了教师所“教给”策略的学习。

【建议】因为教师是以“心态与生活”这个话题导入的，选用这则材料进行写作指导，其他材料要么删除，要么做练习使用的材料。在此笔者将其处理为“教学素材”。

◆ 修改

（二）从材料中提取中心论点的策略

材料作文的命题形式，是先给被试者一段材料，在这则材料中隐含着作者对事物的一种感情倾向，同时这则材料中反映的客观事实的结论也是开放的，学生可以从多方面对这一问题进行思考，其所形成的论点没有对错之分，只有高下优劣。从这些开放性较大的材料中确立一个清晰明确的中心论点，则是近几年高考的一个关键评分点。学生觉得材料作文的难度较大，也是难在此处——没有最好，只有更好，可谓强中更有强中手。材料作文的区分度主要体现在学生对材料中所含信息的提取、分析、综合、概括，谁能从材料的隐含信息中提取出立论点，那么他就已经在作文的立意上胜他人一筹。这里给大家的一些策略性建议，仅仅是从理论上的一种划分，面对一则材料提取有效信息，确立中心论点的过程是要综合运用，相互佐证，才能捕捉到那些“人人心中皆有，人人笔下皆无”的新颖论点。我们以下面这则材料为例教给大家一些确立中心论点的小窍门。

材料：

一次酒会上，有人出一谜语：你对它笑，它就对你笑，你对它哭，它就对你哭。——这是什么？

众人猜：这是镜子！

朋友却说：这是生活。

举座皆惊！他却妙侃：“愁眉苦脸地看生活，生活肯定愁眉不展；爽朗乐观地看生活，生活肯定阳光灿烂！”

果然有理！这时，我突地想起一个故事。一次，穷困的法国作家拉伯雷想去巴黎，却偏偏一分钱也没有，就故意笑眯眯地当着警察的面拿出几张白纸，分别在上面写上：送给皇后的药，送给王子的药，送给公主的药，然后在白纸里包了点红色粉末。那警察见拉伯雷行踪古怪，疑为刺客，便把他押到了巴黎，经审查排除了刺客的嫌疑，又只好把他放了。

真佩服这位乐观豁达的拉伯雷，真佩服这种笑眯眯的人生态度！尤其有趣的是，笔者在钻研法国文学时，居然发现上述谜语竟然是拉伯雷说的：“生活是一面镜子，你对它笑，它就对你笑，你对它哭，它就对你哭。”

不是吗？如何看待生活，的确与人的主观世界有关：心中没有阳光的人，势必难以发现阳光的灿烂！心中没有花香的人，也势必难以发现花朵的明媚！

请以“心态与生活”为话题，写一篇规范议论文，题目自拟，不少于800字。

1. 直接从所给话题确立中心论点

话题材料中虽然隐藏着命题人的命题趋向，但直接从材料所给的话题确立中心论点是最简单，也是最容易把握的一种方法。这种方法可以使同学们不必花太多的时间去从材料中寻找论点，当拿到题目时，如果觉得自己日常所积累的作文素材足够撑起话题中所蕴涵的观点的话，就可以直接用命题者所给的话题做中心论点。比如“心态与生活”。

拿到题目后，不去看所给材料，只要看最后那句“请以‘心态与生活’为话题，写一篇规范议论文”即可从“心态”与“生活”的对应关系中确立文章的中心论点：“有什么样的心态，就会有什么样的生活”；“一个人的心态决定一个人的生活态度”；“一个人的生活态度反作用于一个人的心态”。这样写作时就可以把命题人所给的材料作为文章立论的一部分。

2. 抓住材料中的关键信息，确立中心论点

无论多么短小的材料，材料中都会有几个传递作者主题观点与情感倾向的“主题词”，这些“主题词”就是材料中的关键信息，也是学生确立文章中心论点时不可游离的信息点。如“心态与生活”这则材料就在下面这几处给读者传递出了材料的关键信息。

（1）谜语的谜面；

（2）朋友的谜语与调侃；

（3）拉伯雷机智地借警察游巴黎的故事；

（4）材料最后一段的点题句：如何看待生活，的确与人的主观世界有关。

如果你能从材料中将这些关键节点处的信息提取出来，那么中心论点也就有了明确的指向性。首先要分析“心态”与“生活”的关系是什么；其次所确立的中心论点必须揭示二者间的内在联系。分析所给材料的关键信息点就会发现心态则有积极—消极、乐观—悲观、豁达—抑郁等差异。据此，学生就可以从“心态左右生活”、“心态决定生活”、“心态影响生活”、“心态改变生活”等角度确立自己写作的中心论点了。

3. 抓住材料中的提示语，确立中心论点

任何一则材料，命题人为了降低学生理解材料的难度，均会在材料的恰当位置点出材料的主旨，这就是命题者运用提示语的形式在暗中明示考生此则材料的立意点在哪里，其目的就是为了避免考生由于对材料理解的偏差而导致作文的失败。这也是符合命题原则的——不能因被试某一能力的不足，而影响到学生另一能力的发挥。近几年的给材料作文中都有一句类似点题的提示语，这类针对材料而给考生的提示语，一般会置于文后的。如“心态与生活”这则材料的提示语就是：不是吗？如何看待生活，的确与人的主观世界有关：心中没有阳光的人，势必难以发现阳光的灿烂！心中没有花香的人，也势必难以发现花朵的明媚！学生拿到题目时完全可以从“心中的世界，眼中的生活”来确立写作的中心论点：心态决定（影响、改变）生活。

4. 宏观把握材料中事件的共性，确立中心论点

“心态与生活”这则材料给出了“一个谜语”、“朋友对谜语的诠释”、“拉伯雷的故事”、“拉伯雷对生活的解释”四件事情，这四件事情有一个共性的东西：镜子的成像原理。也是我们俗语常说的：种瓜得瓜，种豆得豆。揭示的是你以什么样的心态播种生活，你就会在生活中收获你播种的生活。以此写作的中心论点

也就确立了：个人的主观心态直接影响他的生活质量。在从宏观的角度提取材料中的共性元素的时候，学生有时会只抓住事件中的某一点，攻其一点不计其余，教师在此一定要指导学生在宏观把握的时候，不要忘了观照材料中的细节，从而抓住材料中传递出来的主旨信息。

◆ 原文

四、考场作文：

在《现代汉语规范词典》里，“转身”有下列意思：转动身体，改变方向；借指时间极短。转身，本是一具体动作行为，但蕴涵其中的或许是处事方式的转变，或许是人生态度的转变，或许是事物发展情态的转变……著名诗人、散文家李汉荣先生说“旭日一转身变成落日，青丝一转身变成白发，爱情一转身变成婚姻，诗歌一转身变成散文，羊群一转身就变成毛衣……”关于“转身”，你有哪些感触和思考?

请以“转身”为题，结合自己的体验和感受，联系现实生活，写一篇不少于800字的议论文，立意自定。

【点评】学习与练习是一对形影不离的孪生兄弟，只有学习，没有练习，知识与能力的巩固会被悬空，只有练习没有学习，学习就变成了一种机械的训练或题海战术。语文学科的迁移性训练与其他学科有着本质的区别，特别是写作的训练，具有迁移滞后性的特点。即当堂课学习的内容，一般情况下学生很难在即时的状态下立即就转化为学生继续学习的策略。语文课堂上学得的程序性知识与认知性策略都需要经过一段时间的内化才能转变为学生自己心理认知的一部分。所以，在此处的迁移性训练是很难达到预期的学习效果的，这一点教师心中要清楚，不可因学生暂时的不会就否定学生的学习能力。

【建议】对上题的练习，给出练习的条件，要特别注意学生在练习中出现的问题，教师必须根据学生的学习反馈给予及时的回应。

◆ 修改

六、迁移练习

下面是一道模拟高考写作的命题材料，请你选择上述四种方法中的任一种方法，阅读材料，确立写作的中心论点，并将你的思考过程填入相应的表格中。

在《现代汉语规范词典》里，“转身”有下列意思：转动身体，改变方向；借指时间极短。转身，本是一具体动作行为，但蕴涵其中的或许是处事方式的转变，或许是人生态度的转变，或许是事物发展情态的转变……著名诗人、散文家李汉荣先生说“旭日一转身变成落日，青丝一转身变成白发，爱情一转身变成婚姻，诗歌一转身变成散文，羊群一转身就变成毛衣……”关于“转身”，你有哪些感触和思考?

请以“转身”为题，结合自己的体验和感受，联系现实生活，写一篇不少于800字的议论文，立意自定。

学习训练反馈表

学生的活动	活动内容	需要的帮助
我选择的方法		
我从材料中找到的信息		
我确立的中心论点		
我的学习问题		
一个好论点的特点		

（三）案例点评的反思

写作教学是语文教学重要的组成部分，也是教师于语文教学中常被忽略的。写作教学的时间常常被挤占，人们对其教学有效性的研究也很缺乏。在语文教学的理论界几乎没有关于如何设计写作教学的理论与策略，教师们大多奉行的是给一篇范文，对所定的题目略作指点，就让学生在自悟、自感、自觉模仿中开始了跟着感觉走的写作。这篇写作教学设计虽然也存在不少的问题，但也有以下值得教师们思考与借鉴的地方。

（1）对高二年级的写作教学的重点比较明确，也比较了解高二学生写作议论文的难点所在。

（2）整个设计凸显了教师“教”与“点”的意识，学生的学习一定是教师指导与教学内容、学习结果前后一致的原则。

（3）设计中突出了“教是为了不教”的教学指导思想，重在立论策略与方法的指导，较少事实性知识与概念的讲解。重在指导学生从不同的材料中确立中心论点的方法。

（4）体现出了讲与练的结合，而且设计了有针对性的练习，重在学生实际确立中心论点的技能的形成，而非知识的掌握。

（5）所选教学材料比较适宜，近似于高考命题中所使用的命题材料。

【延伸阅读】

★ 安德森，等. 学习、教学和评估的分类学[M]. 皮连生，等，译. 上海：华东师范大学出版社，2008：175－191.

★ 海恩斯. 作文教学的100个绝招[M]. 杨海州，杜铁清，译. 北京：教育科学出版社，2009.

◆ **思考**：请将“案例点评”中的“修改”部分的文字摘录出来，组合成一篇完整的教学设计方案，与原文进行比较。使用5A100分评定量表，对组合后的教学设计进行定量与定性分析。同时描述你的思维过程。

◆ **方式**：独立点评，同伴比对交流。

第四讲 口语交际教学设计案例分析

与阅读、写作教学相比较，口语交际在中学语文教学中处于一个更为尴尬的境地，一方面它属于语文教学内容的重要组成部分，但在极度紧张的教学时间内，因考试不考又被排除在教学之外；另一方面学生毕业后却仍不具备与他人沟通的实际交际能力。而那些充斥于语文教学中的“做客”、“待客”、“指路”、“问路”、“看病”、“介绍”、“接/打电话”、“诗词朗诵”、“主持人”等是否是学生学习的真正需要？是不是非课堂教学这一渠道而不能完成的学习呢？这些现象直接导致教师对口语交际教学理解的偏误。

◆ **学习准备**

这里有一段“口语交际”的教学片段，你能指出其中的问题吗？

小华：谁呀？

客人：是我，你爸爸单位的王叔叔，找你爸爸有点事。

小华：哦，是叔叔呀！快请进！

小华：请坐。我先给您倒杯茶，您稍等。

客人：这孩子真是有礼貌，谢谢。

小华：王叔叔，您喝茶。

客人：谢谢。

小华：王叔叔，我爸爸去奶奶家了，估计快要回来了。您找我爸爸有啥事呀？

客人：一点儿私事。

小华：哦，那您就先等等吧。

◎（简介：小华陪王叔叔聊天等爸爸回来）

客人：时间不早了。小华，要不我先走吧，你爸爸回来，请他给我来个电话。

小华：好的。他回来我一定转告他，您慢走。

客人：小华，你这么小就会有礼貌地使用文明语言待客了，真是个讲文明的好孩子。请回吧，再见！

小华：再见！（微笑送客）①

① 李莉莉．小学语文口语交际教案选粹［M］．北京：语文出版社，2002：399－406．

一、“口语交际”教学概述

口语交际，从开始单方面的听说能力到今日的听、说双方互动的沟通交流，不仅仅是一个名称的变换，也不仅仅是教学视角的转换，而是体现了人们对这一教学内容认识的不断深入与丰富的过程。口语交际就是交际双方为了特定的目的，运用口头语言和适当的表达方式进行信息传递和感情交流的一种言语活动。其交流方式主要为口头言语，交流过程具有很强的情境性与动态性，交际内容根据交际双方思维的变化而发生变化。口语交际的学习更强调真实情境中，交际者运用语言的能力，以及根据交际情境、事件变化从容应对的能力。“口语交际”教学就是在教师有目的的指导下，学生有计划有步骤地学习并掌握在日常生活中难以学到的与他人交流、沟通时，具有很强实效性的交际技巧与策略。

二、“口语交际”教学设计案例的分析

根据《义务教育语文课程标准（2011 年版）》对口语交际部分第四学段应达成的学习目标的陈述，结合前三个学段学生已经具备的聆听与说话能力，第四学段学生应形成的“口语交际”能力是：学生能够在多样的话语交际情境中，听懂有争议性内容的各种口语文本，并能就文本中所争议的话题发表自己的观点，进行即席发言或是有准备的主题演讲，发言或演讲需具有一定的说服力。

教学内容的选择首先要关注教科书的编排体例及编辑指导思想，不同版本的教材对于口语交际内容的处理方式可谓各具特色。人教版 7 ~ 9 年级的语文教材将口语交际、写作、综合性学习三者融汇在一起；苏教版 7 ~ 9 年级语文教材则是以“口语交际”为主题独立编制，共有十二次；语文版 7 ~ 9 年级教材每一单元口语交际内容都以独立活动的形式呈现。无论面对哪种类型的教材，教师都应该尝试对教材的编写体系以及教材展现出的口语交际内容进行梳理与分析，恰当地选择出那些值得在课堂教学中进行教学的恰切内容，那些能在日常生活中习得的有关技巧就不必移至到课堂上进行表演式的教学了。

（一）案例介绍

《走上辩论台》是人民教育出版社义务教育课程标准实验教科书语文八年级（上）第四单元的“写作 · 口语交际 · 综合性学习”的教材内容，依据这套教科书的编辑体例以及“写作 · 口语交际 · 综合性学习”三个词语在第四单元的排列顺序，这一单元“写作 · 口语交际 · 综合性学习”的教学应以“口语交际”为主兼顾写作。依据活动名称“走上辩论台”可以初步断定教

师应教的内容是：辩论的基本知识，辩论的一般程序，辩论中应遵循的规则；学生将在教师设计的话题中，通过体验实际的辩论过程，熟知辩论程序及辩论规则，并初步学习辩论中的一些常用的策略。陈付亮老师设计的案例很好地体现了“口语交际”中的“能教”与“可教”的特点，与其他的设计相比，是一篇典型地体现了“教”的特点，有着较强普适性与代表性的教学设计。这篇教学设计发表于“2010 年山东省实践教师远程研修网”。（网址：http：//cz2010. qlteacher. com/submission/yuwen/1050406）

（二）案例点评

《走上辩论台——上网利弊谈》教学设计

【点评】缺失学情分析与教材分析。任何一项教学都应是基于学生的学习需要，任何一个教学设计都需要设计者先对学生进行分析；需要清楚知道学生所阅读的学习材料的特点。教学目标的确定，教学内容的选择，教学策略的使用都必须以这两点为基点。

【建议】补出学情分析与教材分析。因不太清楚陈老师任教班级的学生情况，修改部分的学情分析是基于笔者所熟知的一个班级情况进行的分析。与陈老师所选择的教学内容不具有很强的针对应性，在此仅起示例的作用。

◆ 修改

一、学情分析

初二（3）班是一个内敛但又同化功能极强的班级，无论什么样的学生，只要走进这个班级就会很快被同化。学校实行年级内浮动，将每一个年级的班级分为好中差三个级别，初二（3）班位列年级内中下的水平，期中与期末两次考试结束后，就会有一些学生因成绩好而被调到相应的班级，而其他班一些考试失利的学生也就会被调整到这个班级。凡是来到这个班级的学生都觉得班级内死气沉沉的，上课时同学们不仅不愿意主动发言，下课时好像连大声说话的胆量也没有，班级中的每个人都是蹑手蹑脚地“活”着。全班 48 个学生，其中女生 18 人，男生 30 人，男女生比例严重失调。班级中除了两头在不断地浮动中你来我去之外，处于中间位置的绝大部分同学还是比较稳定的。如何在这样的一个班级内进行辩论教学对教师而言则是一场挑战。教师在教学时需认识到，尽管班级中目前的班风不太适合“辩论”这一教学内容，但班级内还是有一些学生本性是外向张扬型的，只是由于来到这个班级后，受班内风气的影响而压抑了自己；教师还须认识到初二的学生正逢青春期，身处青春期的孩子最大的特点就是标新立异，所有的日常行为规范都想同周围的环境拧着来，时时都想引来他人的瞩目，处处都想表现自己的“鹤立鸡群”。设计教学时，教师就可以此为基点，将学生好辩的个性诱发出来。

二、教材分析

《走上辩论台》是人民教育出版社义务教育课程标准实验教科书语文八年级（上）第四单元的“写作·口语交际·综合性学习”的教学内容。这套教科书的编辑体例为单元编写，每一个单元均包括阅读、写作、口语交际与综合性学习，教科书的编辑者将这四部分内容分成两个板块：阅读板块与“写作·口语交际·综合性学习”板块。编者在“写作·口语交际·综合性学习”板块运用变换词序位置的方式，告知教师这一板块的教学重点。如果该板块名称是“综合性学习·写作·口语交际”，就是在明示教师这一单元该板块的重点教学内容是综合性学习，其中兼有写作和口语交际的活动；如果名称变换为“写作·口语交际·综合性学习”，就明示教师教学的重点内容应是在口语交际内容基础上的写作。而《走上辩论台》的板块名称正是“写作·口语交际·综合性学习”，这说明这一单元的“写作·口语交际·综合性学习”板块的教学重点是以口语交际为前提的写作，这也是与“走上辩论台”这一主题名称相吻合的。辩论一般是针对有争议性的话题进行的讨论，编者在教科书中给了三个话题：“上网利弊谈”、“事物的正确答案只有一个吗?”、“关于克隆的争议”，这三个话题都是时下大家议论较多的话题，争论者也多是各持一方，互不相让，言之凿凿，还是比较适合用来做辩题的。除此之外，教科书的编辑者要求学生在充分讨论的基础上，自拟题目，写一篇500字的作文，要求观点明确，材料充实，条理清楚。从这些语言及编者所给的话题可知，这一单元的表达训练所涉及的文本类型为论述类。这点与第四单元阅读板块的教学目标是不一致的，第四单元阅读板块所编辑的文章为事理说明文，单元提示写道：“阅读这些课文，可以培养注重观察、讲究实证的科学态度，求真创新的科学精神，还可以学习正确的科学方法。阅读中，还要注意说明的顺序和方法；要学会默读，有一定的速度；能按照要求筛选信息。”如此看来，学生还没有在课堂教学中正式接触到论述类体裁的文章，对议论性文本的特点也了解不多，学生可能只有一些零碎的从日常的学习与生活所获取的点滴有关辩论的知识。所以，若想让学生顺利地认识、学习、实践辩论这一交际能力，教师还须在教学前补充两类知识：一类是议论性文本的知识，最起码要让学生知道什么是观点，什么是证明观点成立的论据；一类是辩论的常识、程序与规则。新的教学以此为起点才能更好地抵达终点。鉴于此，教师需要对教科书中此部分的教学内容进行调整与修改，以降低学习难度。

◆ **原文**

一、活动目的

通过活动培养学生思辨能力，并获得多角度思考问题的方法；锻炼学生使其在讨论、辩论中做到观点明确，材料充实，条理清楚；培养学生独立思考、敢于发表自己见解的心理品质，态度诚恳，语言得体，阐述观点要言之有理，持之有故；养成耐心倾听、尊重他人发言的良好的交际习惯；在查阅资料、与同学共同讨论的基础上写出自己的观点和思考，相应地提高写作水平。

具体目标如下：

1. 通过本次活动使学生辨清上网的利与弊，并懂得合理利用网络资源能帮助学习更多更新的知识；

2. 训练学生的口语表达能力，全面提高学生的语文素养素质；

3. 促进学生合作意识的加强，增强学生间的凝聚力。

【点评】活动目的多杂繁琐，对学生提出的要求过多，难以在一两节课的时间内完成。淹没了重点，所设活动目的与活动目标脱离学生与教材的实际。

【建议】强干减枝，删除“活动目的”一项，余留具体目标并进行修改使之具有可操作性。另外添加课时分配一项。

◆ 修改

三、教学目标

学生能够在辩论活动中获取以下几方面的知识与技能，并具有初步辨识事物的利与弊，建立多角度看问题的意识。

1. 观点与材料之间的关系；

2. 辩论与争论的差异性；

3. 辩论的人员组成、程序及相应的规则。

四、课时分配

三课时。

第一课时介绍观点与材料之间的关系；观看一场辩论赛，了解辩论双方的人员构成及基本程序；教师总结并强调辩论中的一些容易被忽略的细节问题（如，如何打断对方的陈述；如何向评委示意你想发言；如何尊重对方辩手……）。

第二课时指导学生根据自己的观点归类整理收集来的材料，教给学生区分有效资料与无效资料的小策略。

第三课时正反双方就某一个话题展开辩论。教师需要注意的是辩论的目的不是以一方战胜另一方，让学生在辩论中学习辩论的知识与技巧才是目的。

◆ 原文

二、活动准备

1. 辩论主题确定前，动员班干部，商讨辩论主题是否符合学生自身特点。经班委会共同协商，一致通过，最终将“中学生上网的利与弊”确定为本次辩论会的主题。

2. 将辩论主题公布于众，发动全班每名同学为主题献策（要求每人分别提供一条利大于弊、弊大于利的论据）。

3. 充分利用班委及团干部的组织能力，分别到图书馆、书店、网上查找与本次主题有关的内容，作为组织者也应积极参与到资料的查找搜寻中去。

4. 充分发挥学生的主体作用，经一周左右的查找与整理，找到与本次主题相关内容数十条，帮助学生筛选组织这些材料，作为本次辩论会的主体内容。

5. 召集正反双方辩手，利用课余时间学习辩论技巧。

6. 在辩论赛举行前两三天进行一次辩论程序的演练。

【点评】1. 教师在开始教学之前对学生的基本情况及教科书的编排没有作充分的诊断，以确定教学的起点；2. 教师没补充学生参与辩论这一活动的必要知识；3. 辩论的话题由班干部商讨决定，看似以学生为主体，尊重了学生的需要，其实是以少数优秀生为主体，尊重了少数优秀学生的需要，而且整个活动好像只有班干部在准备，其他同学只是其中的一个小配角，被动地被安排去做某一件事；4. 活动的准备没有充分调动起学生主动参与活动的兴趣，给人一种被强迫收集资料的感觉；5. “召集正反双方辩手，利用课余时间学习辩论技巧”此条是不可取的，学习辩论的技巧，了解辩论的常识是八年级学生应该学习的一项内容，而不是某几个少教学生的特权，辩论的技巧应用一节课的时间在课上学习，而不是仅由正反双方的辩手在课下利用课余时间学习。

【建议】补充必要的知识与策略；话题由全班同学自由选择；鉴于活动目的与教学目标，可根据学生对话题的兴趣，将班内同学分为正反双方两个小组，教师以调解员的身份介入，调整小组内同学的不均衡状态；由正反双方根据组内同学的构成情况，自行决定谁来当辩手，不要由教师或班干部过早地给予指定，最好在学生充分准备基础上的前一天再确定辩手成员，辩手一旦产生，原来的正反两个小组可以撤销重新组合，辩手们要自己去寻找“亲友团”对自己的辩题予以支持，做亲友团也要充分作好准备，以便在需要时能拿出最有说服力的证据支持自己的辩手。

◆ 修改

五、活动准备

第一课时：补充学生参加辩论、观看辩论所缺失的关键性知识。

1. 教师运用实例介绍观点与材料之间的关系。

2. 观看一场电视辩论赛，了解辩论的基本知识、正反双方的人员构成、基本程序以及基本规则。

3. 教师总结并强调辩论中的一些容易被忽略的细节问题（如，如何打断对方的陈述；如何向评委示意你想发言；如何尊重对方辩手……）。

4. 教师可根据班内学生对话题的兴趣度，与学生协商欲辩论的话题；或者就用当时发生在学生生活中的有争议内容的话题亦可。此处以“中学生上网的利与弊”为议题进行准备。

5. 如果教学时间宽余，最好能让每一个学生都在课堂上经历一次辩论，因为对于大多教学生来说这一次辩论的经历可能是他们一生中的唯一一次，教师有责任给每一个学生提供相同的机会。“走上辩论台”提供了三个话题，每个话题按正式辩论的人员构成需要 8 人，全班 48 人正好分为六个大组，12 个小组，人人都有事做，也利于学习的有效进行。如果分组不能达到正好，教师可在班内临时增加正反方的人数，每组多增加一两个辩手问题就解决了。

6. 给学生一周的时间令其针对自己所选择的观点收集材料，教师可以给出一些收集材料的路径、收集、编辑以及保存的方法。

第二课时：指导学生根据自己的观点归类整理收集来的材料，教给学生区分有效资料与无效资料的小策略。

1. 根据观点剔除那些无用资料。

2. 教给学生对资料进行归类、编码的方法。

3. 指导学生对编码后的资料作出索引，方便及时查询与获取。

4. 指导学生按索引的编码分类保存资料，以便辩论时使用。

5. 指导学生对部分极重点资料，制成资料卡片，以在辩论时携带方便。

◆ 原文

三、活动过程

（一）主持人致开场白，宣布辩论会开始

（开场白略）

首先，介绍正反双方辩手：正方第一辩手 A，第二辩手 B，第三辩手 C，第四辩手 D。反方第一辩手 E，第二辩手 F，第三辩手 G，第四辩手 H。支持观众分别坐在辩论队伍的后面。

（二）正反双方第一辩手陈述本方观点（时间每方限时 3 分钟）

正方第一辩手 A：

要点：对我们现代中学生来说，上网有百利而无一害。

反方第一辩手 E：

要点：我方之所以认为上网的弊大于利，是认为有很多不适宜我们的地方。列举上网的弊端数条。

（三）双方其他辩手分述本人观点（每人限时 2 分钟）

正方第二辩手 B：

要点：网络的出现改变了人们原有的单一的生活方式，可以给我们中学生带来感兴趣的话题。

反方第二辩手 F：

要点：网络游戏影响我们的正常学习，它会使我们着迷，最后玩物丧志，放弃自己的学业。

正方第三辩手 C：

要点：上网对于课外的学习及其他方面的发展非常有用。

反方第三辩手 G：

要点：青少年上网会浪费很多时间，导致学习成绩下降。

正方第四辩手 D：

有利于培养孩子的独立性、自制性、创新性和感情的公开性。

反方第四辩手 H：

过多地使用互联网对人们的健康和社交不利。研究表明，人们花在网上的时间越多，与亲人的沟通就越少，实际生活中的朋友就越少，同时感到孤独和沮丧。所以，上网的弊大于利。

（四）双方自由辩论（每方各 10 分钟）（略）

（五）双方第四辩手总结本方观点（每人各 3 分钟）

反方第四辩手 H：

要点：上网，这一新兴事物，是给人们带来了一定的利益，但它的弊始终是大于利的。

正方第四辩手 D：

网络是一本动感的教科书，这个教科书是全世界最完整的，也是全世界通用的教科书。你可以在上面找到你想要知道的东西。——中学生上网利远远大于弊。

（六）双方支持观众补充发言，同时评委收取结果计算得分，选出“最佳辩手”和“最佳辩队”

（七）宣布评选结果：最佳辩手——反方第一辩手 E

最佳辩论团队——正方

四、组织者小结（或专家点评）

【点评】整个活动过程清晰流畅，组织有序，没有必须修改的地方。

（三）案例修改的反思

与同类案例相比，原案例中所呈现出的优长还有比较明显的。设计者对此部分教学内容的理解重点还是放在了学生对辩论常识、辩论程序、辩论规则的学习，并在设计中尽可能地呈现了教师指导下的“学”的特点，体现了教师只是学生学习的组织者、引领者、帮助者，身处“平等中的首席”等课改理念。以下几方面是值得教师们在使用的过程中借鉴的。

(1) 在设计的过程中注意利用班干部的号召力，发动全班同学为活动献计献策，并以数量的方式规定了每个学生应搜集资料的最低标准，便于教师的评价与对每个学生学习的监测。

（2）教学目标的表述尽管出现了一些主体不清、设定空、泛、高的问题，但从文字的表述中仍可以看出教师设计目标时关注到了教学的目的性与针对性。所设目标体现出了学生在已有水平上的提升，而不是已有水平的原地徘徊。

（3）教学目标的设计与教学内容的选择有一定的对应性，基本遵循了教学目标下的学习，而不是自觉自悟的摸索。

（4）活动过程清晰流畅，可以看出教师在教学前充分熟知“辩论”这一活动的规程，略有不足之处就是对活动中的规则指导不够详细，这是在以后的教学中需要注意的。

（5）整个设计没有染上泛“人文性”的弊病，学生的活动还是紧紧围绕语言的运用与语文能力的提升进行设计的，“口语交际”这一教学内容的可教性与养成性做到了很好的结合。

【延伸阅读】

★ 陈申. 语言文化教学策略研究[M]. 北京：北京语言文化大学出版社，2001：180－181.

◆ **思考：** 请将“案例点评”中的“修改”部分的文字摘录出来，组合成一篇完整的教学设计方案，与原文进行比较。使用5A100分评定量表，对组合后的教学设计进行定量与定性分析。同时描述你的思维过程。

◆ **方式：** 独立点评，同伴比对交流。

第五讲 综合性学习教学设计案例分析

《义务教育语文课程标准（2011年版）》承续《全日制义务教育语文课程标准（实验稿）》，仍将“综合性学习”与“识字与写字”、“阅读”、“写作”、“口语交际”并列成为语文教学中一项重要内容，尽管这种分类从逻辑学的角度有些不太周延，但综合性学习的出现，在一定程度上打破了语文教学中的某些僵化的模式，为语文教学的可持续发展引来了一泓清泉，使之成为语文教学方式变革的生长点。综合性学习以其综合性、开放性、实践性、自主性等特征赋予了语文学习、语文教学新的生命力。

◆ **学习准备**

综合性学习自2001年在《全日制义务教育语文课程标准（实验稿）》中问世以来，就受到了业内人士的关注，可以说是褒贬参半，各执一词。请你查阅综合性学习的有关文献，列举人们的不同观点，并根据他们的观点，结合你的教学或学习经验谈谈你对语文学科中加入综合性学习的看法。

一、"综合性学习"教学概述

修订后的《义务教育语文课程标准（2011年版）》也没有对综合性学习给出清楚的界定。迄今为止，人们对语文综合性学习的理解不外乎三种：（1）语文综合性学习是一种学习方式；（2）语文综合性学习是一种教学形态（教学形态这种提法更强调教学过程中学生的主体地位）；（3）语文综合性学习是一种课程形态。[①] 如果将综合性学习作为一种学习方式，那么其侧重点在于综合性学习的自主、合作、探究的外在形式；教学形态是一个动态的过程，教师的教与学生的学在教学形态中达到了统一，而综合性学习促进了教师与学生的共同发展；而从课程形态的角度来看，应该看到综合性学习给语文课程内容、教学过程带来的诸多转变。以上观点实质是从不同的维度将综合性学习作为观察的对象。

教师对于综合性学习的理解可能更倾向于实践层面的可操作性。首先，综合性学习不能够仅仅局限于语文知识、语文课程本身，而应提高学生的知识迁移能力，将语文与其他课程学习相结合，同时还要将语文与生活相结合，在聚焦知识积累的同时，还应关注能力结构的多元化。其次，综合性学习活动属于过程性学习，学生作为学习的主体，要在学习的过程中重在培养问题意识，学习解决问题的方法，提升解决问题的能力，同时在学习的过程中养成独立探究、与他人合作的团队意识。最后，综合性学习的视野不能够仅仅局限于校园与家庭生活，教师还应该积极引导学生走向社会生活，学会观察社会、关心身边人与事，学做生活的有心人，培养学生视野的广阔性。与此同时，在参与和组织活动的过程中，学生能够体会到团队合作的快乐，找到自己在集体中属于自己的位置，增强集体认同感。最终，综合性学习的发展需要教师能够恰当地选择教学内容，准确地了解学生的学习能力与学习状况，并结合自身的教学经验与学情恰当地设定教学目标，以促进学生综合性学习能力的发展。

---

① 靳彤．语文综合性学习理论与实践［M］．北京：中国社会科学出版社，2007：20.

二、"综合性学习"教学设计案例分析

综合性学习的教学内容主要源于语文教科书，教科书的编写者根据《全日制义务教育语文课程标准（实验稿）》的相关内容，设计了内容丰富、形式多样的综合性学习活动。语文出版社的初中语文实验教科书的大多数单元都是以综合性学习板块作为单元板块的结束，该教材直接使用了"综合性学习"这一名称；而人教版初中语文实验教科书则与之不同，它在每个单元即将结束的时候，设计了"写作·口语交际·综合性学习"与"综合性学习·写作·口语交际"环节，根据名称位置的不同，教材的内容有所区别，其中"综合性学习·写作·口语交际"侧重于综合性学习的深入展开。苏教版的初中语文实验教科书与以上两者不同，设计了"语文实践活动"、"综合学习与探究"等板块，以此来展开综合性学习活动，名称不同，其内容与侧重点也不尽相同。不同版本教科书中的综合性学习内容设置不同，随着教学内容的指向、教学目标指标也会发生变化。教师需要注意的是，综合性学习教学内容的确定重点在于指导学生建立敏锐的问题意识，学习信息的获取方法，资料的搜集方法，资料的剪裁与筛选，问题解决的策略，而不在于学生是否能真正地解决某个问题。所以恰切教学内容的选择依然离不开各学段的课程目标。《义务教育语文课程标准（2011 年版）》在课程目标中详述了四个学段综合性学习的课程目标。

（一）案例介绍

"月文化综合性学习"是人民教育出版社义务教育课程标准实验教科书语文七年级（上）第四单元的"综合性学习·写作·口语交际"——探索月球奥秘中一项活动内容，依据这套教科书的编辑体例以及"写作·口语交际·综合性学习"三个词语在第四单元的排列顺序："综合性学习·写作·口语交际"，说明该单元的教学是以"综合性学习"活动为主兼顾写作，在进行这一次综合性学习之前，学生已在该册书的第二单元进行过一次"漫游语文世界"的综合性学习活动，初步认识了综合性学习。杨先武"月文化综合性学习"的教学案例较好地体现了"综合性学习"教学的特点，同时杨老师在设计中特别注意到了学习方法的指导，设计的侧重点不在于学习的结果，注重的是学生在整个活动过程中的收获与体验，以及学生在活动中学习到的整合多种学习资源解决问题的技能。这篇教学设计发表在《语文建设》2004 年7－8 期合刊的第 18～19 页。

（二）案例点评

月文化综合性学习

杨先武

【点评】缺失学情分析与教材分析。任何一项教学都应基于学生的学习需要，任何一个教学设计都需要设计者先对学生进行分析；需要清楚知道学生所凭借的学习材料的特点。教学目标的确定，教学内容的选择，教学策略的使用都必须以这两点为基点。

【建议】补出学情分析与教材分析。因不太清楚杨老师任教班级的学生情况，修改部分的学情分析是基于初中一年级学生的基本情况及一般特点分析。与杨老师所选择的教学内容不具有很强的针对性，在此仅起示例的作用。

◆ 修改

一、学情分析

初一（6）班是这个年级的直升特长实验班，班级中有38个学生，其中女生20人，男生18人，班中可谓藏龙卧虎，每个孩子都有一样看家本领。相对其他班级而言，班内的学生都比较活跃，主动学习的积极性也比较高。上课时不仅发言比较积极，而且也敢提问题。由于这些孩子小学也是在这个学校的小学部上的，对学校及周围的环境比较熟悉，没有陌生感。有两个学生独立阅读一篇文章的能力较弱，其余36名学生均具备了独立阅读一篇文章的能力。班级学生的人员构成也比较适合进行“月文化”的综合性学习活动。

二、教材分析

“月文化”是人教版七年级（上）第四单元“综合性学习·写作·口语交际”——探索月球奥秘中的五个活动中的其中一个活动。本单元综合性学习的主题“探索月球奥秘”源于本单元阅读板块的《月亮上的足迹》这篇课文。编者设计了“月球奥秘知多少”、“观察月亮运行情况，参观天文台或天文馆”、“丰富多彩的月亮文化”、“我是月球小专家”、“月亮照着你，月亮照着我”五项活动，其中第五项活动“月亮照着你，月亮照着我”是一个基于前四项活动结束后设计的一项写作活动，教材共设计了三项写作活动：

1. 班上准备一个本子，以“我在月球上的一天”为题，全班同学每天轮流写一段话，进行故事接龙（必做）；

2. 围绕“月球”这一话题，展开想象，写一篇五六百字的文章；

3. 在你的日记本上，写下你参加这次活动的心得体会。

（2、3选一）

教科书在本单元还针对各类活动提供了大量的阅读材料，获取补充资料的书籍与网站，教师可根据班内的学生情况任选一个活动，结合单元所提供的资料指导学生展开活动。依据第四学段对综合性学习活动的目标要求以及本单元的阅读板块的课文组合，杨老师所设定的三个活动目标还是关涉到了第四单元的阅读教学及其单元教学目标的：这个单元的几篇课文，都与科学密切相关，内容丰富多彩。阅读这些文章，可以丰富我们的科学知识，激发我们的求知欲望，培养我们的科学精神。学习这个单元，要在理解课文内容的基础上，练习概括课文的内容要点；还要练习用较快速度默读课文，记住主要内容。

◆ 原文

活动目标

1. 掌握查找资料、应用资料的基本方法。

2. 欣赏文学作品，了解自古以来人们赋予月亮的文化内涵，融进自己的情感体验，提高语文素养。

3. 阅读科技作品，领会作品所体现的科学精神，培养学生探索科学奥秘的兴趣。

【点评】三个目标的设定不仅立足于文本，也考虑到了学生的学习起点及学力水平，还有学生的学习兴趣，同时在活动的过程中也关涉到了对学生文化内涵与精神品质的积淀。但是三个目标的语言表述却使得目标又走向虚化。

【建议】用外显性行为动词替代原句中的内隐性心理动词；同时聚焦目标 2、3，选准一个点进行表述。

◆ 修改

活动目标

1. 能在教师指明途径的条件下自己独立查找所需要的资料；能将所查找得到的资料，恰当地使用于问题的解决中。

2. 在收集、查阅资料的过程中，通过阅读与月亮有关的文学作品，记住古今中外不同民族所赋予月亮的不同文化内涵；结合自己对月亮的认识说出月亮给你的感觉；能清楚地说出月亮在汉文化中的古老意象及喻义。

3. 阅读收集来的与月亮有关的科技文章，从科学的视角观察月亮，能说出月亮留给人类的众多谜团，以及当前人类对月亮有几多认识。

◆ 原文

资料收集

资料收集时间 4 周。学生分成 7 个组，每组分别按主题活动，具体安排如下。

1. 第一组收集有关月亮的词语，了解月亮的名称、别号。

2. 第二组收集有关月亮的诗词，感悟中国文学中描写月亮的诗词的悠长和情韵。

3. 第三组收集有关月亮的散文，品读咏月的美词佳句。

4. 第四组收集有关月亮的科普文章，了解关于月球的科学知识。

5. 第五组收集有关月亮的传说故事，感受神话传说和古人对月亮寄予的深情。

6. 第六组收集有关月亮的歌曲，聆听赞月的歌声，用歌唱的方法寄托对月的情思。

7. 第七组收集有关月亮的图片，从色彩、构图和意境上直接感知月亮的美姿。

【点评】分工比较合理，清晰；完成的时间也比较合适，此部分内容不必修改。学生的学习过程也是三个目标达成的过程，最值得注意的是杨老师在此的分工几乎使每个同学都有事做，7 个小组，相对于 40 人左右的班级，每个小组的人数为 5 ~ 7 人，也是比较合理的，小组的规模也保证了每个学生都能人尽其材。

◆ 原文

资料共享

1. 每组将所收集的资料列出专题，装在资料袋里，并命名，如（1）“晶莹的月词语”，（2）“清秀的月诗词”，（3）“芳香的月散文”，（4）“启智的月科普”，（5）“浪漫的月传说”，（6）“逍遥的月歌声”，（7）“多彩的月图画”。

2. 小组交流时间一周，组与组之间互相交流心得，小组合作交流、协作学习、资源共享，提出建议，学生课下对资料袋再进行整理。

【点评】这一环节体现出了教师对教学目标 1 的教学与指导，同时也关注到了学生在学习过程中交流、沟通、合作、分享能力与习惯的养成。此环节也不必修改。

◆ 原文

交流汇报

课堂展示成果 2 节课，分 7 组进行，小组互相补充、探究、质疑。

1. 负责收集图片组的学生任务：一是装饰黑板，黑板正中写上美术字：“明月千里寄相思——探索月球奥秘”，黑板的右上方画一个散着清辉的满月，黑色的天幕上有几颗星星散布在各处，有几艘飞船正向月球飞去。二是在教室后面布置一个画展，将收集的图片装饰后展出来，展板上写着“起舞弄清影”。通过教室的布置，展示学生的画画才艺，为汇报课营造氛围，并评出“月光画家”。

2. 歌声导入。VCD 播放《水调歌头・中秋》，创设情境，激发学生兴趣。

3. 每个主题都由学生自己主持。

（1）科学探索。其他六组各提一个关于月球的科学知识的问题（不重复），由第四组解答，并在这组同学中评出“月球小灵通”。

（2）词语比拼。学生说出月亮的别号，以接龙形式说出带月的词语，比谁接得快，说得多，并评出“月词脱口秀”。

（3）故事比赛。看谁讲得清楚，看谁讲的故事精彩、吸引人，并评出“月亮故事王”。

（4）诗词赏析。看谁背出的关于月的诗句多。通过朗诵，看谁读得有节奏、有感情，通过赏析，看谁能品出诗的韵味，并评出“月光诗人”。

（5）歌声荡漾。赛唱关于月亮的歌曲，看谁唱得好，并评出“月亮美声家”。

（6）对月抒情。在看了“月画”，赏了“月诗”，听了“月歌”之后，你想对月亮说点什么，请你尽情地抒写自己的感悟。要求：想象奇特、有新意；富有创造精神。从语言、内容、意境等方面评出“月光才子”。

（7）全体同学与 VCD 同唱《明月千里寄相思》。

【点评】交流汇报环节的时间分配，任务安排都是比较合理的。特别是任务小组汇报时，对其他小组提出的参与要求是非常值得提倡的，因为目前的小组合作学习后的课堂汇报课，多一部分未参加该小组学习的同学，要么是在研讨本组将要汇报的内容，要么就是作壁上观。杨老师特意在此对不汇报的小组提出了带着学习任务聆听的要求，在一定程度上杜绝了上述两种现象的出现。

◆ 原文

活动反思

1. 本次活动主题渗透了课程综合化的思想，将语文学科与美术、音乐、地理等其他学科有机整合在一起，拓宽了语文学习和运用的领域，使学生在跨学科的学习及信息技术手段的运用中，在不同内容和多种方法的相互交叉、渗透中，开阔了视野，提高了学习效率。其次，就语文这一门学科来说，又将看、听、说、写、读、品等各种能力的培养综合在一起。

2. 学生在学习的过程中，不仅学会了获取资料的方法，而且也学会了分门别类整理资料的方法，特别是在课堂上采取不同的评价方式，像月光画家、月球小灵通、月词脱口秀、月亮故事王、月光诗人、月亮美声家、月光才子的评选，使学生倍感新奇，兴趣盎然，劲头十足。

3. 整个学习过程和课堂竞赛过程中自主、合作、探究的学习方式无处不在，潜移默化地培养了学生的探究、创新、合作精神。

（三）案例修改的反思

“月文化综合性学习”的教学设计案例是从众多的设计案例中挑选出来的一个，之所以选中了这份教学设计作为案例分析，主要是因为它在以下几方面充分体现了一个语文教师，对语文学科中的综合性学习的理解：紧紧扣住语文教学的元素，在学习的过程中指导学生积累词汇、诗句，调动多种感官体会“月亮”这一古老意象的民族特征。

（1）教学目标明确，有较强的针对性与目的性，所选的教学内容能很好达成预设的教学目标，学生所获取的学习内容也是语文学科中的内容，与教学目标、教学内容形成了基本一致的对应关系。

（2）学习任务分配清晰，学生人尽其能，各有所得；教师指导步骤清楚，学习过程展开也很合理。突出了综合性学习课下准备，课上交流并解决学习过程中问题的特点。

（3）融各种语文学习元素于一体，真正地体现了寓教于乐，关注学生学习差异，满足不同学生学习需要的课改理念，不存在远离语文本体之外的教学。

（4）教学活动的设计基本能以教师指导下的学生合作学习为主进行设计，教师作为课程的设计者，只在关键的几个点上给学生以方法的指导，如资料汇集之后的分类与命名。

（5）将语文学习中的情感教育与习惯态度的养成渗透到学生的学习过程中，采用的是一种浸染、自悟的方式，整个教学过程教师没有作宣讲式的说教。但就展示环节来看，学生应该能体会到中国古老文化中“月文化”的民族心理。

【延伸阅读】

★ 夏丏尊，叶绍钧. 国文百八课［M］. 北京：读书 · 生活 · 新知三联书店，2008.

★ 郑国民. 新世纪语文课程改革研究［M］. 北京：北京师范大学出版社，2003：215－234.

◆ **思考：**请将“案例点评”中的“修改”部分的文字摘录出来，并与原文未修改的部分组合成一篇完整的教学设计方案，与原文进行比较。使用 5A100 分评定量表，对组合后的教学设计进行定理与定性分析。同时描述你的思维过程。

◆ **方式：**独立点评，同伴比对交流。

后　记

一日，与友人聊天，言谈中，谈及各自正在做的事情。我告知正在写《语文教学设计：优化与重构》这本酝酿已久的小书。

他问：你准备写多少万字？写多长时间？

我答：35 万字左右，历经七年写成，修改了一年，加起来有八个年头了。

又问：你一天写多少字呀？难不成你是蜗牛，又或是在使用竹简木牍写作？

我答：用电脑，一天也就 1000 多字，有时上午写了下午又会被删掉……

他惊异地瞪大眼睛看着我，惊叹道：上帝，你是地球人吗？绣字都比你写得快，一天写 1000 多字也叫写作呀！七年写一本书你也太不靠谱了吧！

我惊愕地问：那你一天写多少字，几年写一本书？

他答：几年写一本，你应该问我一年写几本！告诉你吧，我一天写两万字，一个月写五本，一年写六十本书，毕业这几年我已经出了将近三百多本书了。

我惊愕地看着他说：我怎么一本也没看到过？能否送我一两本拜读？

他：……

与朋友惊人的成文能力相比，这本小书今日得以成书出版，可谓不易。不知是我真的很笨，还是他们真的有什么妙方，使我与他们有着如此大的差异。这本书用了六年的时间收集资料，四年的时间写作，一年的时间修改。如果从构思算起到付梓出版该有八个年头。

2004 年硕士毕业求职，为了应付各学校的试讲，我翻阅了许多有关教学设计的书籍与论文，但基本都是通识性的基本理论，文中所写的都是要求教师应该做什么，不应该做什么。除此之外，没有读到一本是基于语文学科特点的教学设计论著，也就在那个时候我萌动了想写一本此类书籍的想法。当我把这个想法同《语文建设》的主编郑浩聊起来的时候，他让我在这本杂志上开一个专栏，一方面了解老师们需要什么，一方面也收集一些原始的材料，最后再根据教学设计的学理，针对问题，提出策略。《语文教学设计：优化与重构》就是按照他的指点开始的。

2005 年至 2010 年在《语文建设》杂志开设教学设计专栏，同时阅读中外有关教学设计方面的专著；

2007 年 9 月开始写作，边写作边调整框架与体例；

2011年2月定稿，交付出版社；

2011年6月编辑将审读意见返还于我；

2011年6月开始，依据意见修改书稿至出版。

修改期间，我请我的博士生导师丛立新帮我写这本书的序，起初她爽快地答应了，但看完稿子后，坚决拒绝了我。她告诉我：无论写什么、做什么都要严谨，都要尽最大努力去做好，不要被一时的名利所蛊惑，时日久了，人会在这种追逐的奔跑中迷失自己，并建议我今年不要出，静下心来用两年的时间进行修改。

今天这本书就要付梓了，看来我不得不辜负导师严谨的治学态度了。我不想用那些说不出口的理由来搪塞她，同时安慰自己。在12个月的修改过程中，我一天紧似一天地理解到导师言辞的恳切，心情的沉重。她是在为我担心，她怕我迷途，更怕我走失之后再也找不到回家的路。我很难说我不会走失，不会被裹胁，但我能保证的是：坚守自己。我会再用5年的时间在坚守中继续修改与丰富这本书的内容。

最后，要感谢那些为这本书的出版付出艰辛劳动、提出宝贵修改意见的各位编审朋友，在成书过程中，参阅了部分一线教师及其他研究者尚未公开发表的资料，在此向他们一并表示感谢！

出 版 人　所广一
责任编辑　谭文明
版式设计　孙欢欢
责任校对　贾静芳
责任印制　叶小峰

图书在版编目(CIP)数据

语文教学设计：优化与重构/张秋玲著．—北京：教育科学出版社，2012.8(2023.1 重印)
ISBN 978-7-5041-6274-8

Ⅰ．①语…　Ⅱ．①张…　Ⅲ．①中学语文课—教学设计　Ⅳ．①G633．302

中国版本图书馆 CIP 数据核字(2012)第 109683 号

语文教学设计：优化与重构
YUWEN JIAOXUE SHEJI：YOUHUA YU CHONGGOU

出版发行	教育科学出版社		
社　　址	北京·朝阳区安慧北里安园甲 9 号	**市场部电话**	010-64989009
邮　　编	100101	**编辑部电话**	010-64989422
传　　真	010-64891796	**网　　址**	http://www.esph.com.cn
经　　销	各地新华书店		
制　　作	北京金奥都图文制作中心		
印　　刷	唐山玺诚印务有限公司		
开　　本	720 毫米×1020 毫米　1/16	**版　　次**	2012 年 8 月第 1 版
印　　张	24.25	**印　　次**	2023 年 1 月第 11 次印刷
字　　数	421 千	**定　　价**	49.80 元